O LIVRO DO DIREITO

O LIVRO DO DIREITO

GLOBOLIVROS

DK LONDRES

EDITOR DE ARTE
Gillian Andrews

EDITORES SENIORES
Camilla Hallinan, Laura Sandford

EDITORES
John Andrews, Alethea Doran,
Annelise Evans, Richard Gilbert,
Lydia Halliday, Tim Harris, Victoria Pyke,
Jess Unwin, Rachel Warren Chadd

ILUSTRAÇÕES
James Graham

GERENTE DE CRIAÇÃO DE CAPA
Sophia MTT

PRODUTOR E PRÉ-PRODUÇÃO
Gillian Reid

PRODUTORA SENIOR
Rachel Ng

EDITOR-CHEFE DE ARTE
Lee Griffiths

EDITOR-CHEFE
Gareth Jones

DIRETOR EDITORIAL ASSOCIADO
Liz Wheeler

DIRETOR DE ARTE
Karen Self

DIRETOR DE DESIGN
Philip Ormerod

DIRETOR EDITORIAL
Jonathan Metcalf

GLOBO LIVROS

EDITOR RESPONSÁVEL
Lucas de Sena Lima

ASSISTENTE EDITORIAL
Renan Castro

TRADUÇÃO
Maria da Anunciação Rodrigues

CONSULTORIA
Raul Belúcio

PREPARAÇÃO DE TEXTO
Erika Nakahata

REVISÃO DE TEXTO
Vanessa Sawada

EDITORAÇÃO ELETRÔNICA
Equatorium Design

Publicado originalmente na Grã-Bretanha em 2019 por Dorling Kindersley Limited, 80 Strand, London, WC2R 0RL.

Copyright © 2022, Dorling Kindersley Limited, parte da Penguin Random House

Copyright © 2022, Editora Globo S/A

Todos os direitos reservados. Nenhuma parte desta edição pode ser utilizada ou reproduzida – em qualquer meio ou forma, seja mecânico ou eletrônico, fotocópia, gravação etc. – nem apropriada ou estocada em sistema de banco de dados sem a expressa autorização da editora.

1ª edição, 2023 - 2ª reimpressão, 2025.

Impresso e acabamento: Coan.

FOR THE CURIOUS
www.dk.com

CIP-BRASIL. CATALOGAÇÃO NA PUBLICAÇÃO
SINDICATO NACIONAL DOS EDITORES DE LIVROS, RJ

L762

O livro do direito / colaboradores Paul Mitchell ... [et al.] ; ilustrações James Graham ; tradução Maria da Anunciação Rodrigues. - 1. ed. - Rio de Janeiro : Globo Livros, 2023.

Tradução de: The law book
Inclui índice
ISBN 978-65-5987-191-9

1. Direito - História. I. Mitchell, Paul. II. Graham, James. III. Rodrigues, Maria da Anunciação. IV. Série.

23-82492 CDD: 34(09)

Meri Gleice Rodrigues de Souza - Bibliotecária - CRB-7/6439
10/02/2023   14/02/2023

COLABORADORES

PAUL MITCHELL, EDITOR-CONSULTOR

Paul Mitchell é professor de direito no University College de Londres, no Reino Unido, especializado em história do direito, direito romano e no atual direito das obrigações. Seus livros incluem *The Making of the Modern Law of Defamation* e *A History of Tort Law 1900-1950*; ele também é editor de *Chitty on Contracts* e *Goff and Jones on Unjust Enrichment*.

PETER CHRISP

Peter Chrisp é escritor profissional, com interesse particular por história antiga. Escreveu mais de noventa livros, 25 deles para a DK. Suas obras incluem *Ancient Greece*, *Ancient Rome*, *Prehistory*, *Crime and Punishment* e *Chrisp's true crime miscellany*.

CLAIRE COCK-STARKEY

Claire Cock-Starkey é escritora e editora, com interesse especial em história vitoriana e temas atuais. Escreveu doze livros, entre eles *The book lovers' miscellany*, *The real McCoy and 149 other eponyms* e *Seeing the bigger picture: global infographics*.

FREDERICK COWELL

Frederick Cowell dá aulas sobre responsabilidade civil e direitos humanos em Birkbeck, Universidade de Londres. Seus interesses de pesquisa incluem direito das obrigações e contratos internacionais de direitos humanos, história da Convenção Europeia de Direitos Humanos e políticas do Tribunal Penal Internacional. Trabalhou como consultor jurídico de organizações não governamentais, especializando-se em leis internacionais de direitos humanos.

THOMAS CUSSANS

Escritor e historiador, Thomas Cussans colaborou em várias obras de história, entre elas *Timelines of world history*, *History year by year* e *History: the ultimate visual guide*, da DK. Antes, foi editor de *The Times history of the world* e *The Times atlas of European history*. Suas outras obras incluem *The Times kings and queens of the British isles* e *The Holocaust*.

JOHN FARNDON

John Farndon é autor de muitos livros de história da ciência e das ideias, e sobre questões contemporâneas. Ele também escreve amplamente sobre temas científicos e ambientais e foi cinco vezes finalista do Prêmio de Livro Científico Juvenil da Sociedade Real.

PHILIP PARKER

Philip Parker é um historiador especializado em mundo clássico e medieval. Escreveu *DK companion guide to world history*, *The Empire stops here: a journey around the frontiers of the Roman Empire* e *A history of Britain in maps*, e colaborou em *O livro da história*, publicado pela DK e pela Globo Livros. Graduado em relações internacionais pela Escola de Estudos Internacionais Avançados da Universidade Johns Hopkins, nos EUA, foi também diplomata e trabalhou nas relações do Reino Unido com a Grécia e o Chipre.

MARCUS WEEKS

Marcus Weeks estudou filosofia e trabalhou como professor antes de embarcar numa carreira como escritor. Ele colaborou em muitos livros de artes, humanidades e divulgação científica.

SUMÁRIO

10 INTRODUÇÃO

OS PRIMÓRDIOS DO DIREITO
2100 a.C.-500 d.C.

- **18** Observe as palavras de retidão
  Primeiros códigos
- **20** Esta será uma lei perpétua para vós
  Os Dez Mandamentos e a lei mosaica
- **24** O mandato do céu
  China da dinastia Zhou
- **25** A lei do mar
  A Lex Rhodia
- **26** A arte de bem governar
  Confucionismo, taoismo e legalismo
- **30** Isto será vinculante por lei
  As Doze Tábuas
- **31** O direito é o mestre dos governantes
  As *Leis* de Platão
- **32** A verdadeira lei é o raciocínio lógico
  Aristóteles e o direito natural
- **34** Uma pessoa é responsável por danos ilícitos
  A Lex Aquilia
- **35** As leis sagradas das castas
  O *Arthashastra* e o *Manusmriti*
- **36** Cultivamos a virtude da justiça
  Ulpiano, o Jurista
- **38** Justiça, verdade e paz
  A Mixná e o Talmude
- **42** Trilhe o caminho da retidão
  As origens do direito canônico

O DIREITO NA IDADE MÉDIA
500-1470

- **52** Deus é um bom juiz?
  Julgamento por ordália e por combate
- **54** Uma lei divina e um caminho traçado
  O Alcorão
- **58** Nenhuma jarda de terra ficou de fora
  O Domesday Book
- **60** Uma acusação não pode ser repetida
  O *Decretum* de Graciano

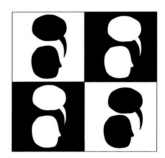

- **64** Diga a verdade
  O *Assize* de Clarendon
- **66** A lei e a justiça não serão negadas a ninguém
  A Magna Carta
- **72** Toda lei é imposta para o bem comum
  Tomás de Aquino
- **74** O companheiro do mercador
  A Lex Mercatoria

IMPÉRIO E ILUMINISMO
1470-1800

- **82** Proteção para toda invenção engenhosa
  O Estatuto de Patentes Veneziano
- **86** Uma fronteira de polo a polo
  O Tratado de Tordesilhas
- **88** Todo governante deve sustentar cada um dos pobres
  As Leis dos Pobres

92 A paz é gloriosa e vantajosa
O direito da guerra e da paz, de Grotius

93 Vosso grave erro e transgressão
O julgamento de Galileu Galilei

94 Uma virada na história das nações
A Paz de Westfália

96 Tirano, traidor, assassino
O julgamento de Carlos I

98 Todos os escravos serão considerados como bens imóveis
Códigos escravistas

102 Os direitos e liberdades do súdito
A Revolução Gloriosa e a Declaração de Direitos inglesa

104 Não deveis tolerar que viva uma bruxa
Os julgamentos das bruxas de Salem

106 O autor terá o direito exclusivo de impressão
O Estatuto da Rainha Ana

108 Uma grande sociedade de nações
O direito das gentes, de Vattel

109 O livro mais importante na história do *common law*
Os Comentários de Blackstone

110 Esta Constituição será a lei suprema do país
A Constituição e a Declaração de Direitos dos EUA

118 Os homens nascem e permanecem livres e iguais em direitos
A Declaração dos Direitos do Homem

A ASCENSÃO DO ESTADO DE DIREITO
1800-1945

124 Justiça conforme a Constituição
A Suprema Corte dos EUA e o controle de constitucionalidade

130 Todo francês usufruirá de direitos civis
O Código Napoleônico

132 Que os oprimidos sejam libertados
A Abolição do Tráfico Escravista

140 Pureza, atividade, vigilância e discrição
A Lei da Polícia Metropolitana

144 Todos os contratos que envolvam jogo serão nulos e sem efeito
A Lei dos Jogos

146 Obrigado a não fazer mal a criaturas nossas irmãs
A Lei da Crueldade contra Animais

148 A indenização será considerada com equidade
Hadley vs. Baxendale

150 Quem pode condenar a mulher deste livro?
O julgamento de *Madame Bovary*

151 Tirar uma vida é vingança, não justiça
A abolição da pena de morte

152 Até a guerra tem regras
As Convenções de Genebra

156 Os direitos de todo trabalhador
A Lei dos Sindicatos

160 As nações nórdicas são ramos de uma árvore
Cooperação escandinava

162 Maus costumes do passado devem ser extintos
A Carta de Juramento

163 É justificável, mas não por abominável curiosidade
A Lei da Vivissecção

164 O Estado cuidará das vítimas da indústria
O sistema de seguro de acidentes dos trabalhadores

- 168 **Nenhuma necessidade pode justificar matar**
  A rainha *vs.* Dudley e Stephens
- 169 **Onde estamos é nossa propriedade**
  O caso da St. Catherine's Milling
- 170 **Concorrência livre e irrestrita**
  A Lei Antitruste de Sherman
- 174 **Leis, direitos e deveres na guerra**
  As Convenções de Haia
- 178 **Uma personalidade legal separada**
  Salomon *vs.* Salomon & Co. Ltd.
- 180 **Fábricas são literalmente armadilhas mortais**
  O incêndio da Triangle Shirtwaist Factory
- 184 **A guerra contra o monopólio**
  A Comissão Federal de Comércio
- 186 **Provas ilegais são frutos da árvore envenenada**
  A regra de exclusão
- 188 **O poder é o voto**
  A Lei da Representação do Povo
- 190 **Aquele que não trabalha não comerá**
  A Constituição russa
- 192 **Queremos uma paz que seja justa**
  O Tratado de Versalhes
- 194 **Um dever de cuidar**
  Donoghue *vs.* Stevenson
- 196 **Armas letais devem ser regulamentadas**
  A Lei Nacional das Armas de Fogo
- 197 **De uma democracia a uma ditadura**
  As Leis de Nuremberg

UMA NOVA ORDEM INTERNACIONAL
1945-1980

- 202 **Novos males exigem novos remédios**
  Os julgamentos de Nuremberg
- 210 **O genocídio é uma violação das leis da humanidade**
  A Convenção sobre o Genocídio
- 212 **Os arquitetos do mundo melhor**
  As Nações Unidas e a Corte Internacional de Justiça
- 220 **Um mundo mais seguro**
  A Interpol
- 222 **Todos são iguais perante a lei**
  A Declaração Universal dos Direitos Humanos
- 230 **O direito à liberdade e à segurança**
  A Convenção Europeia de Direitos Humanos
- 234 **Um tribunal com poder ímpar**
  A Corte Europeia de Justiça
- 242 **As nações irmãs cresceram juntas**
  O Tratado de Helsinque
- 244 **Vamos nos afastar das sombras da guerra**
  O Tratado de Proibição Parcial de Ensaios Nucleares
- 248 **Meus filhos não serão julgados pela cor da pele**
  A Lei dos Direitos Civis
- 254 **O direito de permanecer em silêncio**
  Miranda *vs.* Arizona
- 256 **As bases da liberdade, da justiça e da paz**
  O Pacto Internacional sobre Direitos Civis e Políticos
- 258 **Fim do jogo de acusações**
  Divórcio sem culpa
- 259 **A segurança e o bem-estar das testemunhas**
  O Programa Federal de Proteção às Testemunhas

260 O direito de escolha da mulher
Roe *vs.* Wade

264 A vida animal é o que há de mais inestimável
A Lei das Espécies Ameaçadas

O DIREITO NA IDADE MODERNA
1980-HOJE

270 Sem fronteiras, inestimável e ameaçada
A Rede Mundial de Reservas da Biosfera

272 Para a justiça, é como o telescópio para as estrelas
Teste de DNA

274 Empoderar os vigilantes de delitos
A Lei de Proteção ao Denunciante

275 Juntos superamos. Juntos vamos superar
A Lei dos Americanos com Deficiência

276 Um mundo livre de armas químicas
A Convenção sobre Armas Químicas

278 Livre comércio para o bem de todos
A Organização Mundial do Comércio

284 Quando a vida começa?
A Emenda Dickey-Wicker

285 Pais e mães deveriam ter o direito de saber
A Lei de Megan

286 Se a criatividade é um campo, o copyright é uma cerca
O Tratado de Direitos Autorais da OMPI

288 A mina terrestre não reconhece a paz
A Convenção sobre a Proibição de Minas Antipessoais

290 Pacientes, não criminosos
A estratégia portuguesa contra as drogas

292 O casamento deveria ser aberto a todos
Casamento homoafetivo

296 A compaixão não é um crime
Eutanásia

298 A causa de toda a humanidade
O Tribunal Penal Internacional

304 O doping destrói o jogo limpo
A Convenção Internacional contra o Doping nos Esportes

305 A batalha contra a mudança climática
O Protocolo de Kyoto

306 É o esporte contra essas pessoas
A Força-Tarefa contra a Manipulação de Resultados

308 O direito de ser esquecido
Google Espanha *vs.* AEPD e Mario Costeja González

310 Uma internet livre e aberta
A Ordem da Internet Aberta

314 Não se trata de dinheiro. Trata-se de igualdade
Certificado de igualdade salarial

316 OUTROS MARCOS DO DIREITO

324 GLOSSÁRIO

328 ÍNDICE

335 CRÉDITOS DAS CITAÇÕES

336 AGRADECIMENTOS

INTRODU

ÇÃO

INTRODUÇÃO

O direito é mais que um sistema de regras que regem a conduta da sociedade. Sua rica complexidade deriva de sua história, de como surgiu e foi aplicado, sua função, o modo como opera e seus efeitos.

Por volta de 10 mil anos atrás, conforme surgiam assentamentos cada vez maiores, as pessoas tiveram de encontrar novos modos de viver e trabalhar juntas em paz. Era preciso leis claras para decidir controvérsias. O código mais antigo conhecido – criado em c. 2100 a.C. por ordem de Ur-Nammu, rei de Ur, cidade da Mesopotâmia (hoje Iraque) – listava punições proporcionais para crimes. O assassinato, por exemplo, era punido com morte – uma antiga tentativa, repetida em muitos códigos depois, de garantir que a pena se equiparasse ao delito.

Desde os primeiros tempos, os governantes invocaram deuses para dar autoridade às leis. A Torá judaica conservava leis dadas a Moisés por Deus, segundo a tradição. Por volta de 1046 a.C., o rei Wu da dinastia chinesa Zhou alegava, de modo similar, que seu governo tinha mandato divino. No século IV d.C., o direito canônico católico do cristianismo se desenvolveu num sistema jurídico que influenciou o *civil law* e o *common law* modernos, ao passo que a lei da *sharia* islâmica se baseia na palavra de Alá no Alcorão.

Novas civilizações estabeleceram estruturas formais para suas leis, com procedimentos e magistrados para garantir sua observância. Seus filósofos debateram a natureza da justiça e deram forma a ideias políticas. Em Atenas, a antiga cidade grega que pôs em prática a primeira democracia, a razão e o conceito de justiça como uma virtude guiaram as teorias de direito de Platão e Aristóteles. As Doze Tábuas da antiga República Romana explicavam as leis e os direitos dos cidadãos. Na China, entre 476 a.C. e 221 a.C., eruditos propuseram sistemas radicalmente diversos – taoismo, confucionismo e legalismo –, cuja natureza ia do *laissez-faire* ao autoritarismo. Todos tiveram impacto

A finalidade do direito não é abolir nem restringir, mas preservar e aumentar a liberdade.
John Locke
Filósofo inglês (1632-1704)

duradouro. Uma grande parte das leis existe para proteger os membros da sociedade e sua propriedade, e e a aplicação dela atua como medida dissuasória e garantia de justiça. Conforme o comércio se desenvolveu, leis civis foram criadas para reger as transações e a condução dos negócios. Para facilitar o comércio entre nações, a primeira legislação marítima conhecida – a Lex Rhodia – evoluiu durante a era clássica grega (500 a.C.-300 a.C.).

Punições e direitos

Após o declínio das civilizações grega e romana, houve formas bárbaras de justiça na Europa. Na ausência de provas ou testemunhas confiáveis, os suspeitos (em geral pobres) podiam ser submetidos à ordália; a inocência era avaliada conforme sua recuperação de provações físicas, como escaldadura ou queimadura. Algumas controvérsias eram resolvidas pelo julgamento por combate, uma luta física.

A ordália foi proibida por um decreto papal no século XIII; o julgamento por combate persistiu muito mais. Os sistemas jurídicos mudaram conforme as pessoas além da pequena elite governante ficaram mais ricas e instruídas. À exceção dos mais pobres, os cidadãos comuns começaram a obter direitos e proteções maiores. O capítulo 39 da

INTRODUÇÃO 13

Magna Carta, selada em 1215, estabeleceu o direito à justiça de todo homem livre, o que foi preservado depois na Lei de Habeas Corpus de 1679. Na Inglaterra e no País de Gales, a miséria também foi abordada na Lei dos Pobres de 1601, que forneceu uma rede de segurança muito elementar àqueles na base da sociedade.

Embora os direitos penal, de propriedade e comercial existam desde os tempos antigos e tenham sido sempre ajustados e aperfeiçoados, a legislação referente aos direitos civis e humanos teve de ser conquistada e até hoje não é universalmente adotada. A Declaração de Direitos inglesa (1688-1689), que garantiu o poder de um Parlamento eleito, surgiu na esteira da Guerra Civil Inglesa, da execução de Carlos I e do absolutismo de Carlos II e de Jaime II. O Código Napoleônico de 1804 foi criado em torno de ideias-chave da Declaração dos Direitos do Homem e do Cidadão, que surgiu no início da Revolução Francesa. Foi preciso um século de campanhas para abolir a maior parte da escravização e protestos sangrentos para assegurar os direitos femininos ao voto.

Conforme a Revolução Industrial ganhava forma, nos séculos XVIII e XIX, os trabalhadores começaram a reconhecer sua força coletiva. A Lei dos Sindicatos do Reino Unido, de 1871, deu aos trabalhadores uma voz política, e o sindicalismo ganhou ímpeto ao redor do globo, estimulando condições de trabalho melhores e mais seguras. Na Alemanha, novas leis que obrigavam os empregadores a fornecer custeio por doença a trabalhadores feridos foram aprovadas em 1883 e 1884.

Para aceitar a necessidade de criar ou rever leis, os governos têm de estar abertos a mudar. Em mais de metade dos países com população acima de 500 mil pessoas, há, hoje, alguma forma de governo democrático, com poderes separados para a criação, aplicação e cumprimento da lei pelo Legislativo, Executivo e Judiciário, respectivamente. Separar os três desse modo evita o abuso de poder ao permitir que cada ramo supervisione os outros.

Criação do direito internacional

O comércio global de bens e serviços cresceu muito no último século, exigindo a elaboração de um novo direito internacional. As nações também tiveram de trabalhar juntas para encontrar medidas legais para combater o aumento do crime internacional. Organizações como as Nações Unidas, criada para preservar a paz após a Segunda Guerra Mundial, e blocos comerciais como a União Europeia estenderam suas jurisdições, fundando instituições capazes de fazer regulamentos legalmente vinculantes relativos a questões como comércio, direitos humanos e crimes internacionais. A Interpol colabora com as forças policiais de mais de 190 países para enfrentar o crime organizado, o terrorismo e o crime cibernético. Uma questão mais recente é como impor medidas para proteger o ambiente.

Este livro apresenta, em ordem mais ou menos cronológica, algumas das grandes ideias que influenciaram o direito. Em cada caso, descreve o clima social e político que as produziu, quem as defendeu e o papel que esses conceitos tiveram para dar forma às sociedades em que surgiram e também a outras. ■

As leis devem se justificar por algo mais que a vontade da maioria. Elas precisam repousar nos alicerces eternos da retidão.
Calvin Coolidge
30º presidente dos EUA (1923-1929)

OS PRIM
DO DIRE
2100 a.c.–500 d.c.

ÓRDIOS
ITO

INTRODUÇÃO

Ur-Nammu, **rei de Ur**, formula **o mais antigo código escrito** conhecido.

c. 2100 a.C.

Segundo a **tradição rabínica**, Moisés recebe de Deus a Torá, **a base da lei judaica**, no monte Sinai.

c. 1300 a.C.

Tendo estabelecido ligações comerciais de grande alcance, mercadores gregos de Rodes desenvolvem um **código marítimo internacional**, amplamente adotado ao longo do **Mediterrâneo**.

500-300 a.C.

O primeiro código da recém-estabelecida **República Romana** é inscrito em **doze tabuletas de bronze**, expostas no Fórum.

c. 450 a.C.

---

c. 1750 a.C.

O rei Hamurábi manda inscrever uma **lista de 282 leis** numa estela **no centro da Babilônia**.

c. 1046 a.C.

O **rei Wu** funda a dinastia Zhou na **China**, reivindicando o **"mandato do céu"** para seu governo.

476-221 a.C.

Na **China**, no Período dos Estados Combatentes, **surgem sistemas jurídicos** baseados no **confucionismo**, no **taoismo** e no **legalismo**.

Os seres humanos são uma espécie social. Os povos pré-históricos viviam em grupos e tribos aparentados, governados por anciãos. As civilizações evoluíram por milênios, e diferentes sistemas de governo emergiram. Regras de conduta, de início baseadas em costumes e crenças religiosas, foram formalizadas, e leis, codificadas. Na Mesopotâmia (hoje Iraque) – a primeira civilização do mundo –, o rei de Ur, Ur-Nammu, emitiu o primeiro código conhecido, 4 mil anos atrás.

A religião tinha um grande papel nas primeiras civilizações e inevitavelmente influenciou a criação de leis. Era crença geral que as leis, em especial as relativas à moralidade e à observância religiosa, eram dotadas de autoridade divina. Segundo a tradição judaica, Deus deu a Moisés a Torá, os primeiros cinco livros da Bíblia hebraica, que incluem os Dez Mandamentos. Estes lançaram as bases da lei mosaica. A Torá e depois o Talmude (uma compilação escrita de tradições orais judaicas) são as fontes centrais do direito judaico.

Na China também os regentes alegavam ter direito divino para governar. Em c. 1046 a.C., ao derrotar a dinastia Shang, o primeiro rei da dinastia Zhou do oeste, Wu, declarou ter o "mandato do céu", que poderia ser retirado se ele falhasse em seu dever sagrado de reger com justiça.

Leis para sociedades complexas

As civilizações do mundo antigo, na Mesopotâmia, no Egito, na Índia, na China, na Grécia e em Roma, criaram estruturas jurídicas para organizar sociedades cada vez maiores e mais complexas e assegurar que o primado do direito fosse aplicado. Para negociar com outras, as nações também precisavam de regras mutuamente aceitas de comércio. A ilha de Rodes, uma importante potência mercantil do Mediterrâneo, deu nome à Lex Rhodia, que evoluiu a partir de c. 500 a.C., tornando-se o primeiro código de direito marítimo.

Conforme as nações se sofisticaram, seus pensadores começaram a considerar como organizar melhor a sociedade. Na China, a partir do século v a.C., três sistemas radicalmente diferentes de governo emergiram. O confucionismo propunha uma volta aos valores tradicionais de virtude e respeito, com base no exemplo. O taoismo defendia estruturar leis em harmonia com a natureza, e não com a vontade do governante, e o Legalismo

OS PRIMÓRDIOS DO DIREITO

Aristóteles esboça sua **teoria da justiça**, com base na ideia de que as leis deveriam se conformar às **leis naturais**, que são **universais e imutáveis**.

As **leis consuetudinárias da Índia** são descritas em duas obras em sânscrito, o *Arthashastra* e o *Manusmriti*.

O **jurista Domício Ulpiano** escreve mais de duzentos **comentários e tratados** influentes sobre **o direito romano**.

c. 340 a.C.   **SÉCULO II** a.C.   **212-222** a.C.

348 a.C.   **286** a.C.   **70** d.C.   **c. 313** d.C.

Em *Leis*, **Platão** propõe uma **ditadura** inicial dirigida por um **orientador sábio** para as cidades-Estados, até que **magistrados eleitos** possam assumir o controle.

O tribuno romano Aquílio propõe a **Lex Aquilia** para fornecer **indenização** por **danos ilícitos a propriedades**.

Depois que o **Segundo Templo de Jerusalém** é **destruído**, o povo judeu reage com uma observação mais estrita das **leis da Torá**.

O **Edito de Milão** descriminaliza a **fé cristã** no Império Romano, abrindo caminho para as **primeiras coletâneas sistemáticas** do **direito canônico**.

---

impunha um governo autoritário, com punições duras aos delitos. No século II a.C., após mais de 250 anos de conflitos no Período dos Estados Combatentes, uma dinastia legalista estabeleceu a ordem, mas sua severidade logo foi contestada. O confucionismo se tornou a ideologia dominante, apesar de reforçado por um código estrito.

A partir do século V a.C., a cidade-Estado de Atenas instituiu uma forma de democracia direta em que todos os cidadãos adultos podiam participar do governo. Mas, em *A república* e em *Leis*, o filósofo grego Platão defendeu um governo de poucos – uma classe de "reis-filósofos" em um estado ideal, ou um ditador inicial, guiado por um legislador sábio. Ele afirmava que só os instruídos em filosofia eram capazes de entender os conceitos de governo e justiça. Seu discípulo Aristóteles defendeu uma forma de governo constitucional pelo povo e acreditava que as leis deviam estar em harmonia com o direito natural.

A Índia, em contraste, favoreceu uma sociedade estritamente hierárquica, dividida em castas, como defendiam o *Arthashastra* e o *Manusmriti*, do século II a.C.

Roma e a Igreja

Em c. 509 a.C., após derrubar o tirânico rei Tarquínio, o Soberbo, os romanos estabeleceram uma república – um governo constitucional dirigido por dois cônsules eleitos. Em c. 450 a.C., a nova república anunciou seu primeiro código – as Doze Tábuas, inscritas em doze tabuletas de bronze –, com os direitos e deveres dos cidadãos romanos. Conforme o Império Romano se expandiu, as leis foram revisadas por juristas como Ulpiano, mas formaram por mil anos a base do direito romano.

Em c. 313 d.C., o imperador Constantino, convertido ao cristianismo, promulgou o Edito de Milão, proclamando a tolerância religiosa em todo o Império Romano e encerrando a perseguição aos cristãos. Em 380 d.C., o cristianismo se tornou a religião oficial do império e os teólogos cristãos puderam começar a formular um direito baseado nos ensinamentos cristãos.

Os primeiros cânones, derivados de controvérsias sobre em que as pessoas deveriam crer, foram a base do direito canônico católico romano, o corpo normativo que regula a organização da Igreja e codifica as crenças católicas. O direito canônico influenciou o desenvolvimento do *civil law* na Europa medieval. ■

OBSERVE AS PALAVRAS DE RETIDÃO
PRIMEIROS CÓDIGOS (2100 a.C.-1750 a.C.)

EM CONTEXTO

FOCO
As primeiras leis escritas

ANTES
c. 4000 a.C. A primeira cidade do mundo, Uruk, surge na Suméria, na Mesopotâmia.

c. 3300 a.C. O mais antigo sistema de escrita, cuneiforme, é inventado em Uruk.

c. 2334 a.C. Sargão de Acad, uma cidade-Estado mesopotâmica, conquista a Suméria e cria o primeiro império do mundo.

DEPOIS
c. 600 a.C. O Livro do Êxodo repete o direito babilônio ao declarar "olho por olho" como um elemento da lei de Moisés.

c. 450 a.C. A base legal para a retaliação – Lei de Talião – é explicitada no texto do direito romano, as Doze Tábuas.

Por volta de 6 mil anos atrás, na Mesopotâmia (hoje Iraque), os sumérios, a primeira civilização do mundo, começaram a construir cidades, como Uruk e Ur, que vieram a ser governadas cada uma por um *ensis*. Entre pessoas que viviam em pequenos assentamentos agrícolas, a responsabilidade por vingar injustiças contra indivíduos cabia às famílias. Nas cidades, um grande número de pessoas não aparentadas precisava achar meios de viver e trabalhar juntas em paz. Leis foram assim inventadas para resolver controvérsias e prevenir brigas. Quando se tornaram poderosas e formaram os primeiros impérios, as cidades-Estados lavraram leis para controlar o espalhamento de povos ao longo de seus domínios.

Manutenção de registro

De início as leis eram transmitidas oralmente. Em c. 3300 a.C., os sumérios começaram a registrar informações usando um sistema de escrita chamado cuneiforme (ou seja,

O relevo no topo da coluna de basalto que contém o Código de Hamurábi mostra o rei de pé diante de Shamash (sentado), o deus mesopotâmico da justiça.

com forma de cunha), que consistia em símbolos gravados em tabuletas de argila. O conjunto mais antigo remanescente de regras jurídicas, ou código, em escrita cuneiforme foi produzido por Ur-Nammu, rei de Ur, em c. 2100 a.C. Cada lei apresentava a descrição de um crime seguida de sua punição – por exemplo, "Se um homem comete assassinato, esse homem deve ser morto".

Um código muito mais completo, compilado por Hamurábi, rei da Babilônia de 1792 a 1750 a.C., foi descoberto no início do século XX. Ele foi inscrito em caracteres

OS PRIMÓRDIOS DO DIREITO   19

Ver também: Os Dez Mandamentos e a lei mosaica 20-23 ▪ As Doze Tábuas 30 ▪ O *Arthashastra* e o *Manusmriti* 35 ▪ Julgamento por ordália e por combate 52-53

Procedimentos judiciais

Julgamentos registrados em tabuletas de argila mostram como a justiça era administrada na Mesopotâmia. Não havia tribunais formais nem advogados. Acusadores e acusados compareciam com as testemunhas ante uma assembleia de pessoas locais ou anciãos da cidade – ou um quadro de três a seis juízes nos casos mais graves – e apresentavam um testemunho oral ou escrito. Como hoje, os participantes faziam um juramento solene de dizer a verdade. Isso podia acontecer em espaço público, no palácio do rei ou no templo da cidade, onde o acusado jurava sobre um símbolo do deus local. Em alguns casos, as pessoas confessavam porque temiam irritar o deus ao jurar em falso.

Se um caso não podia ser resolvido, a decisão cabia aos deuses. A solução legal, no Código de Hamurábi, era uma ordália em que o acusado tinha de pular no rio Eufrates. "Se ele afundasse no rio, o acusador tomaria posse de sua casa. Mas, se o rio provasse que o acusado não era culpado, e ele escapasse ileso, então aquele que apresentara a acusação seria morto."

cuneiformes numa estela (coluna de pedra) de basalto de 2,25 metros de altura e inicia-se com um prólogo em que o rei declara ter recebido ordem dos deuses para "pôr em prática a regra da retidão na Terra, para destruir os perversos e os que fazem o mal, de modo que o forte não prejudique o fraco". Colunas foram instaladas nas cidades babilônias para que todos pudessem ver e seguir as leis.

O zigurate, uma vasta pirâmide de degraus encimada por um santuário, era o centro religioso das cidades mesopotâmicas.

Olho por olho

As leis de Hamurábi eram, como o código de Ur-Nammu, apresentadas como declarações condicionais. A número 196 em sua lista de 282 leis diz: "Se um homem tirar o olho de outro homem, seu olho deve ser tirado". Esse princípio reapareceu nos livros do Êxodo e do Levítico, como parte da Torá hebraica, e depois no direito romano como *Lex Talionis* [Lei de Talião]. Seu objetivo, porém, não era estimular a retaliação, mas limitá-la a ajustar-se ao delito.

O código de Ur-Nammu tinha uma abordagem menos brutal do

castigo por crime violento. A cada parte do corpo era atribuído um valor em pesos de prata. Alguém que cortasse o pé de outro, por exemplo, incorreria numa multa de "dez *shekels*". Essa ideia de penalidade financeira – uma multa – em vez de retaliação física é mais próxima das ideias modernas de punição. ▪

Em tempos futuros, através das gerações que virão, que o rei que possa estar na Terra [...] não altere a lei da Terra que dei.
Código de Hamurábi

O deus principal babilônio, Marduk (centro), símbolo da ordem, derrota Tiamat, deusa marinha com aspecto de serpente e que representava o mal e o caos.

ESTA SERÁ UMA LEI PERPÉTUA PARA VÓS

OS DEZ MANDAMENTOS E A LEI MOSAICA (c. 1300 a.C.-SÉCULO VI a.C.)

EM CONTEXTO

FOCO
Lei divina

ANTES
c. 1750 a.C. O rei Hamurábi da Babilônia promove uma codificação do direito.

DEPOIS
c. 1207 a.C. Uma inscrição em granito do faraó Merneptá do Egito é a primeira referência a israelitas em Canaã e alardeia que "Israel foi devastado".

Século III a.C. A Torá é traduzida para o grego, com o título Pentateuco (cinco livros).

c. 200 d.C. Na Palestina, rabinos compilam um código escrito de tradições orais judaicas, a Mixná, que fornece mais orientações sobre a interpretação das leis na Torá.

c. 350-550 d.C. Eruditos publicam a Guemará, uma análise e elucidação da Mixná; as duas obras formam o Talmude.

A lei mosaica é um sistema jurídico antigo apresentado na Torá, que é formada pelos cinco livros da Tanakh – a Bíblia judaica, chamada pelos cristãos de Velho Testamento. A Torá ("instrução") contém grande número de leis, atribuídas a Deus, que as deu diretamente a Moisés, fundador e legislador da nação judaica. Na lenda do Êxodo, descrita na Torá, Deus ordenou a Moisés em c. 1300 a.C. que liderasse os israelitas, livrando-os da escravidão no Egito e levando-os à terra prometida de Canaã. Moisés chegou com seu povo primeiro ao monte Sinai, que ele subiu, e lá Deus

OS PRIMÓRDIOS DO DIREITO 21

Ver também: Primeiros códigos 18-19 ▪ O *Arthashastra* e o *Manusmriti* 35 ▪ A Mixná e o Talmude 38-41 ▪ As origens do direito canônico 42-47 ▪ O Alcorão 54-57

Esta pintura do século XVII, do artista francês Philippe de Champaigne, intitulada *Moisés com os Dez Mandamentos*, mostra as inscrições em duas tabuletas de pedra.

lhe deu os Dez Mandamentos, além de muitas leis detalhadas sobre comportamento moral, culto religioso e todos os aspectos da vida diária. O mandamento mais importante era o primeiro: "Não terás outros deuses além de mim". Os israelitas passaram mais quarenta anos no deserto até chegar a Canaã, e o próprio Moisés morreu antes de adentrá-la.

A lei mosaica é entendida como parte de uma aliança, um acordo formal entre Deus e os israelitas. Acreditava-se que Ele se comprometera a protegê-los e dar-lhes a terra de Canaã se observassem suas leis. Segundo o Êxodo 19,5, Deus disse: "Agora, se me obedecerdes e mantiverdes minha aliança, então dentre todas as nações sereis meu tesouro mais precioso".

Autores da Torá

Acreditava-se que os livros da Torá, escritos em hebraico, tivessem sido criados pelo próprio Moisés. Mas, a partir do século XVIII, uma abordagem histórica desenvolvida por estudiosos para ler a Bíblia pareceu mostrar que as histórias tinham sido formadas ao longo do tempo por muitos autores, usando vocabulário e estilo diferentes. O texto inclui notas de rodapé inseridas por gerações posteriores para explicar nomes antigos de lugares e assinalar indícios de eventos visíveis "ainda hoje".

Eruditos da Alemanha do século XIX identificaram quatro tipos de fontes na Torá. Elas foram chamadas de E, J, D e P (eloísta, javista, deuteronomista e sacerdotal). Acredita-se que os materiais mais antigos (a maior parte do Gênesis, grande parte do Êxodo e alguns elementos de Números) vinham de E e J. A fonte E descreve as tradições das tribos do norte e se refere a Deus pelo título Eloim (deus). A fonte J pertence principalmente à tribo israelita de Judá, no sul, e se refere a Deus por seu nome de quatro letras, »

Os cinco livros da Torá

Gênesis
Criação e ancestralidade dos israelitas a partir de Adão e Eva.

Êxodo
Fuga do Egito e leis, entre elas os Dez Mandamentos.

Levítico
Leis sobre sacrifício, sacerdócio e pureza ritual.

Números
Os quarenta anos dos israelitas no deserto e o censo das tribos.

Deuteronômio
Leis sobre culto, crime e castigo, transmitidas por Moisés antes de sua morte.

OS DEZ MANDAMENTOS E A LEI MOSAICA

Os Dez Mandamentos (Êxodo 20)

1. Não terás outros deuses além de mim.

2. Não farás para ti um ídolo nem o adorarás.

3. Não usarás em vão o nome do Senhor teu Deus.

4. Lembrarás o dia do Shabat e o santificarás.

5. Honrarás teu pai e tua mãe.

6. Não matarás.

7. Não cometerás adultério.

8. Não furtarás.

9. Não darás falso testemunho contra teu próximo.

10. Não cobiçarás nada que pertença a teu próximo.

YHWH, que se assume ser pronunciado como Javé.

O Deuteronômio, quinto livro da Torá, é atribuído à fonte D. Ele é associado com a reforma religiosa do rei Josias, que governou o reino israelita de Judá (formado após a divisão das tribos do norte e do sul, em c. 930 a.C.) no século VII a.C. Josias centralizou o culto judaico no Templo de Jerusalém, e impôs um monoteísmo estrito. O reino do norte, Israel, tinha sido conquistado pelos assírios em 722 a.C., e no Deuteronômio a história de Israel é reescrita como vista por Judá.

O material mais recente, da fonte P, tem data posterior à destruição da cidade e do Templo de Jerusalém pelo rei babilônio Nabucodonosor, em 586 a.C. Ele deportou os líderes judaicos, entre eles os sacerdotes, para a Babilônia, e lá estes revisaram os livros do Gênesis e do Êxodo, e escreveram o Levítico e Números. Nas histórias sacerdotais, Javé não se ligava a um lugar, podendo acompanhar os judeus por toda parte, mesmo no exílio: "Colocarei minha morada entre vós [...] Caminharei convosco e serei vosso Deus, e sereis meu povo" (Levítico 26,11-12).

A lei mosaica evoluiu com o tempo e foi atualizada ante novas circunstâncias. Porém, cada nova lei era apresentada como tendo sido dada a Moisés por Deus no Sinai.

Um Deus transcendente

Os primeiros israelitas veneravam outros deuses cananeus além de Javé. Na Torá há muitas histórias de israelitas adorando Baal, o deus da chuva e da fertilidade, e Asherah, a deusa-mãe. Javé e os outros deuses eram cultuados em santuários (locais sagrados), em geral no topo de colinas.

O Primeiro Mandamento, "Não terás outros deuses além de mim", podia ser entendido, na redação original, com o sentido de que outros deuses podiam ser adorados, desde que Javé fosse honrado acima deles. Nas histórias atribuídas às fontes J e E, Javé aparecia em forma humana, "andando no jardim no frescor do dia" (Gênesis 3,8) ou visitando Abraão em frente à sua tenda (Gênesis 18). Porém, quando o Deuteronômio foi escrito, Deus era transcendente e existia para além do mundo criado, e o judaísmo era uma religião monoteísta. O rei Josias, ao longo de sua reforma religiosa, removeu as estátuas de Asherah do Templo de Jerusalém, queimou-as e destruiu todos os santuários no alto de colinas.

Quando o judaísmo se tornou monoteísta, as histórias anteriores de israelitas adorando Asherah e Baal foram interpretadas como exemplos de retrocesso em relação à lei mosaica. O exílio babilônio era visto agora como uma punição divina por isso.

Uma nação de sacerdotes

Durante o exílio na Babilônia, os sacerdotes judeus afirmaram que Deus tinha mandado que os

OS PRIMÓRDIOS DO DIREITO

israelitas fossem um povo santo, uma nação de sacerdotes, para Ele poder viver em seu meio. Eles foram instruídos a manter-se separados dos vizinhos babilônios, seguindo regras estritas de dieta e limpeza. (a palavra hebraica *qadosh*, traduzida como "santo", literalmente é "separado"). Era comum no mundo antigo os sacerdotes observarem regras de pureza: os sacerdotes egípcios, por exemplo, deviam se banhar em água fria quatro vezes por dia e usar sandálias de papiro e linho em vez de couro ou lã. Mas a ideia de que toda uma nação devia seguir tais leis era única.

As regras e rituais judaicos são descritos em detalhes. O Levítico 11,47 ordena que as pessoas distingam "o impuro do puro, as criaturas vivas que podem ser comidas das que não podem". Porco, frutos do mar e muitos outros alimentos eram proibidos. Os animais permitidos só podiam ser comidos se fossem abatidos ritualisticamente e seu sangue, removido. Segundo o Levítico 11,39, "Se um animal que tendes permissão de comer morre, quem quer que toque sua carcaça ficará impuro até a tarde".

Fala à comunidade toda de Israel e dize-lhe: "Sede santos, porque eu, o Senhor vosso Deus, sou santo."
Levítico 19,1-2

O Levítico 14,48-53 descreve uma cerimônia elaborada para purificar uma casa com mofo nas paredes. Um sacerdote deveria pegar madeira de cedro, linha vermelha, um hissope e uma ave viva, mergulhá-los no sangue de uma ave sacrificada e alguma água limpa e aspergir a casa sete vezes. "Então ele soltará a ave viva no campo fora da cidade. Assim fará a expiação para a casa, e ela ficará limpa."

Verdade absoluta

Códigos mais antigos, como o de Hamurábi, eram casuísticos – descrevendo o procedimento em casos particulares, dos quais princípios gerais eram derivados. Em contraste, os Dez Mandamentos eram apodícticos – declarações absolutas de certo e errado, como "Não matarás". Mesmo assim, o código mosaico incluía muitas leis que lembram as mesopotâmicas e babilônias. Por exemplo, a lei 251 de Hamurábi afirma: "Se um boi for chifrador, e se mostrar que é chifrador, e [o dono] não prender seus chifres ou amarrar o boi, e o boi chifrar um homem livre e matá-lo, o dono deverá pagar meia *mina* em dinheiro". O Êxodo 21,29-30 diz: "Se um touro tem o costume de chifrar e o dono foi avisado mas não o mantém preso, e ele matar um homem ou mulher, o touro será apedrejado e seu dono também morto. Porém [...] o dono pode redimir sua vida pagando o que for exigido".

Embora os reis mesopotâmicos alegassem governar em nome de deuses, nunca afirmaram que os autores das leis eram os próprios deuses. Infringir uma lei era cometer um crime contra outro humano, que poderia escolher perdoar o criminoso. Mas infringir uma lei da Torá era diferente; não era só um crime contra outro humano, mas também um pecado contra Deus. ∎

A leitura do rolo da Torá é parte do ritual do culto judaico. Ela ocorre em certos dias, entre eles o Shabat e os feriados judaicos.

O rolo da Torá

O rolo que contém o texto da Torá – incluindo as leis dadas por Deus a Moisés – é o objeto mais sagrado de toda sinagoga judaica. Cada rolo, ou *Sefer Torah* (*sefer* significa "livro" ou "documento escrito"), é manuscrito num pergaminho especial, usando uma pena ou cálamo tradicional. O texto contém 304.805 letras hebraicas, que devem ser escritas com perfeição por um escriba treinado. Um só erro invalida todo o rolo.

O rolo é mantido num gabinete ricamente ornamentado chamado arca sagrada. Parte mais venerável da sinagoga e ponto focal do culto, ela é construída na parede voltada para Jerusalém.

Passagens do rolo da Torá são lidas em voz alta na sinagoga, em geral várias vezes por semana. Partes selecionadas são lidas todo Shabat de manhã, escolhidas de modo que a Torá inteira é lida ao longo de um ano. O fim desse ciclo anual é marcado pela festa de Simchat Torá.

O MANDATO DO CÉU
A CHINA DA DINASTIA ZHOU (c. 1046 a.C.-256 a.C.)

EM CONTEXTO

FOCO
O direito a governar

ANTES
c. 1600-c. 1046 a.C. A dinastia Shang, a primeira da China, governa a maior parte do leste chinês. Os reis Shang criam as primeiras leis da China. Crimes são punidos com pena de morte, mutilação ou prisão com trabalho pesado.

DEPOIS
770-476 a.C. O poder dinástico dos Zhou enfraquece conforme governantes locais competem pela supremacia.

476-221 a.C. A China se divide em sete estados em guerra, mas os reis Zhou continuam a ter um papel ritual até o último deles, Nan, ser deposto, em 256 a.C.

221. a.C. O estado Qin triunfa e a China é unificada por Qin Shi Huang, o primeiro imperador da dinastia Qin.

Por volta de 1046 a.C., o rei Wu, do estado de Zhou, destronou o último rei da dinastia Shang, que controlara a China por cinco séculos. Para justificar sua rebelião, o fundador da nova dinastia, Zhou, apelou ao conceito de *tianming* ("mandato do céu"). Wu alegou que um rei só poderia governar se fosse favorecido pelo céu. Ele disse que os reis Shang tinham negligenciado seus deveres sagrados e que seu governo era corrupto, e assim o céu transferiria seu mandato para outra dinastia.

Os reis Shang derivavam a autoridade real de sua suposta capacidade de se comunicar com os ancestrais por adivinhação. Eles o faziam interpretando rachaduras em ossos e cascos de tartarugas. O rei Wu e os que o sucederam, entre eles os de dinastias posteriores, passaram a usar o mandato do céu para justificar seu domínio.

O dever de reis

Os reis Zhou acreditavam ter o dever de governar com justiça, para não se arriscarem a perder o mandato do céu. Esse dever é descrito em seus primeiros documentos. No *Kang Gao* [Anúncio do príncipe de Kang], atribuído a Wu, o rei dá conselhos legais a Feng, seu irmão mais novo. Feng tinha sido indicado para governar uma região do território Zhou. Wu o alerta a não deixar os castigos "serem distorcidos para agradar [suas] próprias inclinações" e lhe diz que reverencie as leis. ■

O mandato não é fácil de manter; que ele não termine convosco. Mostrai e fazei brilhar vossa boa fama [...].
Ode sobre o rei Wen
O rei Wen (1152-1056 a.C.) foi o pai do rei Wu

Ver também: Primeiros códigos 18-19 ▪ Confucionismo, taoismo e legalismo 26-29 ▪ A Magna Carta 66-71 ▪ O julgamento de Carlos I 96-97

OS PRIMÓRDIOS DO DIREITO

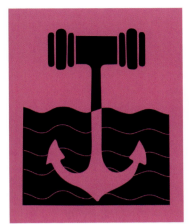

A LEI DO MAR
A LEX RHODIA (500 a.C.-300 a.C.)

EM CONTEXTO

FOCO
Direito marítimo

ANTES
900-500 a.C. Gregos da ilha de Rodes estabelecem relações comerciais de longa distância no Mediterrâneo e criam colônias na Sicília e na Lícia (oeste da Turquia).

DEPOIS
c. 408 a.C. As três cidades-Estados de Rodes – Lindos, Ialyssos e Kamiros – se unem num estado federal.

146 a.C.-44 d.C. Os romanos conquistam todas as terras ao redor do mar Mediterrâneo, criando um só estado, sujeito ao direito romano.

533 d.C. É publicado o *Digesto*, um sumário do direito romano do imperador bizantino Justiniano I.

c. 700 d.C. A Lei Marítima Ródia é lançada. Ela continua influente até o século XII ou XIII.

A Lex Rhodia [Lei de Rodes] é o primeiro código conhecido de direito marítimo, desenvolvido na era clássica grega (500 a.C.-300 a.C.). A ilha grega de Rodes era um dos estados marítimos mais ricos do Mediterrâneo oriental. Esse código era tão abrangente que foi adotado por outros estados e colônias gregos, da Espanha ao mar Negro. Ele também influenciou o direito romano e forneceu um método acordado e aceito para resolver controvérsias marítimas no Mediterrâneo.

Lei *de jactu*

Uma parte do código que se conservou no *Digesto* do imperador Justiniano (533 d.C.) diz respeito ao lançamento de cargas no mar por barcos em dificuldades e declara que, "[…] se uma carga for alijada para deixar o barco mais leve, o sacrifício para o bem comum deve ser ajudado por contribuição comum". O princípio de partilhar perdas, chamado "média geral" ainda se aplica em direito marítimo. Tal era o prestígio da Lex Rhodia que, quando o Império Bizantino lançou um novo código marítimo em c. 700 d.C., foi chamado de Nomos Rhodion Nautikos [Lei Marítima Ródia]. ∎

O colosso de Rodes era uma das Sete Maravilhas do Mundo Antigo. Erigida em 280 a.C., essa enorme estátua do deus sol Hélio saudava os marinheiros que entravam no porto de Rodes.

Ver também: A Lex Aquilia 34 ▪ Ulpiano, o Jurista 36-37 ▪ A Lex Mercatoria 74-77 ▪ A Organização Mundial do Comércio 278-283

A ARTE DE BEM GOVERNAR

**CONFUCIONISMO, TAOISMO E LEGALISMO
(476 a.C.-221 a.C.)**

EM CONTEXTO

FOCO
Direito e filosofia

ANTES
c. 1046-771 a.C. Reis da dinastia Zhou do oeste controlam um estado feudal, em que senhores regionais governam em seu nome.

771-476 a.C. No período da primavera e do outono, os reis Zhou perdem o controle quando estados regionais lutam entre si. Os estados maiores conquistam os menores, até restarem só sete: Chu, Han, Qi, Qin, Wei, Yan e Zhao.

DEPOIS
221 a.C. A China é unificada pela dinastia Qin (221-206 a.C.), que impõe o legalismo.

141. a.C. A dinastia Han (206 a.C.-220 d.C.) torna o confucionismo a filosofia de estado e desacredita o Legalismo.

Durante o Período dos Estados Combatentes (476-221 a.C.), a China se dividiu em sete estados rivais constantemente em guerra uns com os outros.

Os filósofos chineses reagiram desenvolvendo três sistemas concorrentes de crenças: confucionismo, taoismo e legalismo. Cada um abordava de modo diverso o papel do governo e do direito e todos tiveram influência duradoura na história chinesa.

Confucionismo

O filósofo Kong Fuzi (551-479 a.C.), conhecido como Confúcio, buscou a estabilidade social nas tradições. Ele

OS PRIMÓRDIOS DO DIREITO   27

Ver também: Primeiros códigos 18-19 ▪ A China da dinastia Zhou 24 ▪ As *Leis* de Platão 31 ▪ O *Arthashastra* e o *Manusmriti* 35

As três filosofias rivais desenvolvidas na China durante o Período dos Estados Combatentes

Confucionismo: As pessoas podem ser **ensinadas a ser boas**. Os governantes devem governar pela **virtude** e pela **tradição**.	**Taoismo:** As pessoas devem viver em **harmonia** com a natureza e o Universo. Os governantes devem **deixar as pessoas em paz**.	**Legalismo:** As pessoas são **autocentradas**. Os governantes devem **deter os crimes** e **manter o povo em ordem** com punições.

Confúcio

O filósofo Kong Qui nasceu em 551 a.C., nos escalões mais baixos da nobreza, no pequeno estado oriental de Lu.

Ele foi depois conhecido por seus seguidores como Kong Fuzi ("Mestre Kong"), o que levou a seu nome ocidental, Confúcio. Após anos na corte de Lu sem ganhar influência, ele viajou de um estado a outro, esperando ser empregado como ministro. Ele falhou em obter um cargo, pois suas ideias pareciam idealistas e antiquadas aos governantes da época. No entanto, Confúcio continuou a difundir sua filosofia pelo ensino. Sua reputação de conhecimento atraiu muitos discípulos, que o buscavam para estudar textos rituais antigos, como o *Livro dos ritos* e o *Livro dos cantos*.

Confúcio não escreveu livros, mas após sua morte, em 479 a.C., seus ensinamentos foram transcritos por seus alunos em *Lunyu* [Conversas], chamado no Ocidente de *Analectos*.

Obra principal

c. 500 a.C. *Analectos*

---

enfatizava a importância de ritos antigos (*li*) em honra de ancestrais e deuses; a compaixão ou sentimento pelo outro (*ren*); e a piedade filial (*xiao*), o respeito das crianças pelos pais. Confúcio defendia que a piedade filial se estendesse além da família para a sociedade como um todo. Havia cinco relações sociais principais em que cada indivíduo tinha um lugar próprio: governante-súdito, pai-filho, marido-mulher, irmão mais velho-mais novo e amigo-amigo. Em cada uma, o parceiro superior deveria ser como um pai afetuoso, e o inferior, respeitoso e obediente.

Confúcio pensava que as leis e punições só eram necessárias numa sociedade primitiva, em que as pessoas não observavam os ritos devidos. Se eles recebessem um bom exemplo daqueles em posição de autoridade e fossem educadas, iriam se comportar bem. Confúcio disse: "Governar só pela lei e criar ordem por meio de punições fará as pessoas tentarem evitar a punição mas não terem sentimento de vergonha. Governar pela virtude e criar ordem por ritos não só lhes dará o senso de vergonha como sobretudo as fará se tornarem boas".

Taoismo

O texto principal do taoismo é o *Tao te ching*, atribuído a Lao Tsé (velho mestre), possivelmente um professor mítico do século VI a.C. O texto pode também ter tido mais de um autor, e sua ideia central é que as pessoas deveriam viver em harmonia com a ordem natural do Universo, chamada Tao (Caminho). O *Tao te ching* usa a água como exemplo do que isso significa: "A água é fluida, suave e cede à pressão. Mas pode desgastar a pedra, que é rígida e não cede à pressão. Como regra, tudo que é fluido, suave e que cede supera o que é rígido e duro".

Os taoistas pensavam que todos os problemas sociais se resolveriam se as pessoas levassem uma vida simples e se livrassem da ambição e da cobiça. Eles partilhavam a »

CONFUCIONISMO, TAOISMO E LEGALISMO

desconfiança dos confucianos pelas leis. Mas à diferença deles, que pensavam que o governo beneficiava a sociedade, os taoistas defendiam a vida privada e queriam que os governantes deixassem as pessoas em paz. O melhor modo de viver era através da *wu wei* (ação sem esforço) e o governante perfeito era o que não fazia leis, não impunha restrições a seus súditos, e cujas ações passavam despercebidas.

Como uma filosofia do individualismo e da inação, o taoismo tinha aplicações práticas limitadas em termos de governo. Apesar disso, teve influência duradoura sobre a filosofia e a religião, em especial sobre o budismo chinês.

Legalismo

A filosofia mais bem-sucedida durante os Estados Combatentes foi a *Fajia* (padrões), chamado no Ocidente de legalismo. Os legalistas pensavam que as pessoas eram basicamente autocentradas, preguiçosas e ignorantes. O modo de criar ordem social e um estado forte era deter o crime com leis e punições estritas. Mesmo delitos leves deviam ser punidos com rigor.

No século IV a.C., o legalismo foi adotado por Shang Yang, ministro-chefe do estado ocidental de Qin. *O livro do senhor Shang*, uma coletânea de textos de Shang e seguidores, ataca o confucionismo, dizendo que a reverência pelo passado e pelas tradições estimula as pessoas a criticar os governantes atuais. Mesmo a compaixão e a virtude abalam a lei.

Não valorize bens que são difíceis de obter, e as pessoas não roubarão.
Lao Tsé
Tao te ching, século IV a.C.

O livro do senhor Shang afirma que pessoas más deveriam ficar em posições de poder por duas razões: a lealdade de todos deve ser às próprias leis, não a quem as aplica, e as pessoas más são propensas a relatar crimes porque gostam de espiar os outros.

As penas impostas por Shang Yang eram humilhantes e dolorosas. Elas incluíam tatuagem facial, mutilação e vários modos de execução pública, como ser fervido, esquartejado ou enterrado vivo. As punições eram também coletivas, estendendo-se a toda a família ou clã do criminoso. Não comunicar um crime implicava pena tão dura quanto cometê-lo.

Usando o legalismo, Shang Yang criou um estado autoritário e um exército poderoso de camponeses convocados como soldados. Ele destruiu o poder feudal da nobreza, sujeita agora às mesmas leis dos demais. Quando um governante novo, humilhado antes por Shang Yang, chegou ao poder, o ministro caiu em desgraça. Em 338 a.C., submetido às mesmas leis duras

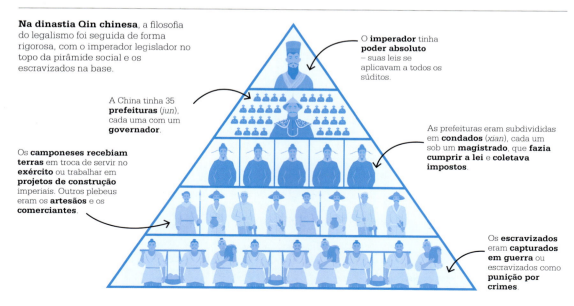

Na dinastia Qin chinesa, a filosofia do legalismo foi seguida de forma rigorosa, com o imperador legislador no topo da pirâmide social e os escravizados na base.

O **imperador** tinha **poder absoluto** – suas leis se aplicavam a todos os súditos.

A China tinha 35 **prefeituras** (*jun*), cada uma com um **governador**.

As prefeituras eram subdivididas em **condados** (*xian*), cada um sob um **magistrado**, que **fazia cumprir a lei** e **coletava impostos**.

Os **camponeses recebiam terras** em troca de servir no **exército** ou trabalhar em **projetos de construção** imperiais. Outros plebeus eram os **artesãos** e os **comerciantes**.

Os **escravizados** eram **capturados em guerra** ou escravizados como **punição por crimes**.

que tinha introduzido, ele foi despedaçado por carretas e todos de sua família foram mortos.

O historiador Sima Qian (c. 145--86 a.C.) escreveu que Shang Yang mereceu seu destino e admitiu que suas políticas eram eficazes: "Ao fim de dez anos, o povo de Qin se aquietou. Nada perdido na estrada era apanhado e guardado, as colinas estavam livres de ladrões, cada lar prosperou, os homens lutavam com bravura no campo de batalha, mas evitavam brigas em casa".

O maior filósofo legalista, Han Feizi (c. 280-233 a.C.), afirmou que leis impostas universalmente e bem divulgadas beneficiaram a todos, trazendo ordem e previsibilidade à vida. O legalismo levava as pessoas a fazer coisas que de outro modo evitariam, como trabalhar duro e lutar em guerras. Se havia ressentimento com as leis, era porque as pessoas eram como crianças e não entendiam o que era bom para elas.

O totalitarismo de Qin

O estado de Qin conquistou os outros estados combatentes um a um, até que, em 221 a.C., o rei Zheng de Qin derrotou Qi, o último reino independente, e declarou-se Qin Shi Huang (Primeiro Excelso Imperador de Qin).

Ele impôs o legalismo por toda a China e unificou o modo de vida,

> Quando as pessoas são estúpidas, são fáceis de governar.
> **Shang Yang**
> *O livro do senhor Shang*

introduzindo uma moeda, pesos e medidas padrões e um sistema de escrita novo e mais simples, baseado num só conjunto de caracteres. Usando trabalhos forçados, o imperador construiu a primeira Grande Muralha na fronteira norte, uma rede de estradas e um enorme túmulo, onde foi depois enterrado com um exército de terracota para guardá-lo.

A China de Qin foi um estado totalitário em que cada aspecto da vida das pessoas era controlado. O imperador ordenou uma enorme queima de livros e, segundo Sima Qian, mandou enterrar vivos 460 eruditos confucianos. O governo do primeiro imperador foi tão duro que a dinastia Qin só durou quatro anos após sua morte, em 210 a.C.

As reformas de Han

Em 206 a.C., Liu Bang, um líder rebelde, tomou o poder, fundando a dinastia Han, que criou a Primeira Era de Ouro da China. Embora o legalismo tivesse sido eficaz numa época de

O exército de terracota que guarda o túmulo do imperador Qin Shi Huang se destinava a protegê-lo na outra vida. Além de 8 mil guerreiros, inclui carroças e cavalos.

guerra constante, o confucionismo, que promovia a coesão social e a lealdade aos superiores, parecia mais adequado quando a China estava unida e em paz. Sob os Han, o legalismo como filosofia foi negado e as punições mais severas, abolidas. Em 141 a.C., o sétimo imperador Han, Wudi, adotou o confucionismo como ideologia oficial. Os *Analectos* de Confúcio se tornaram um livro sagrado, memorizado por gerações de estudantes.

Apesar disso, a China continuou a ser um estado autocrático, em que o confucionismo era sustentado pela aplicação estrita da lei – como diz um provérbio chinês, o país é "confuciano no exterior, legalista no interior". A sociedade ideal de Confúcio, em que leis e punições eram desnecessárias, nunca foi alcançada. ∎

ISTO SERÁ VINCULANTE POR LEI
AS DOZE TÁBUAS (c. 450 a.C)

EM CONTEXTO

FOCO
Codificação do direito romano

ANTES
510-509 a.C. Os romanos depõem seu último rei e estabelecem uma república. Todos os postos de governo são ocupados por patrícios.

494 a.C. Depois que os plebeus ameaçam deixar Roma, obtêm o direito de eleger os chamados tribunos para defender seus interesses e propor leis.

DEPOIS
390 a.C. As Doze Tábuas originais são destruídas quando os invasores gauleses saqueiam Roma. Cópias do texto se conservam e gerações de crianças romanas o aprendem de cor.

367 a.C. Os plebeus afinal ganham o direito ao cargo de cônsul, um dos dois chefes de estado eleitos a cada ano.

Por volta de 450 a.C., a República Romana compilou seu primeiro código escrito, inscrito em doze tábuas expostas no Fórum, o principal espaço público de Roma. Na época, os plebeus (pessoas comuns) estavam empenhados numa longa disputa com a pequena classe governante das famílias patrícias (nobres) e com os sacerdotes, que atuavam como magistrados e interpretavam as leis transmitidas ao longo de gerações. Os plebeus podiam ser punidos por crimes contra leis que desconheciam. Como uma concessão a eles, dez magistrados patrícios, chamados decênviros, foram encarregados de registrar as leis consuetudinárias romanas. Graças às Doze Tábuas dos decênviros, os cidadãos romanos puderam conhecer alguns de seus mais importantes direitos e apelar contra decisões de magistrados.

Um código civil
As Tábuas tratavam de direito civil (leis concernentes às relações entre membros da sociedade), delineando os direitos e responsabilidades dos cidadãos. Elas também continham determinações importantes sobre matéria processual, cobrindo intimações à corte, julgamentos, o papel das testemunhas e a execução das decisões. Roma ainda era uma cidade agrícola, e muitas das novas leis codificadas diziam respeito a disputas entre agricultores. Uma lei proibia o casamento entre patrícios e plebeus, mas foi logo repelida. Outras foram depois substituídas por leis atualizadas. Apesar disso, os romanos viam as Doze Tábuas como o fundamento de seu sistema jurídico. ∎

Aquele livrinho das Doze Tábuas me parece, sozinho, ultrapassar com certeza as bibliotecas de todos os filósofos.
Cícero
Estadista romano (106-43 a.C.)

Ver também: Primeiros códigos 18-19 ▪ A Lex Aquilia 34 ▪ Ulpiano, o Jurista 36-37 ▪ A Magna Carta 66-71

OS PRIMÓRDIOS DO DIREITO 31

O DIREITO É O MESTRE DOS GOVERNANTES
AS *LEIS* DE PLATÃO (348 a.C.)

EM CONTEXTO

FOCO
A soberania da lei

ANTES
399 a.C. O filósofo grego Sócrates é condenado à morte em Atenas, deixando seu discípulo Platão com aversão à democracia, vendo-a como um governo da turba.

c. 367-361 a.C. Platão se torna tutor de Dionísio II, o novo tirano de Siracusa, mas sua tentativa de torná-lo um rei-filósofo fracassa.

DEPOIS
c. 330 a.C. Em *Política*, Aristóteles, discípulo de Platão, afirma que o estado deveria combinar a democracia com a oligarquia (governo por poucos).

c. 130 a.C. O historiador grego Políbio elogia a república romana como um sistema bem-sucedido de governo misto.

1748 Em *Do espírito das leis*, Montesquieu propõe um sistema de governo misto.

Escrita pelo filósofo ateniense Platão em 350 a.C., *Leis* foi sua última e mais longa obra. Mais famosa, *A república* tinha examinado um estado ideal, governado por reis-filósofos sem necessidade de leis. Em contraste, *Leis* se ocupa do "segundo melhor estado", onde a lei é suprema.

O livro é um diálogo ambientado em Creta, entre um ateniense não nomeado, um espartano chamado Megilo e um cretense, Clínias. O cretense está a caminho de fundar uma nova cidade, Magnetes (Magnésia). Os três discutem sua formação e o ateniense sugere um código que aborde cada aspecto da vida.

A cidade-Estado teorizada por Platão combina um sistema autoritário com elementos democráticos. Suas leis são primeiro concebidas por um ditador e um legislador sábio, que depois entregam seus poderes a magistrados eleitos. Cada lei tem um prefácio, para convencer as pessoas de que é de seu interesse observá-las. Para impedir que alguém se torne mais poderoso que a lei, há um sistema autorregulador. Os magistrados da cidade são submetidos a examinadores, que checam suas qualificações e podem responsabilizá-los. A doutrina de Platão de soberania da lei e de um sistema de governo misto teve um legado duradouro, influenciando filósofos de Aristóteles ao juiz francês Montesquieu, do século XVIII. ■

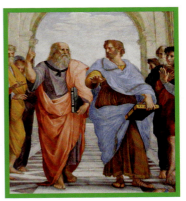

Um afresco do Museu do Vaticano representa Platão (esq.) com seu discípulo Aristóteles, que foi influenciado pelas concepções do mestre sobre lei e governo.

Ver também: Aristóteles e o direito natural 32-33 ■ A Revolução Gloriosa e a Declaração de Direitos inglesa 102-103 ■ A Suprema Corte dos EUA e o controle de constitucionalidade 124-129

A VERDADEIRA LEI É O RACIOCÍNIO LÓGICO
ARISTÓTELES E O DIREITO NATURAL (c. 340 a.C.)

EM CONTEXTO

FOCO
Direito natural

ANTES
c. 441 a.C. Em sua tragédia *Antígona*, Sófocles sugere que há leis divinas não escritas e inalteráveis.

c. 375 a.C. *A república*, de Platão, afirma que a comunidade ideal é "estabelecida de acordo com a natureza".

DEPOIS
c. 1050 d.C. O erudito iraniano muçulmano Al-Biruni diz que a lei natural – a sobrevivência do mais apto – deve ser superada pela lei divina, revelada por Maomé.

c. 1140-1150 Em *Decretum*, Graciano compara as leis naturais às da Igreja.

c. 1265-1274 Tomás de Aquino une a filosofia de Aristóteles e a teologia cristã na *Suma teológica*.

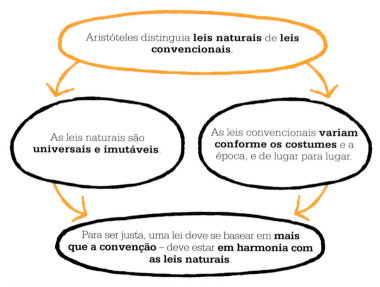

No século IV a.C., o filósofo grego Aristóteles fez uma distinção entre as leis imutáveis e universais da natureza e as leis convencionais humanas, que variam de lugar a lugar. Para que uma lei seja justa, ele alegou, deveria estar em harmonia com as leis naturais.

Em *Retórica*, Aristóteles citou *Antígona*, uma tragédia do dramaturgo grego Sófocles, do século V, como um exemplo das duas leis em conflito. Na peça, Antígona viola o edito real fazendo um funeral para seu irmão Polinice. Aristóteles observou que, num apelo ao rei, Antígona justifica a infração invocando uma lei natural mais alta, que não pertence "a hoje nem a amanhã, vive eternamente: ninguém sabe como surgiu".

OS PRIMÓRDIOS DO DIREITO 33

Ver também: As *Leis* de Platão 31 ▪ Ulpiano, o Jurista 36-37 ▪ As origens do direito canônico 42-47 ▪ O *Decretum* de Graciano 60-63 ▪ Tomás de Aquino 72-73

Há realmente, como todos sentem, algo justo por natureza e comum a todos.
Aristóteles
Retórica (I.13), século IV a.C.

Porém, Aristóteles não explica como distinguir as leis naturais de crenças culturais. Mesmo o exemplo que dá de uma lei natural – o direito a um enterro – não é um costume universal. Muitas sociedades não enterram os mortos, deixando seus corpos para aves necrófagas, que os limpam até os ossos. Restou para os pensadores futuros encontrar uma base racional para o direito natural.

Harmonia natural

Em c. 300 a.C., o filósofo grego Zenão, fundador do estoicismo, identificou as leis naturais com a razão divina, que ele via como uma ordem intencional que permeava o cosmos. Como parte desse cosmos, os humanos têm a razão divina dentro de si. Seguindo apenas a razão, em vez da emoção, as pessoas podem viver em harmonia com as leis naturais.

Como acreditavam que todos os seres humanos partilham tanto a razão divina quanto as leis naturais, os estoicos viam a humanidade como uma comunidade em que todas as pessoas eram iguais. A sociedade ideal, em sua visão, era um estado mundial em que todos viviam juntos em harmonia, regidos pela razão divina.

Séculos depois, alguns juristas romanos, entre eles o célebre Ulpiano, no início do século III d.C., aceitaram a ideia estoica de que os humanos eram iguais por direito natural e que a escravidão era contrária à natureza. Apesar disso, nunca chegaram a defender a aplicação desse princípio no *civil law*.

Razão divina

O estadista romano Cícero foi muito influenciado pelos estoicos. Em *Da república* (c. 51 a.C.) ele argumentou que "A verdadeira lei é o raciocínio lógico em concordância com a natureza […] [com] uma lei eterna e imutável […] válida para todas as nações e todos os tempos, e […] um mestre e regente, que é Deus sobre todos nós, pois ele é o autor dessa lei, seu promulgador e o juiz que a faz cumprir". Embora Cícero tenha adotado a visão estoica de "Deus" como razão divina, suas palavras ressoam nas de pensadores cristãos posteriores, como Graciano – um monge italiano – e Tomás de Aquino. Eles viam na descrição de Cícero de um legislador e juiz universal o Deus cristão. ∎

No que respeita ao *civil law*, os escravizados não são considerados pessoas; mas não é o caso no direito natural, porque as leis naturais veem todos os homens como iguais.
Ulpiano, o Jurista
Ad sabinum (XLIII), c. 212 d.C.

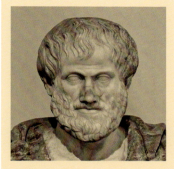

Aristóteles

Os textos do filósofo, cientista e polímata Aristóteles definiram a evolução da filosofia antiga e medieval. Nascido em 384 a.C., em Estagira, na Trácia, ele foi para Atenas aos dezessete anos, onde estudou e ensinou por vinte anos na Academia de Platão. Após a morte de Platão, em c. 347 a.C., Aristóteles foi para a Ásia Menor. Em c. 344 a.C., visitou a ilha de Lesbos, no Egeu, onde fez um estudo detalhado da vida marítima.

Aristóteles foi tutor de Alexandre, o Grande, por um breve período, voltou a Atenas em 335 a.C. e fundou sua própria escola, o Liceu. Este contava com uma biblioteca, um museu e uma coleção de mapas. Ele escreveu cerca de duzentos livros, cobrindo cada ramo da ciência e da filosofia então conhecidos. Em 323 a.C., foi para Cálcis e morreu no ano seguinte.

A obra de Aristóteles se conservou no mundo islâmico após a queda de Roma e foi recuperada no Ocidente por Tomás de Aquino.

Obras principais

Ética a Nicômaco
Retórica
Política

UMA PESSOA É RESPONSÁVEL POR DANOS ILÍCITOS
A LEX AQUILIA (286 a.C.)

EM CONTEXTO

FOCO
***Civil law* e propriedade privada**

ANTES
494 a.C. Barrados em cargos públicos, os plebeus criam sua própria assembleia.

c. 450 a.C. As Doze Tábuas são o primeiro código escrito romano.

287 a.C. A Lex Hortensia dá à Assembleia da Plebe o poder de fazer leis sem a aprovação do Senado.

DEPOIS
426 d.C. A Lex Citationum [Lei de Citações] do imperador Valentiniano III nomeia cinco juristas antigos (Ulpiano, Gaio, Papiniano, Paulo e Modestino), cujas opiniões devem guiar os julgamentos.

529-533 d.C. O imperador Justiniano publica o *Código*, o *Digesto* e as *Instituições*, que juntos formam o corpo definitivo do direito romano.

A Lex Aquilia foi uma lei romana que outorgava indenização por danos ilícitos à propriedade. Seu nome deriva de Aquílio, o tribuno plebeu (magistrado eleito entre cidadãos comuns) que a estruturou, e foi uma das primeiras leis concebidas após a Assembleia da Plebe receber o poder de legislar sem buscar aprovação do Senado. Os plebeus podiam agora ser compensados por delitos civis cometidos por patrícios, a elite governante que dominava o Senado.

A Lex Aquilia descrevia a compensação devida em diferentes cenários. Ela afirmava que, se alguém matasse ilicitamente um escravizado ou animal de criação, teria de pagar ao dono seu mais alto valor no ano anterior. Outra cláusula cobria danos de todos os tipos à propriedade, exigindo que o custo do dano fosse avaliado em trinta dias e a soma apropriada, paga.

Definição posterior
A Lex Aquilia substituiu todas as leis anteriores sobre danos ilícitos. Seu legado é o conceito legal moderno do "delito" como um ilícito civil decorrente de uma violação, intencional ou por negligência, no dever de cuidar.

As leis romanas eram sujeitas a interpretação, mas o jurista Ulpiano (c. 170-223 d.C.) reiterou depois que dano ilícito é aquele causado "de modo culpável" – incluindo assim prejuízo por negligência, mas não devido a acidente. Ulpiano foi citado no *Digesto* do imperador Justiniano, de 533 d.C., preservando o legado da Lex Aquilia por muitos anos. ∎

Se uma pedra cai de uma carroça e [...] esmaga algo, o carroceiro é sujeito à ação aquiliana se empilhou mal as pedras.
Ulpiano
Digesto de Justiniano, 533 d.C.

Ver também: As Doze Tábuas 30 ▪ Ulpiano, o Jurista 36-37 ▪ O *Decretum* de Graciano 60-63 ▪ Donoghue *vs.* Stevenson 194-195

OS PRIMÓRDIOS DO DIREITO

AS LEIS SAGRADAS DAS CASTAS
O *ARTHASHASTRA* E O *MANUSMRITI* (SÉCULO II a.C.)

EM CONTEXTO

FOCO
O sistema de castas e o direito hindu

ANTES
1500-1200 a.C. O *Rigveda*, o mais antigo texto em sânscrito, é composto na sociedade tribal da Índia, onde rajás (governantes) são escolhidos por chefes.

1100-500 a.C. Reinos hereditários aparecem no norte da Índia e surge um sistema de quatro castas.

DEPOIS
1794 O *Manusmriti* é traduzido para o inglês e usado pelos governantes coloniais como um código para os hindus.

1905 Um manuscrito do *Arthashastra*, perdido desde o século XII, é redescoberto.

1949 A Constituição da Índia recém-independente proíbe a discriminação com base em casta, mas a questão persiste ainda no século XXI.

O *Arthashastra* e o *Manusmriti* são dois textos hindus antigos escritos em sânscrito e que se acredita datarem de 200 a.C. O *Arthashastra* [Ciência da prosperidade] é um guia prático para reis e fornece conselhos para manter o poder e criar um estado forte. O *Manusmriti* [Memórias de Manu] é um conjunto de regras ou códigos que se alega terem vindo de Manu, fundador mítico da raça humana. Ele se ocupa mais de comportamento moral e social e de deveres que o *Arthashastra*.

Os livros retratam a sociedade indiana dividida em quatro *varnas* (castas), uma hierarquia baseada em pureza ritual. Os mais puros eram os brâmanes (sacerdotes), seguidos dos xátrias (governantes e guerreiros), então dos vaixás (comerciantes e agricultores) e dos sudras (trabalhadores). Acreditava-se que nascer numa casta específica era uma recompensa ou punição por atos de uma vida anterior. Ambos os livros proibiam a mistura de castas. Embora nenhum deles fosse lei, ambos descreviam regras e punições para cada aspecto da vida.

O *Manusmriti* ganhou novo significado no fim do século XVIII, quando os governantes britânicos da Índia o interpretaram como um código definitivo para os hindus, equivalente à *sharia* para os muçulmanos. Ele foi traduzido para o inglês com o título *Institutes of Hindu Law* [Princípios da lei hindu] e usado para formular leis para os súditos hindus do Reino Unido. ∎

O dr. Bhimrao Ambedkar, visto aqui num selo de 1960, foi o primeiro ministro da Justiça indiano e um importante opositor ao sistema de castas.

Ver também: Primeiros códigos 18-19 ▪ Confucionismo, taoismo e legalismo 26-29 ▪ A Mixná e o Talmude 38-41 ▪ O Alcorão 54-57

CULTIVAMOS A VIRTUDE DA JUSTIÇA
ULPIANO, O JURISTA (c. 170-223 d.C.)

EM CONTEXTO

FOCO
Moralidade e teoria do direito

ANTES
c. 450 a.C. As Doze Tábuas anunciam um milênio do direito romano, encerrado com o *Código* do imperador bizantino Justiniano I, em 529 d.C.

27 a.C.-14 d.C. O imperador Augusto nomeia especialistas em direito, ou juristas, para dar pareceres legais em seu nome.

Século I d.C. Duas escolas rivais de direito florescem em Roma: os sabinianos, conservadores; e os proculianos, pró-razão.

DEPOIS
533 d.C. Justiniano I publica o *Digesto*, um compêndio de textos de juristas romanos.

c. 1070 Manuscritos de Justiniano são redescobertos no norte da Itália, renovando o interesse pelo direito romano e por Ulpiano.

Domitius Ulpianus foi o jurista mais influente da Roma Clássica. Autor prolífico, escreveu mais de duzentos livros de direito em pouco mais de dez anos. Ele voltou a ser aclamado muitos séculos depois, na Idade Média, quando o nome Ulpiano se tornou sinônimo de direito romano.

Carreira ilustre
Ulpiano nasceu no fim do século II, na cidade fenícia de Tiro, no atual Líbano. A cidade, próxima de Berytus (Beirute), abrigava a mais famosa escola de direito do Império Romano, e é possível que Ulpiano tenha estudado ou ensinado lá.

Em Roma, Ulpiano ascendeu a um alto posto do governo imperial. No início do século III, como mestre de petições do imperador Caracala, escrevia respostas a pedidos feitos ao governante. Foi depois de 212 d.C., quando Caracala estendeu a cidadania a todos os habitantes livres do império, que Ulpiano começou a escrever suas próprias obras de direito, em benefício, entre outros, dos novos cidadãos. Em 222 d.C., o novo imperador, Severo Alexandre, tornou Ulpiano comandante da Guarda

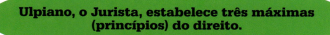

Ulpiano, o Jurista, estabelece três máximas (princípios) do direito.

Viver **honestamente** (*honeste vivere*).

Não prejudicar **ninguém** (*alterum non laedere*).

Dar a cada um o que **lhe** é **devido** (*suum cuique tribuere*).

OS PRIMÓRDIOS DO DIREITO

Ver também: As Doze Tábuas 30 ▪ Aristóteles e o direito natural 32-33 ▪ A Lex Aquilia 34 ▪ As origens do direito canônico 42-47 ▪ O *Decretum* de Graciano 60-63 ▪ Tomás de Aquino 72-73

Ulpiano se destaca como um dos cinco juristas mais reverenciados de Roma, junto com Gaio, Papiniano, Paulo e Modestino. Ele é representado aqui numa obra francesa de 1584.

Justiniano instruiu seus especialistas jurídicos a examinar o contraditório corpo de legislação existente e apresentar uma versão definitiva. O resultado foi o *Código*, uma coletânea abrangente de leis imperiais publicada em 529 d.C. A ela se seguiram o *Digesto* e as *Instituições*, um manual para estudantes de direito, ambos publicados em 533 d.C.

Muitos dos textos de Ulpiano se conservaram em trechos incluídos no *Digesto*. Ao preparar a obra, os compiladores com frequência escolheram Ulpiano como sua autoridade preferida – não só porque foi um dos últimos grandes juristas e tinha estudado os anteriores, mas também devido à clareza e elegância de seu texto, que constitui um terço de toda a coletânea.

O sistema codificado de princípios legais expresso nessas obras de

O direito é [...] a ciência do que é correto e do que é injusto.
Ulpiano, o Jurista

Justiniano é um traço definidor do direito romano. Nesse aspecto, o direito romano forma a base do *civil law*, o sistema de amplo uso hoje.

Retomada no Renascimento
Apesar de seu destaque nas páginas do *Digesto*, Ulpiano ficou muito esquecido até por volta de 1070 d.C., quando velhos manuscritos foram redescobertos na Itália. Depois, em 1583, o *Digesto*, o *Código* e as *Instituições* foram impressos juntos sob o título *Corpus juris civilis* e se tornaram a base da educação jurídica na Europa ocidental. ■

Pretoriana de Roma. Porém, Ulpiano se desentendeu com os soldados, e em 223 d.C. eles se rebelaram e o mataram.

Sacerdotes do direito
Ulpiano tinha uma visão elevada do direito romano, que considerava universal, racional e baseado no que Aristóteles descreveu como "direito natural". Ulpiano concebia o direito como "a arte da bondade e da equidade", da qual "nós [juristas] somos com razão chamados de sacerdotes. Pois cultivamos a virtude da justiça e reivindicamos a consciência do que é bom e justo".

As linhas acima fazem parte de uma definição de direito de Ulpiano que foi escolhida como texto de abertura do *Digesto*, uma compilação das interpretações de respeitados juristas encomendadas no século VI pelo imperador Justiniano I. Para racionalizar o direito romano,

Ulpiano foi assassinado pela Guarda Pretoriana no palácio imperial. Eles o atacaram na presença do imperador Severo Alexandre e de sua mãe e conselheira, Júlia Mameia.

JUSTIÇA, VERDADE E PAZ

A MIXNÁ E O TALMUDE
(c. 200-c. 500 d.C.)

EM CONTEXTO

FOCO
Direito divino

ANTES
516 a.C. O rei Ciro da Pérsia permite que os judeus exilados na Babilônia voltem a Jerusalém e reconstruam o Templo.

70 d.C. Após uma revolta dos judeus, os romanos saqueiam Jerusalém e destroem o Templo.

DEPOIS
c. 1070-1105 Na França, o rabino Shlomo ben Itzhak (Rashi) escreve um comentário sobre o Talmude.

1240 O Talmude é julgado em Paris e condenado por blasfêmia. Todas as cópias na França são queimadas.

1519-1523 Em Veneza, na Itália, Daniel Bomberg publica o primeiro exemplar impresso do Talmude babilônio.

O Talmude ("Estudo") é um compêndio escrito de leis orais que regem todas as partes da vida de um judeu devoto. Formado pela Mixná e pela Guemará, é o texto central do judaísmo rabínico que surgiu após os romanos destruírem o Templo de Jerusalém em 70 d.C. e é a forma corrente de judaísmo.

Os romanos dominaram Jerusalém e a província circundante da Judeia do século I a.C. em diante – primeiro por meio de reis vassalos e depois por governadores. No século I a.C., o judaísmo se dividiu em duas formas rivais, com atitudes diferentes em relação ao direito judaico. O culto no Templo era supervisionado pelos

OS PRIMÓRDIOS DO DIREITO 39

Ver também: Os Dez Mandamentos e a lei mosaica 20-23 ▪ O *Arthashastra* e o *Manusmriti* 35 ▪ As origens do direito canônico 42-47 ▪ O Alcorão 54-57

As seis ordens da Mixná

Zeraim (Sementes)
Preces, bênçãos e as leis agrícolas da Torá
11 tratados

Moed (Festas)
O Shabat, o Pessach e outras festas
12 tratados

Nashim (Mulheres)
Regras de casamento, divórcio e votos solenes
7 tratados

Nezikim (Danos)
Tribunais, direito civil e penal e máximas dos Pais
10 tratados

Kodashim (Coisas sagradas)
Culto no templo, sacrifícios e leis alimentares
11 tratados

Tohorot (Purezas)
Pureza ritual
12 tratados

---

saduceus, sacerdotes aristocráticos que só acreditavam na lei escrita delineada na Torá de Moisés. Os fariseus, por outro lado, acreditavam numa observância mais estrita das leis judaicas que os saduceus. Eles alegavam que as leis de pureza se aplicavam não só aos sacerdotes, mas à vida diária de todo o povo judaico.

Os fariseus derivavam suas crenças de uma tradição oral acumulada com o tempo. Nas palavras do historiador judeu-romano Josefo: "Os fariseus passavam ao povo muitas obrigações herdadas de seus pais, mas não escritas na lei de Moisés, e era por essa razão que os saduceus as rejeitavam". Uma das inovações dos fariseus era a crença em que, no fim dos tempos, Deus ressuscitaria os mortos, puniria os maus e recompensaria os justos. Os saduceus rejeitavam essa ideia de uma outra vida.

Em 70 d.C., após uma rebelião judaica, os romanos sitiaram e tomaram Jerusalém e demoliram o Templo. Os saduceus desapareceram da história. A perda do Templo foi uma catástrofe para os judeus – no mundo antigo, era inconcebível imaginar uma religião sem um templo, e o de Jerusalém era o único lugar na Terra em que os judeus podiam oferecer sacrifícios para expiar pecados.

Preservação do judaísmo

Foi muito graças ao rabino Yochanan ben Zakkai, um erudito judeu, que o judaísmo pôde continuar sem um templo. Ele convenceu os romanos a deixá-lo restabelecer o Sinédrio, o alto conselho judaico, em Yavne. Citando Oseias 6,6 na Torá ("Eu desejei misericórdia, não sacrifício"), Zakkai convenceu o Sinédrio de que o sacrifício animal (que caracteriza o culto no templo) podia ser substituído por oração, estudo das leis e benevolência. Isso era justificado no Talmude com um provérbio de Deus ao rei Davi: "Um só dia em que te sentes e dediques à Torá é preferível às milhares de oferendas queimadas que teu irmão Salomão Me ofertará no altar".

Após uma rebelião judaica em 132-136 d.C., o imperador Adriano expulsou os judeus de Jerusalém, que foi reconstruída como cidade romana. Para preservar o judaísmo, os rabinos compilaram um código, escrito em hebraico, chamado Mixná (Repetição ou Ensinamento). Concluído em »

c. 200 d.C. pelo rabino Judá Ha-Nassi, o livro é a parte mais antiga do Talmude. Baseada na tradição oral dos fariseus, a Mixná é dividida em seis ordens. Estas, por sua vez, se subdividem em sete a doze tratados (livros), que cobrem todos os aspectos da vida judaica. Um desses tratados, *Pirkei Avot* [Máximas dos Pais], retraçava a tradição oral por meio de uma sequência de autoridades até Moisés no Sinai.

Construção de um templo virtual

O tema da quinta ordem da Mixná, Kodashim, era o Templo de Jerusalém. Os autores descreveram amorosamente cada detalhe da construção perdida e do processo sacrificial. Foi assim que o culto no templo pôde continuar no centro da vida religiosa judaica. Segundo o Talmude: "Aquele que se engaja no estudo das leis de sacrifício deveria ser visto como se tivesse ofertado ele mesmo um sacrifício". Desde 70 d.C., os judeus rezaram todos os dias para que o Templo fosse restaurado por Deus e o culto, continuado lá – então estudar o Templo também era um modo de preparar-se para o futuro. Além da Mixná, o Talmude inclui a Guemará (Conclusão), um comentário

Moisés recebeu a Torá no Sinai e a transmitiu a Josué [...] o mais velho dos profetas, e os profetas aos Homens da Grande Assembleia.
Pirkei Avot

muito maior escrito por rabinos posteriores em aramaico, a língua do dia a dia na época. Duas Guemarás diferentes foram criadas: uma versão palestina, compilada entre 350 e 400 d.C., e uma babilônia, escrita entre 350 e 550 d.C. A esta última, muito maior, é atribuída grande autoridade.

A Guemará é um amplo corpo de materiais diversos que explora o significado das leis delineadas na Mixná e sua aplicação no dia a dia. À diferença da maioria dos códigos, ela com frequência apresenta lado a lado decisões contraditórias de rabinos, sem se definir entre elas. Em vez de fixar o direito judaico, a Guemará permitia estudá-lo e discuti-lo, e é descrita como o primeiro texto interativo.

O Talmude babilônio (formado pela Mixná e pela Guemará babilônia) se difundiu muito no mundo islâmico, onde os judeus tinham um status protegido. Após a conquista muçulmana da Espanha, no século VIII, a cidade de Córdoba se tornou um centro de conhecimento judaico. A *Halacha* (o direito judaico, derivado do Talmude) influenciou o desenvolvimento da *sharia* (direito

Esta página de um Talmude impresso mostra a Mixná e a Guemará no centro (em tipo maior), comentários medievais chamados Tosafot (Acréscimos) na esquerda e comentários de Rashi e notas de estudiosos posteriores na direita.

islâmico). À diferença do cristianismo, cujas leis eram feitas por concílios ou sínodos, o direito judaico e muçulmano derivavam de estudos. Os dois sistemas regulam todas as partes da vida diária e ambos combinam leis baseadas num livro de inspiração divina (a Torá e o Alcorão, respectivamente) com tradições orais posteriores.

O Talmude sob julgamento

A partir da Espanha, o Talmude se espalhou para a Europa cristã, onde escolas foram fundadas em grandes cidades. Os governantes europeus não conheciam o Talmude e assumiam que os judeus só estudavam a Torá de Moisés.

Em 1238, Nicholas Donin, um judeu francês que se converteu ao cristianismo e se tornou frade franciscano, denunciou o Talmude. Ele disse ao papa Gregório IX que o Talmude era ofensivo e blasfemo e que, sem ele, os judeus teriam se convertido ao cristianismo muito tempo antes.

Oh, pavoroso e terrível dia [...] Sol e Lua escureceram, os céus se estilhaçaram, as estrelas foram expulsas [...] o Universo chora.
Relato hebraico do julgamento do Talmude

OS PRIMÓRDIOS DO DIREITO

Em 3 de março de 1240, o rei Luís IX da França mandou tomar todos os exemplares do Talmude no país e levá-los a Paris, onde o livro foi julgado por blasfêmia. Donin foi o promotor e quatro importantes rabinos defenderam o Talmude. Donin encontrou passagens que se referiam a Yeshu (Jesus), um falso profeta filho de uma prostituta, o qual tinha sido legitimamente executado. Os rabinos responderam que esse não era Jesus Cristo, mas outro homem, dizendo: "Nem todo Luís nascido na França é rei".

O Talmude foi condenado e sentenciado a ser queimado. Os manuscritos foram levados pelas ruas de Paris em 24 carroças para uma grande fogueira. Devido a isso e às incinerações públicas subsequentes em outros locais da Europa cristã, pouquíssimos manuscritos completos do Talmude se conservaram.

Judeus iemenitas em Jerusalém leem e debatem juntos o Talmude. Estudá-lo era tradicionalmente uma atividade masculina, realizada quando os meninos concluíam um curso de estudo da Torá.

Estudo do Talmude

O modo tradicional de estudar o Talmud era em pares de homens. Os estudantes liam uma página e discutiam seu significado. Como a Guemará explica, "quando estudiosos da Torá estudam juntos, um estimula o outro". Hoje, mulheres também exploram o livro, em *yeshivot* (plural de *yeshiva*, escola dedicada ao estudo do Talmude, da Torá e de outros textos religiosos). As pessoas também leem o Talmude online, usando streaming ou videoconferência, e sites se oferecem para encontrar um *havruta* ("parceiro de aprendizado") para os estudantes.

Em 1923, Meir Shapiro, um rabino polonês, propôs que judeus de todo o mundo estudassem o Talmude coletivamente, ao ritmo de uma página por dia. A ideia foi adotada, e dezenas de milhares de judeus começaram a ler o livro juntos. Eles levaram sete anos e meio para ler o Talmude, com o primeiro ciclo concluído em fevereiro de 1931. O 13º ciclo terminou em 2020. Hoje, cerca de 350 mil judeus participam da leitura coletiva. ∎

Rashi

Nascido em Troyes, no norte da França, em 1040, o rabino Shlomo ben Itzhak, conhecido como Rashi, foi o mais influente comentador do Talmude da história. Quando jovem, ele estudou na *yeshiva* de Worms, na Alemanha. Aos 25 anos, voltou a Troyes e tornou-se rabino, enquanto trabalhava também como vinhateiro. Ele fundou sua própria *yeshiva* cinco anos depois.

Rashi escreveu vastos comentários sobre a Torá e o Talmude babilônio. Seus textos eram claros e concisos, e ele analisava o texto frase a frase. Embora escrevesse em hebraico, explicava o sentido de palavras obscuras em francês. Rashi morreu em 1105, em Troyes.

Desde que o Talmude babilônio foi impresso pela primeira vez, nos anos 1520, todos os exemplares incluem os comentários de Rashi na margem interna de cada página.

Obras principais

c. 1070-1105 *Comentários sobre a Torá*
c. 1070-1105 *Comentários sobre o Talmude*

TRILHE O CAMINHO DA RETIDÃO

AS ORIGENS DO DIREITO CANÔNICO (c. 313-380 d.C.)

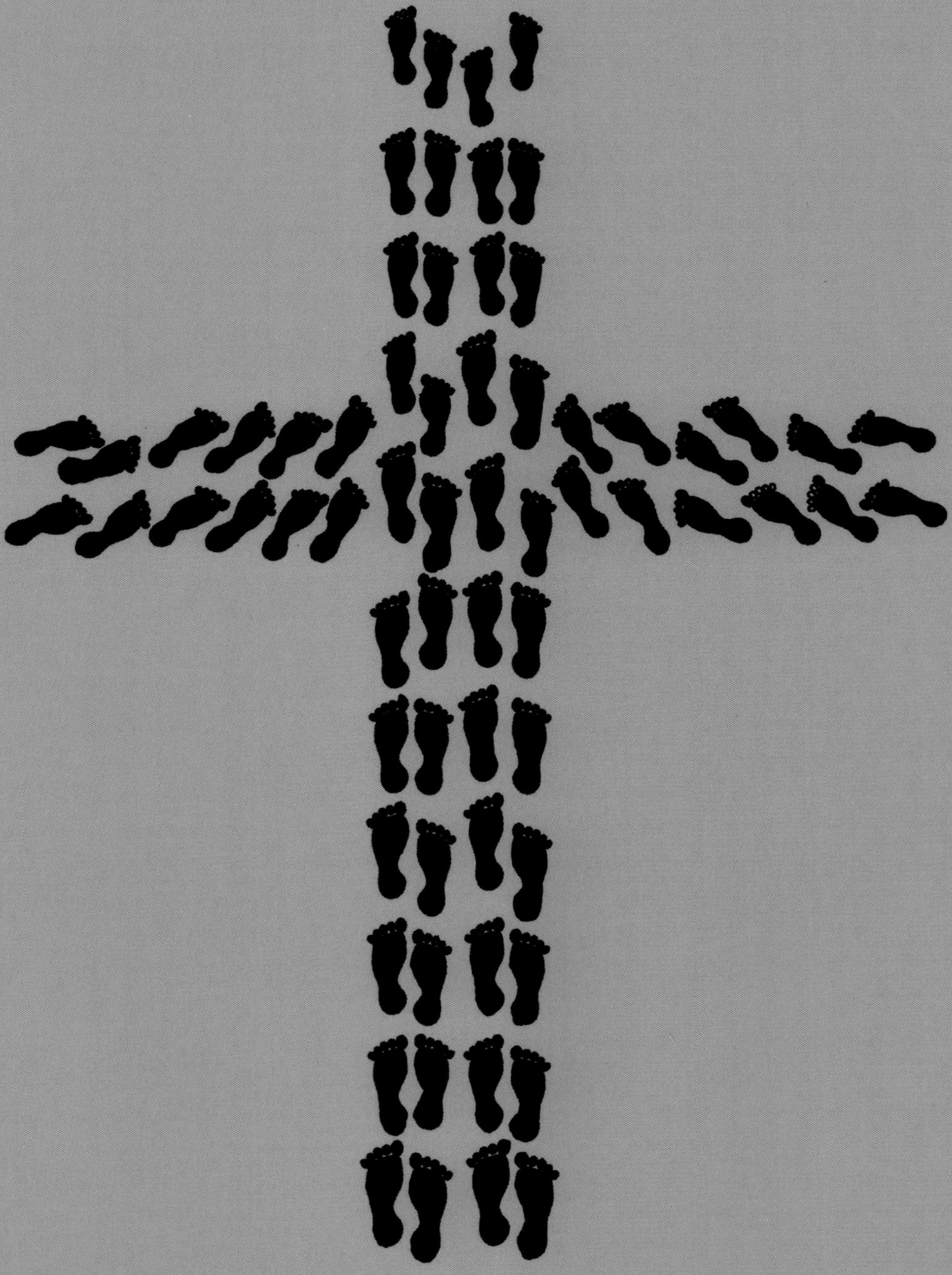

AS ORIGENS DO DIREITO CANÔNICO

EM CONTEXTO

FOCO
Direito canônico

ANTES
c. 30 d.C. Jesus Cristo é crucificado; seus seguidores são os primeiros cristãos.

c. 48 d.C. Um concílio em Jerusalém estabelece que os gentios não precisam seguir a lei mosaica para serem cristãos.

DEPOIS
406-476 Povos germânicos conquistam o Império Romano do Ocidente, mas a Igreja preserva costumes romanos e o direito canônico.

1054 O Grande Cisma divide a Igreja em Ortodoxa Grega oriental e Católica Romana ocidental.

c. 1140-1150 O *Decretum* de Graciano cria um direito canônico separado da teologia.

O direito canônico católico romano é o sistema jurídico mais antigo em funcionamento contínuo no mundo. Ele teve origem nos primeiros anos do cristianismo, mas foi adaptado ao longo dos últimos dois milênios, refletindo mudanças políticas, econômicas, sociais e culturais, além de religiosas. A palavra "cânone" deriva do grego *kanon*, haste ou regra. Os primeiros cânones se ocupavam basicamente de teologia e surgiram a partir de debates sobre em que as pessoas deviam crer.

Os primeiros seguidores de Jesus Cristo foram judeus que obedeciam à lei mosaica (leis hebraicas atribuídas a Moisés no Velho Testamento). Eles acreditavam que os doze apóstolos de Cristo ("mensageiros") haviam recebido o Espírito Santo – o terceiro membro da Santíssima Trindade cristã. Saulo de Tarso, depois chamado Paulo (c. 5-67 d.C.), também afirmou ser um apóstolo com base numa visão de Cristo. Em c. 48 d.C., uma das primeiras controvérsias teológicas na nova Igreja cristã foi resolvida num encontro de seus líderes, o Concílio de Jerusalém. Paulo, apoiado pelo apóstolo Pedro, defendia que os gentios (não judeus) que acreditavam em Jesus podiam ser cristãos sem primeiro se tornar judeus ou seguir a lei mosaica. O concílio fez circular um cânone com esse teor.

Liderança e crenças

As comunidades cristãs fundadas por Paulo e seus companheiros eram lideradas por *episkopoi* (supervisores) ou bispos, assistidos por *diakonoi* (servos) ou diáconos. Eles presidiam rituais como a comunhão (refeição sagrada de pão e vinho em memória da morte de Cristo) e batizavam convertidos. Nos primeiros anos da Igreja, os cristãos podiam escolher seus próprios bispos e diáconos locais.

Conforme o cristianismo se espalhou, a autoridade dos bispos aumentou. Eles indicaram presbíteros (anciãos) ou sacerdotes para realizar rituais em seu nome. No fim do século I, o bispo Clemente de Roma afirmou pertencer a uma linhagem ininterrupta de bispos desde são Pedro. Ele alegava que os bispos das igrejas fundadas pelos apóstolos, como a sua própria, tinham autoridade apostólica por seus cânones. Em c. 100 d.C., o bispo Inácio de Antioquia, outra igreja fundada por apóstolos, escreveu: "Deveríamos considerar o bispo como ao próprio Senhor".

Os bispos emitiram cânones para reger a organização e rituais de igrejas locais, assim como o comportamento de seus seguidores, mas principalmente para ditar em que as pessoas deveriam crer. A doutrina nunca tinha sido importante em religiões anteriores, mas o cristianismo era diferente, oferecendo a salvação aos fiéis e a danação aos que sustentavam crenças incorretas. Delitos graves, como heresia (opiniões contrárias às da liderança da Igreja) e blasfêmia (insulto ao sagrado), eram disciplinados com o "anátema" – uma punição que excomungava, ou expulsava, o transgressor da comunidade cristã. Delitos menos graves eram punidos com exclusão da comunhão.

Outro modo de controlar a crença era por meio de textos. No século II, os bispos reuniram um conjunto fixo de livros sagrados para colocar ao lado do Velho Testamento mosaico. Esse Novo Testamento incluía apenas

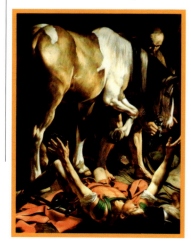

A conversão dramática de Paulo na estrada de Damasco transformou-o de um perseguidor de cristãos em um dos mais influentes missionários cristãos.

OS PRIMÓRDIOS DO DIREITO

Ver também: Os Dez Mandamentos e a lei mosaica 20-23 ▪ Aristóteles e o direito natural 32-33 ▪ O Alcorão 54-57 ▪ O *Decretum* de Graciano 60-63 ▪ Tomás de Aquino 72-73

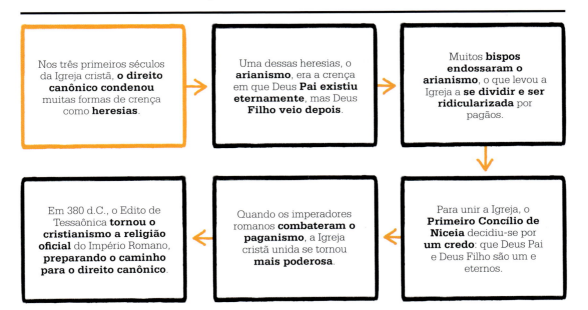

Nos três primeiros séculos da Igreja cristã, **o direito canônico condenou** muitas formas de crença como **heresias**.

Uma dessas heresias, o **arianismo**, era a crença em que Deus **Pai existiu eternamente**, mas Deus **Filho veio depois**.

Muitos **bispos endossaram o arianismo**, o que levou a Igreja a **se dividir e ser ridicularizada** por pagãos.

Para unir a Igreja, o **Primeiro Concílio de Niceia** decidiu-se por **um credo**: que Deus Pai e Deus Filho são um e eternos.

Quando os imperadores romanos **combateram o paganismo**, a Igreja cristã unida se tornou **mais poderosa**.

Em 380 d.C., o Edito de Tessalônica **tornou o cristianismo a religião oficial** do Império Romano, **preparando o caminho para o direito canônico**.

---

livros e cartas que se supunha terem sido escritos por apóstolos ou seus companheiros. Quando gnósticos e membros de outras seitas contestaram essa autoridade apostólica, a Igreja condenou seus escritos como heréticos.

Perseguição aos cristãos

Os cristãos se recusavam a fazer sacrifícios aos deuses romanos ou ao imperador e, assim, nos primeiros anos a maioria dos romanos via os cristãos com suspeita e hostilidade. Eles sofreram uma série de perseguições esporádicas a partir de 64 d.C., sob o imperador Nero. Apesar disso, no século III os cristãos já eram uma minoria visível em todo o império, e a perseguição aumentou muito.

Em 250, o imperador Décio ordenou que todos com exceção dos judeus fizessem sacrifícios aos deuses romanos ou enfrentassem a morte. Alguns cristãos se submeteram, e foram chamados de *lapsi* (caídos). Após o fim da perseguição, a Igreja teve de decidir se os *lapsi* podiam ser readmitidos. Em 251, o bispo Cipriano de Cartago realizou um sínodo (conselho) de bispos, que decidiu que os *lapsi* deviam ser julgados segundo sua culpa individual. Um segundo sínodo em Roma confirmou a decisão ainda naquele ano. A Igreja estava agora decidindo suas leis por uma maioria de votos de bispos em sínodos. A maior perseguição ocorreu sob o imperador Diocleciano em 303-305 e continuou com menor extensão por vários anos sob seu sucessor, Galério, no Império Romano do Oriente (ou Bizantino), separado do Império do Ocidente em 285.

No início dos anos 300, dezenove bispos espanhóis realizaram um sínodo em Elvira (hoje Granada, na Espanha), onde emitiram cânones regulando o comportamento dos fiéis. Um cânone proibia que mulheres batizadas se casassem com judeus, pagãos ou heréticos. A comunhão, até no leito de morte, era negada a quem tivesse feito sacrifícios em templo pagão e também a mulheres adúlteras. Bispos, sacerdotes e diáconos deviam ser celibatários ou excluídos do ofício. Os cânones de Elvira só se impunham em igrejas que tinham participado do sínodo. A prática de celibato permanente do clero se espalhou a outras igrejas no Império Romano do Ocidente, mas foi interpretada mais livremente no Império Romano do Oriente, onde os sacerdotes podiam se casar.

O Edito de Milão

Em 312, Constantino I, recém-convertido ao cristianismo, se tornou regente do Império Romano do »

Ocidente. No ano seguinte, com o imperador do Oriente, Licínio, promulgou o Edito de Milão, que pela primeira vez deu liberdade de culto aos cristãos. O edito também mandava devolver propriedades confiscadas de cristãos durante a perseguição por Diocleciano.

Em 324, Constantino se tornou o regente único do Império Romano. Embora o cristianismo ainda não fosse religião oficial, sob Constantino os bispos assumiram o escalão, vestuário e deveres de autoridades civis. O imperador, escoltado o tempo todo por bispos, deu ao bispo de Roma um palácio imperial, mais tarde chamado Palácio de Latrão – o antecessor do Vaticano. Ele também promulgou vários editos que davam à Igreja poder de fazer cumprir seus cânones.

Constantino decretou que qualquer cristão em processo civil com outro cristão poderia transferir o caso de um tribunal secular para a arbitragem de um bispo. Segundo o historiador Eusébio, Constantino também "apôs seu selo em decretos de bispos feitos em sínodos, de modo que não seria legal que governadores de províncias anulassem o que [os bispos] tinham aprovado, já que os

> Vamos libertar nossa vida de erros e, com a ajuda da misericórdia de Deus, conduzi-la pelo caminho certo.
> **Constantino I**
> **Carta aos bispos da Numídia, 330 d.C.**

sacerdotes de Deus eram superiores a qualquer magistrado". Outro decreto imperial proibia que hereges se reunissem para o culto e entregava suas propriedades à Igreja. A derrota de Licínio por Constantino ocorreu numa época em que havia uma importante divisão na Igreja sobre a natureza de Jesus Cristo. Ela começou em Alexandria, quando um sacerdote chamado Ario afirmou que, embora o Deus Pai tenha existido sempre, o Filho viera depois e tinha um início no tempo, sendo assim subordinado ao Pai. Alexandre, bispo de Alexandria, denunciou Ario como herético, mas muitos bispos e líderes cristãos apoiavam o sacerdote, e a discussão se espalhou pelo império. A disputa agradava aos pagãos, que a aproveitavam para ridicularizar as crenças cristãs.

O Concílio de Niceia

Constantino, que não se interessava por teologia, ficou horrorizado ao ver a Igreja dividida e ridicularizada por pagãos. Para uni-la, convocou o primeiro sínodo universal de bispos, que se reuniram em Niceia, na atual Turquia, em 325. Ele foi descrito como um concílio ecumênico, porque os bispos vinham "de todo o mundo" (*oikoumenikós*, em grego). Mais de 250 bispos compareceram ao que foi chamado Primeiro Concílio de Niceia, supervisionado por Constantino.

O concílio rejeitou o arianismo (as ideias expressas por Ario) e adotou o Credo Niceno, uma declaração de crença segundo a qual o Pai e o Filho eram "de uma substância" e que o Filho tinha nascido do Pai "antes de todas as eras". Dois bispos dissidentes foram exilados, assim como Ario, cujos textos foram queimados. O concílio também emitiu vários cânones sobre temas como a data da Páscoa e a organização da hierarquia da Igreja.

Constantino, o Grande

O primeiro imperador cristão, Constantino I nasceu em c. 272 d.C. Ele se tornou regente do Império Romano do Ocidente em 312 após vencer uma guerra civil contra o imperador anterior, Maxêncio (c. 276-312 d.C.). Antes da batalha decisiva de Ponte Mílvia, Constantino teve um sonho em que lhe diziam que decorasse os escudos de seus soldados com o símbolo cristão, o qui-rô (as primeiras duas letras de Cristo em grego). Após a vitória, Constantino considerou o Deus cristão seu patrono pessoal e fez tudo o que podia para difundir a religião.

Em 324, Constantino se tornou o governante único do Império Romano após derrotar o imperador do Oriente, Licínio. Em 330, transferiu a capital imperial de Roma para Bizâncio, fundando uma nova cidade cristã, Constantinopla (hoje Istambul). Antes Constantino havia adorado Sol Invicto, o deus sol oficial do Império Romano e patrono do exército. Por alguns anos após a conversão, Constantino continuou a exibir Sol Invicto em suas moedas e só foi batizado cristão no leito de morte, em 337.

OS PRIMÓRDIOS DO DIREITO   47

Bispos de todas as partes do Império Romano, como a Britânia e a Pérsia, foram ao Primeiro Concílio de Niceia. Os bispos do Oriente eram maioria no concílio.

Aos bispos de capitais de províncias (chamados metropolitanos) foi atribuída autoridade sobre outros bispos provinciais. Porém, os bispos de Roma, Antioquia e Alexandria foram colocados acima dos demais. Os cânones estipularam que o Primeiro Concílio de Niceia se impunha a toda a Igreja, mas ainda não se aplicava a todos os súditos do imperador porque os cristãos continuavam a ser uma minoria no Império Romano.

Imperadores romanos posteriores combateram o paganismo, e a Igreja cristã ficou cada vez mais forte. O cristianismo afinal se tornou religião oficial em 380, quando o imperador Teodósio I promulgou o Edito de Tessalônica, que ordenava que todos no império se tornassem cristãos. Quem quer que se recusasse seria julgado como "demente e insano". A Igreja tinha permissão agora para queimar quase todos os textos heréticos. O Edito de Tessalônica era tão importante que foi relacionado em 529 como o primeiro item na abrangente coletânea de leis imperiais de Justiniano, o *Codex Justinianus*.

O direito canônico é imposto

Em 381, Teodósio realizou um segundo concílio ecumênico, que ocorreu em Constantinopla. Este reafirmou o Credo Niceno como a única declaração legítima de crença cristã. O concílio também acrescentou uma nova cláusula, que dizia que o Espírito Santo "procedia" do Pai. Agora todos no Império Romano, com exceção dos judeus, tinham de obedecer ao direito canônico: tinham de ir à igreja, observar os jejuns e acreditar no Credo Niceno. O direito canônico continuaria a evoluir ao lado do direito civil como um sistema legal separado e por fim com seus próprios tribunais, juízes e penas coercivas.

Por quase setecentos anos houve só uma Igreja cristã, mas isso mudou no século XI, quando o papa Bento VIII acrescentou a palavra *filioque* (e o Filho) no Credo Niceno, alegando que o Espírito Santo procedia do Filho tanto quanto do Pai. Em 1054, isso levou ao Grande Cisma entre a Igreja Católica ocidental e a Ortodoxa Grega oriental, quando esta se recusou a adotar a nova frase. Embora a Igreja Ortodoxa tenha uma série de cânones antigos (o Pedalion, ou "Leme"), não tem o código da Igreja Católica inteiro.

Conforme o conjunto dos cânones católicos cresceu, houve várias tentativas para ordená-los de algum modo, culminando nos textos de um monge do século XII chamado Graciano. Em *Concordia discordantium canonum* (depois chamado *Decretum* de Graciano), o monge analisou e organizou cerca de 3.800 textos sobre disciplina eclesiástica. Com essa obra, o direito canônico se tornou uma ciência legal, distinta da teologia e que podia ser estudada por si só. ∎

O direito canônico é um fenômeno único [...] devido à natureza única da Igreja: instituída como uma sociedade de origem divina, mas humana em seus portadores de autoridade.
Stephan Kuttner
Historiador alemão (1907-1996)

O DIREIT
IDADE M
500–1470

O NA
ÉDIA

INTRODUÇÃO

 O **Alcorão**, um registro de **revelações** divinas ao **profeta Maomé**, forma a **base do direito islâmico**.

 A coletânea oficial de hádices **hadiths** de Imam al-Bukhari, entre outros, fornece **orientação** para os **qadis (juízes) islâmicos** e para os **muftis (estudiosos legais)**.

 O Domesday Book, um **levantamento** abrangente da **propriedade de terras** na Inglaterra, ajuda a **centralizar o poder sob a monarquia**.

 O ***Decretum*** **de Graciano** se torna a referência **definitiva** do **direito canônico** na Igreja Católica Romana.

↑ **632**   ↑ **c. 840**   ↑ **1086**   ↑ **c. 1140-1150**

529-533   **SÉCULO VIII**   **1066**   **c. 1088**

 O imperador romano do Oriente (bizantino) Justiniano publica uma série de **obras de direito romano**, o *Corpus juris civilis*.

 Imam Abu Hanifa funda a primeira das grandes **escolas de direito islâmicas**.

 Guilherme, o Conquistador, introduz o **julgamento por combate** na Inglaterra, para decidir **controvérsias sobre propriedade e terras**.

 A **primeira universidade** da Europa é fundada em Bolonha, na Itália. De início só se ensinam lá o **direito canônico** e o **direito civil**.

Mesmo após o colapso do Império Romano do Ocidente, a Igreja Católica Romana continuou a ser uma potência cultural e política dominante na Europa ao longo da Idade Média. Tinha o monopólio da difusão de textos escritos – e do conhecimento contido neles – antes do advento da imprensa, e em consequência exercia uma influência significativa sobre o governo e o direito. Porém, nesse período também houve disputas entre a Igreja e os monarcas, e entre estes e seus cidadãos, pelo controle da lei.

Enquanto isso, na Arábia do século VII, o profeta Maomé fundava a religião do islã. Ele afirmou ter recebido uma revelação das palavras de Deus e começou a pregá-las em Meca em 610, continuando até sua morte, em 632.

Seus seguidores recolheram os textos das revelações no Alcorão. O Profeta também era um líder militar e político habilidoso, unindo tribos em guerra sob uma só Constituição e agrupando um exército. Um século após sua morte, o islã já tinha se espalhado da península Arábica até o sul da Ásia e o norte da África, criando o Império Islâmico.

Codificação do direito religioso

O Império Islâmico desenvolveu um sistema jurídico sofisticado inspirado no exemplo de Maomé e baseado no estudo do texto corânico. Os discípulos de Maomé também tinham anotado muitos *hádices* – provérbios e atos atribuídos ao Profeta e sua família e companheiros. Esses *hádices*, depois de verificados por juízes islâmicos e estudiosos legais, forneceram comentários e interpretações do Alcorão, e com ele se tornaram a base do que seria a *sharia*, a lei islâmica.

A Igreja Católica Romana também formulou suas próprias leis – os cânones. Eles regiam as crenças e o comportamento principalmente do clero, de início, mas depois também da congregação. O estudioso legal italiano Graciano foi o primeiro a compilar os cânones num tratado abrangente, chamado *Decretum* de Graciano. Esse foi o primeiro de seis textos coletados no *Corpus juris canonici* [Corpo de direito canônico], concluído no século XIV e que se tornou a referência definitiva de direito canônico.

Os estudiosos islâmicos e cristãos também incorporaram ideias dos filósofos gregos clássicos, como o conceito do direito natural. Graciano

O DIREITO NA IDADE MÉDIA

O sistema inglês de **common law** (direito consuetudinário baseado nos precedentes judiciais) é **definido num tratado** encomendado pelo rei Henrique II a seu ministro-chefe, Ranulfo de Glanville.

Ordálias são abolidas na Inglaterra por Henrique III.

Em *Suma teológica* (Tratado teológico), Tomás de Aquino diz que a **lei humana** pode ser **injusta** se conflita com a **lei eterna, divina ou natural**.

1187-1189   **1219**   **1265-1274**

1166   **1215**   **1225**   **SÉCULOS XIII-XV**

O Assize de Clarendon estende o poder da Coroa inglesa com **assizes** (tribunais) e usa **jurados** e a **ordália**.

O rei inglês João assina a **Magna Carta**, uma carta de direitos que afirma que o monarca **não está acima da lei**.

O rei Henrique III reemite a **Magna Carta** da Inglaterra, que obriga o **rei a observar a lei** e **protege todos os homens** do abuso de poder real.

Uma **lei consuetudinária entre mercadores**, a Lex Mercatoria, se desenvolve como uma forma de **autorregulação do comércio internacional**.

---

disse em *Decretum* que a lei natural é "a lei comum a todas as nações". Influenciado por Aristóteles, o teólogo italiano Tomás de Aquino examinou o conceito de direito em si, especialmente as diferenças entre o direito eclesiástico da Igreja e o direito civil, que não se ocupava das questões da Igreja. Ele identificou diversos tipos de leis, das leis divinas e eternas dadas por Deus às leis naturais que existem universalmente e às leis criadas por humanos. Sua visão de que todos os tipos de leis deveriam se conformar a uma lei natural abrangente influenciou o pensamento legal nos séculos seguintes.

A lei e o estado

O sistema jurídico da Inglaterra foi um exemplo das importantes mudanças que ocorreram no período medieval. Até a invasão normanda em 1066, os regentes saxões aplicavam um híbrido de leis vikings e cristãs, com justiça sumária e penas duras. O novo rei normando, Guilherme, o Conquistador, tomou controle da propriedade da terra num novo sistema, o feudal. Para isso, fez um inventário detalhado de seu reino no Domesday Book – um registro que depois forneceria precedentes em casos de direito de propriedade.

Uma inovação importante na Inglaterra do século XII foi a introdução de *assizes*. Estes se reuniam de tempos em tempos em cidades e vilas, presididos por juízes viajantes. Os *assizes* (tribunais) tiraram o controle da lei das mãos da Igreja, apoiando a ideia de um sistema de *common law*. Eles também requeriam que jurados locais fornecessem provas e, depois que a ordália caiu em desuso, que julgassem a culpa, antecipando o sistema de júri.

Outro marco do direito inglês ocorreu em 1215, quando os barões negociaram um acordo com o rei João, registrado num documento depois chamado Magna Carta. O rei concordou em não mais atuar fora da lei. O documento também assegurava que todo "homem livre" tivesse acesso à justiça por meio de *assizes* viajantes e que não poderia ser preso ou punido a não ser por um procedimento legal estabelecido.

A Europa medieval em geral adotou um sistema dual de direito civil e canônico, mas os mercadores tiveram uma influência maior na sociedade europeia a partir do século XIII, instigando novas leis comerciais e até acordos internacionais. Estes se provariam vitais para o futuro desenvolvimento do comércio entre nações e mantiveram sua relevância até a era moderna. ■

DEUS É UM BOM JUIZ?
JULGAMENTO POR ORDÁLIA E COMBATE (SÉCULOS VI-XII)

EM CONTEXTO

FOCO
Para determinar a culpa

ANTES
c. 1750 a.C. O Código de Hamurábi, o mais antigo conhecido do mundo, inclui o uso do julgamento por ordália.

DEPOIS
1215 O papa Inocêncio III proíbe que o clero se envolva em julgamentos por fogo e água.

1219 O uso geral do julgamento por ordália é abolido sob o rei inglês Henrique III.

1396 A Batalha dos Clãs, um dos últimos julgamentos em massa por combate, acontece em Perth, na Escócia.

Séculos XVI-XVII Na caça às bruxas na Europa e nas colônias na América do Norte, é usado a ordália pela água, em que afundar é tomado como prova de inocência.

1819 O julgamento por combate é abolido no Reino Unido.

O julgamento de ações judiciais por ordália se desenvolveu a partir dos códigos dos povos germânicos no século VI d.C., após a queda do Império Romano. A prática surgiu onde réus e autores de ações não conseguiam fornecer outras modalidades de prova, como um número suficiente de testemunhas para jurar sobre sua versão dos fatos. Se o réu não apresentasse testemunhas ou não fosse considerado confiável, o chefe ou juízes designados podiam recorrer ao julgamento por ordália.

Água e fogo

Várias formas de ordália se tornaram comuns na Inglaterra e na Europa continental. A ordália da água quente foi mencionado pela primeira vez nas Leis Sálicas dos francos (c. 507-511). O acusado tinha de mergulhar a mão em água fervente para apanhar uma pedra. (A profundidade da água dependia da gravidade do crime.) A mão era enfaixada e examinada três dias depois; se tivesse sarado, o acusado era declarado inocente. A ordália do ferro envolvia andar sobre ferros ou carvões em brasa e examinar o ferimento para ver se tinha se inflamado ou sarado. Na ordália da cruz, réu e autor tinham de ficar de pé com os braços esticados; o primeiro a baixar os braços perdia a causa.

Os culpados em geral pagavam uma multa ou fugiam para não enfrentar a ordália. Os inocentes – acreditando que não sofreriam ferimentos – se submetiam. Os clérigos que administravam a ordália entendiam isso e, para que o inocente não sofresse, com frequência trapaceavam: água "fervente" seria só quente, por exemplo.

Julgamento por combate

Os julgamentos por ordália eram em geral administrados às classes mais baixas; já os ricos faziam mais uso do julgamento por combate – na verdade, combates judiciais – como

Se eles não jurarem, que sejam levados à ordália tripla.
Código Woodstock do rei Etelredo, 997

O DIREITO NA IDADE MÉDIA

Ver também: Primeiros códigos 18-19 ▪ O Domesday Book 58-59 ▪ O *Assize* de Clarendon 64-65 ▪ A Magna Carta 66-71 ▪ O julgamento de Carlos I 96-97 ▪ Os julgamentos das bruxas de Salem 104-105

uma modalidade de prova. Isso ocorria porque, em alguns sistemas, era permitido contratar campeões para lutar por eles e também porque, ao menos no direito inglês, o julgamento por combate era permitido para direitos de terra, que só os ricos teriam. Comum na Europa ocidental desde pelo menos o século IX, a prática foi importada para a Inglaterra após a Conquista Normanda, em 1066.

As regras de batalha no julgamento por combate variavam com o país. Na Inglaterra, cada lado concordava com as regras sob a supervisão do juiz, que determinava se o caso podia ser decidido desse modo, e luvas eram trocadas para simbolizar que um desafio tinha sido aceito. O combate durava até um participante ser morto, ser mortalmente ferido ou ter gritado "covarde" para parar a luta. Se o réu fosse o perdedor, sofria a pena original por seu crime e talvez perda adicional de propriedade. Se o autor perdesse, tinha de desistir do caso e pagar uma multa.

Desuso e abolição

Em 1215, o papa Inocêncio III proibiu ao clero a prática dos julgamentos por fogo e água. Quatro anos depois, o rei Henrique III proibiu o uso geral das ordálias na Inglaterra. O julgamento por combate aos poucos caiu em desuso e opiniões desfavoráveis sobre a prática abriram caminho para o julgamento por júri. Em 1819, quando o julgamento por combate foi removido do livro de atos legislativos do Reino Unido, já tinha se tornado uma curiosidade legal de antiquário. ▪

Dois bispos (de mitra) julgam um combate entre dois cavaleiros na França medieval, onde os últimos julgamentos por combate ocorreram em 1386.

UMA LEI DIVINA E UM CAMINHO TRAÇADO
O ALCORÃO (632)

EM CONTEXTO

FOCO
Direito divino

ANTES
610-632 d.C. O profeta Maomé recebe a revelação divina do Alcorão.

DEPOIS
c. 660 d.C. São nomeados os primeiros *qadis* ou juízes islâmicos.

Século VIII Abu Hanifa funda uma das primeiras escolas de jurisprudência islâmica.

c. 840 d.C. Muhammad al--Bukhari compila uma coletânea definitiva de *hadiths*.

c. 900 d.C. Eruditos do direito islâmico declaram o fechamento dos "portões de *ijtihad*", encerrando a prática do raciocínio independente pelos juízes.

O direito islâmico surgiu a partir de uma revolução religiosa. A revelação divina que o profeta Maomé recebeu no início do século VII tinha em seu âmago a unicidade de Deus. Isso também trouxe unidade à península Arábica, que estivera fraturada tanto em termos religiosos, entre comunidades judaicas e cristãs e adoradores pagãos de muitos deuses, quanto políticos, entre grande número de tribos nômades do deserto e estados costeiros mais estabelecidos.

Embora o período pré-islâmico tenha sido depois caracterizado como *al-Jahiliyya*, uma era de ignorância, não era totalmente destituído de leis. Leis consuetudinárias regiam os contratos feitos por mercadores que negociavam nas cidades da costa e em oásis – entre eles, a família de

O DIREITO NA IDADE MÉDIA

Ver também: Os Dez Mandamentos e a lei mosaica 20-23 ▪ O *Arthashastra* e o *Manusmriti* 35 ▪ A Mixná e o Talmude 38-41 ▪ As origens do direito canônico 42-47 ▪ O *Decretum* de Graciano 60-63 ▪ Tomás de Aquino 72-73

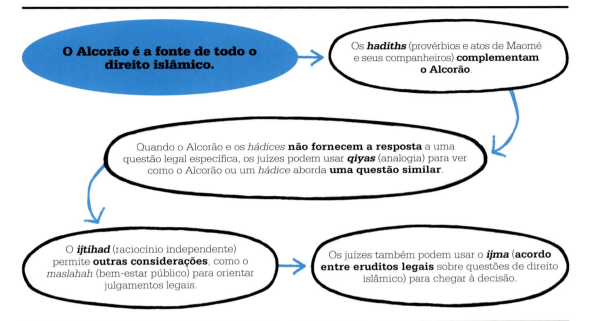

O Alcorão é a fonte de todo o direito islâmico.

Os **hadiths** (provérbios e atos de Maomé e seus companheiros) **complementam o Alcorão**.

Quando o Alcorão e os *hádices* **não fornecem a resposta** a uma questão legal específica, os juízes podem usar **qiyas** (analogia) para ver como o Alcorão ou um *hádice* aborda **uma questão similar**.

O **ijtihad** (raciocínio independente) permite **outras considerações**, como o *maslahah* (bem-estar público) para orientar julgamentos legais.

Os juízes também podem usar o **ijma** (**acordo entre eruditos legais** sobre questões de direito islâmico) para chegar à decisão.

Maomé, de Meca. No deserto interior, vendetas eram moderadas com negociações para compensação entre as partes ofendidas.

Quando os seguidores do islã, a nova religião pregada por Maomé, encontraram refúgio em Yathrib (hoje Medina), em 622 d.C., após fugir da perseguição em Meca, logo cresceram de um pequeno grupo de companheiros para uma comunidade (*umma*) de vários milhares e precisaram de leis para regê-los. Estas estavam contidas no Alcorão (ou Qu'ran), o livro sagrado das revelações de Maomé, compilado em 632 d.C. Considerado a palavra literal de Deus, era ao mesmo tempo imutável e sagrado, e as orientações e mandamentos que continha – como a obrigação de orar cinco vezes por dia e de ser caridoso com os pobres – formam a *sharia* (ou caminho correto), que é o alicerce dos princípios do direito islâmico.

Fontes do direito islâmico

O Alcorão não é um documento legal formal. Embora haja princípios dentro dele aplicáveis a situações não diretamente mencionadas em seu texto, falta um modo de interpretá-lo. Um século após a morte de Maomé, em 632 d.C., o islã tinha se espalhado da península Arábica até grandes partes do mundo, entre elas o sul e o centro da Ásia, o norte da África e a Espanha. O enorme aumento no número de seguidores tornou ainda mais importante que uma estrutura

Imam al-Bukhari (ver p. 56) compilou uma das mais autorizadas coletâneas de *hádices*. Ele está enterrado neste mausoléu no Uzbequistão, um importante local de peregrinação do islã.

legal consistente fosse desenvolvida. Em consequência, um sistema de jurisprudência islâmica, ou *fiqh*, floresceu, acelerado pela indicação de *qadis* ou juízes islâmicos sob a dinastia Omíada, dos anos 660 d.C. em diante. Eles eram auxiliados em »

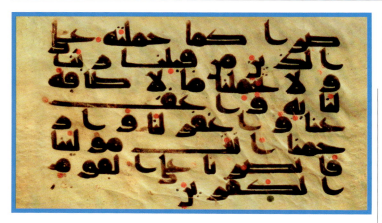

Um manuscrito cúfico de um trecho do Alcorão em pergaminho, do século IX. A caligrafia cúfica é a mais antiga árabe e foi a mais usada nas primeiras cópias do Alcorão.

suas deliberações pelos *muftis*, estudiosos legais que emitiam *fatwas*, ou opiniões sobre temas de direito religioso.

Entre as primeiras questões a serem determinadas estava o status preciso do *sunna*, o corpo de práticas legais e sociais que guiava o modo de vida muçulmano. O direito islâmico era com frequência baseado em *hadiths*, ou provérbios e atos do Profeta, sua família e companheiros, mas estes não tinham o mesmo status da palavra divina do próprio Alcorão.

Orientação para os juízes

Estudiosos legais retraçaram a cadeia de transmissão desses *hadiths*, descartando os que eles descobriam não serem bem fundados. Consta que uma compilação popular de *hadiths* do estudioso Al-Bukhari, de meados do século IX, reduziu-os a um grupo central de 2.762.

O jurista egípcio Al-Shafi (m. 820) elaborou um processo para ajudar os *qadis* a navegar por esse material. Ele disse que deveriam primeiro examinar o Alcorão e, se a resposta ao problema legal não se encontrasse lá, considerar então os *hadiths*. Se eles não cobrissem a matéria, ou fossem contraditórios, era permitido ao *qadi* exercer *qiyas*, ou o uso de analogias, para encontrar uma circunstância similar abordada no Alcorão ou num *hadith*. Se nem isso fosse suficiente, era então permitido buscar um *ijma*, ou consenso erudito, o que requeria o exame da opinião de estudiosos legais. O processo completo de raciocínio, chamado *ijtihad*, permitia outras considerações. Esses fatores incluíam a *istishab* (continuidade), pela qual, se uma matéria tivesse sempre sido considerada permissível (ou proibida), continuaria assim, e o *maslahah* (interesse público), segundo o qual o bem-estar da comunidade como um todo poderia ser levado em conta numa decisão judicial.

No século X, estudiosos começaram a estabelecer que todos os principais temas legais tinham sido determinados e que, no máximo, a analogia poderia ser necessária para decidir novas matérias à luz de antigas decisões. Escolas legais formais de *fiqh*, em especial as fundadas por Abu Hanifa, Malik ibn Anas, Al-Shafi e Ibn Hanbal, deram origem às escolas jurídicas *hanifi*, *maliki*, *shafi* e *hanbali*, que ainda hoje são as mais importantes para os muçulmanos. A comunidade islâmica tinha se dividido nos séculos VII e VIII sobre a questão da sucessão de Maomé. A maioria do grupo sunita apoiou os cinco califas (chefes das comunidades islâmicas) que tinham seguido o Profeta e depois seus sucessores abássidas e omíadas. A minoria xiita sustentava que a liderança deveria ter ido para a linhagem de Ali, o genro de Maomé. Além de pequenas diferenças de ritual, o xiismo tinha suas próprias escolas de jurisprudência, como a *zaidi* e a *jafari*, que davam mais peso ao raciocínio independente da hierarquia religiosa (como os aiatolás iranianos) que à *taqlid* (imitação) de decisões passadas, que se tornou predominante nas escolas sunitas.

O crime e a lei

O direito islâmico diferencia matérias que são compulsórias (*fard*), recomendadas (*mandub*), neutras (*mubah*), repreensíveis (*makruh*) ou proibidas (*haram*). As punições são

A quem quer que trilhe uma senda em busca do conhecimento, Alá tornará fácil o caminho para o Paraíso.
Ibn Majah
Compilador de *hadiths* no Irã do século IX (824-c. 887)

O DIREITO NA IDADE MÉDIA

Solimão, o Magnífico, foi sultão do Império Otomano em seu auge, de 1520 a 1566. Ele foi o líder mais poderoso do mundo islâmico no século XVI.

da família e da propriedade continuasse o domínio dos juízes religiosos, isso criou uma tensão duradoura entre direito secular e religioso nas sociedades islâmicas. Se antes a hierarquia religiosa fazia a lei – ou ao menos fazia julgamentos –, governantes seculares agora legislavam. Isso incluía os sultões otomanos, como Solimão, o Magnífico, no século XVI, que construiu um corpo de direito administrativo, ou *kanuni*.

A *sharia* hoje

Segundo a visão idealizada, o Estado muçulmano é regido pelo direito islâmico, baseado no Alcorão, nos *hadiths* e numa parceria entre o califa, o clero e os *qadis*. Em países onde os muçulmanos são minoria, esse equilíbrio claramente não se sustenta, mas tem havido apelos para que governos reconheçam a autoridade dos tribunais da *sharia* para decidir sobre matérias religiosas. Isso se provou controverso porque tem sido visto por alguns como uma subordinação do direito nacional ao direito religioso islâmico.

Em países de maioria muçulmana, como o Paquistão, tem aumentado a pressão para que a

Levantai-vos com firmeza pela justiça, como testemunhas de Alá.
Alcorão 4,135

sharia tenha um papel na estrutura legal nacional secular. Em casos extremos, como o do regime do Talibã no Afeganistão, isso levou a considerá-la a única fonte de legitimidade jurídica. Por outro lado, em alguns países ela tem sido vista como opressiva em relação a certos setores da sociedade, como as mulheres, e tem havido pressão por reformas. Na Arábia Saudita, por exemplo, reconheceu-se que proibir as mulheres de dirigir se baseava mais numa prática cultural tradicional que na lei islâmica. A luta por definir e interpretar as leis que regem 2 bilhões de muçulmanos no mundo continua. ∎

prescritas para as duas últimas categorias. Alguns tipos de crime grave, como assassinato e violações sexuais, conhecidos como *hudud*, tinham punições severas prescritas no Alcorão e nos *hadiths* (como cortar as mãos de ladrões e apedrejar adúlteros). Porém, a exigência de provas nesses casos era maior. Para a maioria dos crimes, duas testemunhas masculinas (ou uma masculina e duas femininas) eram exigidas, mas para adultério quatro testemunhas adultas masculinas eram necessárias.

Em parte porque podia ser difícil encontrar testemunhas suficientes, muitos aspectos do direito penal foram transferidos para tribunais do estado sob os abássidas, no século IX (mais ou menos na época em que a *taqlid* suplantou o *ijtihad* como cerne do raciocínio legal). Embora o direito

Abu Hamid al-Ghazali

Nascido em Tabaran, no Irã, em 1058, Al-Ghazali foi nomeado chefe da *madrasa* (instituto educacional) *shafi* em Bagdá, em 1091, onde ensinou por cinco anos. Ele escreveu mais de setenta obras e foi depois considerado um *mujaddid*, ou renovador da lei, cujas interpretações eram tratadas com particular respeito.

Al-Ghazali condenava a lealdade a líderes que se arrogavam uma revelação própria secreta da *sharia*, declarando isso uma heresia. Essa crítica visava à ordem dos assassinos, uma seita islâmica que regularmente matava oponentes. Ele lecionou até pelo menos 1110 e morreu no ano seguinte.

Obras principais

Fim do século XI *O renascimento das ciências religiosas*
c. 1105 *A alquimia da felicidade*

NENHUMA JARDA DE TERRA FICOU DE FORA
O DOMESDAY BOOK (1086)

Após invadir a Inglaterra, em 1066, Guilherme, o Conquistador, agora rei Guilherme I, fez frequentes visitas a seu ducado original na Normandia, deixando ordens estatais escritas em sua ausência. Porém, a mudança generalizada na propriedade de terras que se seguiu à conquista não havia sido bem documentada, criando o risco de um caos legal e administrativo. Guilherme queria um relatório mais completo de seus novos domínios reais na Inglaterra e – como tinha necessidade urgente de dinheiro – precisava determinar a renda total de seus arrendamentos.

Compilação do Domesday
Em dezembro de 1085, o rei enviou comissários para determinar quem possuía cada propriedade e o valor produtivo de cada uma (até o número de patos no lugar). Em cada área, um corpo jurado de proprietários e aldeões locais respondia aos comissários. Os dados eram então recolhidos em sumários e devolvidos ao Palácio de Westminster. Lá eles foram reunidos em 1086 no primeiro esboço do que hoje chamamos de Domesday Book (o livro era tão inescapável quanto o Dia do Juízo cristão, em inglês "Doomsday").

Guilherme morreu em 1087, antes de pôr o censo do Domesday em uso, mas este foi de enorme valor. Praticamente toda a Inglaterra foi mapeada em termos administrativos, e a suserania e a posse da terra se tornaram inseparáveis, refletindo a nova estrutura política.

As terras do rei
Antes da Conquista Normanda, o direito de propriedade inglês presumia que a terra não tinha um só dono, como o rei. Assim, os indivíduos podiam ter uma parcela de terra de modo absoluto. Mais que

EM CONTEXTO

FOCO
Posse da terra

ANTES
1066 Guilherme da Normandia conquista a Inglaterra.

1069-1070 No Massacre do Norte, Guilherme sufoca uma revolta e confisca terras em larga escala.

DEPOIS
1166 Henrique II instrui seus terratenentes a compilar a Cartae Baronum, uma nova lista de terras de terratenentes e seus vassalos.

1334 Os terratenentes das Marcas Galesas alegam que as Marcas não estão sujeitas ao imposto inglês porque o Domesday Book as descreve "em Gales".

1977 Os antigos Tribunais de Domínios, que adjudicavam com base em propriedade real de terras no Domesday Book, são abolidos, a não ser como entidades cerimoniais.

Este poderosíssimo rei mandou seus juízes a todos os condados […] da Inglaterra e fez realizar um inquérito por juramento sobre quantos lares […] havia em cada vila e que animais.
Henrique de Huntingdon
Historiador inglês (c. 1088-c. 1157)

O DIREITO NA IDADE MÉDIA

Ver também: A Lex Aquilia 34 ▪ O *Decretum* de Graciano 60-63 ▪ A Magna Carta 66-71 ▪ O Estatuto de Patentes Veneziano 82-85 ▪ O Tratado de Tordesilhas 86-87 ▪ O Estatuto da Rainha Ana 106-107

Guilherme da Normandia **conquista a Inglaterra** e **confisca terras** da aristocracia anglo-saxã.

↓

Ele **mantém um sexto** das terras para si próprio e **distribui** o restante a **terratenentes nobres**, que **possuem a terra em troca de serviços** a ele.

↓

Os **comissários do Domesday Book** são enviados para **compilar listas das propriedades dos nobres** e seus valores.

↓

Os resultados do levantamento do Domesday **fornecem uma base legal para a posse de terras** por todo o país.

A Conquista Normanda

Guilherme se tornou duque da Normandia em 1035, com apenas oito anos. Em 1066, atravessou o canal da Mancha para reclamar a coroa, que ele acreditava que o rei anglo-saxão Eduardo, o Confessor, lhe havia prometido. Ele derrotou o sucessor de Eduardo, o rei Haroldo, na Batalha de Hastings, o que lhe valeu o título de Guilherme, o Conquistador. Guilherme havia levado um exército de cerca de 7 mil cavaleiros e soldados. Após derrotar Haroldo, teve de controlar a população inglesa de mais de 2 milhões de pessoas, esmagar uma série de revoltas e afastar o perigo de invasão pelos dinamarqueses. Assim, ele recompensou seus seguidores normandos com terras inglesas, muitas tomadas de nobres anglo-saxões. Nos anos 1080, a aristocracia nativa de donos de terras já tinha sido dizimada. O Domesday Book documentou essa revolução na posse de terras.

isso, um indivíduo podia obter a propriedade privada ocupando terras sem dono registrado. A nova forma de posse da terra de Guilherme varreu esses direitos tradicionais.

Terratenentes nobres foram então enfeudados (receberam um feudo, ou terra com seus camponeses e a renda que forneciam) pelo rei sob certas condições – em especial, serviço militar ou renda. Os novos terratenentes recebiam algo como um título legal de suas terras pela primeira vez; em compensação, concediam porções do feudo a seus vassalos.

Ninguém além do rei podia ter terras por seu próprio direito, e os antigos homens livres do período anglo-saxão se tornaram terratenentes, entre eles alguns (chamados vilões) que estavam ligados às suas terras e não tinham permissão de deixá-las.

O Domesday e o direito

O Domesday Book, com níveis incomparáveis de detalhe sobre posse da terra, foi usado em casos judiciais que envolviam títulos, abrindo caminho para que precedentes de titulação se tornassem uma pedra angular do direito de propriedade inglês. Informações como o número de *hides* (as terras necessárias ao sustento de uma casa) de cada propriedade foram usadas até 1193. O valor de seus detalhes diminuiu com o tempo, mas o Domesday Book permaneceu por novecentos anos como um texto fundador do sistema jurídico e político inglês. ∎

Consta que o rei Haroldo foi morto por uma flecha no olho na Batalha de Hastings, mostrada nesta cena da Tapeçaria de Bayeux.

UMA ACUSAÇÃO NÃO PODE SER REPETIDA

O *DECRETUM* DE GRACIANO (MEADOS DO SÉCULO XII)

EM CONTEXTO

FOCO
Direito canônico

ANTES
325 O imperador Constantino convoca o primeiro grande concílio da Igreja cristã em Niceia (hoje Iznik, na Turquia).

380 Teodósio I emite o Edito de Tessalônica, tornando o cristianismo a religião oficial do Império Romano.

529 O imperador Justiniano publica seu *Código*, uma fonte importante do direito canônico.

1100 O sacerdote flamengo Alger de Liège publica *Liber de misericordia et justitia* [Livro da misericórdia e da justiça], no qual Graciano se baseia.

DEPOIS
1234 O *Liber extra* é publicado sob a autoridade do papa Gregório IX.

1917 A publicação de um novo código de direito canônico afinal substitui o *Decretum* de Graciano.

Conforme a Igreja cristã ganhava força nos seus primeiros séculos, e em especial após emergir com o imperador Constantino, em 313 d.C., das sombras da perseguição, passou a precisar de um direito que a regesse. O número relativamente pequeno de regras derivadas do Novo Testamento tinha de ser complementado com uma estrutura mais detalhada. Isso era necessário para controlar tanto a hierarquia da própria Igreja quanto áreas como casamento e vida familiar,

Ver também: Os Dez Mandamentos e a lei mosaica 20-23 ▪ Aristóteles e o direito natural 32-33 ▪ A Lex Aquilia 34 ▪ Ulpiano, o Jurista 36-37 ▪ As origens do direito canônico 42-47 ▪ Tomás de Aquino 72-73

em relação às quais as autoridades religiosas sentiam ter mais credenciais que o direito civil.

O direito canônico (leis relativas à Igreja cristã) que se desenvolveu nos séculos após Constantino tinha uma natureza fragmentária. As decisões de uma série de concílios cristãos, como o Primeiro Concílio de Niceia, em 325 d.C. – muitas delas referentes à disciplina da Igreja, como a proibição de que os sacerdotes vivessem com mulheres sem parentesco com eles –, eram complementadas por decretos papais *ad hoc* (relacionados a pontos do direito canônico).

Falta de consistência

Só no caso muito especial das ordens monásticas havia um conjunto coerente de regras que regiam todos os aspectos da vida religiosa – como as de são Bento, escritas no início do século VI. E havia muito pouco em termos de argumentos legais para justificar essas regras claramente decretadas.

Um vitral na catedral de Worms, na Alemanha, representa Burchard de Worms. Seu *Liber decretorum* foi uma das mais importantes coletâneas de direito canônico antes da de Graciano.

A inconsistência do direito canônico espelhava a do *civil law* romano, ao lado do qual evoluíra, com peças sucessivas de legislação imperial ao lado de uma massa de textos jurídicos, produzindo uma estrutura legal incompleta e contraditória.

Compilação do direito canônico

Logo se tentou trazer alguma forma de ordem a esse caos, começando com os Cânones Apostólicos, coligidos no início do século VI por Dionísio, o Pequeno, um erudito que trabalhou para o papa João I em Roma. Com isso foram reunidos os cânones de vários concílios da Igreja sobre temas como a data em que a Páscoa devia ser celebrada.

Os séculos IX e X trouxeram uma nova urgência às tentativas de juntar o vasto corpo do direito canônico. Essa era do *jus antiquum* (direito antigo) viu a compilação de coletâneas como o *Libri duo de synodalibus causis et disciplinis ecclesiasticis* [Dois livros sobre causas sinódicas e disciplina da Igreja], do abade alemão Regino de Prüm em 906, e o *Liber decretorum* [Livro dos decretais], do bispo alemão Burchard de Worms, compilado em c. 1020. O *Liber decretorum*, em especial, reuniu decisões eclesiásticas prévias sobre penitência, como se um homem precisaria fazer penitência por matar em batalha ou se ela deveria ser mais severa se ele matasse sem as ordens de um governante legítimo.

Apesar dessas compilações, no início do século XII não havia ainda um tratado sistemático que tentasse dar sentido coerente ao grande corpo de direito canônico da maneira que Justiniano fizera com o direito civil romano em *Corpus juris civilis* (ver quadro na p. 62). *Concordia discordantium canonum* [Harmonia de concílios discordantes], do erudito legal italiano Graciano, preencheu essa lacuna. A obra tinha três partes, tratando de questões da administração da Igreja, organização eclesiástica e sacramentos, e citava autoridades tão diversas quanto concílios da Igreja, decretos papais, rescritos (respostas escritas de imperadores a consultas legais) e as obras do enciclopedista espanhol do século VII Isidoro de Sevilha.

Pouco se sabe sobre Graciano, o autor da coletânea, depois chamada *Decretum* de Graciano. Ele pode ter sido um monge beneditino, ou talvez um bispo – as únicas informações confiáveis sobre ele se relacionam a um caso judicial em Veneza, em 1143, em que foi citado como autoridade pelo legado papal (clérigo representante do papa). Parece provável que Graciano estivesse »

A justiça é o desejo firme e contínuo de dar a cada um o que lhe é devido.
Justiniano
Imperador romano (c. 482-565)

62 O *DECRETUM* DE GRACIANO

Civil law romano

No século IV d.C., o *civil law* romano já consistia em múltiplos decretos imperiais *ad hoc* e extensos textos jurídicos. Algumas tentativas tinham sido feitas de levar ordem ao pântano de decretos legais imperiais – em especial em 438 d.C., no *Código* de Teodósio.

Uma reforma mais bem-sucedida foi realizada pelo imperador Justiniano, que criou uma comissão legal encarregada de descobrir todas as leis válidas e remover as caducas, falhas ou contraditórias. Em 529, ele publicou seu *Código*, válido em todo o Império Romano do Oriente. Quatro anos depois, autorizou a publicação do *Digesto*, uma coletânea sumarizada dos textos de juristas dos séculos anteriores. *Instituições*, um manual básico para estudantes de direito (também de 533), completou o *Corpus juris civilis*, que depois se provaria uma fonte muito valiosa para Graciano.

Justiniano foi imperador do Império Romano do Oriente (Bizantino) de 527 a 565. Ele tentou, com algum sucesso, reconquistar a metade ocidental perdida do Império Romano.

Justiniano propõe uma **estrutura sistemática** de *civil law* romano.

Graciano **trabalha sobre o *Código* de Justiniano**, propondo uma estrutura sistemática similar de **direito canônico** que inclui os **seguintes princípios-chave**:

- Assegura os **direitos de propriedade** para novos proprietários.
- A **liberdade de escolher** entre **casar-se** ou não.
- O direito de **não ser julgado duas vezes** pelo **mesmo crime**.

---

associado à prestigiosa escola legal de Bolonha. Apesar dos dados escassos sobre sua vida, o impacto do próprio *Decretum* foi suficiente para lhe assegurar o título de Pai do Direito Canônico.

O *Decretum* foi escrito em duas etapas, algum tempo após 1139 e depois por volta de 1150. (Alguns eruditos alegam que há duas versões do *Decretum*.) A primeira parte da obra é dividida em 101 seções; a segunda trata de 36 questões específicas e a terceira versa sobre temas relativos a sacramentos.

Graciano adotou uma abordagem sistemática em toda a obra, evocando autoridades prévias como modelos e usando a razão para resolver problemas. Ele adotou o *Corpus juris civilis* como fonte inestimável de direito romano e, a partir de 1150, baseou-se em especial no *Digesto* de Justiniano, usando-o para ilustrar temas como o efeito da adoção nos graus proibidos de casamento e divórcio numa família. Em outras áreas, como regras de comportamento do clero e pagamento de dízimo, que não tinham precedentes no direito romano, Graciano teve de derivar regras da Bíblia, de concílios da Igreja e de decretais papais.

Intenção, dupla acusação e casamento

Em várias áreas em especial, as formulações de Graciano estabeleceram decisões que teriam implicações de longo alcance na Igreja. Na segunda parte do *Decretum*, por exemplo, ele dedica um capítulo ao tema dos direitos de propriedade de terras, de grave importância para a Igreja, como grande dona de terras. O problema era que as terras da Igreja com frequência tinham sido "alienadas" – por arrendamento ou permissão para serem usadas por um novo dono. Este, ou uma terceira parte para a qual as terras tinham sido passadas, poderia ter entrado em posse delas por meios ilegítimos, ou por um título de algum modo falho. Graciano abordou o tema. Ele recorreu a um precedente do *civil*

O DIREITO NA IDADE MÉDIA   63

> Nem sempre é mau desobedecer a uma ordem, pois quando um senhor ordena o que é contrário a Deus não deve ser obedecido.
> **Graciano**
> *Decretum*, XI 3

law romano pelo qual, se a aquisição tivesse ocorrido de boa-fé – mesmo que tecnicamente não legal –, o direito do novo dono da propriedade não poderia ser contestado pelo dono anterior (nesse caso, a Igreja) após um período de quarenta anos. Isso representava uma extensão de dez anos no período que um dono de terras civil tinha para reclamar seus direitos de um novo dono.

O *Decretum* de Graciano também ajudou a estabelecer o princípio da dupla acusação (bis in idem), pelo qual uma pessoa não pode ser julgada duas vezes pelo mesmo crime. Ele tomou como ponto de partida uma passagem do Livro de Naum, do Velho Testamento, que diz que "Deus não julga duas vezes as mesmas matérias". Apesar disso, em certos casos os tribunais eclesiásticos ainda permitiram que houvesse um caso civil para tirar o cargo de um clérigo e um caso penal separado sobre a mesma matéria.

As seções de Graciano sobre casamento ajudaram a consolidar a noção de que o consentimento deve ser livremente dado e que ninguém deve ser coagido a se casar. Ainda assim, analisando se um homem, após tomar os votos monásticos, teria permissão depois para mudar de opinião e se casar, Graciano achou a matéria tão difícil que cita não menos que quarenta autoridades prévias, concluindo por fim que um simples voto de castidade não pode ser quebrado.

O corpo do direito canônico

O *Decretum* de Graciano inaugurou uma era de direito eclesiástico, conhecida como *jus novum* (novo direito), em que o direito canônico se tornou regularizado e objeto de intenso estudo acadêmico. Já nos anos 1140, hermeneutas – escritores que fazem glossários ou comentários sobre obras de outros autores – começaram a fornecer complementos ao *Decretum* – um trabalho ainda em processo no século XVI.

O *Decretum* foi uma das seis obras – entre elas o *Liber extra*, do cônego espanhol Raimundo de Penaforte (aprovado pelo papa Gregório IX em 1234; o *Liber sextus* (1298), do papa Bonifácio VIII; e as *Clementines* (1317), do papa Clemente V – que, juntas, formavam o *Corpus juris canonici* [Corpo de direito canônico]. Essa foi a maior fonte de direito canônico até o Concílio de Trento da Igreja Católica Romana, no

> Nenhuma prescrição, civil ou canônica, será válida sem boa-fé.
> **Decreto do Segundo Concílio de Latrão, 1139**

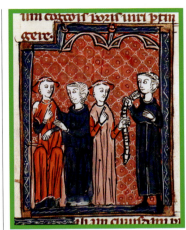

O direito canônico prevalecia em áreas relacionadas à vida familiar, casamento e moralidade sexual. Nesta ilustração do *Decretum* de Graciano, uma mulher é condenada a usar um cinto de castidade.

século XVI, que esclareceu a doutrina católica diante das críticas protestantes. Mesmo depois disso, o *Corpus juris canonici* continuou a ser uma influência relevante no direito da Igreja Católica até 1917, quando um código de direito canônico revisado foi promulgado pelo papa Bento XV. Em 1959, o papa João XXIII instituiu uma comissão papal para realizar uma nova revisão, que ocorreu em 1983, abrangendo 1.752 cânones (regras ou princípios) divididos em sete livros.

Embora nunca tenha sido reconhecido formalmente pela Igreja, o *Decretum* de Graciano foi um texto legal essencial em universidades por mais de 750 anos, o que o torna uma das obras legais mais influentes de todos os tempos. ∎

DIGA A VERDADE
O *ASSIZE* DE CLARENDON (1166)

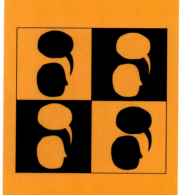

EM CONTEXTO

FOCO
Julgamento por júri

ANTES
1154 Henrique II (1133-1189) é coroado rei da Inglaterra.

1164 As Constituições de Clarendon dão aos tribunais seculares poder acima do direito canônico em julgamentos e punições de clérigos criminosos.

DEPOIS
1170 O Inquérito dos Delegados substitui 21 delegados (em geral, barões ou nobres hereditários) por nomeados pelo rei, para deter a corrupção nos tribunais.

1176 A autoridade dos júris e as penas são ampliadas pelo *Assize* de Northampton.

1215 O Quarto Concílio de Latrão proíbe que clérigos participem de ordálias.

1353 Um estatuto de Eduardo III proíbe atuar ao mesmo tempo em júri de julgamento e júri de denúncia.

Os **juízes itinerantes** da Inglaterra viajam pelo país.

Júris locais de homens livres (homens que não estão legalmente vinculados a um senhor ou uma terra) **informam os juízes** sobre suspeitos de assassinato, estupro e roubo.

Os **juízes determinam** se o **acusado** deve ser **levado à ordália** com água.

Os réus **culpados** têm suas **terras tomadas** e um **pé amputado**. Mesmo réus **inocentes** de má reputação podem ser **exilados**.

Henrique II herdou um reino inglês em que a lei e a ordem tinham entrado em crise durante a Anarquia (1135-1153), a guerra civil entre a mãe de Henrique, Matilde, e seu antecessor, o rei Estêvão. Henrique também tinha de enfrentar o desafio do direito canônico – um sistema jurídico paralelo de justiça eclesiástica, da Igreja. Em 1163, ele recebeu um relatório de que os tribunais eclesiásticos, em vez dos reais, tinham julgado mais de cem clérigos por assassinato desde 1154.

A crescente assertividade do papado também ameaçava a autoridade de Henrique e seus tribunais. Henrique precisava recuperar o controle da lei: um primeiro passo era restringir a capacidade dos tribunais da Igreja de punir o clero. Então Henrique realizou uma assembleia no Palácio Clarendon, em Wiltshire, em 1166. A série resultante

O DIREITO NA IDADE MÉDIA

Ver também: Primeiros códigos 18-19 ▪ Julgamento por ordália e por combate 52-53 ▪ O *Decretum* de Graciano 60-63 ▪ A Magna Carta 66-71 ▪ O julgamento de Carlos I 96-97 ▪ A Revolução Gloriosa e a Declaração de Direitos inglesa 102-103

O julgamento por água fria, mostrado aqui no *Codex lambacensis*, um manuscrito de regras da Igreja do século IX, envolvia deixar o acusado cair num lago ou rio. Se afundasse ele era inocente.

de leis, chamada *Assize* de Clarendon, ordenava que "juízes *in eyre*" (juízes itinerantes que percorriam circuitos periódicos) levassem a justiça real de Londres para o interior.

As visitas de juízes *in eyre* haviam começado sob Henrique I (r. 1100-1135), mas tinham caído em desuso. O *Assize* de Clarendon acrescentou uma nova condição: doze homens livres de cada "centena" (terra grande o bastante para sustentar cem lares) ou quatro de cada "*vill*" (parte de uma centena e mais ou menos equivalente a uma vila) deviam se sentar num júri de denúncia.

O papel dos jurados

Num júri de denúncia, os jurados tinham de relatar aos juízes, sob juramento, quais os suspeitos locais dos crimes mais graves – assassinato, estupro e roubo. Os jurados não tinham de decidir a culpa de um suspeito: se a pessoa tivesse sido detida cometendo o crime, sua culpa podia ser presumida.

O *Assize* de Clarendon também tinha substituído a prática anterior de compurgação, pela qual o acusado poderia provar inocência apresentando um número suficiente de testemunhas que jurassem por ela. O julgamento por água fria se tornou então o principal processo legal de prova em julgamentos penais; antes, era usado só para as classes mais baixas. Os que a ordália julgasse culpados enfrentariam uma multa, confisco de propriedade e a amputação de um pé; mesmo os julgados inocentes poderiam ser exilados se tivessem má reputação. Muitos acusados simplesmente fugiam em vez de enfrentar a ordália, mas suas propriedades ainda podiam ser tomadas.

O *Assize* de Northampton, em 1176, acrescentou o incêndio intencional e a falsificação aos crimes tratados pelos juízes *in eyre*. As penas ficaram mais duras, com os culpados sofrendo amputação de uma mão além de um pé.

Evolução do júri

Quando o Quarto Concílio de Latrão (sínodo católico romano em Roma), em 1215, proibiu que clérigos participassem de ordálias, estes foram desacreditados como método prático de determinar culpa. Os júris passaram a decidir se os réus eram inocentes ou culpados. Esse novo papel criou um conflito de interesses com o papel do júri de denúncia, então em 1353 um estatuto de Eduardo III proibiu que uma pessoa participasse de ambas as formas de júri.

Além dos grandes *assizes* (tribunais) iniciados com o *Assize* de Clarendon, *assizes* bem menores também evoluíram para tratar de casos especiais, como disputas de terras, com júris de doze homens. Outras medidas se seguiram, como a Cláusula 39 da Magna Carta de 1215, que proibia a tomada das terras de um homem livre sem julgamento por seus pares.

O uso de júris, iniciado pelo *Assize* de Clarendon, gradualmente se estendeu até o julgamento por júri se estabelecer como uma marca da tradição legal britânica. As reformas de Henrique também lançaram as bases para o sistema de *common law* (leis aplicadas a todos). ▪

O rei senhor determina que os que [...] forem absolvidos pela lei, se forem de má reputação [...] abjurarão as terras do rei.
O *Assize* de Clarendon

A LEI E A JUSTIÇA NÃO SERÃO NEGADAS A NINGUÉM

A MAGNA CARTA (1215)

68 A MAGNA CARTA

EM CONTEXTO

FOCO
Governo constitucional

ANTES
1100 A Carta de Coroação de Henrique I, rei da Inglaterra, promete eliminar todas as práticas reais injustas.

1166 O *Assize* de Clarendon, de Henrique II, estende o poder da Coroa contra os tribunais dos barões.

1214 O rei João perde o controle da Normandia, após a Batalha de Bouvines, em Flandres.

DEPOIS
1216 A Magna Carta é reeditada quando Henrique III sobe ao trono.

1297 Eduardo I confirma a Magna Carta como ato legislativo.

1969 É revogada a maior parte da Magna Carta, exceto quatro capítulos.

Os reis ingleses, de Henrique I em diante, estabelecem tribunais reais centralizados, que **diminuem o poder dos barões**.

As demandas financeiras das guerras com a França levam a **abusos de poder real**.

Os líderes da **revolta dos barões** forçam o rei João a assinar uma **carta de direitos**, conhecida como Magna Carta.

A Coroa admite que seus **poderes não são absolutos** e que precisam **se basear na lei**.

Os **direitos individuais** contra **punições arbitrárias pela Coroa** são estabelecidos.

O s monarcas da Inglaterra medieval tinham um problema. O sistema feudal fomentado a partir de 1066 por Guilherme I estava ruindo. Sob esse sistema, os barões (nobres) eram os "vassalos" superiores, que juravam fidelidade à Coroa, forneciam soldados e pagavam obrigações ao rei em troca de proteção e terras (chamadas feudos). Os barões também tinham vassalos – em geral cavaleiros de confiança – que juravam lealdade a seu senhor e às vezes supervisionavam suas terras. Abaixo deles estavam os camponeses – agricultores rendeiros que podiam ser livres, mas na maioria eram "vilões", vinculados legalmente ao senhor. Na base do sistema havia os servos, de propriedade do senhor. Servos e camponeses não tinham direitos. A partir dos anos 1190, a renda que o rei obtinha das obrigações feudais e de suas próprias terras ficou totalmente insuficiente para financiar as guerras travadas para defender o território da Inglaterra na França. O rei extorquia cada vez mais recursos dos barões, que se ressentiam disso.

Abusos legais do rei João

O sistema de justiça da Inglaterra precisava de reforma. Os processos legais que satisfaziam os reis precedentes estavam sob grave tensão no século XII. As reformas de Henrique II forneceram o núcleo de um sistema de justiça central e o início de uma codificação do *common law* (ver quadro na p. 70). As reformas, porém, limitavam o poder dos tribunais locais dos barões, e as concessões oferecidas por elas poderiam ser desrespeitadas ou eliminadas à vontade por um rei menos esclarecido – em especial João, que subiu ao trono em 1199.

Uma série de expedições militares desastrosas na França terminou com a perda da Normandia em 1204 e deixou João com uma escassez crítica de dinheiro. Para financiar um novo exército, ele recorreu a um abuso total das obrigações feudais. O *scutage*, uma taxa paga em lugar do serviço militar, foi aumentado e exigido até quando o serviço não era necessário. Os tribunais reais ficaram mais poderosos e eram usados para cobrar multas por motivos questionáveis. As obrigações cobradas quando um barão herdava seu posto e terras subiram enormemente. As somas extorquidas dos barões para evitar o "descontentamento do rei" também dispararam. Com isso, a receita real subiu para 145 mil libras em 1211 (cerca de dez vezes o valor típico nos anos 1190).

O DIREITO NA IDADE MÉDIA   69

Ver também: O Domesday Book 58-59 ▪ O *Assize* de Clarendon 64-65 ▪ O julgamento de Carlos I 96-97 ▪ A Revolução Gloriosa e a Declaração de Direitos inglesa 102-103 ▪ A Constituição e a Declaração de Direitos dos EUA 110-117

A Igreja Anglicana deve ser livre e ter seus direitos não diminuídos e suas liberdades inalteradas. [...] Essa liberdade devemos nós mesmos observar [...].
Magna Carta, capítulo 1

Outra guerra com a França, de 1214 a 1215, dissipou o dinheiro e erodiu qualquer boa vontade remanescente entre os barões. Havia um elemento contratual na monarquia medieval inglesa; a autoridade do rei era vista como um contrato com seu povo. Seus vassalos feudais tinham o direito de renunciar à sua fidelidade se o rei rompesse seu lado do acordo.

Uma disputa com o papa Inocêncio III piorou a situação. Quando João rejeitou o candidato do papa, Stephen Langton, para o arcebispado de Canterbury, o papa emitiu um interdito que proibia os serviços da Igreja na Inglaterra. Em 1209, ele excomungou João. A proibição dos serviços religiosos foi profundamente sentida e pôs à prova ainda mais a lealdade dos barões.

A revolta dos barões

João afinal capitulou frente ao papa, mas em 1215 enfrentou um grave levante dos barões. Os rebeldes se reuniram no norte e marcharam para Londres. Sob a pressão do arcebispo Langton para evitar um confronto sangrento, João concordou em negociar. Ele se encontrou com os barões em 15 de junho num campo ao lado do Tâmisa em Runnymede, em Surrey. Eles apresentaram os Artigos dos Barões, que buscavam impedir quase todo abuso de poder real que tinha ocorrido no reinado de João. O rei concordou e colocou seu selo no documento.

A Grande Carta

Em 1218, o novo documento foi nomeado Magna Carta ("Grande Carta", em latim). Hoje ela é reverenciada como um documento fundador da democracia moderna e do Estado de direito, mas quando foi promulgada era um acordo conservador, basicamente destinado a proteger os direitos legais dos barões contra transgressões reais.

Os 63 capítulos da carta começam confirmando (por insistência do arcebispo Langton) que a Igreja Anglicana seria livre de interferência real e seus direitos não seriam diminuídos. Grande parte do restante da carta tratava de queixas dos barões. O capítulo 2 dispunha que herdeiros de um conde ou barão deviam pagar à Coroa não mais que cem libras para tomar sua herança. O capítulo 18 estipulava que uma viúva não poderia ser obrigada a se casar de novo contra sua vontade (como viúvas ricas com frequência eram, com os favorecidos pelo rei). O capítulo 12, que proibia a cobrança de *scutage*, exceto por "conselho comum de nosso reino", desafiava o rei, mas teve pouca força imediata, pois João escolhia os membros do conselho real. O capítulo 16 resumia as maiores queixas da nobreza contra o monarca, afirmando que ninguém deveria ser obrigado a prestar um serviço maior "por uma taxa de cavaleiro" (*scutage*) do que o devido legalmente. »

O rei João assina a Magna Carta em Runnymede – local usado para assembleias desde tempos antigos. Na verdade, o rei usou o Grande Selo para marcar sua anuência com o documento.

A MAGNA CARTA

Outros capítulos tinham consequências mais profundas. O capítulo 18 declarava que certos *assizes* deviam ser instalados por um comitê itinerante de dois juízes e quatro cavaleiros em cada condado ao menos quatro vezes ao ano, fornecendo acesso mais rápido à justiça para todos. Antes as únicas sessões legais avalizadas tinham sido as do tribunal estabelecido em 1178 em Westminster. O capítulo 39 era ainda mais relevante, pois incluía direitos depois consagrados no Decreto de Habeas Corpus de 1679. Ele afirmava que nenhum homem livre podia ser detido, preso, expropriado, exilado, colocado fora da lei ou de alguma forma perseguido a não ser pelo "julgamento legal de seus pares" ou pela lei da terra. O capítulo seguinte afirmava que o direito à justiça não podia ser comprado, recusado ou adiado. Ao aceitar os capítulos 39 e 40, o rei jurou pela primeira vez estar sujeito à lei.

Sobrevivência inicial

Os barões sabiam que João tentaria renegar a carta. Como precaução, o capítulo 61 determinava que, se o rei rompesse o acordo, teria de prestar contas a um comitê de 25 barões. João não podia aceitar tal ataque à sua autoridade, e em agosto obteve uma bula papal (decreto público do papa) que lhe permitia revogar a carta. Isso levou à Primeira Guerra dos Barões, em que um grupo de barões, apoiados por um exército francês, se levantou contra o rei. Quando João morreu, em outubro de 1216, seu herdeiro, Henrique III, só tinha nove anos e não estava em condições de desafiar os barões como João fizera. A maioria dos barões rebeldes desertou em silêncio de volta para o lado do governo e em 1217 a rebelião já tinha colapsado.

A carta foi reeditada em 1216, quando Henrique III subiu ao trono, e de novo em 1218, quando foi nomeada Magna Carta. A reedição de 1225 expandiu a cobertura da proteção da carta de "todos os homens livres" para "todos os homens". Ela não oferecia de modo explícito a mesma proteção às mulheres, embora alguns argumentem desde então que, na época, "homens" podia significar "pessoas".

A versão de 1225 marcou a transição, com suas disposições, da common law (direito desenvolvido com base em arbítrios precedentes), para um direito escrito aprovado por um legislativo. Eduardo I confirmou isso ao reeditá-la em 1297. O século

A Magna Carta foi escrita em latim – o idioma legal de então. Cerca de dezessete exemplares se conservaram, entre eles os das catedrais de Salisbury e Lincoln e o da Biblioteca Bodleiana, em Oxford.

XIII também viu a consolidação legal do sistema de *common law*. Após Ranulfo de Glanville (ver quadro abaixo) ter aberto o caminho, outro tratado, *De legibus et consuetudinibus Angliae* [Sobre leis e costumes da Inglaterra], atribuído ao clérigo e jurista Henrique de Bracton, desenvolveu o tema em c. 1235. O tratado também introduziu a ideia de *mens rea* (intenção criminosa) e formulou uma teoria de monarquia inspirada pela Magna Carta, afirmando que um rei só era um monarca legítimo se obtivesse e exercesse o poder de maneira legal. Sob Eduardo III, as leis conhecidas como Seis Estatutos expandiram a proteção que a Magna Carta dava, incluindo a afirmação explícita do direito de não ter bens confiscados (1331) e de todos os homens terem acesso ao devido processo legal se acusados (1368).

Reforço pelo Parlamento

O século XIII marcou o nascimento da democracia parlamentar. Com o tempo,

---

Ranulfo de Glanville e o sistema de *common law*

Um dos primeiros textos abalizados sobre *common law* foi o *Tractatus de legibus et consuetudinibus regni Angliae* [Tratado sobre leis e costumes da Inglaterra], atribuído a Ranulfo de Glanville e escrito entre 1187 e 1189. Nascido em c. 1112, Glanville foi o *justiciar* da Inglaterra – o ministro-chefe de Henrique II de 1180 a 1189. Um Judiciário independente começou a emergir e, em 1178, um decreto estabeleceu que cinco juízes deveriam dar audiência a processos em Westminster – as origens do Tribunal do Banco do Rei. Suas decisões, os precedentes que estabeleceram e a referência a leis consuetudinárias anteriores marcaram o surgimento do *common law* inglês. O tratado, que o rei encomendara para ajudar a estabelecer a paz em tempos turbulentos, definiu claramente os processos legais da época. Dispensado e preso por Ricardo I em 1189, Glanville morreu numa cruzada na Palestina em 1190.

O DIREITO NA IDADE MÉDIA

> Por nossa boa e espontânea vontade, demos e concedemos [...] a todo o reino as liberdades abaixo escritas.
> **Henrique III**
> Reedição de 1225 da Magna Carta

o direito do rei a indicar quem queria para o conselho real de administradores e conselheiros se erodiu. Outra revolta dos barões contra Henrique III levou às Provisões de Oxford em 1258. Estas colocaram o governo nas mãos de um comitê de quinze barões e um Parlamento (formado em grande parte por nobres), convocado três vezes ao ano. O sistema logo ruiu, mas a revolta de 1264 liderada por Simão de Monfort (a Segunda Guerra dos Barões) levou à convocação, em 1265, do primeiro Parlamento a incluir representantes não só da elite rica, mas de todas as pessoas, com dois burgueses (representantes) de cada grande cidade e dois cavaleiros de cada condado.

No século XIV, esse órgão já exercia direitos sob o capítulo 12 da Magna Carta, interpretando-o com o sentido de que o rei não poderia elevar nenhuma taxa sem antes obter a anuência do Parlamento. A influência da carta diminuiu no século XV, quando a monarquia Tudor

A anuência do rei João à Magna Carta foi marcada em 1957 com este memorial em Runnymede, em terras arrendadas pela Associação Americana de Direito. Seu presidente, William Hubbard, declarou que a carta é "um duradouro símbolo mundial da liberdade e do primado do direito".

se fortaleceu. No século XVII, porém, tornou-se um escudo muito eficaz dos direitos parlamentares contra o poder dos reis Stuart, durante as Guerras Civis que resultaram na execução de Carlos I, no exílio de Carlos II e no governo de Cromwell.

Uma influência grande e duradoura

No fim do século XVIII, a defesa da Magna Carta contra a tirania real ressoou na luta pela independência dos colonos americanos contra o domínio britânico. A redação da Constituição dos EUA em 1789 e, depois, da Declaração de Direitos foi influenciada pelas limitações ao poder arbitrário de um governante que a Magna Carta havia estabelecido mais de quinhentos anos antes.

No Reino Unido, no século XIX, grande parte da Magna Carta se tornara obsoleta. De 1828 em diante, a maioria de suas determinações foram removidas do livro de atos legislativos. Só quatro de seus capítulos ainda

> A aspiração democrática não é uma simples fase recente da história humana. Ela foi escrita na Magna Carta.
> **Franklin D. Roosevelt**
> 32º presidente dos EUA (1933-1945)

estão em vigor hoje – o primeiro, sobre as liberdades da Igreja Anglicana; o capítulo 13, sobre os privilégios da cidade de Londres; e os capítulos 39 e 40, sobre o direito de julgamento conforme a lei e a proibição de confiscos arbitrários pela Coroa. Por esses dois capítulos, a Magna Carta ainda é percebida como uma pedra angular dos direitos britânicos e um ponto de virada no governo constitucional e nos direitos humanos. ∎

TODA LEI É IMPOSTA PARA O BEM COMUM
TOMÁS DE AQUINO (c. 1225-1274)

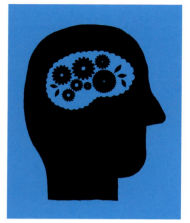

EM CONTEXTO

FOCO
Direito natural

ANTES
54-51 a.C. *Da república*, de Cícero, discute ideias de direito e leis naturais.

388-395 d.C. Santo Agostinho tenta conciliar os ensinamentos cristãos e o direito natural em *De libero arbitrio* [Sobre o livre-arbítrio].

c. 1140-1150 O *Decretum* de Graciano descreve o direito natural como "o direito comum a todas as nações".

DEPOIS
1323 Tomás de Aquino é canonizado pelo papa João XXII.

1689 Em *Dois tratados sobre o governo*, John Locke afirma que o direito natural existia em nosso estado original de natureza, antes dos governos.

1948 A DUDH estabelece direitos fundamentais comuns a todas as nações.

As pessoas têm a **faculdade da razão** e buscam **viver de modo virtuoso**.

→

As pessoas descobrem leis naturais **enraizadas na natureza** e por **imposições divinas**.

↓

Imutáveis e universais, **as leis naturais** permitem às pessoas viver **de modo bom e moral**.

←

As leis naturais assumem precedência sobre as **leis feitas pelos seres humanos**, que são **sujeitas a mudanças** e **podem ser injustas**.

Com a evolução da teoria legal, a partir da Antiguidade, uma série de questões filosóficas em especial ocuparam os estudiosos. Entre as principais havia três enigmas: de onde surgiu o direito, teriam as leis aplicação universal e existiriam bases morais que permitissem desobedecer a elas? Tentando resolver esses problemas, a teoria do direito natural sustentava que haveria um direito abrangente cujos princípios estavam incrustados na própria natureza – e, segundo o filósofo e teólogo Tomás de Aquino, eram ditados por imposição divina. Segundo essa ideia, para serem justas, as leis humanas – de uma nação, por exemplo – deviam se conformar aos princípios das leis naturais.

Razão e virtude

A teoria do direito natural se originou com filósofos gregos como Aristóteles, no século IV a.C., que em *Política* descreveu as leis como a razão e parte da tentativa racional da humanidade de organizar bem a sociedade. O estadista e advogado romano Cícero, no século I a.C., afirmou que o melhor modo de alcançar a felicidade era ter uma vida virtuosa e que as leis naturais,

O DIREITO NA IDADE MÉDIA

Ver também: Os Dez Mandamentos e a lei mosaica 20-23 ▪ Aristóteles e o direito natural 32-33 ▪ As origens do direito canônico 42-47 ▪ O *Decretum* de Graciano 60-63

A razão no homem se parece um tanto com Deus no mundo.
Tomás de Aquino
Suma teológica, 1265-1274

estruturadas de acordo com a natureza, tornavam isso possível. No início da Idade Média, autores cristãos como santo Agostinho levaram essa ideia além, concluindo que as leis contrárias ao direito natural eram injustas e poderiam prescindir de serem observadas.

No século XIII, essas ideias foram reunidas e refinadas por Tomás de Aquino, cuja *Summa theologica* [Tratado teológico] incluiu uma seção-chave sobre direito natural. Ele distinguiu quatro tipos de leis. As leis eternas transcendem tudo e se relacionam ao plano e à ordem do Universo traçados por Deus, ao passo que as leis divinas dizem respeito à criação e ao caminho da salvação. As leis naturais são o vínculo entre a humanidade e Deus, viabilizado pela capacidade humana de raciocinar e perceber o que é bom.

Na base da hierarquia das leis de Aquino estão as leis humanas, criadas em circunstâncias específicas e passíveis, diversamente das leis naturais, de serem alteradas.

Na *Summa theologica*, uma página da qual é mostrada aqui num manuscrito decorado do século XIII, Tomás de Aquino cita fontes cristãs, muçulmanas, hebraicas e pagãs.

Mesmo elas, segundo Aquino, devem se conformar aos ditames das leis naturais – caso contrário, podem ser consideradas injustas.

Direito natural e justiça

Aquino acreditava que tanto as leis naturais quanto as humanas buscavam o bem comum, mas isso às vezes teve resultados surpreendentes – e, aos olhos modernos, incoerentes. Ele considerava que a escravidão, por exemplo, estava de acordo com as leis naturais, sustentando uma hierarquia social ordenada por Deus. Porém, achava legítimo obedecer ao espírito e não à letra das leis naturais se isso evitasse um mal maior.

As ideias de Aquino sobre direito natural continuaram influentes após sua morte, fornecendo justificativas ao direito de destronar tiranos e a teorias de "guerra justa". Elas floresceram de novo no século XX com a noção de normas universais contida na Declaração Universal dos Direitos Humanos. E se mantêm no século XXI com apelos à "justiça natural" como meio de oposição a leis governamentais injustas. ■

Tomás de Aquino

O teólogo medieval da Igreja Católica mais influente, Aquino nasceu em Fossanova, entre Nápoles e Roma, em c. 1225, numa família da pequena nobreza. Contra os desejos dela, tornou-se frei dominicano aos vinte anos. Estudando em Paris com o teólogo Alberto Magno, logo ganhou destaque e foi nomeado regente principal de teologia em 1256.

Em 1265, Aquino foi nomeado teólogo papal e fundou uma escola dominicana em Santa Sabina, em Roma, onde começou a compor a *Summa theologica* como um manual para estudantes. Ele foi chamado de volta a Paris em 1268, mas em 1272 voltou à Itália para fundar sua própria escola em Nápoles. Lá ele teve uma síndrome de neve visual que o fez parar de escrever, deixando incompleta a *Suma* ao morrer, em 1274.

Obra principal

1265-1274 *Summa theologica* [Tratado teológico]

O COMPANHEIRO DO MERCADOR
A LEX MERCATORIA (SÉCULOS XIII-XV)

EM CONTEXTO

FOCO
Direito comercial internacional

ANTES
c. 700 d.C. A Lei Marítima Ródia combina várias leis e costumes existentes, formando um corpo de direito marítimo.

c. 1010 As Tavole Amalfitane são o primeiro corpo de leis marítimas a ser reconhecido em grande parte do Mediterrâneo.

DEPOIS
1622 *Consuetudo vel Lex Mercatoria*, do defensor do livre comércio e mercador inglês Gerard de Malynes, é uma clara exposição de direito comercial.

1940 O Unidroit é criado, fornecendo um fórum de arbitragem para casos comerciais privados e iniciando uma nova era para a Lex Mercatoria.

A dúvida sobre qual lei deveria regular o comércio internacional é tão antiga quanto o próprio comércio. Mercadores gregos, fenícios e romanos desenvolveram sistemas basicamente de leis privadas – não reguladas pelo estado – para resolver controvérsias e reforçar a segurança nas redes de comércio que dependiam de confiança.

Os romanos, em especial, desenvolveram meios de regular negócios entre cidadãos romanos e os que não eram súditos do império. Esse *jus gentium* (direito do povo) teve origem no século III a.C. e se tornou ocioso após o colapso do império no século V d.C., com sua

O DIREITO NA IDADE MÉDIA

Ver também: A Lex Rhodia 25 ▪ Os *Commentaries* de Blackstone 109 ▪ As Nações Unidas e a Corte Internacional de Justiça 212-219 ▪ A Organização Mundial do Comércio 278-283

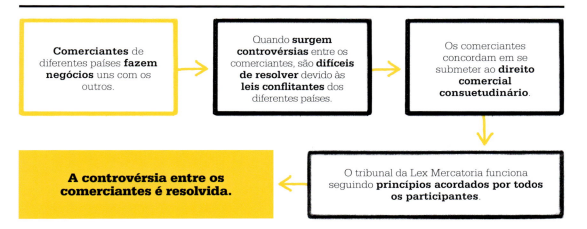

Comerciantes de diferentes países **fazem negócios** uns com os outros.

Quando **surgem controvérsias** entre os comerciantes, são **difíceis de resolver** devido às **leis conflitantes** dos diferentes países.

Os comerciantes concordam em se submeter ao **direito comercial consuetudinário**.

O tribunal da Lex Mercatoria funciona seguindo **princípios acordados por todos os participantes**.

A controvérsia entre os comerciantes é resolvida.

---

dissolução em uma série de estados bárbaros, cada um com suas próprias leis territoriais. A partir do século IX, porém, houve um crescimento econômico em partes do norte europeu e o comércio renasceu. Centros de negócios como Dorestad, nos Países Baixos, floresceram. No sul, piratas árabes tinham tornado o comércio mediterrâneo perigoso, mas depois que suas bases foram tomadas, no século XI, repúblicas mercantes, como Amalfi, Pisa, Gênova e Veneza, na Itália, ajudaram a impulsionar o comércio marítimo.

Com o aumento dos negócios, cresceram as disputas. Mercadores que contestavam a qualidade de bens recebidos de comerciantes estrangeiros – ou que tentavam reaver o valor de bens perdidos no mar por um transportador descuidado – tinham pouco acesso a sistemas jurídicos regulares. Os tratados internacionais entre Estados podiam cobrir a conduta em relação a mercadores em geral, mas pouco ajudavam em casos específicos. Tribunais de justiça – onde existiam – tendiam a ser lentos, burocráticos e inflexíveis. A solução era uma forma de autorregulação – uma lei consuetudinária desenvolvida entre os mercadores ao longo de centenas de anos e conhecida já no século XIII como Lex Mercatoria (Lei Mercantil, ou Lei dos Mercadores).

Aceitação voluntária

A comunidade mercantil seguia voluntariamente a Lex Mercatoria, sem determinação estatal, embora as nações individuais também tivessem aprovado leis que afetavam o comércio. Vastas redes marítimas transportavam grande parte do valioso comércio europeu, então não é de espantar que um direito marítimo tenha surgido como precursoras de leis mercantis totalmente desenvolvidas. Já no século VIII ou IX, códigos como a Lei Marítima Ródia (introduzida pelo Império Bizantino ao longo do Mediterrâneo) tinham reunido regras marítimas consuetudinárias. O crescimento das cidades comerciais da Itália acelerou o processo. Algumas leis ganharam ampla aceitação, como as Tavole Amalfitane (Tábuas de Amalfi), do século XI, cujos 66 artigos eram observados no Mediterrâneo ocidental. Cidades-Estados italianas como Gênova e Veneza tinham suas próprias leis comerciais marítimas, introduzidas em 1186 e 1258, respectivamente. O primeiro desses códigos no norte europeu foram as Rôles d'Oléron (Leis de Oléron), adotadas perto de La Rochelle, na »

A Liga Hanseática, cujo selo é mostrado aqui, regulava o comércio marítimo em grande parte do norte europeu. Fundada em 1356, ela manteve seu papel até o século XVII.

A LEX MERCATORIA

França, em 1160 e depois mais amplamente aceitas.

No início do século XIII, portos do norte europeu como Hamburgo tinham códigos para combater a pirataria. A Liga Hanseática foi uma organização de comércio formalmente criada em 1356 como um guarda-chuva sob cuja proteção mercadores de muitas cidades ao redor do mar Báltico e além podiam fazer negócios.

Esses códigos logo começaram a ter seções que tratavam de matérias não só relacionadas ao comércio no mar, tais como pagamento de dívidas e liberação de mercadores estrangeiros da *aubaine*, o direito dos governantes a tomar a propriedade de estrangeiros quando morriam. O surgimento de grandes feiras de comércio, como as de Leipzig e Frankfurt, na Alemanha, ou Troyes e Lagny, na França, nos séculos XI a XIII, aumentou a necessidade de regras para regular as relações entre mercadores de diferentes Estados. Isso tinha especial importância, uma vez que essas feiras com frequência recaíam sob jurisdição direta de um senhor local e fora da proteção das leis reais. Os mercadores precisavam de mais segurança de que seus direitos (e bens) seriam protegidos.

Na Inglaterra, como em outras partes, a Lex Mercatoria foi considerada vantajosa para resolver controvérsias e estimular o comércio estrangeiro. Em 1303, o rei Eduardo I emitiu a Carta Mercatoria, que concedia aos mercadores estrangeiros liberdade de comerciar, liberando-os de certos regulamentos, e impunha aos magistrados "fazer justiça rápida [...] conforme o direito mercante". Casos envolvendo comerciantes estrangeiros eram

E essa Lei dos Mercadores [...] deve com vistas ao comércio ser estimada [...] como a Lei das Doze Tábuas.
Gerard de Malynes
Consuetudo vel Lex Mercatoria [O costume da Lex Mercatoria], 1622

resolvidos no Tribunal do Banco do Rei – não pelos juízes regulares indicados pela Coroa, mas por assessores ou jurados especializados. Estes eram escolhidos pelas próprias partes e julgavam casos segundo a Lex Mercatoria e não as leis da Inglaterra.

Tribunais mercantis

Na Europa, entre os tribunais mercantis que surgiram para administrar a Lex Mercatoria, incluíam-se a Rota Civil, em Gênova; a Curia Maris, em Pisa; e o Consolat del Mar, em Barcelona. Magistrados com conhecimento especializado de costumes e normas comerciais administravam esses tribunais, começando com os Consulados do Mar de Gênova, em 1206. O sistema assegurava aos mercadores que as disputas fossem resolvidas de modo satisfatório e rápido. Por sua vez, essa garantia promovia o uso de instrumentos financeiros como notas promissórias, cujo pagamento os mercadores agora confiavam que seria honrado ou, se necessário, exigido pelos tribunais.

Esta imagem de Veneza no século XIV mostra uma cidade movimentada, com barcos nas águas e mercadores no cais. Veneza foi um dos primeiros portos a ter suas próprias leis comerciais marítimas.

O DIREITO NA IDADE MÉDIA

Como órgãos voluntários, os tribunais mercantis tinham mais em comum com a arbitragem moderna que com tribunais judiciais normais. Porém, sua própria flexibilidade e a falta de uniformidade nas decisões levantavam questões perturbadoras. Eles operavam sob uns poucos princípios legais gerais, e mesmo aqueles que pareciam universais, como o da "garantia" (pagamento parcial que selava um contrato), eram sujeitos a variações.

Como os mercadores podiam peticionar que os casos fossem considerados sob o sistema jurídico que escolhessem, isso podia levar a mais controvérsias entre as partes. Houve casos em que mercadores de Antuérpia que negociavam com londrinos se recusaram a submeter-se às leis de Londres, enquanto autoridades em Ypres insistiam que quaisquer mercadores negociando ali o fizessem sob a lei local. Governos nacionais também receavam que mercadores estrangeiros obtivessem vantagens indevidas apelando a julgamento sob a Lex Mercatoria. O Parlamento

A nova Lex Mercatoria

A intensificação do comércio e a proliferação de jurisdições legais independentes impulsionada pela descolonização do século XX trouxeram uma crescente consciência da necessidade de o comércio internacional não ser estrangulado por impedimentos legais. Em 1940, o Instituto Internacional para a Unificação do Direito Privado (Unidroit) foi criado para harmonizar leis comerciais privadas e estabelecer princípios em para contratos internacionais. Como na Lex Mercatoria original, suas diretrizes não são obrigatórias e só se aplicam onde as partes optam por segui-las. O surgimento de outras organizações internacionais, como a ONU, levou ao aumento paralelo de mecanismos para resolver conflitos legais. Estes incluem a Comissão da ONU sobre Direito Comercial Internacional (Uncitral), cuja Convenção de Viena (1988) busca remover barreiras legais ao comércio mundial estabelecendo regras mutuamente aceitas sobre, por exemplo, quebra de contrato.

inglês buscou submeter isso ao sistema de *common law*. Em 1353, o rei Eduardo III criou portos "básicos" na Inglaterra, no País de Gales e na Irlanda, onde bens específicos (ou "básicos") podiam ser negociados. Esses portos tinham seus próprios tribunais, administrados pela Coroa, para decidir disputas comerciais. Mesmo assim, um tribunal presidido pelo bispo Robert Stillington ainda podia afirmar, em 1473, que os mercadores deviam ser julgados segundo a Lex Mercatoria. Essa posição aos poucos mudou no século XVII, quando defensores do *common law*, como o jurista Edward Coke, lutaram por sua supremacia.

Nos anos 1760, o chefe do Judiciário, lorde William Murray, conde de Mansfield, declarou que não havia um corpo de leis separado, como a Lex Mercatoria. A edição de 1809 dos *Commentaries on the laws of England* [Comentários sobre as leis da Inglaterra], do jurista William

O Livro do consulado do mar, da Espanha, é uma coletânea de costumes marítimos que contribuiu para o desenvolvimento da Lex Mercatoria na Idade Média. Essa edição foi impressa em 1523.

Blackstone, reforçou a visão de que as práticas mercantis eram cobertas pela lei local e que a Lex Mercatoria não se aplicava mais.

A lei estatal assume o controle

Ao longo da Europa, conforme Judiciários e Legislativos nacionais se fortaleceram, deixaram de tolerar a existência de tipos concorrentes de leis em suas jurisdições. Os códigos comerciais decretados por Estados individuais tomaram o lugar da Lex Mercatoria – entre eles o Code de Commerce francês em 1807 e o Allgemeines Deutsches Handelsgesetzbuch alemão em 1861. Porém, apesar de a Lex Mercatoria parecer agonizante, não estava totalmente morta.

No século XX, quando o volume de comércio internacional disparou, houve uma nova onda de leis comerciais privadas para negócios entre indivíduos privados que não envolvem o Estado (ver quadro acima). Nascida mais de um milênio atrás, quando a Europa se reconstruía após a queda de Roma, a Lex Mercatoria continua importante no campo do comércio internacional. ■

IMPÉRIO ILUMINI 1470-1800

INTRODUÇÃO

 O Estatuto de Patentes Veneziano institui o **primeiro sistema codificado de patentes** do mundo.

1474

 A Lei dos Pobres inglesa e galesa fornece **sustento para os pobres "estabelecidos"** por meio de paróquias e taxas locais.

1601

 O astrônomo Galileu Galilei é **julgado por heresia** pela Igreja Católica por dizer que a Terra não está estática no centro do Universo.

1633

 Durante a Guerra Civil Inglesa, o Parlamento cria a Alta Corte de Justiça para **julgar o rei Carlos I por traição**.

1649

1494 Após a volta de Colombo do Novo Mundo, Espanha e Portugal assinam o Tratado de Tordesilhas, **dividindo a propriedade do mundo** entre eles.

1625 Em *O direito da guerra e da paz*, Hugo Grotius defende a **diplomacia no direito internacional**.

1648 A Paz de Westfália estabelece o **princípio da soberania nacional** e reforça o princípio dos **meios diplomáticos** para garantir a paz.

SÉCULO XVII **Códigos escravistas** no Caribe e nos Estados Unidos classificam os escravizados como **propriedade de seus donos**.

No fim do século XV, enormes mudanças culturais e políticas ocorreram na Europa, dando início a uma era chamada Renascimento. As nações começaram a afirmar sua independência e a prosperar pelo comércio e construção de impérios. A autoridade da Igreja Católica foi contestada conforme a ênfase passava da religião para leis naturais inerentes aos seres humanos.

Uma das maiores potências mercantis a emergir foi a República de Veneza, que introduziu leis comerciais, como o Estatuto de Patentes, para proteger o interesse de seus comerciantes. Espanha e Portugal eram as potências mais ambiciosas e buscavam rotas para os mercados da Ásia por meio do Atlântico, como uma alternativa à Rota da Seda terrestre. Depois que Cristóvão Colombo se deparou com as Américas em suas viagens de descoberta, os dois Estados ibéricos negociaram um acordo, o Tratado de Tordesilhas, pelo qual dividiram o mundo em dois hemisférios, dando à Espanha as terras a oeste e a Portugal aquelas a leste. Essas reivindicações demonstram a atitude dominante de que o mundo estava ali para ser "descoberto" – e conquistado e explorado – pelas novas nações comerciais europeias. A Reforma Protestante do século XVI foi mais um desafio à autoridade da Igreja.

Ordem internacional

Disputas comerciais e territoriais levaram a batalhas entre os países que competiam pelo domínio, e no século XVII foram dados passos para criar um Estado de direito internacional. Em 1625, o erudito holandês Hugo Grotius escreveu o tratado *O direito da guerra e da paz*, que defendia a razão humana e a cooperação em questões internacionais. Isso redundou, em 1648, na Paz de Westfália, que deu fim à Guerra dos Trinta Anos e criou um precedente a negociações diplomáticas para proteger a soberania nacional. Um século depois, a base para um direito realmente internacional foi lançada pelo diplomata suíço Emmerich de Vattel em *O direito das gentes*.

As Américas e partes da África e da Ásia logo se tornaram colônias de impérios europeus, fornecendo recursos ao que parecia inesgotáveis. Mas não só bens foram negociados. Para fornecer força de trabalho às colônias das Américas, escravizados

IMPÉRIO E ILUMINISMO

1688-1689 — Na Revolução Gloriosa, Guilherme de Orange e sua mulher, Maria, aceitam o trono inglês e consentem numa **Declaração de Direitos**.

1710 — O princípio dos **direitos autorais** é consagrado no direito britânico pelo Estatuto da Rainha Ana.

1765-1769 — Os *Comentários sobre as leis da Inglaterra*, de William Blackstone, apresentam o **o commom law inglês** de forma compreensível e acessível.

1789 — Na França, a Declaração dos Direitos do Homem e do Cidadão estabelece o princípio de que **todas as pessoas são iguais diante da lei**.

1692 — Mais de duzentas pessoas são **acusadas de feitiçaria** e dezenove, condenadas à morte com provas espúrias nos julgamentos das bruxas de Salem, em Massachusetts.

1758 — Em *O direito das gentes*, Emmerich de Vattel lança as bases para que os **países cooperem sob o direito internacional**.

1787 — Delegados se encontram em Filadélfia para estruturar a **Constituição dos Estados Unidos**, ratificada por todos os estados em 1790.

1791 — **Dez emendas**, coletivamente chamadas **Declaração de Direitos**, são acrescentadas à Constituição dos Estados Unidos.

---

foram transportados da África às centenas de milhares, uma prática a que os códigos escravistas do Caribe e das Américas davam justificativa legal, tratando os escravizados como "bens móveis" – a propriedade de seus donos.

A razão acima da fé

A nova prosperidade da Europa estimulou as pesquisas intelectuais e científicas, levando, no fim do século XVII e no XVIII, ao Iluminismo. A Igreja Católica ainda detinha considerável poder, que exercia tentando esmagar "heréticos" como Galileu Galilei por suas teorias científicas. Sua autoridade, porém, foi gravemente minada, assim como a noção de direito divino dos reis e a autoridade dos monarcas sobre o povo. Os teóricos do Iluminismo promoviam o pensamento racional em vez da fé religiosa, e o progresso, a liberdade e a tolerância em vez da deferência típica da velha ordem política à Igreja e à monarquia, defendendo em seu lugar o governo constitucional para proteger os direitos dos cidadãos.

Os primeiros sinais desse movimento surgiram na Guerra Civil Inglesa (1642-1651), com o julgamento e a execução em 1649 do rei Carlos I e a subsequente instauração da Comunidade da Inglaterra. Em 1689, a introdução da Declaração de Direitos como condição do Parlamento inglês para aceitar a regência do rei Guilherme e da rainha Maria confirmou o poder da lei acima da supremacia da monarquia.

Inspirado pelas mudanças na ordem política, o filósofo inglês John Locke defendeu um governo que protegesse a liberdade e os direitos dos cidadãos. Essa causa foi logo levada a lugares como as colônias americanas, que vinham num crescente descontentamento com os governantes britânicos e buscavam a independência sob um governo mais democrático e justo.

Quando os EUA declararam independência, em 1776, afirmaram os direitos de todos os homens à vida, à liberdade e à busca da felicidade. Esse conceito dos direitos como algo central ao código foi incorporado em 1787 à Constituição dos Estados Unidos da América. A França também derrubou seus regentes opressores, em 1789, instalando um governo do povo e para o povo, com os ideais de *liberté*, *égalité* e *fraternité* (liberdade, igualdade e fraternidade) integrados à Declaração dos Direitos do Homem e do Cidadão. ∎

PROTEÇÃO PARA TODA INVENÇÃO ENGENHOSA
O ESTATUTO DE PATENTES VENEZIANO (1474)

EM CONTEXTO

FOCO
Direito de patentes

ANTES
500 a.C. Consta que cozinheiros de Síbaris, na Grécia, receberam um ano de monopólio sobre pratos que inventaram.

1421 A primeira patente conhecida de uma invenção é emitida para Filippo Brunelleschi, em Florença.

1449 O rei inglês Henrique VI concede a John de Utynam um monopólio sobre fabricação de vitrais.

DEPOIS
1624 O Estatuto de Monopólios, que permite a concessão de patentes a invenções notáveis, torna-se lei na Inglaterra.

1790 A Lei de Patentes dos EUA dá aos inventores uma patente exclusiva por catorze anos.

O Estatuto de Patentes Veneziano, de 1474, marca o verdadeiro início do moderno decreto das patentes (que protegem novas invenções). Promulgado na República de Veneza, ele não foi o primeiro exemplo de proteção a patentes, mas foi o primeiro a estabelecer um sistema abrangente que se aplicava a todas as invenções.

No início do século XV, as cidades-Estados da Itália renascentista floresceram e os diferentes Estados competiam para apresentar novas ideias nas artes, na ciência e na tecnologia. As invenções, afinal, podiam trazer dinheiro e status. Mas, se as ideias

IMPÉRIO E ILUMINISMO

Ver também: A Lex Mercatoria 74-77 ▪ O Estatuto da Rainha Ana 106-107 ▪ A Comissão Federal de Comércio 184-185 ▪ O Tratado de Direitos Autorais da OMPI 286-287

O domo da catedral de Florença foi feito sem um suporte central. Seu projeto inovador inclui uma cúpula interna e outra externa, com arcos interligados que impedem que o domo se expanda.

pudessem ser copiadas facilmente quando saíam da prancheta, esses benefícios se perdiam – e não haveria incentivo aos inventores para gastar seu tempo e dinheiro desenvolvendo ideias e menos ainda para partilhá-las com outros.

Patentes para invenções

Quando as redes de comércio se expandiram pela Europa e a rivalidade comercial e política entre as cidades-Estados italianas cresceu, ficou claro que os inventores precisavam ser protegidos com o reconhecimento da propriedade das ideias. Elas tinham de se tornar uma propriedade. Os inventores precisavam obter um direito legal exclusivo, de modo que outros não pudessem copiar invenções sem permissão. E assim a ideia das patentes aos poucos emergiu.

A primeira patente conhecida foi concedida em Florença, em 1421, ao arquiteto Filippo Brunelleschi, famoso por ter projetado o domo da catedral de Florença. Apesar disso, a patente não era de uma inovação arquitetônica, mas de uma barcaça especial para carregar material de construção para a catedral pelo rio Arno. Infelizmente, em 1427, o invento de Brunelleschi afundou em sua primeira viagem. A ideia das patentes foi abandonada por algum tempo em Florença, mas as guildas de artesãos e artistas tinham considerável poder na época, e a "propriedade" das ideias e inovações de seus membros era protegida por regras privadas desses grupos.

O Estatuto de Patentes Veneziano

Foi em Veneza que a ideia de patentes legais de fato surgiu. A cidade começou primeiro a emitir patentes individuais únicas, similares à concedida a Brunelleschi em Florença. Então, em 19 de março de 1474, o Senado que governava Veneza promulgou a primeira lei geral de patentes. Esse estatuto foi um marco e instaurou um sistema que protegeria inventores pelo livre registro de patentes.

O sistema veneziano tinha a maioria das características das patentes de hoje: a invenção devia ser útil de algum modo; o termo de uma patente se limitaria a um número de anos; o direito de uso da patente poderia ser transferido tanto em vida do detentor quanto depois; e uma patente seria perdida se não fosse usada dentro de certo tempo ou se fosse provado que a invenção à que a patente se refere não era, afinal, a primeira do seu tipo. Cada um desses critérios sustenta o direito de patentes moderno.

Criações engenhosas

Em linguagem coloquial, o Estatuto Veneziano fornecia proteção a "qualquer dispositivo novo e engenhoso não feito antes". Ele declarava confiantemente que Veneza tinha "as mentes mais inteligentes, capazes de imaginar e inventar todo tipo de criações engenhosas". Afirmava, a seguir, »

Em Veneza [...] recompensam e valorizam todo homem que traga uma nova arte ou mistério, de modo que as pessoas possam se dispor a trabalhar.
Sir Thomas Smyth
Discurso sobre o bem-estar comum deste reino da Inglaterra, 1581

O ESTATUTO DE PATENTES VENEZIANO

> **Os monopólios têm poder demais** sobre o mercado e prejudicam os negócios, mas os **inventores** precisam de algum modo de **proteger sua propriedade intelectual**.

> Os monopólios deveriam ser proibidos e as **invenções úteis** deveriam receber **direitos exclusivos por um período limitado**.

> Isso motivará as **mentes inteligentes** a produzir mais **inventos novos e engenhosos**.

que essas mentes inteligentes só se exercitariam para fazer coisas que beneficiassem a cidade se suas ideias fossem protegidas. E assim o estatuto dispunha que qualquer inventor cuja criação se tornasse um dispositivo prático deveria ter o direito único sobre essa invenção por até dez anos. Quem fizesse uma cópia ilegal seria obrigado a destruí-la e a pagar uma multa de cem ducados. Isso seria cerca de 15 mil dólares em termos atuais, então o estatuto buscava claramente ser levado a sério.

Com essa legislação, Veneza se tornou o primeiro Estado a desenvolver um sistema contínuo e coerente para a proteção de invenções. Pela primeira vez, havia uma estrutura legal adequada de direitos de propriedade intelectual. Em outras palavras, o conhecimento podia "pertencer" às pessoas, o que as incentivava a desenvolver habilidades e técnicas para inventar – confiantes de que, se o trabalho fosse bem-sucedido, seu direito a ganhar dinheiro com ele estaria assegurado.

Esse argumento está no âmago do pensamento capitalista. Ele assume que, sem o retorno potencial de ganho financeiro, as pessoas não se darão ao trabalho de criar ou inventar. A estratégia foi claramente eficaz em Veneza: no fim do século XV,

a importância comercial da cidade era ímpar na Europa. Ela se tornara um núcleo de desenvolvimento tecnológico e estava no centro de um império comercial que se estendia pelo mar Mediterrâneo e até a Índia e a Ásia central. Quando o escritor e diplomata francês Philippe de Commynes visitou Veneza em 1495, declarou que era "a cidade mais triunfante que já vi".

Veneza em demanda
Tomando como base o número de patentes concedidas, o estatuto de Veneza foi um grande sucesso. De 1474 a 1600, 621 patentes foram aprovadas, uma média de cinco a

A taça de Barovier foi criada como um presente de casamento em c. 1470 pelo mestre vidreiro Angelo Barovier, que descobriu como produzir o vidro límpido que tornou Murano famosa.

cada ano. Outras 605 foram dadas no século seguinte.

Os produtos venezianos estavam sob grande demanda, e como os mercadores e artesãos venezianos iam viver em outros pontos da Europa, levaram a ideia das patentes, ansiosos por proteger seus produtos de cópias, que enfraqueceriam suas marcas e lucros. Em 1551, por exemplo, um vidreiro veneziano chamado Theseo Mutio recebeu a primeira patente dada na França, por fazer um vidro "à maneira de Veneza". A vidraria veneziana (produzida na ilha de Murano) era muito popular, e vidreiros venezianos em Antuérpia e na Alemanha também obtiveram patentes. Em 1565, o engenheiro italiano Jacopo Aconcio recebeu a primeira patente concedida por inovação na Inglaterra – por máquinas movidas a rodas-d'água (ver quadro na página ao lado).

Direitos exclusivos
Na Inglaterra, a ideia de patentes ou invenções foi estendida para incluir direitos exclusivos de vender produtos ou serviços específicos – em outras palavras, monopólios. Já no século XIV, licenças chamadas "cartas de proteção" tinham sido dadas a artesãos e inventores estrangeiros para encorajá-los a ir para a Inglaterra. Em 1331, John

IMPÉRIO E ILUMINISMO

Kempe, um tecelão flamengo, foi um dos beneficiados, e em 1449 o rei Henrique VI concedeu um monopólio de manufatura de vitrais por vinte anos ao flamengo John de Utynam, que tinha sido convidado à Inglaterra para fazer vitrais para o Eton College.

Noventa anos depois, o secretário do rei Henrique VIII, Thomas Cromwell, deu um monopólio de vinte anos sobre a cultura de seda ao mercador de seda veneziano Antonio Guidotti, numa tentativa de convencer os sericultores venezianos a ir para a Inglaterra. A prática de conceder monopólios se tornou popular entre os monarcas ingleses porque eles podiam cobrar muito pelo privilégio. Em consequência, mais e mais indústrias entraram no domínio dos direitos exclusivos, entre elas algumas básicas, como as de sal e de amido.

No fim do século XVI, a pressão dos monopólios cresceu tanto que provocou grande insatisfação. Em 1601, o Parlamento inglês forçou a rainha Elizabeth I a ceder o poder de regular monopólios e eliminar alguns dos mais restritivos. Um Comitê de Reclamações, chefiado pelo político e juiz sênior sir Edward Coke, foi instalado para controlar os monopólios. Apesar disso, o sucessor de Elizabeth, Jaime I, continuou a emitir patentes que criavam monopólios.

O descontentamento cresceu, Jaime I prometeu abolir os três piores monopólios, mas o Parlamento já estava exausto. Em 1621, Coke apresentou um Estatuto de Monopólios, que se tornou lei três anos depois, numa afirmação pioneira dos interesses comerciais em contraposição ao poder absoluto de um monarca inglês.

O Estatuto de Monopólios

A lei de Coke tornou todas as patentes e monopólios passados, presentes e futuros da Inglaterra nulos e sem efeito. Ela também determinava que as patentes não fossem usadas pela Coroa para delegar a administração de justiça e o direito penal a indivíduos e empresas privadas – afirmando que só o Parlamento poderia fazer isso.

Havia uma exceção-chave ao esvaziamento de todas as patentes. Essa seção preservava, crucialmente, a patente de invenções originais. Mas a

O Estatuto de Monopólios do *barrister*, juiz e político inglês sir Edward Coke, que só permitia a concessão de patentes a invenções de fato novas, tornou-se lei em 1624.

A primeira patente inglesa

A primeira patente concedida na Inglaterra foi dada ao engenheiro veneziano Jacopo Aconcio. Originário do norte da Itália, Aconcio se mudou para Estrasburgo. Lá, foi recrutado por sir William Cecil, secretário de Estado da rainha Elizabeth I. Aconcio foi para a Inglaterra em 1559 para ajudar, com o conhecimento veneziano de engenharia, a melhorar as fortificações inglesas numa época em que o regime de Elizabeth estava muito vulnerável. A seguir ele revisou e redesenhou algumas das fortificações do castelo de Berwick, na fronteira da Inglaterra com a Escócia. Poucos meses após sua chegada, Aconcio requisitou uma patente para uma variedade de máquinas com rodas-d'água e para caldeiras para tintureiros e cervejeiros. Em seu pedido de patente, ele alegou que "os que pesquisando encontraram coisas úteis ao público deveriam ter algum fruto de seus direitos e trabalhos". A patente de Aconcio foi concedida em 1565.

exclusão só durava catorze anos, e assim os inventores puderam receber uma patente que lhes dava direitos exclusivos por catorze anos se fossem "o primeiro e real inventor". As patentes também podiam ser dadas a qualquer método totalmente novo de fabricação. Embora só mais de um século depois os tribunais tenham desenvolvido um modo coerente de aplicar a lei das patentes, o Estatuto de Monopólios foi um marco na evolução inglesa da economia feudal à capitalista. E suas determinações – sem dúvida influenciadas pelo Estatuto de Patentes Veneziano – deram forma às leis de patentes desde então. ∎

O próprio Rei não deveria estar submetido a nenhum homem, mas a Deus e à Lei.
Sir Edward Coke
Institutos das leis da Inglaterra, 1628-1644

UMA FRONTEIRA DE POLO A POLO
O TRATADO DE TORDESILHAS (1494)

EM CONTEXTO

FOCO
Direito internacional

ANTES
2100 a.C. As cidades-Estados de Lagash e Umma, na Mesopotâmia, marcam uma divisa entre elas com uma placa de pedra.

387 d.C. A Paz de Acilisena divide a Armênia entre os impérios Persa Sassânida e Romano do Oriente (Bizantino).

1266 O Tratado de Perth divide as ilhas Shetland e Órcades entre a Noruega e a Escócia.

DEPOIS
1739 O Tratado de El Pardo resolve disputas marítimas e comerciais de espanhóis e britânicos na América.

1750 O Tratado de Madri redesenha os limites das colônias na América do Sul.

1885 Na Conferência de Berlim, líderes europeus dividem a África entre eles.

Tanto Portugal como Espanha reivindicam ter **descoberto**, e portanto **possuir**, novos **territórios**.

Para **evitar uma guerra onerosa** entre esses dois impérios católicos rivais, o papa Alexandre VI é chamado a **arbitrar**.

O Tratado de Tordesilhas **divide o mundo** em dois setores, espanhol e português.

Ao chegar a Lisboa, em Portugal, voltando do Novo Mundo em 1492, o explorador Cristóvão Colombo desencadeou uma disputa diplomática que duraria séculos entre Espanha e Portugal, as primeiras grandes potências coloniais do mundo. Colombo tinha sido enviado nessa viagem pelos dois regentes da Espanha, Fernando II de Aragão e Isabel I de Castela, mas foi o rei português, João II, o primeiro a ouvir sobre a histórica descoberta.

Nenhuma potência europeia na época considerava relevante que todas as regiões que elas "descobriam" já eram desde muito habitadas por povos indígenas. Para os recém-chegados, a "descoberta" significava propriedade. Portugal, por suas viagens pioneiras – seus navegadores já tinham explorado as costas da África ocidental e da Índia –, se arrogava um direito natural a reivindicar territórios "não descobertos". O anúncio de Colombo

IMPÉRIO E ILUMINISMO

Ver também: O Domesday Book 58-59 ▪ A Lex Mercatoria 74-77 ▪ A Paz de Westfália 94-95 ▪ *O direito das gentes*, de Vattel 108 ▪ O Tratado de Versalhes 192-193 ▪ O Tratado de Helsinque 242-243

Cristóvão Colombo desembarca no Caribe, numa ilha que nomeou San Salvador. Pensando ter alcançado o leste da Ásia, Colombo e sua tripulação chamaram os locais de "índios".

a João II de que havia descoberto um Novo Mundo em nome dos rivais espanhóis do rei caiu como uma bomba.

João mandou uma carta ameaçadora ao rei Fernando e à rainha Isabel, alegando que pelo Tratado de Alcáçovas de 1479 e pela bula papal (um decreto sagrado com força de lei) de 1481 todas as terras ao sul das ilhas Canárias – e portanto todas as terras descobertas por Colombo – pertenciam a Portugal. João também anunciou que despacharia uma frota para garantir a reivindicação portuguesa.

A bula papal

Cientes do poder naval de Portugal, Fernando e Isabel apelaram ao papa, Alexandre VI, supondo uma recepção favorável, já que Alexandre era espanhol. Ele respondeu com o que hoje parece uma impressionante prova da autoconfiança europeia, emitindo uma bula papal que dividia o mundo inteiro, que então se sabia ser redondo, em duas metades. Uma linha corria de polo a polo através do oceano Atlântico, cem léguas (cerca de 550 quilômetros) a oeste dos Açores e Cabo Verde, atravessando o que hoje é a ponta mais a leste do Brasil. Todas as terras a oeste da linha não governadas ainda por um monarca cristão pertenceriam daí em diante à Espanha e tudo a leste seria de Portugal.

A solução do papa exaltou as tensões, com cada país tentando mover a fronteira mais para leste ou oeste. Por fim, em 1494, diplomatas de Espanha e Portugal se reuniram na cidade espanhola de Tordesilhas e fecharam um acordo – o Tratado de Tordesilhas. Este confirmava a divisão do mundo pela metade, mas a destreza naval portuguesa levou a fronteira a ser empurrada para oeste em 270 léguas (cerca de 1,3 mil quilômetros).

A nova linha do tratado foi desenhada a cerca de 46°30'O, por cálculos modernos. Na época, ninguém tinha um modo de estimar a longitude com precisão, então era inevitável que houvesse disputas. E embora dividisse o mundo pela metade, de norte a sul no Atlântico, ele não especificava se a linha continuava ao redor do mundo, dividindo também o Pacífico.

A América do Sul dividida

Apesar de seus enormes defeitos, o tratado se mostrou surpreendentemente eficaz. Ele deixou a Portugal o controle da rota ao redor da África para a Índia, até ser suplantado depois pelos britânicos. Deu também a Portugal o controle sobre o Brasil quando, seis anos depois, Pedro Álvares Cabral aportou ali ao velejar para o sul pelo Atlântico na rota da Índia. Alguns historiadores sustentam que, na época das Tordesilhas, os portugueses já sabiam que a América do Sul se projetava enormemente para o leste e ficaram quietos. Qualquer que seja a verdade, seu legado foi dar a Portugal as riquezas do Brasil, enquanto a Espanha exercia influência sobre todo o resto das Américas do Sul e Central, dominando boa parte do que hoje se chama América Latina. ▪

Esse limite […] deve ser desenhado […] à distância de 370 léguas a oeste das ilhas de Cabo Verde.
Tratado de Tordesilhas

TODO GOVERNANTE DEVE SUSTENTAR CADA UM DOS POBRES

AS LEIS DOS POBRES (1535, 1601)

EM CONTEXTO

FOCO
Bem-estar social

ANTES
1351 O Estatuto dos Trabalhadores inglês exige que toda pessoa apta trabalhe.

1388 O Estatuto de Cambridge diferencia mendigos "robustos" de "impotentes".

1494 O Ato dos Vagabundos e dos Mendigos determina que "vagabundos, ociosos e suspeitos" sejam punidos.

DEPOIS
1662 O Ato do Domicílio permite a exclusão de forasteiros em paróquias.

1696-1698 Em Bristol, a Corporação dos Pobres abre as duas primeiras *workhouses* da Inglaterra.

1834 A Emenda à Lei dos Pobres introduz *workhouses* construídas com propósito específico e geridas por "uniões" de paróquias.

1948 A Lei Nacional de Assistência abole a antiga Lei dos Pobres e garante auxílio a todos acima de 16 anos e "sem recursos".

O Ato dos Pobres inglesa e galesa de 1601 foi uma das primeiras tentativas do mundo de criar uma estrutura legal nacional para tratar da pobreza. Baseando-se em várias leis lavradas desde meados do século XIV, ela estabeleceu o precedente de que deveria haver leis para lidar com os efeitos econômicos pessoais e gerais da pobreza, e que o destino dos pobres não podia ser entregue ao acaso e à caridade.

IMPÉRIO E ILUMINISMO 89

Ver também: Aristóteles e o direito natural 32-33 ▪ As origens do direito canônico 42-47 ▪ Tomás de Aquino 72-73 ▪ O sistema de seguro de acidentes dos trabalhadores 164-167 ▪ A Declaração Universal dos Direitos Humanos 222-229

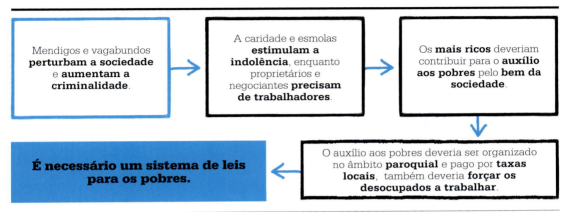

Mendigos e vagabundos **perturbam a sociedade** e **aumentam a criminalidade**.

→ A caridade e esmolas **estimulam a indolência**, enquanto proprietários e negociantes **precisam de trabalhadores**.

→ Os **mais ricos** deveriam contribuir para o **auxílio aos pobres** pelo **bem da sociedade**.

↓

O auxílio aos pobres deveria ser organizado no âmbito **paroquial** e pago por **taxas locais**, também deveria **forçar os desocupados a trabalhar**.

← **É necessário um sistema de leis para os pobres.**

Esse ato normativo não estabeleceu o direito protegido por lei das pessoas com dificuldades de sustento, mas confirmou que quem aplica as leis tem uma obrigação legal de fornecer amparo pago por impostos. O conceito legal de responsabilidade central pelos pobres estaria na origem dos sistemas estatais de bem-estar que surgiram no fim do século XIX na Alemanha, no Reino Unido e em outros países.

Falta de mão de obra
A pressão por leis para os pobres remonta em parte à época após a Peste Negra de 1348 a 1350. A doença matou de 30% a 40% das pessoas na Inglaterra, levando a uma grave falta de mão de obra. Em 1351, o Parlamento inglês aprovou o Estatuto dos Trabalhadores, que visava manter todas as pessoas aptas trabalhando e com níveis salariais anteriores à peste. Os trabalhadores, porém, viram no aumento de demanda um modo de se mudar para onde quisessem e ganhar salários maiores.

Um manuscrito de 1349 mostra o enterro de vítimas da Peste Negra. A doença matou mais de 20 milhões de pessoas na Ásia e na Europa.

Em 1388, o Parlamento rebateu com o Estatuto de Cambridge, que restringia a movimentação de trabalhadores, entre eles os mendigos considerados "robustos", para mantê-los servindo seus senhores por salários baixos. Em troca, o estatuto impunha às administrações locais, chamadas "centenas", a responsabilidade de fornecer algum auxílio básico aos "pobres impotentes" (julgados incapazes de trabalhar). E assim emergiu uma abordagem ambivalente de auxílio aos pobres. De um lado, as leis dos pobres buscavam assistir os necessitados; de outro, eram um porrete a empurrá-los para trabalhos com baixos salários.

Mendigos e vagabundos
Os "robustos" (considerados aptos a trabalhar) não podiam fugir do trabalho. Pela Lei de Punição para Vagabundos e Mendigos Robustos, de 1536, quem vagueasse longe de seu bairro sem um serviço era considerado "vagabundo" e sujeito »

AS LEIS DOS POBRES

Pressões econômicas na Inglaterra dos Tudors

Os preços dos grãos mais que triplicaram entre 1490 e 1569, e depois aumentaram mais 73% entre 1569 e 1609, tornando o pão mais caro.

Os trabalhadores da agricultura e da construção e os artesãos qualificados viram seus ganhos caírem em cerca de 60% ao longo do século XVI.

Entre 1536 e 1549 a dissolução dos mosteiros (e das guildas e hospitais geridos por ordens religiosas) acabou com fontes tradicionais de auxílio aos pobres.

a penas duras, como açoitamento, corte de uma orelha e até execução.

Outras leis no século XVI aumentaram a severidade das punições, forçando os vagabundos a aceitar o primeiro emprego oferecido, ainda que terrível. Mendigos com deficiência que se recusavam a trabalhar em suas próprias casas eram enviados para punição a uma "casa de correção".

Dependência da paróquia

No período Tudor (1485-1603), a população da Inglaterra cresceu muito, o que, com o aumento dos preços e os salários ínfimos, deixou mais e mais pessoas incapazes de se sustentar. Além disso, com a dissolução dos mosteiros por Henrique VIII, que tirou deles suas riquezas e propriedades, os pobres não puderam mais recorrer à caridade da Igreja. Com o sistema perto do colapso, a Lei dos Pobres foi apresentada em 1601 para fornecer um arcabouço abrangente para a provisão

Pressões econômicas no século XVI aumentaram o número de mendigos nas ruas na época dos Tudor. Punições como açoitamento e – para reincidentes – enforcamento se tornaram comuns.

legal dos pobres. Reunindo toda a legislação prévia sobre pobres num só ato, a norma visava basicamente ajudar os pobres "estabelecidos" – os que estavam sem trabalho não por sua culpa – e punir mendigos e vagabundos.

Embora a norma contemplasse todo o reino Tudor, suas determinações foram aplicadas mais em termos locais que nacionais, por meio de 15 mil paróquias. Cada paróquia tinha de coletar um imposto ou taxa para pobres, dentre os donos de propriedades, a fim de levantar dinheiro para sustentar os necessitados. Dois "supervisores" locais não remunerados eram eleitos a cada ano para definir a taxa, coletá-la dos donos de propriedades (multando os que não pagavam) e depois dar dinheiro ou comida aos necessitados – ou compeli-los a trabalhar. A lei também obrigava pais e filhos a cuidar uns dos outros. Pais idosos, por exemplo, deviam ser cuidados pelos filhos.

A norma cristalizava a ideia de que o todo da sociedade sofre se os pobres sofrem. Tornou-se norma coletar uma taxa universal para fornecer dinheiro para amparar os pobres e vulneráveis. Agora os mais ricos não ajudavam os pobres só por caridade. Em vez disso, o pagamento da taxa de amparo era uma obrigação legal para todos que podiam arcar com ela.

Divisão dos pobres

A lei de 1601 estabeleceu dois tipos de auxílio – "interno" e "externo". O auxílio externo era mais comum e permitia aos pobres ficar em suas casas. Eles recebiam dinheiro ou ajuda material, em roupas ou comida,

IMPÉRIO E ILUMINISMO

A Prisão de Bridewell

A Prisão de Bridewell, em imagem de 1720. Na época abrigava autores de crimes menores e aprendizes indigentes, além de pobres errantes e outros considerados "desocupados".

A primeira "casa de correção", a Prisão de Bridewell, em Londres, era de início o Palácio Bridewell, uma das residências de Henrique VIII. Em 1553, Eduardo VI, filho de Henrique, deu o palácio decadente à City of London Corporation para ser usado como um orfanato e local de "correção" de mulheres "devassas" – ou seja, prostitutas. Em 1556, parte do lugar tinha se tornado a Prisão de Bridewell. Após a Lei dos Pobres de 1610, tornou-se o paradigma da ideia de "choque agudo e rápido" para os que não queriam trabalhar ou eram culpados de crimes menores. Bridewell combinava prisão, hospital e *workhouse*, cujos internos eram forçados a realizar trabalhos pesados. Entre as punições regulares havia o açoitamento público duas vezes por semana. Bridewell foi o modelo das futuras casas de correção, muitas vezes referidas como uma "Bridewell". A prisão pegou fogo no Grande Incêndio de Londres de 1666, mas logo foi reconstruída e continuou em uso até os anos 1860.

---

por exemplo. O auxílio interno obrigava os pobres sem-teto a ir para albergues (casas geridas por caridade), orfanatos ou casas de correção, onde as pessoas eram colocadas para trabalhar.

Os pobres que eram "coxos, incapacitados, velhos, cegos" e, portanto, impossibilitados de trabalhar recebiam ou um auxílio externo ou uma vaga num albergue ou hospital. Os pobres aptos sem lar podiam ser mandados para uma "casa de indústria" – o protótipo das *workhouses* posteriores –, onde recebiam matérias-primas e eram obrigados a trabalhar. As condições nesses lugares eram deliberadamente duras, para, segundo se alegava, dissuadir as pessoas de cair na pobreza, confiando no auxílio público.

Os vagabundos e os pobres "ociosos" (marcados como relutantes em trabalhar) eram mandados para uma casa de correção, que era uma opção muito mais dura. Ali, eram forçados a fazer trabalho pesado, como esmagar cânhamo para fazer cordas.

A eficácia do Ato dos Pobres variava muito de uma paróquia a outra. Algumas eram generosas com os pobres e outras mesquinhas, e muitas tentavam passar adiante sua responsabilidade, mandando pobres para outras paróquias. Apesar disso, a lei de 1601 estabeleceu um precedente, fornecendo um nível básico de auxílio a pessoas em pobreza extrema, e por mais de dois séculos essa foi a única rede de proteção àqueles na base da sociedade.

Punição à pobreza

Apesar do princípio de caridade em seu âmago, o mecanismo do Ato dos Pobres era uma espada de dois gumes. Ele visava punir a pobreza tanto quanto ampará-la, e buscava ser duro o bastante para prevenir a confiança no auxílio.

A questão da pobreza como crime veio à tona com o início da Revolução Industrial no Reino Unido, no fim do século XVIII, e o aumento da população nas cidades. Os industriais precisavam de operários e os campos, de trabalhadores para alimentar as crescentes populações. O filósofo, jurista e reformador social Jeremy Bentham insistia em especial que o auxílio aos pobres deveria ser estruturado para disciplinar e punir os indolentes. Enquanto isso, o economista político David Ricardo alegava que qualquer auxílio aos pobres minava "a lei de ferro dos salários", segundo a qual os salários dependiam da demanda.

Essas ideias abriram caminho para a nova Lei dos Pobres, de 1834, que extinguiu o auxílio externo, substituindo-o por um sistema de estabelecimentos onde os pobres trabalhavam por comida e abrigo – as *workhouses* – e condições duras eram impostas como método dissuasório. As *workhouses* foram matéria de pesadelos, como Charles Dickens representou de modo tão vívido no romance *Oliver Twist*. Foi preciso mais de cem anos de campanhas antes que elas fossem substituídas pelo moderno sistema de bem-estar social em 1948. ∎

[A Emenda à Lei dos Pobres de 1834] anuncia ao mundo que na Inglaterra a pobreza é um crime.
Benjamin Disraeli
Primeiro-ministro do Reino Unido
(1868, 1874-1880)

A PAZ É GLORIOSA E VANTAJOSA
O DIREITO DA GUERRA E DA PAZ, DE GROTIUS (1625)

EM CONTEXTO

FOCO
Direito internacional

ANTES
54-51 a.C. *Da república*, de Cícero, introduz ideias de leis e direitos naturais.

DEPOIS
1648 A Paz de Westfália é assinada, reconhecendo a soberania e igualdade dos Estados e pondo fim às guerras de religião europeias.

1758 *O direito das gentes*, do diplomata suíço Emmerich de Vattel, é publicado. O livro se baseia nas ideias de Grotius para definir melhor o direito internacional e torná-lo mais acessível.

1863 O Código Lieber é o primeiro a especificar como os soldados devem se comportar num conflito.

1864 A Convenção de Genebra para Melhoria das Condições de Feridos dos Exércitos no Campo de Batalha é ratificada.

O filósofo e jurista holandês Hugo Grotius (1583-1645) é creditado como "pai do direito internacional" por sua influente obra de 1625, *O direito da guerra e da paz*. Grotius foi um dos que propuseram a teoria do direito natural, a seu ver inalterável e universal. Ele acreditava que as leis naturais derivavam dos direitos naturais e da razão humana, e portanto não podiam ser mudados por Deus ou pela religião organizada.

Grotius aplicou essas ideias às relações internacionais, alegando que os princípios legais existem naturalmente e devem ser a base de todas as relações entre nações. Ele pensava que as nações deveriam ter direitos iguais e status soberano e que os Estados deveriam se submeter às mesmas leis que os indivíduos. Em sua visão, divergências entre Estados deveriam ser resolvidas diplomaticamente, só havendo guerra se nenhuma outra solução fosse achada. Grotius também desenvolveu um sistema de princípios para reger as relações internacionais em tempos de guerra e paz. Antes a guerra era vista

As ideias de Hugo Grotius foram marcadas pelas carnificinas durante sua vida, em especial a Guerra dos Oitenta Anos e a Guerra dos Trinta Anos.

como uma tática política legítima – ideia popularizada pelo político florentino Niccolò Machiavelli (1469--1527). Grotius afirmou que a guerra só é aceitável se for justa – por exemplo, se um país enfrenta uma ameaça iminente e usa força proporcional à ameaça. Sua insistência em esforços diplomáticos para evitar a guerra lançou as bases da moderna noção de direito internacional. ∎

Ver também: A Paz de Westfália 94-95 ▪ *O direito das gentes*, de Vattel 108 ▪ As Convenções de Genebra 152-155 ▪ As Convenções de Haia 174-177

IMPÉRIO E ILUMINISMO

VOSSO GRAVE ERRO E TRANSGRESSÃO
O JULGAMENTO DE GALILEU GALILEI (1633)

EM CONTEXTO

FOCO
O crime de heresia

ANTES
1542 A Inquisição romana é instituída pela Igreja Católica para combater a heresia.

1543 O livro *As revoluções dos orbes celestes*, de Nicolau Copérnico, é publicado.

1600 A Inquisição romana condena à morte Giordano Bruno por heresia, em parte porque ele diz que as estrelas são sóis distantes.

DEPOIS
1757 A Igreja Católica suspende a proibição a *Diálogo sobre os dois máximos sistemas do mundo*, de Galileu.

1989 O governo iraniano islâmico condena o escritor Salman Rushdie como herético.

1992 O Vaticano aceita que Galileu estava certo ao adotar a teoria copernicana.

O astrônomo polonês Nicolau Copérnico publicou seu livro *As revoluções dos orbes celestes* em 1543. Ele apresentava a teoria de que a Terra orbita o Sol (que seria chamada de heliocentrismo), contrária à ideia então aceita de que o Sol gira ao redor de uma Terra parada (geocentrismo).

O heliocentrismo contestava tanto a filosofia natural de Aristóteles quanto as ideias tradicionais da Igreja Católica. A teoria de Copérnico foi desprezada, em geral caracterizada como artificial, mas em 1616 o respeitado astrônomo italiano Galileu Galilei a retomou. Como resultado, a Igreja proibiu que ele ensinasse ou defendesse ideias heliocêntricas. Galileu foi advertido a não adotar nada além da concepção aceita pela Igreja de que a Terra era o centro do Universo.

Teoria heliocêntrica
Galileu continuou seus estudos e em 1632 publicou *Diálogo sobre os dois máximos sistemas do mundo*, que mais uma vez discutia a teoria heliocêntrica. Levado ante a Inquisição romana pela Igreja em 1633, ele não admitiu nenhum delito, mas aceitou um acordo em que concordava em não promover o heliocentrismo. Ele foi declarado culpado de heresia, colocado em prisão domiciliar e seu livro foi proibido. Só em 1822 o Colégio Cardinalício católico aceitou que a teoria heliocêntrica podia ser verdadeira. Em 1992, Galileu foi afinal inocentado de heresia. ■

A proposição de que o Sol está imóvel no centro do mundo [...] é absurda, filosoficamente falsa e formalmente herética [...].
Indiciamento de Galileu Galilei, 1633

Ver também: Aristóteles e o direito natural 32-33 ■ As origens do direito canônico 42-47 ■ O *Decretum* de Graciano 60-63 ■ Os julgamentos das bruxas de Salem 104-105

UMA VIRADA NA HISTÓRIA DAS NAÇÕES
A PAZ DE WESTFÁLIA (1648)

EM CONTEXTO

FOCO
Direito internacional

ANTES
1555 A Paz de Augsburgo permite que cada príncipe do Sacro Império Romano Germânico decrete sua religião oficial.

1568 As dezessete províncias dos Países Baixos se rebelam contra Filipe II da Espanha, iniciando a Guerra dos Oitenta Anos.

1618 A Guerra dos Trinta Anos eclode entre Estados protestantes e católicos no Sacro Império Romano Germânico.

DEPOIS
1919 O Tratado de Versalhes encerra oficialmente a Primeira Guerra Mundial e cria muitos novos Estados-nações no território de antigos impérios, entre eles o da Áustria-Hungria dos Habsburgo.

1920 A Liga das Nações (antecessora da ONU) é fundada.

Em meados do século XVII, o Sacro Império Romano Germânico (formado por territórios da Europa central e ocidental e na época governado pela dinastia dos Habsburgo) era devastado havia décadas por conflitos que resultaram em fome e instabilidade em toda a região.

A Guerra dos Trinta Anos (1618-1648) começou quando Fernando II,

Na Batalha de Lützen, em 1632, o rei protestante da Suécia, Gustavo II Adolfo, foi morto ao lutar contra as forças de Fernando II. Oito milhões de pessoas morreram na Guerra dos Trinta Anos.

regente do império, tentou forçar a uniformidade religiosa suprimindo o protestantismo e promovendo o catolicismo. Muitos Estados protestantes se rebelaram, formando a União Protestante e instalando um imperador rival, Frederico V.

Essa guerra religiosa se transformou num conflito de ambições dinásticas, que colocou os Habsburgo do Sacro Império Romano Germânico contra a França em ascendência dos Bourbon e o crescente poder militar da Suécia. Enquanto isso, corria a Guerra dos Oitenta Anos (1568-1648) entre a Espanha (também governada pelos Habsburgo) e as províncias dos Países

IMPÉRIO E ILUMINISMO 95

Ver também: *O direito da guerra e da paz*, de Grotius 92 ▪ *O direito das gentes*, de Vattel 108 ▪ A Constituição e a Declaração de Direitos dos EUA 110-117 ▪ As Convenções de Haia 174-177 ▪ As Nações Unidas e a Corte Internacional de Justiça 212-219

Baixos, que buscavam a independência. Os dois conflitos causaram muita destruição e, em meados do século XVII, todas as partes estavam dispostas a buscar a paz.

Negociação da paz

Após 194 Estados participarem de longas negociações, de 1644 a 1648, dois tratados, juntos chamados de Paz de Westfália, foram assinados nas cidades de Osnabrück e Münster. Todos os Estados concordaram em preservar o princípio da Paz de Augsburgo, de 1555, *cuius regio, eius religio* (a cada Estado, sua religião), pelo qual um regente poderia decidir a religião de seu próprio Estado ou principado. A Paz de Westfália ampliou esse direito, de modo que a maioria dos súditos que não seguissem a religião oficial tinha o direito de praticar sua própria fé.

Aspecto decisivo, os tratados incluíam o conceito de soberania exclusiva de cada Estado sobre suas próprias terras, povo e agentes no exterior. Eles redesenharam o mapa da Europa, outorgando soberania a cerca de trezentos principados alemães e reconhecendo a independência da Suíça em relação à Áustria e da República da Holanda (formada por sete províncias do norte dos Países Baixos) em relação à Espanha.

O legado westfaliano

O direito internacional tem raízes no princípio de soberania westfaliano, que delineia os conceitos de que cada Estado tem soberania sobre suas terras e que um Estado não deve interferir em questões domésticas de outro país. (Mesmo assim, alguns historiadores afirmam que, embora o princípio tenha se desenvolvido a partir da Paz de Westfália, não foi abertamente descrito nos próprios tratados.) A noção de que todos os Estados, a despeito de seu tamanho, são iguais perante a lei internacional também tem origem na Paz de Westfália.

O conceito westfaliano de soberania avançou nos séculos XVIII e XIX, tornando-se um princípio central das relações internacionais. O sistema internacional moderno, consagrado na Carta da ONU (1945), exige que nenhum Estado interfira em assuntos de outro. A globalização recente viu um declínio no status da soberania, e alguns agora defendem a intervenção para impedir crises humanitárias. ■

A primeira tentativa de institucionalizar uma ordem internacional [...] sobre uma multiplicidade de potências [...].
Henry Kissinger
Diplomata americano (1923-), sobre a Paz de Westfália

TIRANO, TRAIDOR, ASSASSINO
O JULGAMENTO DE CARLOS I (1649)

EM CONTEXTO

FOCO
Autoridade parlamentar

ANTES
1215 A Magna Carta dispõe sobre os direitos e liberdades dos súditos ingleses.

1236 O termo "parlamento" é usado pela primeira vez pela Coroa, em referência aos conselheiros do rei Henrique III.

1628 A Petição de Direito reafirma os direitos expostos na Magna Carta.

DEPOIS
1660 A monarquia é restaurada quando Carlos II volta à Inglaterra do exílio na França.

1689 A Declaração de Direitos (*Bill of Rights*, em inglês) circunscreve os poderes do monarca e define os direitos do Parlamento inglês.

1792 O rei Luís XVI da França é julgado pela Convenção Nacional Francesa, acusado de tirania, e é executado no ano seguinte.

Carlos I governa como **monarca absoluto**, com base no **direito divino dos reis**.
→
O **Parlamento** reivindica **autoridade maior** no governo.
↓
Na Guerra Civil, os **defensores do Parlamento derrotam os do rei**.
←
O **Parlamento** se declara o **poder supremo** e leva Carlos a julgamento.
↓
A Alta Corte de Justiça **declara o rei culpado de traição** por ter guerreado contra seu próprio povo.

O julgamento do rei Carlos I não teve precedentes na história inglesa (e europeia). Foi a primeira vez que um monarca enfrentou um julgamento por traição. Carlos I seguia a doutrina tradicional do direito divino dos reis, segundo a qual o monarca é escolhido por Deus e não se sujeita a nenhuma autoridade terrena (como o Parlamento). Ele também afirmava que seu poder era absoluto e que só ele estava autorizado a aprovar leis. Essa posição o pôs em conflito com o Parlamento, que na época era convocado ou dissolvido por vontade do rei, mas havia muitos anos fazia pressão por mais influência. Em 1641, quando, contra os desejos dos parlamentares, Carlos reuniu um exército para lidar com uma rebelião na Irlanda, isso foi visto como uma afronta ao poder do

IMPÉRIO E ILUMINISMO 97

Ver também: O *Assize* de Clarendon 64-65 ▪ A Magna Carta 66-71 ▪ A Revolução Gloriosa e a Declaração de Direitos inglesa 102-103 ▪ A Declaração dos Direitos do Homem 118-119 ▪ A Declaração Universal dos Direitos Humanos 222-229

Parlamento. Os eventos chegaram ao auge em 3 de janeiro de 1642, quando Carlos tentou prender cinco membros do Parlamento e o presidente da Câmara o contestou.

Guerras civis e julgamento

Uma série de três guerras civis, de 1642 a 1651, terminou com a vitória dos partidários do Parlamento, liderados por Oliver Cromwell, mas ao custo de 200 mil vidas. Carlos foi preso em 1646, e em 1648 todos os membros do Parlamento que se opunham a julgá-lo foram expulsos, do que resultou o chamado "Parlamento Expurgado". Apoiado pelo "Exército Remodelado" de Cromwell (um exército reformado, com melhores recursos militares), o Parlamento Expurgado se declarou o poder supremo, com autoridade para aprovar leis sem o apoio do monarca ou da Câmara dos Lordes.

Um dos primeiros atos do Parlamento Expurgado foi aprovar uma lei em 1º de janeiro de 1649 instaurando uma Alta Corte de Justiça para julgar Carlos pelas acusações de promover uma guerra contra o Parlamento e seu próprio povo. Não havia precedente de

Este retrato de Carlos I é do artista flamengo Anthony van Dyck, que se tornou o principal pintor do rei em 1632. Carlos era apaixonado por arte e encomendou muitos retratos reais.

julgamento de um rei no direito inglês, e então o advogado holandês Isaac Dorislaus escreveu o indiciamento com base numa antiga lei romana de que um órgão militar (ou governo) tinha o direito de derrubar um tirano.

O julgamento começou em 20 de janeiro de 1649, mas sem total apoio do Judiciário – dos 135 homens convocados, só 68 compareceram. Carlos se recusou repetidamente a aceitar a legitimidade do tribunal, dizendo que um Parlamento que se livrara da oposição não podia alegar que representava o povo. Em 27 de janeiro, foi declarado culpado como tirano, traidor e assassino, e um inimigo da Inglaterra, então condenado à morte. Ele foi executado publicamente em Whitehall, em Londres, em 30 de janeiro.

Monarquia restaurada

A execução de Carlos I permitiu a

Eu represento mais a liberdade do meu povo que qualquer um que aqui vem para ser meu pretenso juiz.
Carlos I

Oliver Cromwell assumir o poder como lorde protetor – servindo ao mesmo tempo como chefe de Estado e de governo de 1653 a 1658. Mas o novo regime não trouxe estabilidade política, pois Cromwell se indispôs com o Parlamento e dependia muito do apoio do Exército, e a insatisfação pública cresceu. Quando ele morreu, em 1658, seu filho, Richard, sucedeu-o como lorde protetor, mas logo renunciou. Em 1660, Carlos II retomou o poder. Os que tinham cometido regicídio assinando a condenação de Carlos I foram mortos. ▪

A Petição de Direito

A relação difícil entre Carlos I e o Parlamento é exemplificada pela Petição de Direito de 1628. Ela se originou de um "empréstimo forçado" que Carlos fez aprovar após o Parlamento recusar seu pedido de autorizar um imposto para financiar a guerra contra a Espanha. Com isso, os súditos de Carlos foram compelidos a "dar" à Coroa o dinheiro ou ser presos. O Parlamento avaliou que isso contrariava a Magna Carta e redigiu a Petição de Direito para reassegurar o primado do direito e confirmar os direitos dos homens livres e do Parlamento. O formato da petição era crucial, pois confirmava os direitos existentes, em oposição à criação de novos. Carlos concordou com a petição relutantemente, reconhecendo que precisava do apoio do Parlamento para subir impostos futuros. Depois ele o ignorou, por princípio – mas o fato de a Coroa aceitar a petição lhe deu uma importância constitucional igual à da própria Magna Carta.

TODOS OS ESCRAVOS SERÃO CONSIDERADOS COMO BENS IMÓVEIS

CÓDIGOS ESCRAVISTAS (1661-SÉCULO XVIII)

EM CONTEXTO

FOCO
Códigos, escravização

ANTES
1619 Os primeiros escravizados africanos chegam à América do Norte, na colônia de Virgínia.

DEPOIS
1865 A escravização termina nos EUA, mas é substituída pelos "códigos negros".

1954 A Suprema Corte dos EUA declara que a segregação escolar com base racial é inconstitucional.

2000 O Alabama é o último estado americano a eliminar a proibição ao casamento inter-racial.

2013 A Suprema Corte dos EUA anula as últimas restrições remanescentes aos direitos de votar dos afro-americanos.

Um ano antes de o *Mayflower* levar 102 colonos da Inglaterra para a Nova Inglaterra, em 1620, um navio holandês, o *White Lion*, aportou mais ao sul, em Point Comfort, na Virgínia, com vinte escravizados africanos, os primeiros a chegar à América do Norte. No fim do século, mais de 20 mil foram trazidos e, na época da Declaração de Independência dos EUA, em 1776, a população escravizada era de quase meio milhão.

Muitos europeus saíram rumo à América em busca de liberdade e um recomeço. Outros estavam ali para explorar os lucros de plantações como tabaco, arroz e índigo. A colheita e o processamento desses produtos requeriam trabalho em larga escala, que não podia ser fornecido pelos colonos ou pela população indígena.

IMPÉRIO E ILUMINISMO

Ver também: A Constituição e a Declaração de Direitos dos EUA 110-117 ▪ A Declaração dos Direitos do Homem 118-119 ▪ A Lei da Abolição do Tráfico Escravista 132-139 ▪ A Declaração Universal dos Direitos Humanos 222-229 ▪ A Lei dos Direitos Civis 248-253

Escravizados nos EUA em 1790

Os EUA promoveram o primeiro censo nacional em 1790. A população foi contada em todos os treze estados, mais os distritos de Kentucky, Maine e Vermont. Os "escravos" eram listados em separado dos "homens brancos livres" e das "mulheres brancas livres". Nenhum escravizado foi contado em Massachusetts ou Maine, que haviam abolido a escravidão não oficialmente. Em 1840, a população escravizada já tinha triplicado.

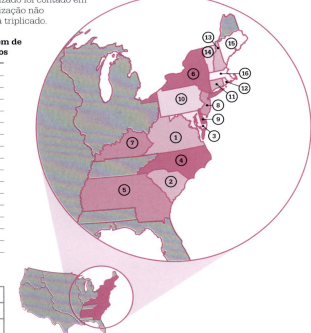

Estado/distrito	Escravizados	Porcentagem de escravizados
1. Virgínia	292.627	39%
2. Carolina do Sul	107.094	43%
3. Maryland	103.036	32%
4. Carolina do Norte	100.572	26%
5. Geórgia	29.264	35%
6. Nova York	21.324	6%
7. Kentucky	12.430	17%
8. Nova Jersey	11.423	6%
9. Delaware	8.887	15%
10. Pensilvânia	3.737	<1%
11. Connecticut	2.764	1%
12. Rhode Island	948	1%
13. New Hampshire	158	<1%
14. Vermont	16	<1%
15. Maine	0	0%
16. Massachusetts	0	0%

Total da população dos EUA	3.893.635
População de escravizados nos EUA	695.280
Porcentagem de escravizados nos EUA	18%

Os escravizados africanos já tinham provado seu valor nas colônias espanholas, holandesas, portuguesas e inglesas na América do Sul e no Caribe, então imaginavam que poderiam fornecer a mão de obra para as *plantations* da América do Norte.

Nos séculos XVII e XVIII, os escravizados eram levados à costa atlântica da América do Norte e a maioria era despachada para o sul, onde trabalhavam nas *plantations*. Quando a invenção do descaroçador de algodão, em 1793, transformou a velocidade com que as sementes do algodão eram separadas das fibras, os escravizados foram vinculados às *plantations* de algodão espalhadas por todos os estados do sul.

Dono e escravizado

Apesar de enfrentarem um trabalho extenuante e condições de miséria, os escravizados raramente se rebelavam. A perspectiva de revolta, porém, aterrorizava os donos, e conforme o número dos escravizados aumentou as colônias instalaram normas de controle, ou códigos, para mantê-los sob domínio. A Virgínia, a colônia com maior número de escravizados, introduziu seu primeiro estatuto da escravização em 1639, declarando que "Todas as pessoas com exceção dos negros devem dispor de armas e munições ou ser multadas".

Em 1661, a colônia inglesa de Barbados, no Caribe, foi além. Ali, as culturas de açúcar estavam lucrando, e os donos, colocando ainda mais escravizados para trabalhar nelas. A colônia aprovou "um ato para melhor »

CÓDIGOS ESCRAVISTAS

ordenamento e controle dos negros", que pela primeira vez consagrava em lei a submissão dos escravizados das *plantations* à vontade dos donos. Outras colônias caribenhas, como Jamaica e Antígua, além de todas as sul-americanas, seguiram o exemplo, instaurando os próprios códigos oficiais da escravização. A Virgínia assumiu a liderança ao seguir o modelo de Barbados e, por sua vez, influenciou os códigos de Maryland, Carolina do Norte, Carolina do Sul e Geórgia.

Menos que humano

Além de estabelecer uma escala crescente de punições para o escravizado que se dispusesse a "violência a qualquer cristão", o código escravista de Barbados de 1661 tinha outra finalidade – "proteger [escravizados] como fazemos com outros bens e pertences dos homens". Sob o disfarce de cuidar dos interesses dos escravizados, o objetivo era garantir um controle total dos donos. Como "pertences", os escravizados eram parte da propriedade pessoal, a serem comprados ou vendidos como

> Espera-se em geral que os escravos cantem além de trabalhar.
>
> **Frederick Douglass**
> Ex-escravizado líder de direitos humanos (1818-1895)

animais, em vez de terem direitos como seres humanos individuais. Um código da Virgínia de 1705 foi além, substituindo "pertences" pela expressão "bens imóveis". Isso tornava os escravizados propriedade não só do dono, mas também de seus descendentes. Os donos podiam aplicar os códigos escravistas de muitos modos. Açoitar, marcar com ferro em brasa e prender eram os mais comuns. Matar era raro, pois os escravizados só tinham valor vivos, embora não houvesse punição para o dono que ultrapassasse até esse limite. Segundo outro código da Virgínia de 1705, qualquer dono que matasse um escravizado ao "corrigi-lo" "estará livre de toda punição [...] como se esse acidente nunca tivesse ocorrido". Leis posteriores aplicaram algumas restrições às ações dos donos de escravizados, mas, mesmo que o dono fosse declarado culpado, com frequência o máximo que o escravizado podia esperar era ser vendido para alguém mais bondoso.

Limitação às liberdades básicas

Com o crescimento das cidades do sul, como Charleston, na Carolina do Sul, e Lyndhurst, na Virgínia, as oportunidades de trabalho aumentaram, e os donos passaram a oferecer os serviços dos escravizados para obter lucro. Tais escravizados deviam portar uma permissão ou usar uma placa de cobre para provar que tinham a autorização do dono para viajar. Em Nova York e outros lugares, penas duras eram impostas se escravizados andassem nas ruas à noite ou se reunissem.

Até os anos 1830, um escravizado podia ser ensinado a ler ou escrever, mas, após a revolta de Nat Turner em 1831 (ver quadro ao lado), a maioria dos estados proibiu o ensino. Na Virgínia, estatutos aprovados em 1831 e 1832 proibiram até a educação de libertos. Os escravizados não tinham direito legal a se casar, mas com frequência isso era permitido. Muitos donos acreditavam que os casados eram mais propensos a se acomodar e menos a se rebelar. Os casamentos também produziam mais crianças e aumentavam o número de escravizados. Qualquer escravizado casado, porém,

Numa nota em jornal de 1769, o futuro presidente dos EUA, Thomas Jefferson, oferece recompensa por um escravizado. A maioria dos Pais Fundadores da América eram donos de escravizados.

IMPÉRIO E ILUMINISMO

Nesta xilogravura do século XIX escravizados afro-americanos colhem algodão. A enorme demanda da fibra por fabricantes de tecidos levou ao aumento de escravizados nas *plantations*.

tinha de se preparar para uma separação da família se um membro dela fosse vendido a outro dono.

Manter o controle sobre os escravizados e suas relações pessoais também ajudava a preservar a pureza racial. Os donos com frequência abusavam sexualmente de escravizadas, mas os códigos ditavam que a responsabilidade pelo descendente não cabia ao pai, como determinado pelo *common law* inglês, mas à mãe. Um código escravista da Virgínia de 1662 declarava que "toda criança nascida neste país deve ser vinculada ou livre segundo apenas a condição de sua mãe". Isso submetia qualquer filho de escravizada, inclusive o mestiço, a uma vida de escravização.

Os códigos escravistas também aniquilavam todas as perspectivas de relacionamento fixo entre raças. Em 1664, Maryland aprovou a primeira lei contra a miscigenação, e outras colônias americanas logo fizeram o mesmo.

Escravização interna

Em 1807, Thomas Jefferson assinou a legislação que oficialmente acabou com o comércio de escravizados nos EUA. Mas isso não significou o fim da escravização ou mesmo de seus códigos. Conforme o mercado externo de escravizados secava, o interno se intensificava nos EUA, com o *boom* na produção de algodão. Escravizadas eram estimuladas a "procriar", com meninas de treze anos convencidas a ser mães.

Na época da Guerra Civil Americana, em 1861, ainda havia quinze estados escravistas, todos com códigos escravistas. Mesmo quando a guerra deu fim à escravização, em 1865, os "códigos negros" foram desenvolvidos no sul para limitar as liberdades dos antigos escravizados e manter baixos salários. Só depois de um século, após a aprovação dos Direitos Civis de 1964, os descendentes dos escravizados afro-americanos começaram a usufruir dos mesmos direitos que os descendentes dos donos brancos de escravizados. ∎

Revolta de Nat Turner

A rebelião mais sangrenta de escravizados americanos ocorreu em 1831, liderada por Nat Turner, escravizado desde o nascimento, em 1800, em Southampton, Virgínia. Antes dos trinta anos, ele se tornou um líder espiritual entre os companheiros, e visões o convenceram de que Deus o preparava para uma batalha. Um eclipse solar em 1831 foi, para Turner, o sinal para planejar uma rebelião. Em 21 de agosto, ele e outros seis escravizados começaram a atacar *plantations*. Conforme iam de fazenda em fazenda, matando pelo menos 55 brancos, os rebeldes aumentaram para cerca de 75 pessoas. O objetivo era chegar à cidade de Jerusalém, mas foram detidos por uma milícia estatal de 3 mil homens. Turner escapou, mas foi capturado e enforcado, e 55 outros rebeldes foram executados. Multidões de brancos provocaram uma onda de assassinatos entre os escravizados, mas não foram punidos. Depois, Virgínia e Carolina do Norte impuseram códigos ainda mais duros.

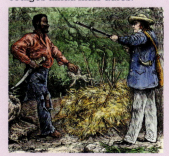

Após se esconder por seis semanas, Nat Turner, foi capturado em 30 de outubro de 1831 pelo fazendeiro Benjamin Phipps e executado em 11 de novembro.

OS DIREITOS E LIBERDADES DO SÚDITO
A REVOLUÇÃO GLORIOSA E A DECLARAÇÃO DE DIREITOS INGLESA (1688-1689)

EM CONTEXTO

FOCO
Monarquia constitucional

ANTES
1215 A Magna Carta inglesa limita o poder da monarquia.

1649 O Parlamento instaura a Alta Corte de Justiça para julgar Carlos I por traição.

1681-1685 O rei protestante Carlos II dispensa o Parlamento para reinar absoluto.

1685 O rei católico Jaime II sucede a Carlos II.

DEPOIS
1701 O Ato de Estabelecimento garante que só um protestante assuma o trono inglês.

1789 A Assembleia Nacional Francesa aprova a Declaração dos Direitos do Homem e do Cidadão.

1791 A Declaração de Direitos americana é aprovada; em parte inspirada na inglesa, ela garante os direitos dos indivíduos e dos estados dos EUA.

Quando Jaime II foi coroado, em 1685, a Inglaterra já estava dividida havia muito por tensões religiosas e políticas. O pai de Jaime, Carlos I, tinha sido executado em 1649, durante a Guerra Civil de 1642-1651, e o Parlamento se declarara o poder governante supremo. A monarquia foi restaurada em 1660 com Carlos II, o irmão mais velho de Jaime, por um acordo incômodo, mas ainda restavam questões sobre o equilíbrio de poder entre monarca e Parlamento e sobre a condução religiosa do país. Jaime II era abertamente católico e, num país tão protestante como a Inglaterra, isso era problemático.

A tensão começou a se revelar em 1687, quando Jaime decretou a Declaração de Indulgência – uma proclamação real que dava liberdade religiosa tanto a católicos quanto a protestantes que não se enquadravam na Igreja Anglicana. Exasperado com os protestos pelo que foi entendido como um ataque à Igreja estabelecida, Jaime dissolveu o Parlamento em julho. Em junho de 1688, enquanto o rei processava sete bispos rebeldes, sua mulher, a católica Maria de Módena, deu à luz um filho e herdeiro do trono – aumentando o receio de uma longa linhagem de monarcas católicos e o fim da Inglaterra como país protestante.

A Revolução Gloriosa
Uma guerra civil parecia iminente, e um grupo de políticos escreveu ao

Guilherme III e Maria II, mostrados nesta gravura, após subir ao trono inglês como monarcas conjuntos – títulos concedidos por acordos com o Parlamento, e não por direito divino dos reis.

IMPÉRIO E ILUMINISMO

Ver também: A Magna Carta 66-71 ▪ O julgamento de Carlos I 96-97 ▪ A Constituição e a Declaração de Direitos dos EUA 110-117 ▪ A Declaração Universal dos Direitos Humanos 222-229

Numa **monarquia absoluta**, o rei ou rainha tem **controle completo sobre a nação**.

Numa **monarquia constitucional**, o **poder do rei ou rainha é limitado** por um Parlamento eleito e partilhado com ele.

A **Declaração de Direitos** transformou de fato a Inglaterra de uma monarquia absoluta em uma **monarquia constitucional**.

Direitos naturais

Os políticos que esboçaram a Declaração de Direitos foram muito influenciados pelo movimento embrionário do Iluminismo, em especial pelo filósofo e erudito inglês John Locke (1632-1704) e pelo conceito de direitos naturais. Desde tempos antigos, pensadores como o filósofo grego Aristóteles defendiam que as leis naturais – um código universal de comportamento e direitos – não podiam ser negadas por nenhum sistema jurídico. Locke acompanhou a ideia. Ele acreditava nos direitos naturais: que todo homem era naturalmente livre e igual e tinha direito à vida, à liberdade e à propriedade. Locke rejeitava a ideia do direito divino dos reis e da monarquia absoluta. Ele dizia que um papel central no governo de um país devia ser dado a um Parlamento, como parte de um contrato social com o povo. Isso implicava que o governo deveria ser substituído se, aos olhos do povo, falhasse em representar seus interesses de modo adequado – uma ideia que logo sustentaria a revolução.

John Locke inspirou pensadores do Iluminismo europeu e os Pais Fundadores que redigiram a Declaração de Independência dos EUA.

governante holandês, o protestante Guilherme de Orange, casado com uma filha de Jaime, Maria. Eles lhe pediram que fosse à Inglaterra defender sua fé.

Quando Guilherme de Orange aportou na Inglaterra, em novembro de 1688, e começou a marchar com seu exército para Londres, o apoio a Jaime II cedeu. O rei logo percebeu que sua situação era insustentável e, em um mês, fugiu para a França. Ele tinha na verdade abdicado do trono em favor de Guilherme e Maria, numa revolução sem sangue, a Revolução Gloriosa.

O Parlamento se reuniu em janeiro de 1689 e ofereceu a coroa conjuntamente a Guilherme e Maria. Os novos monarcas assinaram a Declaração de Direitos do Parlamento, aprovada formalmente.

A Declaração de Direitos

Garantindo o poder de um Parlamento eleito sob uma monarquia constitucional, a Declaração de Direitos protegia as liberdades dos cidadãos ingleses. Ela condenava os erros de Jaime, ordenava que as sessões do Parlamento fossem frequentes, exigia a anuência do Parlamento para que o rei governasse, aumentasse impostos ou suspendesse leis, garantia a liberdade de expressão nos debates parlamentares e proibia que católicos subissem ao trono. Também proibia organizar um exército em tempos de paz sem o aval do Parlamento.

O Ato de Estabelecimento de 1701 e a Declaração de Direitos davam ao Parlamento soberania absoluta sobre toda e qualquer instituição de governo e sobre a sucessão ao trono, separando os poderes do Parlamento dos da Coroa. Ao fazer isso, a Declaração abriu o caminho para a monarquia constitucional e a democracia parlamentar que o Reino Unido tem hoje. ∎

Para corrigir todas as injustiças e emendar, fortalecer e preservar as leis, os Parlamentos devem se reunir com frequência.
Declaração de Direitos inglesa

NÃO DEVEIS TOLERAR QUE VIVA UMA BRUXA
OS JULGAMENTOS DAS BRUXAS DE SALEM (1692)

EM CONTEXTO

FOCO
Devido processo legal

ANTES
1486 O tratado alemão *Malleus maleficarum* (O martelo das bruxas) defende a tortura para obter confissões e a pena de morte.

1581-1593 Os julgamentos das bruxas de Trier, na Alemanha, um dos maiores desse tipo na Europa, executam cerca de 368 pessoas.

1662 Num julgamento de bruxas em Bury St. Edmunds, na Inglaterra, provas espectrais são aceitas.

DEPOIS
1697 O governador de Massachusetts, nos EUA, William Stoughton, convoca um dia de oração e expiação pelos eventos de Salem.

1711 Massachusetts reverte 22 condenações (as nove restantes são isentadas em 1957 e o estado se desculpa oficialmente pelos julgamentos).

A **histeria coletiva** leva à prisão de **mais de duzentos suspeitos de bruxaria** em Salem.

Os julgamentos começam em maio de 1692, com o uso de **provas espectrais** (de sonhos ou visões), resultando na condenação e **execução** de **dezenove pessoas**.

Quando a mulher do governador local, William Phips, é **interrogada por bruxaria**, ele convoca um tribunal que **não aceita provas espectrais**.

Só mais três pessoas são condenadas, e em maio de 1693 todos os **prisioneiros restantes são libertados**.

Em janeiro de 1697, o juiz Samuel Sewall faz um **pedido de desculpas público** pelos julgamentos.

O Diabo e suas tropas de bruxas foram por muito tempo sentidos na Europa como uma ameaça. Entre 1300 e o fim dos anos 1600, milhares de pessoas (a maioria mulheres) foram mortos como bruxos, em geral confessando seu "crime" após longas torturas. Embora tenham começado muitos anos após o pânico de bruxas que varreu a Europa, os julgamentos de 1692 em Salem, em Massachusetts, nos EUA, levaram dezenove pessoas a ser enforcadas e mais de duzentas a ser acusadas num caso de histeria coletiva. O fundamento era similar aos dos eventos do passado: tornar pessoas vulneráveis bodes expiatórios.

Quando as filhas de um ministro local começaram a ter desmaios e agir

Ver também: As origens do direito canônico 42-47 ▪ Julgamento por ordália e por combate 52-53 ▪ O julgamento de Galileu Galilei 93 ▪ Miranda *vs.* Arizona 254-255

IMPÉRIO E ILUMINISMO 105

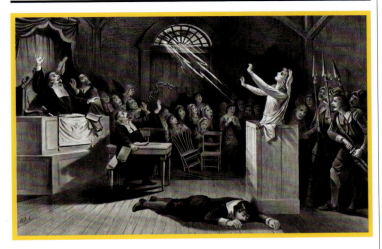

Uma gravura um tanto fantasiosa de c. 1892 mostra os julgamentos das bruxas de Salem numa sala de tribunal, com uma mulher conjurando poderes e um homem desmaiado no chão.

As provas nos julgamentos de bruxas de Salem

A prova central usada na maioria dos casos em Salem era espectral – o testemunho de vítimas que diziam ter visto uma aparição do acusado enquanto sofriam um colapso. Após algumas discussões, foi decidido que isso era prova válida porque uma pessoa deve dar permissão ao Diabo para tomar sua forma, indicando que o acusado tinha feito um pacto com ele. Os juízes de Salem usaram o precedente de um julgamento de bruxas em Bury St. Edmunds, na Inglaterra, em 1662, em que as provas espectrais foram declaradas admissíveis pelo juiz, sir Matthew Hale. Outras provas usadas para condenar bruxas eram achar unguentos ou livros de ocultismo em suas casas, os ataques das vítimas cessarem quando tocadas pelos acusados ou a descoberta de uma "marca de bruxa" – uma marca no corpo.

---

de modo estranho, pareceu claro à comunidade muito religiosa de Salem que devia ser obra do Diabo. As meninas acusaram de bruxaria três mulheres locais: uma escravizada chamada Tituba; uma velha pobre, Sarah Osborne; e uma mendiga sem-teto, Sarah Good. As mulheres foram presas, e Tituba, talvez esperando salvar-se, confessou ter se encontrado com o Diabo. Isso deflagrou uma cadeia de acusações prisões.

Os julgamentos

Com as prisões se enchendo, o governador William Phips instalou um tribunal especial de Oyer and Terminer ("ouvir e decidir") para iniciar as audiências. Os juízes não tinham formação legal. Em 27 de maio de 1692, no primeiro julgamento, uma fofoqueira local, Bridget Bishop, foi declarada culpada de feitiçaria e enforcada. O pastor Cotton Mather comentou: "Houve pouca oportunidade de comprovar a bruxaria, já que era evidente e notória para todos os espectadores". O tribunal foi criticado por aceitar provas espectrais (ver quadro à direita), mas os julgamentos continuaram e, nos poucos meses seguintes, mais doze mulheres e seis homens foram condenados e mortos.

Um dos acusados, Giles Corey, de 81 anos, se recusou a se defender, de modo que não podia ser julgado. Numa prática medieval chamada *peine forte et dure* (punição forte e dura, em francês), ele foi posto sob uma tábua com pedras pesadas por cima até não poder respirar, numa tentativa de extrair dele uma defesa ou confissão. Após dois dias, Corey morreu.

Reconhecimento da injustiça

Quando a mulher do próprio Phips foi interrogada sobre bruxaria, ele abandonou o Tribunal de Oyer and Terminer e promoveu uma Suprema Corte de Judicatura, que não permitia provas espectrais. Só três dos 56 acusados seguintes foram condenados. Isso pareceu estancar o fluxo de acusações, e em maio de 1693 os que ainda estavam na prisão foram libertados.

Em janeiro de 1697, o Tribunal Geral convocou um dia de jejum e reflexão para expiar os erros cometidos, e um dos principais juízes envolvidos, Samuel Sewall, desculpou-se publicamente. Isso marcou o crescente reconhecimento da injustiça desses julgamentos e das punições desproporcionais aplicadas. Um episódio tenebroso da história americana, os julgamentos das bruxas de Salem são um lembrete da importância do devido processo para proteger pessoas inocentes. ∎

O AUTOR TERÁ O DIREITO EXCLUSIVO DE IMPRESSÃO
O ESTATUTO DA RAINHA ANA (1710)

EM CONTEXTO

FOCO
Direitos autorais

ANTES
1545 O Conselho dos Dez da República de Veneza proíbe a impressão de um livro sem a permissão do autor.

1557 A rainha Maria I dá à Companhia dos Papeleiros os direitos exclusivos de imprimir livros na Inglaterra.

DEPOIS
1790 Os EUA dá aos autores direitos autorais por catorze anos.

1842 O Copyright do Reino Unido dá aos autores direitos vitalícios mais sete anos (hoje setenta anos após a morte).

1886 As nações signatárias da Convenção de Berna concordam em respeitar o copyright internacional

2019 A Diretiva sobre Copyright dos EUA coloca sobre os provedores de serviços de internet o ônus de conter violações de direitos autorais.

Na Idade Média, quando escribas treinados copiavam meticulosamente à mão manuscritos para mosteiros, universidades e a elite rica, o direito de cópia não era um problema. Tudo mudou por volta de 1440, quando o ourives alemão Johannes Gutenberg inventou a imprensa. Usando tipos de metal móveis, as prensas produziam múltiplas cópias de um texto de forma barata e rápida para um novo público leitor.

Em 1500, mil prensas já tinham imprimido cerca de 8 milhões de livros na Europa ocidental. William Caxton levou a primeira prensa para a Inglaterra em 1476. Os impressores perceberam que seriam prejudicados se outros publicassem e vendessem o mesmo livro e buscaram instituir os direitos autorais para proteger seus interesses comerciais.

A mão real
Na Inglaterra, o rei Henrique VIII decretou em 1538 que o Tribunal da Câmara Estrelada deveria aprovar todos os novos livros antes da publicação – uma tentativa de evitar os considerados subversivos ou heréticos. Sua filha, a rainha Maria, foi além, concedendo o direito exclusivo de imprimir livros à Companhia dos Papeleiros, uma guilda do mercado de publicações. Cada livro devia ser registrado na guilda por um de seus membros, o que lhe concedia direitos de impressão únicos – o autor recebia só uma pequena quantia.

O Parlamento rebelde que acabaria derrubando o rei Carlos I aboliu a Câmara Estrelada em 1640, mas o monopólio dos Papeleiros se

William Caxton lê uma página tirada de sua prensa em Westminster, em Londres. O primeiro livro conhecido a ser impresso ali foi *Os contos de Canterbury*, de Geoffrey Chaucer.

IMPÉRIO E ILUMINISMO

Ver também: A Lex Mercatoria 74-77 ▪ O Estatuto de Patentes Veneziano 82-85 ▪ O julgamento de *Madame Bovary* 150 ▪ A Comissão Federal de Comércio 184-185 ▪ O Tratado de Direitos Autorais da OMPI 286-287

> Se um livro pode ser **copiado por qualquer um**, por que um autor ou livreiro **se daria ao trabalho de escrevê-lo ou publicá-lo**?

> Mas, se **ninguém mais** puder jamais **fazer uma cópia** de um livro, a **difusão do conhecimento fica bloqueada**.

> Então o autor e o livreiro devem ser **protegidos por direitos autorais**, mas por um **período limitado**.

manteve. Isso levou o poeta John Milton a escrever uma obra polêmica e raivosa, *Areopagítica*, em 1644, uma das defesas mais francas do direito à liberdade de expressão já escritas.

No século XVII, quando cientistas como Newton faziam descobertas e personagens como o filósofo inglês John Locke desafiavam modos antigos de pensar, a camisa de força dos Papeleiros começou a parecer ultrapassada. Quando sua licença exclusiva prescreveu, em 1694, os enormes esforços da Companhia para convencer o Parlamento a restaurá-la falharam – até eles citarem o direito dos autores de proteger suas obras de cópias, o seu "direito de cópia" (em inglês, *copy right*). Em 1710, o Parlamento aprovou o Estatuto da Rainha Ana (designado pelo nome da rainha britânica à época).

O direito de copiar

O Estatuto da Rainha Ana dava direitos exclusivos à Companhia dos Papeleiros sobre todos os livros que publicavam, mas só por certo número de anos. Mais importante, era a primeira lei a proteger autores concedendo a eles (e às pessoas a quem eles tinham atribuído direitos) o direito exclusivo de publicação de obras existentes por 21 anos, até 1731. Para novas obras, valeria por catorze anos a partir da publicação, com mais catorze se o autor estivesse vivo. Os Papeleiros teriam de comprar do autor os direitos para publicar um novo livro.

Os livreiros e autores deviam mandar um exemplar do livro para algumas bibliotecas reconhecidas, chamadas "bibliotecas de depósito legal". Essa prática, iniciada em 1610, quando o diplomata e erudito sir Thomas Bodley criou a Biblioteca Bodleiana em Oxford, na Inglaterra, continua até hoje. ∎

> Alto lá! Vocês, ardilosos, estranhos ao trabalho e larápios do cérebro de outros homens! Nem pensem em se lançar para pôr as mãos rapinantes em minhas obras.
>
> **Albrecht Dürer**
> Pintor e gravurista alemão (1471-1528)

A batalha dos livreiros

Apesar do Estatuto da Rainha Ana, a Companhia dos Papeleiros insistia que tinha direitos exclusivos sobre os livros e não aceitava em especial que, segundo o direito natural, como aplicado na Europa continental, seus direitos sobre novos livros expirariam. Por mais de meio século, na "batalha dos livreiros", os Papeleiros contestaram juridicamente livreiros que imprimiam o que eles chamavam de cópias piratas. Por fim, em 1774 a questão veio à tona na Câmara dos Lordes no caso Donaldson *vs.* Becket. Alexander Donaldson, um impressor e livreiro, vendeu reimpressões baratas de livros após a expiração do copyright. Os Papeleiros afirmavam que pelo *common law* tinham direitos perpétuos dos livros. A Câmara dos Lordes decidiu que se tratava de uma questão de atos legislativos e não de *common law*, e sustentou a determinação do Estatuto da Rainha Ana de que os direitos autorais eram limitados.

UMA GRANDE SOCIEDADE DE NAÇÕES
O DIREITO DAS GENTES, DE VATTEL (1758)

EM CONTEXTO

FOCO
Direito internacional

ANTES
1625 Considerado o primeiro livro sobre direito internacional, *O direito da guerra e da paz*, do estadista holandês Hugo Grotius, é publicado.

1648 A Paz de Westfália encerra a Guerra dos Trinta Anos entre europeus protestantes e católicos e afirma a soberania do Estado como uma pedra angular das relações internacionais.

1749 Christian Wolff publica *O direito das gentes*.

DEPOIS
1776 A Declaração de Independência dos EUA, em parte inspirada em *O direito das gentes*, de Vattel, é assinada.

1920 A Liga das Nações é criada na esteira da Primeira Guerra Mundial, com o fim de manter a paz global.

O diplomata suíço Emmerich de Vattel (1714-1767) escreveu o primeiro tratado amplamente acessível sobre direito internacional. Ele se inspirou nos filósofos iluministas, como os alemães Gottfried Wilhelm Leibniz e Christian Wolff, e em suas obras sobre direito natural e política internacional. *Jus gentium* (*O direito das gentes*), publicado por Wolff em 1749, continha ideias cruciais, mas o texto em latim e a argumentação complexa o tornavam impenetrável para um público maior. Vattel decidiu tomar as ideias de Wolff sobre os deveres recíprocos das nações e criar sua própria obra como um guia prático para estadistas.

Um projeto nacional

Com sua mistura de argumentos filosóficos e política prática, *O direito das gentes, ou Princípios da lei natural aplicados à conduta e aos assuntos das nações e soberanos*, de Vattel, foi bem recebido após a publicação, em francês, em 1758. Vattel afirmava que as nações, como os indivíduos, deviam ser livres e independentes, e capazes de desfrutar dessa liberdade sem interferência de uma potência estrangeira. As nações devem também aceitar, porém, que se apoiam num interesse comum de umas pelas outras, e são obrigadas a trabalhar juntas, em especial por meio do livre fluxo do comércio.

Os colonos americanos que lutavam contra os impostos do Reino Unido foram atraídos pelas teorias de Vattel. Elas tiveram uma importante influência sobre a Declaração de Independência (1776) e a Constituição dos EUA (1787). ■

A sociedade natural das nações não pode subsistir a menos que os direitos naturais de cada uma sejam devidamente respeitados.
Emmerich de Vattel
O direito das gentes

Ver também: *O direito da guerra e da paz*, de Grotius 92 ■ A Constituição e a Declaração de Direitos dos EUA 110-117 ■ As Nações Unidas e a Corte Internacional de Justiça 212-219

IMPÉRIO E ILUMINISMO 109

O LIVRO MAIS IMPORTANTE NA HISTÓRIA DO *COMMON LAW*
OS COMENTÁRIOS DE BLACKSTONE (1765-1769)

EM CONTEXTO

FOCO
O sistema de *common law*

ANTES
1166 O rei Henrique II promulga o *Assize* de Clarendon, uma série de reformas legais que lança as bases do *common law* inglês.

1215 O documento seminal do *common law* inglês, a Magna Carta, é assinado.

1689 A Declaração de Direitos inglesa é aprovada

DEPOIS
1771-1772 Uma edição americana dos *Comentários*, de Blackstone, é publicada e recebida com muito interesse.

1787 A Constituição dos EUA – o documento legal fundador do país – é assinada.

1817 *Uma seleção de casos sobre o direito dos contratos*, do jurista americano Christopher Columbus Langdell, supera os *Comentários* como principal manual americano de direito.

Os *Commentaries on the laws of England* [Comentários sobre as leis da Inglaterra], de William Blackstone, uma obra sistemática que descreve cada aspecto do *common law* inglês, foi crucial para a promoção de uma compreensão mais ampla do direito. Blackstone começou a dar aulas sobre *common law* em Oxford em 1753 – a primeira vez que isso ocorria no Reino Unido. Suas aulas eram populares em razão das explicações claras de temas legais complexos. Entre 1765 e 1769, ele publicou essas aulas em quatro volumes, sobre direitos das pessoas, direitos das coisas, delitos privados e delitos públicos.

O livro de Blackstone tornou o *common law* inglês, com seu enorme corpo de leis e decisões, muito mais acessível. Ele foi usado até o século XIX como um texto básico em escolas de direito no Reino Unido, nos EUA e em toda a Commonwealth.

Impacto revolucionário
O formato portátil do livro era especialmente útil na América, onde advogados de áreas isoladas muitas vezes careciam dos recursos para

O ***barrister*, juiz e político inglês** sir William Blackstone (1723-1780) forneceu orientação prática, lógica e acessível sobre o *common law* inglês.

pesquisar precedentes legais. Agora eles podiam remeter aos *Comentários* sucintos de Blackstone. Sua promoção da ideia de que o direito devia proteger as pessoas, suas propriedades e sua liberdade ressoou na América revolucionária e na Constituição dos EUA. ■

Ver também: A Magna Carta 66-71 ▪ A Revolução Gloriosa e a Declaração de Direitos inglesa 102-103 ▪ A Constituição e a Declaração de Direitos dos EUA 110-117

ESTA CONSTITUIÇÃO SERÁ A LEI SUPREMA DO PAÍS

A CONSTITUIÇÃO E A DECLARAÇÃO DE DIREITOS DOS EUA (1787, 1791)

A CONSTITUIÇÃO E A DECLARAÇÃO DE DIREITOS DOS EUA

EM CONTEXTO

FOCO
Governo constitucional e direitos dos cidadãos

ANTES
1215 A Magna Carta assegura direitos e proteções a todos os "homens livres" na Inglaterra.

1689 A Declaração de Direitos inglesa limita o poder da monarquia e institui direitos individuais.

1776 O Segundo Congresso Continental das treze colônias americanas adota a Declaração de Independência, cortando laços políticos com os britânicos.

DEPOIS
1789 A Declaração dos Direitos do Homem e do Cidadão estabelece direitos civis na França.

1791 A Polônia cria a primeira Constituição moderna da Europa.

1803 Marbury *vs.* Madison estabelece o princípio do controle de constitucionalidade, dando à Suprema Corte dos EUA o poder de interpretar a Constituição.

1948 A DUDH da ONU afirma direitos individuais em todo o mundo.

Escrita no verão de 1787, a Constituição dos Estados Unidos é a mais antiga Constituição nacional. As cidades-Estados da Grécia Antiga tinham constituições escritas, mas a americana foi a primeira a estabelecer uma estrutura de governo de nação moderna e inspirou constituições nacionais desde então.

O processo começou em 1786, quando o advogado e político de Nova York Alexander Hamilton escreveu um relatório convocando uma convenção (depois chamada Convenção Constitucional) para tratar das falhas dos Artigos da Confederação – o acordo entre as trezes colônias que foi ratificado em 1781 e serviu como primeira Constituição.

Da guerra à independência

Os Artigos foram redigidos em 1776-1777, durante a Revolução Americana, em que as colônias lutaram contra o domínio britânico. Na época, o Congresso Continental era o órgão que as governava. Os delegados do Primeiro Congresso Continental se reuniram de início, em 1774, para organizar uma reação às "Leis Intoleráveis" impostas pelos britânicos para punir os que resistiam à taxação. A insatisfação dos colonos com a "taxação sem representação" tornou-se um chamado às armas. Em 1775, quando o Segundo Congresso Continental foi convocado, a guerra já estava em curso. Em 4 de julho de 1776, o Congresso adotou a Declaração de Independência, redigida por Thomas Jefferson (seu principal autor), John Adams e Benjamin Franklin – três dos Pais Fundadores que uniram as colônias e

A primeira página da Constituição dos EUA começa com as famosas palavras "Nós, o Povo dos Estados Unidos, para formar uma União mais perfeita, estabelecer a Justiça [...]".

lideraram a revolta contra os britânicos.

Entre as disposições da Declaração, havia a de que as colônias unidas "serão estados livres e independentes". Os Artigos tinham refletido isso, criando uma confederação de treze estados soberanos. Em 1786, porém, três anos após o Tratado de Paris confirmar a independência americana, Hamilton e vários outros Pais Fundadores já reconheciam que a soberania de cada estado enfraquecia o poder do governo nacional, incapacitando-o, por exemplo, para taxar a população ou convocar tropas. Para substituir os Artigos, eles queriam uma Constituição que pudesse unir os estados da confederação.

Debate acalorado

A Convenção Constitucional ocorreu em Filadélfia, entre maio e setembro de 1787. Os 55 delegados representaram todos os estados, exceto Rhode Island, que se opunha a um governo central mais forte. George Washington, que tinha liderado o Exército Continental na

IMPÉRIO E ILUMINISMO 113

Ver também: A Magna Carta 66-71 ▪ A Revolução Gloriosa e a Declaração de Direitos inglesa 102-103 ▪ A Declaração dos Direitos do Homem 118-119 ▪ A Suprema Corte dos EUA e o controle de constitucionalidade 124-129 ▪ A Declaração Universal dos Direitos Humanos 222-229

Na **Revolução Americana** (1775-1783), as colônias americanas reagem contra as **exigências excessivas de impostos** do rei e do Parlamento britânicos.

Após a Revolução, os Estados Unidos se consistem em **treze estados soberanos**, mas isso causa conflitos e fraqueza.

Um **governo nacional** forneceria estabilidade, mas muitos americanos receiam demais um **poder centralizado**.

A **Convenção Constitucional** objetiva prevenir que um governo nacional **extrapole seus poderes**.

Os ramos do governo que criam as leis, as fazem cumprir e julgam são separados, e um **sistema de controle** é estabelecido.

Revolução Americana, foi eleito presidente da convenção.

Como Rhode Island, outros estados temiam que um governo federal extrapolasse seus poderes e também se preocupavam com a própria representação no Congresso, o Legislativo nacional. Os delegados dos estados maiores queriam que o número de representantes refletisse o tamanho da população, e os dos menores desejavam representação igual.

A questão da escravização também veio à tona. Os estados do norte, alguns dos quais já tinham abolido a escravização, defendiam com energia a abolição total, mas os do sul estavam decididos a garantir que ela continuasse legal. O tema era tão polêmico que foi excluído da Constituição, para que os estados individuais decidissem.

O Grande Compromisso

A delegação da Virgínia, que incluía Edmund Randolph e James Madison, definiu a pauta sobre a representação.

As quinze resoluções do Plano da Virgínia, que Randolph apresentou aos delegados, delineavam uma estrutura totalmente nova de governo baseada num Legislativo bicameral (com duas câmaras), mandatos limitados e rotatividade nos cargos, além de órgãos de controle. O número de representantes de cada estado dependeria de seu poder econômico ou população.

Os estados maiores concordaram com a ideia, mas os menores não. William Paterson, de Nova Jersey,

A liberdade é uma planta que, quando começa a enraizar, cresce rápido.
George Washington
Primeiro presidente dos EUA (1789-1797)

contrapôs um plano que dava a cada estado voz igual no Congresso. Após acalorados debates, os delegados concordaram com a proposta de Roger Sherman, de Connecticut, de criar duas câmaras – o Senado, onde cada estado tem representação igual, e a Câmara dos Representantes, em que a referência é a população de cada estado. A solução foi chamada de Grande Compromisso. Segundo esse plano, cada estado poderia indicar dois senadores para servir por mandatos de seis anos. Na Câmara dos Representantes, os assentos seriam ocupados por dois anos e o total por estado se basearia em sua população, reavaliada a cada dez anos.

Num debate posterior, o delegado James Wilson propôs que o presidente fosse eleito diretamente pelo povo. A maioria dos delegados, porém, pensava que a população em geral sabia pouco sobre os políticos fora de seu próprio estado e estaria, assim, mal informada para fazer uma escolha válida. Eles concordaram então que o presidente seria eleito »

114 A CONSTITUIÇÃO E A DECLARAÇÃO DE DIREITOS DOS EUA

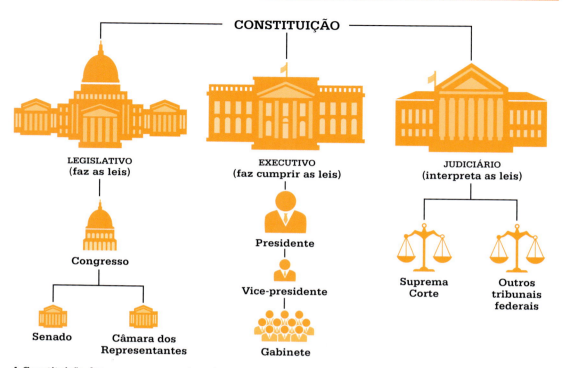

Os três ramos do governo americano

A **Constituição dos EUA** separou os poderes de governo em três ramos: o Legislativo, o Executivo e o Judiciário. O Legislativo faz as leis, o Executivo as aplica e o Judiciário as interpreta e pune os que as transgridam. As divisões impedem que um ramo obtenha poder demais, pois os outros dois podem atuar como um freio.

indiretamente por "eleitores" escolhidos pelos estados – o Colégio Eleitoral. Os estados teriam o mesmo número de eleitores que de membros nas duas casas do Congresso.

Com todas as questões resolvidas e acordadas, o Comitê de Estilo, liderado por James Madison, apresentou por fim a primeira redação da Constituição.

Separação dos poderes

Com pouco mais de 4 mil palavras, a Constituição é concisa, mas forneceu a base para uma complexa máquina de governo que hoje emprega milhões de pessoas. Muito de sua complexidade se origina do desejo desses primeiros delegados de separar os ramos do governo, limitando a autoridade de cada um com um sistema de controle projetado para evitar o abuso de poder. Eles tinham lutado na Guerra de Independência, contestando a tirania de um poder centralizado, então estavam naturalmente apreensivos em relação a um novo governo central. Na verdade, muitos estados só concordaram em ratificar a Constituição com a certeza de que teriam algumas garantias de proteção contra o poder do novo governo. Como resultado dessas preocupações, o governo dos EUA é dividido horizontalmente entre os que fazem as leis (o Legislativo: o Congresso), os que as decretam (o Executivo: a presidência) e os que as interpretam (o Judiciário: a Suprema Corte), e também verticalmente entre governos federal, estaduais e locais.

Assinada e ratificada

A redação da Constituição (manuscrita pelo escriturário Jacob Shallus por honorários de trinta dólares) foi afinal apresentada aos delegados em setembro de 1787.

IMPÉRIO E ILUMINISMO

Na Câmara Estadual da Pensilvânia (hoje Independence Hall), 39 delegados assinaram a Constituição em setembro de 1787. A Declaração de Independência tinha sido assinada ali onze anos antes.

Washington foi o primeiro a assinar, seguido por 38 outros delegados. O passo seguinte era que pelo menos nove dos treze estados ratificassem o texto. Após muita discussão, o nono estado, New Hampshire, ratificou-o em junho do ano seguinte, e foi acertado que a Constituição entraria em vigor em março de 1789.

No fim de abril de 1789, George Washington foi eleito o primeiro presidente dos EUA. Em fevereiro de 1790, a Suprema Corte se reuniu, e o Congresso dos EUA teve a sessão inaugural um mês depois. O governo estava por fim em pleno funcionamento. No fim de maio, Rhode Island, o último dos treze estados a ratificar, uniu-se aos demais.

Proteção de direitos

Ratificar a Constituição tinha se mostrado difícil. Muitos delegados afirmaram que ela era falha na proteção de direitos políticos, como a liberdade de religião e de expressão, e pleitearam que uma Declaração de Direitos fosse acrescentada antes de assinarem. Numa carta de 1788 a Thomas Jefferson, Madison disse que a Constituição sozinha, ao criar um governo justo e correto, seria suficiente para garantir a proteção dos direitos fundamentais. Aos poucos, porém, Madison foi aceitando a ideia de uma Declaração de Direitos, em parte por razões práticas e em parte porque reconhecia seus méritos.

Em 1789, como membro de uma nova Câmara de Representantes, Madison propôs dezenove emendas. Houve acordo sobre doze, e dez foram acrescentadas à Constituição como a Declaração de Direitos, adotada em 1791.

Desde então, notavelmente poucas outras emendas à Declaração foram agregadas. Milhares foram propostas, mas só dezessete aceitas, em parte devido ao sistema de controle. Mudanças à Constituição não só têm de ser aprovadas em ambas as casas do Congresso, como ao menos três quartos dos estados devem ratificá-las.

Raízes inglesas

A nova Constituição dos EUA foi um documento inovador e histórico. Os constituintes, porém, não tentaram criar algo totalmente revolucionário. Em sua vontade de modelar um sistema que pudesse limitar o poder

Que nosso governo seja como o do Sistema Solar. Que o governo geral seja como o Sol e os estados como os planetas, repelidos mas atraídos [...].
John Dickinson
Representante de Delaware
(1732-1808)

de um governo ambicioso demais, muitos viram um paralelo com o equilíbrio de poder alcançado na legislação inglesa para proteger os direitos do Parlamento ante a ameaça de tirania real. Os EUA substituíram a monarquia por um presidente eleito por períodos fixos, mas em outros aspectos a Constituição tinha muito em comum com o sistema britânico contra o qual os EUA tinham se rebelado uma década antes. De início propôs-se até que o presidente fosse tratado como "Vossa Alteza".

Crucial à máquina de governo apresentada na Constituição era o »

A Declaração de Direitos

Influenciada por precursoras como a Magna Carta (1215) e a Declaração de Direitos (1689) inglesas, a Declaração de Direitos dos EUA é uma compilação de direitos individuais reforçada pelas limitações aos governos federal e estaduais. Ela é formada por dez emendas à Constituição que consagram direitos como a liberdade de expressão e religião, o direito de permanecer calado e o direito de manter e portar armas. Também estão incluídas as proteções aos acusados de crimes, como o direito de não ser preso sem o devido processo legal e não ser julgado duas vezes pelo mesmo crime (*bis in idem*). Como axiomas de governo, as emendas têm força legal vinculante. O Congresso não pode aprovar leis que conflitem com elas; de início os estados podiam, mas hoje não podem legislar contra a maioria de suas garantias. Mais cidadãos foram abrangidos pela proteção da Declaração quando a escravização foi abolida, em 1865 e, em 1868, quando, com a 14ª Emenda, os nascidos ou naturalizados nos EUA se tornaram cidadãos americanos.

A CONSTITUIÇÃO E A DECLARAÇÃO DE DIREITOS DOS EUA

conceito de Parlamento que tinha evoluído por séculos na Inglaterra. Com a prosperidade crescente derivada do desenvolvimento da indústria têxtil e da emergência de uma nova classe de comerciantes, mais pessoas tinham interesse nas ações de reis e nobres, em especial no modo com que arrecadavam dinheiro com impostos.

As demandas da população por voz no governo tinham chegado ao auge na Guerra Civil Inglesa, nos anos 1640, quando Carlos I, acusado de lutar contra seu povo, foi executado pela vontade do Parlamento. A república da Comunidade que se seguiu, sob Oliver Cromwell, logo ruiu, e a monarquia foi restaurada em 1660, mas o período turbulento tinha plantado as sementes da democracia e a passagem do poder do rei para o Parlamento. Isso foi reforçado em 1689, após a Revolução Gloriosa, quando o rei católico Jaime II foi compelido a abdicar e Guilherme e Maria, da Holanda, foram convidados a governar com a condição de que aceitassem uma Declaração de Direitos. Traduzida pelo Parlamento depois em lei, ela definiu formalmente os direitos e liberdades dos súditos britânicos e foi o modelo da Declaração de Direitos dos EUA.

Se alguma Forma de Governo se tornar destrutiva [...] é Direito do Povo alterá-la ou aboli-la, e instituir um novo Governo.
Declaração de Independência dos EUA

Pensamento iluminista
Os legisladores principais da Constituição eram homens com alto grau de instrução. Estavam muito cientes das novas correntes da filosofia e do pensamento político desenvolvidas na Europa no Iluminismo, em especial as ideias de John Locke, na Inglaterra, e Jean-Jacques Rousseau e Charles Montesquieu, na França. Tanto Locke quanto Rousseau defendiam com energia os direitos naturais das pessoas, e Montesquieu propôs a separação dos poderes em Legislativo, Judiciário e Executivo para evitar o despotismo que abominara na monarquia francesa.

Locke sustentava que devia haver um "contrato social", em que as pessoas, que por natureza são livres e iguais, concordam em ser governadas e ter algumas de suas escolhas limitadas para viver em harmonia com outras. As que governam, porém, devem proteger os direitos do povo e promover o bem público.

As ideias de Locke ecoam nas palavras de abertura da Declaração de Independência dos EUA e nas "verdades evidentes" de que todos os homens nascem iguais e são dotados de certos direitos inalienáveis, entre eles "a Vida, a Liberdade e a busca da Felicidade", e que, para assegurar esses direitos, os governos devem derivar seus poderes da "anuência dos governados".

Locke também acreditava no governo da maioria. Isso e o consentimento dos governados se tornariam os princípios centrais da democracia, enquanto as ideias de separação dos poderes de Locke e Montesquieu seriam cruciais à formação do Congresso dos EUA.

República *vs.* democracia
A Constituição às vezes é vista como o ponto de partida da moderna democracia. Ela começa com as palavras "Nós, o Povo [...]", mas isso não era um endosso ressoante aos ideais democráticos expressos com tanto entusiasmo pelo presidente Abraham Lincoln em 1865, quando falou sobre o "governo do povo, pelo povo, para o povo". Os Pais Fundadores estruturaram a Constituição como "lei suprema do país" e a base de uma república que basicamente defendia a liberdade e os direitos do povo. Muitos consideravam

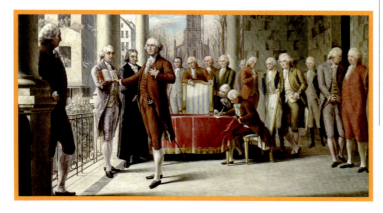

George Washington – a primeira pessoa a assinar a Constituição – é empossado como primeiro presidente dos EUA no Federal Hall, em Nova York, em 30 de abril de 1789.

IMPÉRIO E ILUMINISMO

> Não interfira em nada na Constituição. Ela deve ser mantida, pois é a única salvaguarda de nossas liberdades.
> **Abraham Lincoln**
> 16º presidente dos EUA (1861-1865)

as eleições só como um meio para um fim, um modo de manter o governo sob controle, e não como parte de algum grande ideal democrático.

Madison, o principal arquiteto da Constituição, afirmava que estavam criando uma república, não uma democracia. Ele se referia ali à democracia da antiga Atenas, em que todos os cidadãos adultos tinham de desempenhar um papel ativo no governo, o que seria obviamente impraticável numa nação como os EUA. A seu ver, a diferença central era que uma república funciona por delegação de governo a um pequeno número de pessoas eleitas pelas demais. Em 1820, o filósofo escocês James Mill proclamou que tal sistema de representação era "a grande descoberta dos tempos modernos". Seu filho John Stuart Mill declarou que era o "tipo ideal de um governo perfeito".

O que todos os três homens descreviam é hoje o modelo padrão de democracia, em que o povo elege representantes para governar e criar leis. A passagem gradual dos governos ocidentais a esse modelo no século XIX, porém, talvez se devesse menos à percepção de seus benefícios que ao fato de os outros sistemas terem falhado.

Uma obra em andamento

Os delegados da Convenção Constitucional sabiam que o documento adotado era um achado histórico, mas não perfeito. Ao fim da Convenção, Benjamin Franklin, aos 81 anos, olhou para o símbolo de meio sol na cadeira de Washington e declarou que era "um sol nascente e não poente", acrescentando que a Constituição, com todas as suas falhas, era o melhor que podiam obter.

A Constituição de 1787 não pôde apresentar um governo que de fato representasse toda a nação. Ela não estabelecia direitos de voto – de início, só homens donos de propriedades podiam votar. Os homens afro-americanos obtiveram o direito a votar apenas com a 15ª Emenda, de 1870. As mulheres, com a 19ª Emenda, de 1919, e os nativos americanos, nos primeiros estados onde isso ocorreu, em 1924. Porém, ao definir um sistema de governo cujo poder é avalizado pelo povo e, ao mesmo tempo, ao limitar esse poder para proteger os direitos básicos dos cidadãos, a Constituição estabeleceu um padrão para o governo democrático moderno que hoje é norma em grande parte do mundo. ■

> Viver sob a Constituição americana é o maior privilégio político já concedido à raça humana.
> **Calvin Coolidge**
> 30º presidente dos EUA (1923-1929)

James Madison

Nascido em 1751 na *plantation* Belle Grove, na Virgínia, Madison foi o mais velho de doze irmãos. Ele se graduou em Princeton e logo se envolveu na política da Revolução Americana, tornando-se membro da Câmara de Delegados da Virgínia e do Segundo Congresso Continental. Ele foi um dos mais destacados Pais Fundadores dos Estados Unidos.

Após a guerra, Madison liderou o trabalho de criação da Constituição. Ele propôs as emendas que formaram a Declaração de Direitos e foi um dos primeiros líderes da Câmara dos Representantes. Madison foi eleito quarto presidente dos EUA, servindo de 1809 a 1817, no próprio ápice do edifício político que ajudou a erguer. Quando deixou o cargo, em 1817, retirou-se para sua *plantation* de tabaco na Virgínia, onde morreu em 1836.

Obras principais

1787 Discursos na Convenção Constitucional
1787-1788 Artigos em *The Federalist*

OS HOMENS NASCEM E PERMANECEM LIVRES E IGUAIS EM DIREITOS
A DECLARAÇÃO DOS DIREITOS DO HOMEM (1789)

EM CONTEXTO

FOCO
Direitos humanos

ANTES
c. 1750 a.C. Na Mesopotâmia, o Código de Hamurábi lista direitos básicos e punições.

539 a.C. Ciro, o Grande, decreta a tolerância religiosa para os súditos conquistados na Babilônia.

1215 A Magna Carta da Inglaterra é assinada pelo rei João.

1776 A Declaração de Direitos da Virgínia influencia a Declaração de Independência.

DEPOIS
1948 Após as atrocidades da Segunda Guerra Mundial, a Declaração Universal dos Direitos Humanos (DUDH) da ONU define direitos em todo o mundo.

1950 A Convenção Europeia de Direitos Humanos, baseada na DUDH, impõe os direitos humanos em toda a Europa.

A Declaração dos Direitos do Homem e do Cidadão foi um marco na afirmação dos direitos humanos. Ela surgiu no início da Revolução Francesa e lançou o princípio de que, por lei, todos os homens são iguais, com direitos iguais à liberdade, à propriedade privada, à segurança e a resistência à opressão. Essa ideia deu forma ao mundo moderno.

Os eventos que deram origem à Declaração se iniciaram em maio de 1789, quando o rei Luís XVI foi compelido pela crise financeira e agitação generalizada a convocar os Estados Gerais – a assembleia legislativa –, após um intervalo de 175 anos. Os Estados Gerais incluíam três grupos, ou estados – o clero, a nobreza e o povo –, e Luís insistiu que cada grupo tivesse um só voto. Isso significava que os dois estados da elite, o clero e a nobreza, sempre suplantariam o povo.

A Assembleia Nacional

Em 17 de junho de 1789, o enraivecido "Terceiro Estado", o povo, declarou uma Assembleia Nacional separada para fazer ele próprio as leis. Impedido de entrar na sala de assembleia, o povo se reuniu na quadra real de jogo da pela. Ali, resolveu estabelecer os princípios pelos quais a França seria governada. Um princípio fundamental era que, para "o bem de todos", a Assembleia só governaria com a anuência do povo.

Por essa razão, era preciso definir os direitos de cada cidadão, e assim a Declaração foi esboçada, de início pelo marquês de Lafayette, aconselhado pelo estadista americano Thomas

---

Todos são iguais e **nenhum homem tem o direito de governar outro**.

Mas os homens podem escolher **dar o poder de governar** ao monarca e ao governo.

Então o monarca e o governo **exercem esse poder em nome da nação** e só por anuência do povo.

IMPÉRIO E ILUMINISMO 119

Ver também: A Revolução Gloriosa e a Declaração de Direitos inglesa 102-103 ▪ A Constituição e a Declaração de Direitos dos EUA 110-117 ▪ O Código Napoleônico 130-131 ▪ A Declaração Universal dos Direitos Humanos 222-229

Jefferson. O rascunho foi apresentado à Assembleia em 11 de julho de 1789, e após uma revisão foi aceito seis semanas depois.

O documento se inspirava nas ideias do Iluminismo, desenvolvido na França nos cinquenta anos anteriores. A nova filosofia de Montesquieu, Rousseau e Voltaire contestava a ideia do governo de um monarca por direito divino, afirmando uma lei dos direitos do homem derivada não da autoridade religiosa, mas do pensamento racional.

Artigos da Declaração

Em dezessete artigos e um preâmbulo, a Declaração descreve direitos individuais e coletivos de todos os homens. O preâmbulo enfatiza o princípio de que os direitos são "naturais, inalienáveis e sagrados". Ele também garante a liberdade de expressão, a liberdade de imprensa e a liberdade religiosa.

O primeiro artigo contém o cerne da Declaração, afirmando que "os homens nascem e permanecem livres e iguais em direitos. As distinções sociais só podem se basear no bem comum". O segundo artigo declara que o dever primário do governo é velar pelos direitos do homem – seus direitos à liberdade, propriedade, segurança e resistência à opressão. O terceiro diz que a autoridade do governo depende da concordância de todos. O quarto artigo explica que a liberdade significa poder fazer qualquer coisa que não prejudique outros, e o quinto afirma que o governo só pode proibir as ações que são nocivas à sociedade. O artigo sexto declara que as leis são a expressão da vontade geral do povo.

O restante do texto continua definindo muitos direitos que hoje assumimos como garantidos, como o princípio de que as pessoas são inocentes até se provar que são culpadas. Na verdade, essas ideias, consideradas tão radicais na época, hoje são tão parte do tecido do mundo democrático que para nós parecem simples bom senso.

Cidadãos ativos e passivos

Apesar de sua autoridade moral e defesa da igualdade, a Declaração só conferia direitos aos cidadãos "ativos". Estes eram os homens livres franceses acima de 25 anos que pagavam certo nível de impostos (na verdade, os que possuíam propriedades). Mulheres, homens pobres e escravizados eram cidadãos "passivos". Mas, conforme a Revolução progrediu, eles também demandaram ser incluídos. Em 1790, Nicolas de Condorcet e Etta Palm d'Aelders reivindicaram que a Assembleia Nacional reconhecesse os direitos das mulheres. Seu apelo foi negado – levando a dramaturga Olympe de Gouges a escrever a Declaração dos Direitos da Mulher e da Cidadã. "A mulher nasce livre e permanece igual ao homem em direitos", ela afirmou.

A Declaração original também inspirou o primeiro levante bem-sucedido de escravizados, na colônia francesa de Saint-Domingue, hoje Haiti. A escravização foi abolida na França e em suas colônias em 1794. ▪

Uma mulher tem o direito de subir ao cadafalso. Ela deve ter igualmente o direito de subir à tribuna.
Olympe de Gouges
Declaração dos Direitos da Mulher, 1791

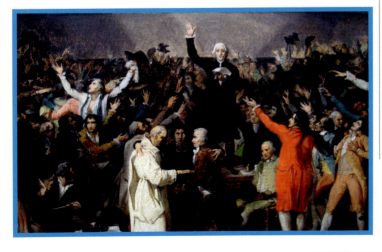

A Assembleia Nacional do Terceiro Estado fez um juramento na quadra de pela, em 20 de junho de 1789, de "não se separar" até uma Constituição escrita ser estabelecida na França.

A ASCEN
ESTADO D
1800-1945

SÃO DO DIREITO

INTRODUÇÃO

É atribuído à **Suprema Corte dos EUA** o poder do **controle de constitucionalidade**, que lhe permite decidir sobre qualquer violação à Constituição.

1803 ↑

A **Lei da Abolição do Tráfico Escravista** proíbe o comércio de escravizados nas colônias e barcos britânicos.

1807 ↑

Com a **Lei da Polícia Metropolitana**, uma força policial gerida pelo Estado é criada em Londres, no Reino Unido.

1829 ↑

A primeira das **Convenções de Genebra** é aprovada pelas potências europeias, estabelecendo um conjunto de regras para evitar o sofrimento durante a guerra.

1864 ↑

1804 ↓

Napoleão Bonaparte encomenda uma reforma do sistema jurídico francês, que resulta num novo código civil, o **Código Napoleônico**.

1822 ↓

O Reino Unido é o primeiro país a aprovar uma lei **que previne a crueldade contra animais de criadouros**, estendida em 1849 a todos os animais domésticos.

1863 ↓

A República da **Venezuela** se torna a primeira nação a **abolir a pena de morte** para todos os crimes.

1871 ↓

A **Lei dos Sindicatos** garante o status legal dos sindicatos no Reino Unido e protege seus fundos de apropriação indébita.

O espírito iluminista do século XVIII levou a mudanças fundamentais no modo com que a sociedade se organizava: as revoluções francesa e americana derrubaram a velha ordem estabelecida e novos Estados-nações foram criados, com leis e constituições que sustentavam os valores de democracia, liberdade e direitos humanos. Ao longo do século XIX, mais países adotaram modelos similares de governo, assumindo os mesmos valores. Mas um fator central envolvido nas mudanças sociais foi a Revolução Industrial, que se iniciou no Reino Unido no século XVIII e daria forma ao mundo moderno. Com a industrialização veio o capitalismo, e enquanto o poder era transferido das monarquias e aristocracias para os Parlamentos, os donos das novas indústrias dominavam a economia. A classe dos camponeses encolheu, substituída pela de operários das cidades, não mais sob o domínio de donos de terras, mas agora dependendo de industriais para ganhar a vida.

Sociedades em mudança

Os governos e leis dos Estados-nações da nova era tiveram de evoluir para refletir a natureza cambiante de suas sociedades, reconhecendo os direitos de todos os seus cidadãos. Houve uma passagem gradual a uma legislação mais liberal, para proteger os interesses dos trabalhadores e consumidores, além de garantir que os negócios pudessem continuar a trazer prosperidade numa economia de mercado justa. Vindos de revoluções, os EUA e a França foram os primeiros a enfrentar o desafio de criar sistemas legais adequados ao mundo moderno. O princípio dos direitos dos cidadãos estava escrito na Constituição dos EUA, mas era preciso mais leis para proteger as pessoas de abusos de poder. Um grande avanço foi conceder à Suprema Corte o controle de constitucionalidade, de modo a exercer os devidos freios e contrapesos sobre outros ramos do governo. Quase ao mesmo tempo, a França começou a elaborar seu novo código civil, que se tornou um modelo outras nações. Os sistemas parlamentar e legal britânicos estavam bem estabelecidos e evoluíram mais devagar em relação às demandas da sociedade industrializada. Mas, com a formação da Força Policial Metropolitana por uma lei parlamentar, o Reino Unido criou um modelo de policiamento ajustado às cidades modernas, com agentes uniformizados sob um comando central e poderes para fazer cumprir a lei. O Reino Unido também

A ASCENSÃO DO ESTADO DE DIREITO

O chanceler alemão Otto von Bismarck propõe um **sistema de seguro** compulsório **para proteger os trabalhadores** acidentados na indústria.

As **mulheres** da Nova Zelândia são as primeiras a obter o **direito ao voto**; em outros locais, elas só poderão votar após boa parte do século XX.

O presidente Woodrow Wilson, dos EUA, cria a **Comissão Federal de Comércio** para regular negócios e **proteger os consumidores**.

No **Tratado de Versalhes**, após a Primeira Guerra Mundial, os Aliados vitoriosos impõem **medidas de punição** à **Alemanha**.

1881 — **1893** — **1914** — **1919**

1890 — **1899** — **1918** — **1935**

A **Lei Antitruste de Sherman** é aprovada no Senado dos EUA, proibindo monopólios e cartéis anticoncorrenciais.

A primeira Convenção de Haia propõe um **conjunto** internacional **de normas de guerra** e cria o direito internacional humanitário.

Após a Revolução de 1917, Vladimir Lenin promulga uma **nova Constituição russa**, estabelecendo um Estado governado pelos trabalhadores.

As **Leis de Nuremberg** estabelecem a política nazista de cidadania alemã, efetivamente definindo os judeus como "não pessoas".

---

se mostrou à frente ao criar leis de proteção aos direitos de trabalhadores e sindicatos na segunda metade do século XIX, enquanto nos EUA a regulação de grandes corporações era introduzida pela Lei Antitruste de Sherman, protegendo os consumidores de negócios inescrupulosos. Com o aumento da produção e do consumo em massa, ficou claro que era preciso leis para garantir que os negócios atendessem a certos padrões. Em 1932, o caso do "caracol na garrafa", contra o fabricante de cerveja de gengibre David Stevenson, foi um marco na legislação sobre negligência.

Direitos humanos

No século XIX, os direitos dos cidadãos eram um princípio central da maioria dos sistemas jurídicos, mas o reconhecimento dos direitos humanos básicos levou bem mais tempo. O Reino Unido foi o primeiro a proibir o tráfico escravista em suas colônias e barcos, mas a abolição total da escravização demorou a ser alcançada. Apesar das boas intenções de documentos como a Declaração dos Direitos do Homem francesa, a humanidade ainda não era considerada toda igual, mesmo pela lei – e as mulheres certamente não eram vistas como merecedoras de direitos iguais, com a maioria dos países lhes negando o voto até depois da Primeira Guerra Mundial. As leis Jim Crow, que sancionavam a segregação nos EUA, eram flagrantemente discriminatórias, mas uma forma ainda mais evidente de racismo se tornou lei na Alemanha nazista. Os termos humilhantes impostos à Alemanha no Tratado de Versalhes e a consequente depressão econômica deflagraram uma reação que tornou os judeus bodes expiatórios, despojados de seus direitos. Enquanto isso, na Rússia era fundado o primeiro Estado socialista, com seu líder Vladimir Lenin prometendo uma sociedade mais justa e igual. Ela se tornou o modelo para outros Estados comunistas, que em certo ponto do século XX respondiam por cerca de um terço da população mundial, em franca oposição ao capitalismo liberal ocidental. No âmbito internacional, os efeitos da industrialização também foram sentidos nas guerras modernas, cujo número de vítimas sem precedentes levou a uma série de Convenções de Genebra sobre a conduta em conflitos. Estas foram complementadas pelas Convenções de Haia, que aprovaram normas para a guerra, limitaram o uso de certas armas e lançaram as bases do direito internacional humanitário. ■

JUSTIÇA CONFORME A CONSTITUIÇÃO

A SUPREMA CORTE DOS EUA E O CONTROLE DE CONSTITUCIONALIDADE (1803)

A SUPREMA CORTE DOS EUA E O CONTROLE DE CONSTITUCIONALIDADE

EM CONTEXTO

FOCO
Leis federais americanas

ANTES
1787 O texto da nova Constituição dos EUA é aprovado, tornando o Judiciário o "terceiro ramo" do governo.

1789 O Congresso aprova o Ato do Judiciário, que define alguns dos poderes da Suprema Corte.

DEPOIS
1857 Em Dred Scott vs. Sandford, o presidente da Suprema Corte, Roger B. Taney, decide que a palavra "cidadãos" na Constituição não se refere a pessoas negras. Essa famigerada decisão foi depois derrubada pela Quarta Emenda.

1973 Em Roe vs. Wade, a Suprema Corte decide que a Constituição protege o direito de uma mulher buscar o aborto.

A Suprema Corte é a instância mais alta de justiça nos EUA. Ela foi introduzida pela Constituição e entrou em vigor com o Ato Judiciário de 1789, do presidente George Washington. Segundo essa lei, a Corte teria seis juízes. Nomeados pelo presidente e confirmados pelo Senado, eles em geral ocupam o cargo por toda a vida (até a aposentadoria ou a morte) e seu salário não pode ser reduzido nesse período. Desse modo, sua independência do governo se mantém.

Embora a Constituição dos EUA tenha estipulado a existência da Suprema Corte, não codificou (escreveu em lei) seus poderes e prerrogativas. Assim, os poderes da Corte foram com o tempo definidos por suas próprias decisões. Um desses poderes é o controle de constitucionalidade.

O controle de constitucionalidade permite à Corte decidir se um ato legislativo (produzido pelo Congresso), um ato executivo (produzido pelo presidente) ou um ato judiciário (produzido por um tribunal inferior) viola a Constituição. Isso fornece um sistema essencial de controle, assegurando limites aos poderes de cada um dos três ramos do governo. A Suprema Corte, assim, tem a palavra final sobre qualquer conflito constitucional, um papel único no governo dos EUA.

Marbury vs. Madison

A nomeação do quarto presidente do tribunal, John Marshall, em 1801, foi crucial para a Suprema Corte. Mais firme que seus antecessores, Marshall ansiava por afirmar o poder e a autonomia política da Corte. A oportunidade surgiu em 1803, quando uma causa foi trazida por William Marbury.

Em 1801, pouco antes do fim do seu mandato, o presidente federalista John Adams aprovou um ato normativo que lhe permitiu indicar vários novos juízes, entre eles Marbury. (O Federalista e o Democrata-Republicano foram os dois primeiros partidos políticos dos EUA.) O governo do novo presidente, o democrata-republicano Thomas Jefferson, não apreciou tantos

---

A Suprema Corte tem um selo oficial, que é mantido em custódia do secretário do tribunal. Ele contém vários símbolos, que representam elementos diferentes e importantes da autoridade da Corte. Esse selo difere do brasão dos Estados Unidos em apenas um aspecto: a estrela na base, embaixo da cauda da águia.

A estrela única representa a criação de "uma Suprema Corte" pela Constituição dos EUA em 1789.

A cabeça da águia representa o presidente. As nove penas de sua cauda simbolizam os nove juízes da Suprema Corte.

O escudo lembra a bandeira dos Estados Unidos. Suas treze listras representam os treze estados originais.

O lema no rolo no bico da águia diz: *E pluribus unum* – "De muitos, um".

Uma constelação de treze estrelas simboliza o surgimento dos EUA como nação independente.

O ramo de oliveira na garra direita da águia representa a paz. O olhar da águia é voltado para esse lado.

Um feixe de flechas na garra esquerda da águia simboliza a guerra, mostrando que a nação está sempre de prontidão para a guerra.

A ASCENSÃO DO ESTADO DE DIREITO

Ver também: A Constituição e a Declaração de Direitos dos EUA 110-117 ▪ A regra de exclusão 186-187 ▪ Miranda *vs.* Arizona 254-255 ▪ Roe *vs.* Wade 260-263

O Poder Judiciário dos Estados Unidos será investido em uma Suprema Corte e em tribunais inferiores tais que o Congresso de tempos em tempos ordene e estabeleça.
Constituição dos EUA
Artigo III, Seção 1

indicados federalistas, que defenderiam um programa nacionalista e afetariam o equilíbrio do poder, o qual penderia para o Judiciário. Como resultado, Marbury não foi nomeado. Ele levou o secretário de Estado James Madison ao tribunal, pleiteando que a Suprema Corte emitisse um *mandamus* (uma ordem a um magistrado ou tribunal inferior para que cumpra seu dever público) e compelisse Madison a fazer a nomeação.

O presidente da Corte, juiz Marshall, proferiu seu veredicto contra Marbury. Ele concordou que Marbury tinha direito à nomeação, mas declarou que a Suprema Corte não tinha o poder de emitir um mandado de segurança – porque, ao requerer que a Suprema Corte fizesse isso, o Congresso tinha expandido a jurisdição original da Corte, o que era uma violação da Constituição. Essa decisão colocou a Constituição como a lei suprema do país e a Suprema Corte como o órgão que a interpretava. Ela definiu o poder do controle de constitucionalidade, estabelecendo um precedente que resistiu ao teste do tempo.

Marshall foi elogiado por especialistas por sua habilidade ao tratar o caso. Sua decisão estratégica se baseava no conceito existente de controle de constitucionalidade – que, embora não escrito em lei, tinha sido aceito pela maioria dos articuladores da Constituição como necessário. (Alexander Hamilton, um dos Pais Fundadores, escreveu em 1788 que "a Constituição devia ser preferida aos códigos e estatutos, a intenção do povo à intenção de seus agentes".) Marshall, em sua decisão, explicou que, ao criar uma Constituição escrita, os EUA tinham definido os limites dos poderes dos diferentes departamentos do governo, e que a Constituição não significaria nada "se esses limites puderem, a qualquer momento, ser ultrapassados por aqueles que devem ser restringidos".

O impacto desse caso um tanto obscuro foi imenso. Ao mesmo tempo que assegurou que a jurisdição original da Suprema Corte não fosse expandida, Marshall tinha, por consequência, centrado seu foco na jurisdição de apelação: o poder da Corte de rever, emendar ou rejeitar a decisão de um tribunal inferior. Isso confirmou »

É enfaticamente atributo e dever do departamento judicial dizer o que a lei é.
John Marshall
Marbury *vs.* Madison, 1803

John Marshall

Nascido na Virgínia em 1755, John Marshall foi o mais velho de quinze irmãos. Ele serviu durante a Guerra Revolucionária Americana, deixando o Exército em 1780 para estudar direito. Logo ganhou reputação por decisões ponderadas e em pouco tempo se envolveu no governo. Foi um defensor forte da ratificação da nova Constituição dos EUA, proposta para substituir os Artigos da Confederação, que careciam de disposições sobre ramos Judiciário e Executivo para o governo.

Em 1800, Marshall se tornou secretário de Estado de John Adams. Um ano depois, foi nomeado presidente da Suprema Corte – posição que manteve até a morte, em 1835. Nesse posto, presidiu numerosos casos cruciais que, com o tempo, definiram os poderes da Corte – entre eles, McCulloch *vs.* Maryland (1819), em que Marshall decidiu que o governo federal tinha o direito de abrir um banco nacional, e Cohens *vs.* Virgínia (1821), que estabeleceu que a Suprema Corte tinha jurisdição para decidir sobre todos os julgamentos de tribunais estaduais que se opunham à Constituição.

128 A SUPREMA CORTE DOS EUA E O CONTROLE DE CONSTITUCIONALIDADE

- A **Constituição dos EUA** é a **lei suprema** do país.
- A Constituição **equilibra o poder** entre os ramos **Legislativo, Executivo** e **Judiciário** do governo.
- A **Suprema Corte** representa o **ramo Judiciário** do governo.
- O **controle de constitucionalidade** é o **poder** da Suprema Corte de **interpretar e defender a Constituição**.

o poder da Suprema Corte como um ramo equiparado do governo.

Marshall pode ser mais conhecido por essa decisão, mas enquanto foi presidente da Corte também liderou outras importantes inovações. Um exemplo foi a mudança para a Opinião do Tribunal apresentada como uma decisão da maioria, em contraste com o método anterior de decisões sucessivas, em que cada juiz proferia sua própria opinião em separado.

Posto à prova

Embora Marbury vs. Madison seja o divisor de águas que estabeleceu o poder de controle de constitucionalidade da Suprema Corte, foi só o início de um longo processo de esclarecimento. Em seus primeiros anos, a Corte recebeu vários casos que serviram para definir com mais clareza os parâmetros de seu poder. Cada decisão dava maior legitimidade à Suprema Corte como árbitra da Constituição e confirmava seu direito de controlar a constitucionalidade de leis aprovadas por tribunais inferiores e pelos ramos Legislativo e Executivo do governo.

Porém, o princípio também tinha oponentes. O presidente Andrew Jackson, por exemplo, que ocupou o cargo de 1829 a 1837, foi um proponente da teoria departamental de governo, em que cada ramo do governo teria o direito de interpretar a Constituição. Jackson apresentou diversos casos à Suprema Corte destinados a contestar a concepção de John Marshall do papel desse tribunal. Em 1832 ele até desobedeceu à decisão da Corte em Worcester vs. Geórgia, que lançara as bases do princípio de soberania tribal. Jackson burlou a decisão,

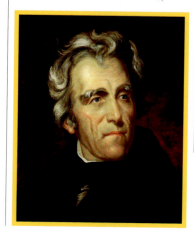

O presidente Andrew Jackson notoriamente desrespeitou a decisão da Suprema Corte em Worcester vs. Geórgia (1832), quando disse: "Marshall deu sua decisão; agora, que ele a faça cumprir!".

permitindo que a transferência forçada do povo cherokee de suas terras continuasse. (Esse capítulo da história dos EUA, em que mais de 60 mil nativos americanos foram obrigados a deixar suas terras ancestrais e andar milhares de quilômetros para um assim chamado "território indígena", é conhecido como Trilha das Lágrimas.)

O controle de constitucionalidade também foi posto à prova em Lochner vs. Nova York (1905). O estado de Nova York tinha, em 1895, aprovado a Lei das Padarias, segundo a qual os padeiros, que muitas vezes trabalhavam em espaços mal ventilados e por isso sofriam de problemas nos pulmões, não deviam ser forçados a trabalhar mais de dez horas por dia ou sessenta horas por semana. O dono de padaria Joseph Lochner, depois de ser processado por desrespeitar a lei, contestou-a. A Suprema Corte decidiu por uma maioria de cinco a quatro que a lei

A ASCENSÃO DO ESTADO DE DIREITO 129

A opinião dos juízes não tem mais autoridade sobre o Congresso que a opinião do Congresso sobre os juízes, e nesse aspecto o presidente é independente de ambos.
Andrew Jackson
Sétimo presidente dos EUA (1829-1837)

realmente violava a cláusula de devido processo da Quarta Emenda. Essa cláusula de fato afirma que o governo não interferirá indevidamente nos direitos do indivíduo. A decisão dizia que os padeiros tinham o "direito" de negociar contratos de trabalho sem a interferência do Estado, e que a Lei das Padarias era, assim, inconstitucional. A opinião jurídica se dividiu quanto à decisão representar a Corte defendendo a Constituição ou promovendo interesses econômicos e corporativos.

Os detratores do controle de constitucionalidade alegam que é um papel que a Suprema Corte arrogou a si e que em nenhum lugar esse poder de supremacia legislativa está abertamente descrito. Por essa razão, sua legitimidade com frequência foi questionada. Em muitos países (Canadá, Austrália e Reino Unido, por exemplo), leis sobre questões contenciosas, como casamento homoafetivo ou aborto, são decididas após debate parlamentar por representantes eleitos. Nos EUA, os temas podem ser debatidos no Congresso, mas sua decisão pode, ao fim, ser confirmada apenas pelos juízes. A ideia de que legisladores eleitos tenham de prestar contas a juízes não eleitos é, para alguns, uma afronta à própria democracia.

Ultimamente, o controle de constitucionalidade tem sido considerado cada vez mais importante na proteção aos direitos civis, pois a Suprema Corte pode derrubar leis que acredita violarem os direitos individuais. Por exemplo, em Brown *vs.* Conselho de Educação de Topeka (1954), a Suprema Corte anulou leis estatais que permitiam a existência de escolas segregadas por raça. E em 2015 a Corte decidiu que a 14ª Emenda exige que todos os estados legalizem o casamento homoafetivo. Embora essas decisões progressistas sejam usadas como exemplos do valor do controle de constitucionalidade, muitos estudiosos assinalam que, se um presidente nomear vários juízes conservadores para a Suprema Corte (como o presidente Trump fez), o equilíbrio de poder pode pender para uma agenda mais conservadora – com o efeito de que decisões que foram marcos, como Roe *vs.* Wade, que legalizou o aborto, sejam contestadas. ■

O atual prédio da Suprema Corte, em Washington, DC, foi inaugurado em 1935. Até então a Corte não tinha sede permanente, reunindo-se em vários lugares nos 146 anos anteriores.

TODO FRANCÊS USUFRUIRÁ DE DIREITOS CIVIS
O CÓDIGO NAPOLEÔNICO (1804)

EM CONTEXTO

FOCO
Códigos, direitos civis

ANTES
Século VI d.C. O *Corpus juris civilis* de direito romano fornece uma base para o *civil law* em grande parte da Europa.

1215 A Magna Carta da Inglaterra inclui vários direitos humanos e civis.

1791 As primeiras dez emendas à Constituição dos EUA de 1787 formam a Declaração de Direitos.

DEPOIS
1881-1883 O político egípcio Youssef Wahba traduz o Código Napoleônico para o árabe.

1896 A Alemanha promulga seu próprio código civil, que também influencia os do Japão (1896), Suíça (1907), Turquia (1926) e outros.

2012 A Comissão Superior de Codificação recomenda que os códigos franceses não sejam mais atualizados.

Os líderes da Revolução Francesa (1789-1799) reconheciam a necessidade urgente de um código abrangente para a França. Em termos históricos, diferentes leis consuetudinárias evoluíram ao longo das regiões do país. Para complicar, o casamento e a vida familiar eram tratados em leis canônicas (da Igreja Católica Romana) separadas, e outras leis tinham sido criadas por decreto real. Isso resultou num confuso conjunto de leis conflitantes, e muitos senhores feudais tinham obtidos exceções. Para consolidar seu poder, a nova Assembleia Nacional designou uma comissão especial para reformular o sistema jurídico e estabelecer um código civil para toda a nação baseado nos princípios centrais da Revolução.

Napoleão assume o comando
Quando a Revolução deu lugar ao caos homicida conhecido como Reinado do Terror, o general Napoleão Bonaparte tomou o poder, em 1799. Eleito como primeiro cônsul em 1800, ele logo assumiu o controle da comissão especial encarregada de revisar as leis francesas. A comissão se reuniu mais de oitenta vezes nos quatro anos seguintes para formular o Código Napoleônico, com Napoleão muitas vezes supervisionando as discussões.

A Revolução tinha aberto caminho para o novo código, abolindo a monarquia, suprimindo o poder da Igreja das guildas de comércio medievais e criando uma nova identidade nacional francesa. O código

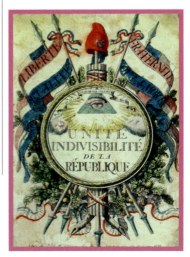

O Código Napoleônico se baseia nos ideais da Revolução Francesa de liberdade, igualdade e fraternidade, numa França unida, expressos neste cartaz revolucionário de 1792.

A ASCENSÃO DO ESTADO DE DIREITO 131

Ver também: As origens do direito canônico 42-47 ▪ A Magna Carta 66-71 ▪ A Constituição e a Declaração de Direitos dos EUA 110-117 ▪ A Declaração dos Direitos do Homem 118-119

Napoleão Bonaparte

Nascido em 1769 na Córsega, Napoleão foi educado na França desde os nove anos e depois frequentou uma academia militar em Paris. Ele forjou uma carreira militar de sucesso, ascendendo pelos escalões e, em 1795, teve um grande papel na repressão aos rebeldes que se opunham à Convenção Nacional, o primeiro governo da Revolução Francesa. Em 1799, porém, aproveitou o vácuo de poder para assumir o controle com um golpe de Estado.

Napoleão se coroou imperador em 1804 e lançou uma série de campanhas militares para expandir o Império Francês, conquistando faixas da Europa continental e destituindo a Espanha como potência colonial em grande parte da América Latina. Em 1812, foi forçado a abdicar após uma invasão desastrosa na Rússia, mas voltou ao poder em 1815. Depois da derrota para os britânicos na Batalha de Waterloo, foi exilado na ilha de Santa Helena, na costa ocidental da África, onde morreu em 1821. Ele deixou muitas cartas, discursos e proclamações às suas tropas, alguns dos quais foram reunidos e publicados.

foi construído ao redor das ideias centrais da Revolução – os princípios de liberdade civil (direitos e liberdades humanos básicos ao amparo da lei), igualdade e um Estado secular em que as pessoas tinham o direito à divergência religiosa. Ao tornar todos os cidadãos (homens) iguais perante a lei, buscava dar fim à primogenitura (o direito do filho mais velho a herdar propriedades), à nobreza hereditária e ao privilégio de classe. Protegia os direitos de propriedade dos homens, mas as mulheres eram legalmente subordinadas aos pais ou maridos. O código dividia o direito civil em direitos da propriedade e da família, e codificava os direitos penal e comercial. Uma nova liberdade para criar contratos sem a interferência do governo também foi incluída.

Uma influência duradoura

O Código Napoleônico foi muito influente. Países sob o domínio da França em 1804, entre eles a Bélgica, Luxemburgo e partes da Alemanha e da Itália, o introduziram, assim como vários da América Latina. Sua influência também é visível nos códigos de algumas nações do Oriente Médio. Em muitos países que o adotaram, ele ainda hoje é, mesmo que atualizado e revisado, a pedra angular do direito civil. ∎

Minha verdadeira glória não está nas quarenta batalhas que venci [...]. O que nada destruirá, o que viverá para sempre, é meu Código Civil.
Napoleão Bonaparte

QUE OS OPRIMIDOS SEJAM LIBERTADOS

A LEI DA ABOLIÇÃO DO TRÁFICO ESCRAVISTA (1807)

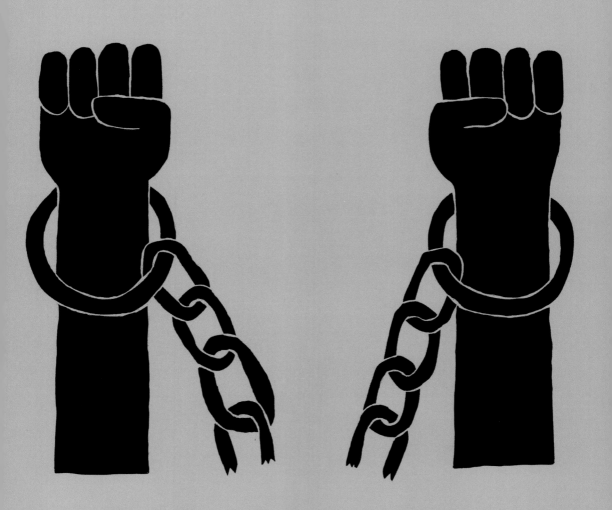

A LEI DA ABOLIÇÃO DO TRÁFICO ESCRAVISTA

EM CONTEXTO

FOCO
Direitos humanos

ANTES
1772 O caso de um escravizado que escapou em Somerset *vs.* Stewart estabelece um precedente para a ilegalidade da escravização na Inglaterra.

1787 Ativistas britânicos criam a Sociedade para Efetivar a Abolição do Tráfico Escravista.

DEPOIS
1865 Os EUA abolem a escravização.

1888 A Lei Áurea, no Brasil, o torna o último país do Ocidente a proibir a escravização.

1926 A Convenção sobre Escravatura da Liga das Nações exige que os Estados-membros eliminem a escravização.

1948 A Declaração Universal dos Direitos Humanos afirma que "ninguém será mantido em escravidão ou servidão".

Como o escravo difere de seu dono senão pelo acaso?
Thomas Clarkson
Um ensaio sobre a escravatura e o comércio da espécie humana, 1786

A escravização é um sistema que trata as pessoas como um bem a ser possuído ou controlado, sem respeitar os direitos como seres humanos. Ela existiu de alguma forma em quase todas as civilizações antigas, do Egito e Índia à China e Roma, e persistiu na Idade Média e até nos tempos modernos. A escravização foi um grande empreendimento na Europa do século XVI ao XVIII, até protestos contra essa atrocidade se espalharem.

O triângulo do tráfico

Na África medieval, escravizados tinham sido traficados entre países ou tribos e para abastecer os países islâmicos da Arábia. Os navegadores portugueses e espanhóis descobriram os mercados de escravizados africanos em meados do século XV, e um triângulo de tráfico escravista começou a surgir no século XVI. Os navios europeus levavam bens para a costa ocidental da África para trocar por escravizados. Cruzavam o Atlântico, na Passagem do Meio, para vender suas cargas humanas na América do Sul (sobretudo no Brasil) ou no Caribe, em especial para *plantations*. Eram então carregados com tabaco, açúcar, melaço, rum e mais tarde algodão, para a viagem de volta.

As condições nos 8 mil quilômetros da Passagem do Meio eram terríveis. Doenças grassavam devido ao tratamento brutal, havia pouca comida e água, e a superlotação era extrema. Em 1867, cerca de 2,5 milhões, dentre 10 milhões a 12 milhões de africanos, morreram em barcos na Passagem do Meio.

Os escravizadores brancos europeus (traficantes de escravizados) retratavam os escravizados como selvagens para desumanizá-los. Eles até se descreviam como salvadores, dizendo que os africanos tinham sorte de ser levados para uma vida melhor no Novo Mundo. Os escravizadores lucraram enormemente e se tornaram ricos e poderosos. No Reino Unido, o Lobby das Índias Ocidentais de escravizadores e donos de *plantations* incluía membros do Parlamento, que diziam que restringir o tráfico ajudaria os rivais do país, como a França.

No século XVII, o Reino Unido, os Países Baixos, a França e a Dinamarca eram grandes operadores do tráfico escravista transatlântico, fornecendo mão de obra às próprias colônias. O Reino Unido controlava dois terços do tráfico, apoiando escravizadores por exemplo com uma série de Leis de Comércio e Navegação.

Escravizados como propriedade

Em 1677, uma decisão do advogado-geral de que os negros fossem classificados como propriedade nas Leis de Comércio e Navegação foi confirmada pelo caso Butts *vs.* Penny. Donos de escravizados podiam agora usar a lei de propriedade para reclamar pela perda ou "dano" de escravizados, reduzindo-os a meras mercadorias.

Muitos donos de *plantations* levaram escravizados para o Reino Unido para trabalhar como criados. Com os anos, vários escaparam e apelaram em tribunais pela liberdade, como no caso notável de Somerset *vs.* Stewart. James Somerset era um escravizado que fora levado à Inglaterra pelo dono, Charles Stewart, e escapara.

Não posso dizer que esse caso é permitido ou aprovado pela lei da Inglaterra, e portanto [o escravizado] deve ser libertado.
William Murray, primeiro conde de Mansfield
Decisão de Somerset vs. Stewart, 1772

A ASCENSÃO DO ESTADO DE DIREITO   135

Ver também: Códigos escravistas 98-101 ▪ A Constituição e a Declaração de Direitos dos EUA 110-117 ▪ A Suprema Corte dos EUA e o controle de constitucionalidade 124-129 ▪ A Declaração Universal dos Direitos Humanos 222-229 ▪ A Lei dos Direitos Civis 248-253

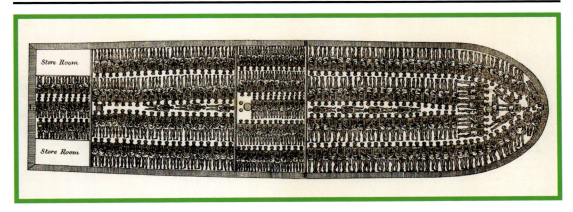

Ele foi recapturado e posto num barco rumo à Jamaica para ser revendido. O abolicionista Granville Sharp assumiu o caso, e lorde Mansfield, o juiz-chefe, emitiu uma ordem judicial de *habeas corpus* (ordem para trazer o preso diante do juiz ou tribunal para decidir se a detenção é legal). Somerset se apresentou no Tribunal do Banco do Rei.

Lorde Mansfield decidiu em 1772 que, embora a escravização fosse permitida nas colônias, um escravizado na Inglaterra estava sujeito às leis do país. Como nenhuma lei inglesa permitia a recaptura e embarque forçado de Somerset à Jamaica, ele devia ser libertado. O juiz tentou proferir uma decisão que libertasse Somerset sem criar um precedente, mas o caso foi um divisor de águas no movimento abolicionista. Ele foi amplamente visto como proibição da escravização no Reino Unido, permitindo que outros escravizados pleiteassem a liberdade.

No Reino Unido, uma oposição crescente ao tráfico escravista foi estimulada em parte por atrocidades como o massacre no navio negreiro *Zong*. Em 1781, devido à superlotação, o capitão Luke Collingwood mandou jogar 132 escravizados doentes no mar. (Se escravizados morressem por doença, os seguradores não pagariam a indenização, mas o fariam se tivessem sido mortos para salvaguardar o barco.) Por lei, os escravizados eram vistos como mercadorias e não pessoas, então o

Uma réplica do *Zong*, o barco do qual escravizados foram atirados para aliviar a lotação, foi exposta em Londres em 2007 para marcar os duzentos anos desde a Lei da Abolição do Tráfico Escravista.

O navio negreiro *Brookes* se tornou notório em 1788, quando abolicionistas publicaram uma gravura das condições a bordo, chocantes mas legais, mostrando o abarrotado deque inferior.

caso foi tratado como uma reivindicação de seguro contestada, e não como assassinato em massa. Essa injustiça patente levou mais pessoas para a causa abolicionista.

Campanhas abolicionistas

Em 1787, doze ativistas fundaram a Sociedade para Efetivar a Abolição do Tráfico Escravista numa gráfica em Londres. Um deles era Thomas Clarkson, que havia pouco publicara um ensaio influente condenando a escravização. Entre as muitas mulheres que apoiavam a entidade – 10% dos participantes no primeiro ano eram mulheres –, estavam destacadas abolicionistas, como a poeta quacre Mary Birkett Card, a evangelizadora Hannah More e a filósofa feminista Mary Wollstonecraft. »

Para divulgar os argumentos contra a escravização, a rede de ativistas produzia panfletos, promovia palestras e coletava assinaturas em petições. O objetivo era a abolição do tráfico »

A LEI DA ABOLIÇÃO DO TRÁFICO ESCRAVISTA

Olaudah Equiano

Raptado de sua casa na Nigéria quando tinha cerca de onze anos, Olaudah Equiano foi levado pelo Atlântico e acabou em *plantations* na Virgínia. Foi vendido a um oficial da Marinha Real, o tenente Michael Henry Pascal, que o renomeou Gustavus Vassa (nome de um rei sueco do século XVI). Equiano passou oito anos no mar e, enquanto esteve com Pascal, aprendeu a ler e escrever, e foi batizado em 1759. Foi depois vendido ao negociante da Filadélfia Robert King, que permitia que Equiano comerciasse um pouco para si mesmo. Após três anos, em 1766, conseguiu comprar a própria liberdade. Nos vinte anos seguintes trabalhou em barcos e, em 1786, se fixou em Londres, onde se envolveu no movimento abolicionista. Em 1789, publicou sua autobiografia, um dos primeiros livros de um escritor negro africano. A obra foi muito popular e Equiano viajou pelo país contando sua história. Ele morreu em Londres, em 1797.

Obra principal

1789 *A interessante narrativa da vida de Olaudah Equiano, ou Gustavus Vassa, o africano*

escravista porque parecia mais viável que a própria proibição da escravização. A campanha logo ganhou corpo. Em 1788, em apenas três meses, mais de cem petições antiescravistas foram entregues ao Parlamento.

Uma das principais preocupações dos ativistas era dar voz aos próprios africanos, obtendo provas e testemunhos de escravizados que escaparam e de marinheiros de navios negreiros, além de relatos de libertos, como Olaudah Equiano (ver à esquerda). Ele era culto, charmoso e convertido ao cristianismo (o que importava muito numa sociedade fervorosamente cristã). Essas histórias ajudavam a reumanizar os africanos aos olhos do público e a forçá-lo a confrontar a realidade brutal da escravização.

A ideia de direitos humanos

As revoluções na América (1775-1783) e França (1789-1799) tornaram o fim do século XVIII um período de agitação política. Esses movimentos populares destacaram o conceito de direitos humanos e inspiraram o engajamento no ativismo. Porém, a ameaça de revolução tornou o Parlamento britânico cauteloso. Quando o movimento abolicionista

Deve metade da espécie humana, como os pobres escravos africanos, ser submetida aos preconceitos que os brutalizam [...]?
Mary Wollstonecraft
Justificativa dos direitos da mulher, 1792

ganhou força, começou a ser retratado como "radical". Isso frustrou os esforços parlamentares iniciais para eliminar a escravização: projetos de lei antiescravistas eram o tempo todo bloqueados pelos interesses pessoais de quem lucrava com ela e temia o colapso da velha ordem.

Sem poder votar, e menos ainda se eleger, as mulheres eram impedidas de assumir um papel ativo na política da época, mas ativistas como Hannah More e Mary Wollstonecraft usaram sua influência e textos para produzir uma mudança. O florescente movimento feminino por direitos via a opressão às mulheres espelhada no sofrimento dos escravizados africanos e com frequência equiparava as duas questões em suas campanhas.

Revoltas de escravizados

Enquanto os abolicionistas faziam pressão no Parlamento britânico, escravizados do Caribe estavam eles próprios tratando do problema. Na Jamaica, os *maroons* – escravizados que escaparam e seus descendentes – tinham lutado contra os colonos

Desenhos comoventes, como este, de Josiah Wedgwood, de 1787, eram usados em medalhões e outros itens, para apoiar a causa abolicionista.

A ASCENSÃO DO ESTADO DE DIREITO   137

Na Revolução Haitiana, os escravizados lutaram uma série de batalhas contra as tropas francesas (mostradas aqui), e também contra colonos britânicos e espanhóis, entre 1791 e 1804.

britânicos por anos e, em 1739, conseguiram terras para se assentar. Na colônia francesa de Saint-Domingue, na ponta oeste da ilha de Hispaniola (hoje Haiti), escravizados começaram uma revolta em 1791. O liberto Toussaint Louverture, um soldado hábil, teve papel central na luta pelo domínio de Saint-Domingue e de Santo Domingo (depois República Dominicana).

Os rebelados conquistaram a independência de Saint-Domingue em 1804, tornando-o o primeiro país a ser governado por antigos escravizados. Essas primeiras revoltas de escravizados inspiraram outros no Caribe a entrar em ação, lutando por liberdade.

Proibição parlamentar

A partir de 1787, o parlamentar britânico William Wilberforce foi um importante abolicionista, que se empenhou por vinte anos levando projetos de lei antiescravistas ao Parlamento. Apesar do grande apoio público, os políticos não queriam aprovar uma proibição total da escravização, receando prejudicar os interesses comerciais britânicos.

Em 1806, o abolicionista James Stephen aconselhou Wilberforce a mudar de tática e apresentar um projeto para impedir que os britânicos comerciassem escravizados com territórios estrangeiros. Como os britânicos estavam em guerra com a França, o projeto foi proposto como um esforço patriótico para prejudicar os interesses franceses e foi aprovado. Porém, como Wilberforce esperava, ele causou um colapso no tráfico escravista britânico e abriu caminho para a Lei da Abolição do Tráfico Escravista, de 1807. Aprovada por maioria, 114 contra quinze, na Câmara dos Comuns, a lei de 1807 tornou ilegal participar do comércio de escravizados no Império Britânico ou transportar escravizados em qualquer navio britânico, mas não obrigava a libertar todos os escravizados. Isso se tornou o objetivo da fase seguinte da campanha abolicionista.

A Marinha Real patrulhava a costa da África para impor a proibição do tráfico escravista. Entre 1807 e 1860, foram detidos muitos barcos britânicos e libertados mais de 150 mil escravizados, mas aplicar a lei era uma tarefa enorme. Mercadores britânicos trapaceiros muitas vezes escapavam operando com bandeiras de outros países.

Apesar do amplo apoio público à abolição, o Parlamento só permitiu a proibição total da escravização nos anos 1830. O clima econômico havia mudado: as *plantations* de açúcar caribenhas de britânicos agora eram bem menos lucrativas que as do Brasil e Cuba. Assim, os comerciantes pressionavam pelo livre comércio e pelo fim do monopólio caribenho sobre o mercado britânico de açúcar.

A Lei da Abolição da Escravatura, de 1833, só libertou os menores de seis anos; escravizados mais velhos se tornaram "aprendizes", obrigados a trabalhar para os antigos donos por um número de anos. Com a exceção também dos territórios controlados pela Companhia Britânica das Índias Orientais, por exemplo o Ceilão (hoje Sri Lanka), a escravização foi proibida no Império Britânico. »

Um comércio baseado em iniquidade, e que era praticado como este era, deve ser abolido [...].
William Wilberforce
Discurso no Parlamento, 1789

138 A LEI DA ABOLIÇÃO DO TRÁFICO ESCRAVISTA

EUA e escravização

A escravização era crucial para a economia das colônias do sul dos EUA, onde os escravizados faziam o extenuante trabalho das *plantations* de algodão e outras culturas lucrativas que floresciam no clima quente e úmido. No norte, onde os cultivos eram diferentes, menos escravizados eram usados para trabalhar a terra.

Muitos no norte favoreciam a abolição e, durante a Revolução Americana (1775-1783), equipararam o domínio britânico à prática da escravização. A divisão entre norte e sul sobre o tema se tornou tão intensa que os dois lados só entraram em acordo sobre a Constituição dos EUA em 1787, omitindo a questão do tráfico escravista de seus artigos. Porém, em 1788, a Constituição ratificada tinha cláusulas que garantiam os direitos a reaver qualquer "pessoa mantida em serviço ou trabalho", reconhecendo de fato a instituição da escravização em todo o país, e que persistiriam por mais oito décadas. Em 1839, o caso do navio negreiro *La Amistad* eletrizou as opiniões. Dois donos de *plantations* espanhóis tinham partido de Cuba com 53 escravizados, que se libertaram e ordenaram aos donos que rumassem para a África. Após velejar sem rumo, o barco e os escravizados foram apreendidos como resgatados em Connecticut. Uma batalha legal de dois anos envolvendo a Espanha terminou com a Suprema Corte dos EUA decidindo que os africanos não eram propriedades, mas pessoas livres que tinham sido ilegalmente raptadas e levadas para Cuba.

Dred Scott *vs.* Sandford

Desde 1643, várias leis obrigavam que escravizados que escapassem fossem devolvidos aos donos. A Lei do Escravo Fugitivo, de 1850, incluía multas para quem interferisse na devolução de escravizados e forçava os cidadãos a ajudar na recaptura. Alguns estados do norte emitiram leis próprias para tentar anular seu impacto.

Em 1856, o caso Dred Scott *vs.* Sandford chegou à Suprema Corte dos EUA. Scott nasceu escravizado, mas seus donos viveram um tempo em Wisconsin e Illinois, onde a escravização era proibida, antes de voltar ao Missouri, um estado escravista. Assim, Scott recorreu ao tribunal para ser libertado, com sua mulher, Harriet. Em 1857, o presidente da Suprema Corte Roger B. Taney decidiu contra Scott, afirmando que todos os descendentes de africanos, escravizados ou não, eram "seres de uma ordem inferior", não cidadãos dos EUA, então não podiam levar um processo a um tribunal federal. Essa

Nem a escravidão nem a servidão involuntária existirão nos EUA ou em qualquer lugar sujeito à sua jurisdição.
Constituição dos EUA, 13ª Emenda

A ASCENSÃO DO ESTADO DE DIREITO

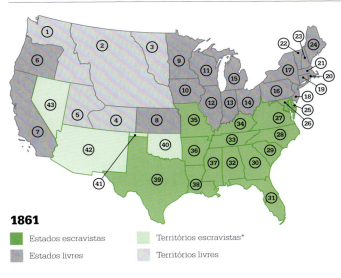

1861
- Estados escravistas
- Estados livres
- Territórios escravistas*
- Territórios livres

Legenda:
1. Território de Washington
2. Território de Nebraska
3. Território de Dakota
4. Colorado
5. Utah
6. Oregon
7. Califórnia
8. Kansas
9. Minnesota
10. Iowa
11. Wisconsin
12. Illinois
13. Indiana
14. Ohio
15. Michigan
16. Pensilvânia
17. Nova York
18. Nova Jersey
19. Connecticut
20. Rhode Island
21. Massachusetts
22. Vermont
23. New Hampshire
24. Maine
25. Delaware
26. Maryland
27. Virgínia
28. Carolina do Norte
29. Carolina do Sul
30. Geórgia
31. Flórida
32. Alabama
33. Tennessee
34. Kentucky
35. Missouri
36. Arkansas
37. Mississípi
38. Louisiana
39. Texas
40. Território indígena
41. Faixa neutra
42. Território do Novo México
43. Território de Nevada

* Território: região diretamente administrada pelo governo federal.

Os estados escravistas eram quinze em 1861, no início da Guerra Civil, bem mais que os oito de 1789, mas suplantados pelos dezenove estados livres. No fim da guerra, a escravização foi proibida em todos os estados e territórios dos EUA.

	1789	1800	1821	1837	1846	1858	1861
Estados escravistas	8	9	12	13	15	15	15
Estados livres	5	8	12	13	14	17	19

decisão controversa foi um fator a deflagrar a Guerra Civil Americana (1861-1865) entre o sul escravocrata e o norte. Quanto mais a Confederação do Sul ameaçava a União (estados do norte), mais a defesa da abolição por Abraham Lincoln se fortalecia. Em 1863, sua Proclamação da Emancipação declarou livres todos os escravizados em estados rebelados. Ela não se aplicava a estados escravistas leais à União, mas permitia que negros se alistassem. Após a vitória da União, a 13ª Emenda foi ratificada em 1865, aboliu a escravização nos EUA e libertou mais de 4 milhões de escravizados.

Direitos limitados

Após a Guerra Civil, o presidente Andrew Johnson fez questão de permitir que os estados do sul emitissem suas próprias leis, desde que reconhecessem a 13ª Emenda e pagassem as dívidas de guerra. Quando os estados do sul começaram a aprovar leis chamadas "códigos negros", que restringiam os direitos dos escravizados libertados, muitos no norte ficaram indignados.

Em 1866, o Congresso aprovou o Ato dos Direitos Civis: qualquer pessoa nascida nos EUA tinha direito à cidadania e à igualdade perante a lei. O Congresso assumiu então o controle da reconstrução do sul e fez aplicar a 14ª Emenda, que atribuía iguais proteções, pela Constituição, aos antigos escravizados. Em 1870, o Congresso adotou a 15ª Emenda, que garantia que o direito ao voto não poderia ser negado "em virtude de raça, cor ou condição anterior de servidão".

Apesar de a escravização ter sido oficialmente abolida, no extremo sul a prática da *peonage* (trabalhos forçados) persistiu até os anos 1920. Afro--americanos condenados (muitas vezes sob falsas acusações) eram enviados para trabalhar em locais perigosos, como fábricas de tijolos, *plantations* e minas, para "pagar" suas penas. Isso os prendia num ciclo de trabalho não remunerado e dívidas crescentes. O Ato dos Direitos Civis de 1964 proibiu a segregação racial e a discriminação no emprego, que no sul impedia que os negros exercessem sua liberdade.

A escravização hoje

A escravização por dívida continua no século XXI. O Reino Unido aprovou a Lei da Escravatura Moderna em 2015 para proibir práticas como obrigar migrantes a trabalhar para pagar traficantes de pessoas. No entanto, apesar de leis similares, pessoas vulneráveis continuam a ser exploradas em todo o mundo, com mais de 45 milhões escravizadas de fato. ■

PUREZA, ATIVIDADE, VIGILÂNCIA E DISCRIÇÃO
A LEI DA POLÍCIA METROPOLITANA (1829)

EM CONTEXTO

FOCO
Cumprimento da lei

ANTES
1666 O rei Luís XIV da França cria o primeiro sistema de policiamento de Paris.

1749 É formada a primeira polícia assalariada de Londres, os Bow Street Runners, para enfrentar a alta criminalidade.

1786 O Ato da Polícia de Dublin cria uma força policial metropolitana uniformizada.

DEPOIS
1835 A Lei das Corporações Municipais exige que cada conselho local britânico nomeie um policial pago para manter a paz.

1878 O Departamento de Investigações Criminais do Reino Unido é criado, com mais ênfase na solução de crimes.

1919 Sofia Stanley é a primeira agente feminina da Polícia Metropolitana, nos EUA.

Os egípcios, gregos e romanos antigos tinham todos alguma forma vaga de policiamento para manter a ordem pública e fazer vigilância à noite. Na Inglaterra medieval, os anglo-saxões levaram a ideia além com o Estatuto de Winchester, em 1285, que instruía todos os cidadãos a manter a paz do rei, tornando o policiamento uma responsabilidade coletiva. Essa e outras formas iniciais de policiamento não se estendiam à investigação e instauração de processo por crimes como furto ou assalto, considerados questões privadas entre indivíduos.

A ASCENSÃO DO ESTADO DE DIREITO 141

Ver também: Julgamento por ordália e por combate 52-53 ▪ O *Assize* de Clarendon 64-65 ▪ A abolição da pena de morte 151 ▪ A Interpol 220-221 ▪ O Programa Federal de Proteção às Testemunhas 259 ▪ A lei de Megan 285

É muito melhor prevenir que um único homem seja um vigarista que deter e levar à Justiça quarenta.
John Fielding
Relato sobre a origem e os efeitos da implantação da polícia [...], 1758

Em 1361, o Ato do Juiz de Paz criou uma rede de juízes de paz (JPS, ou magistrados) em toda a Inglaterra, para assegurar a ordem com a ajuda de agentes não remunerados atuando em meio período e vigias de início eleitos e depois nomeados por um JP local. Eles também eram apoiados pelo público; por exemplo, se alguém gritasse: "Para, ladrão!", esperava-se que as pessoas perseguissem e retivessem o acusado até que um agente ou vigia fosse prendê-lo.

No século XVI, comerciantes ricos começaram a se unir para pagar "pegadores de ladrões" privados – a polícia estipendiária – para recuperar itens roubados mediante taxa, mas o sistema só beneficiava os ricos e expunha à corrupção. Medidas dissuasórias eram o principal recurso para assegurar a lei e a ordem no século XVII, e mesmo contravenções menores, como furtos, podiam ser punidas com a morte. Como essa forma brutal de justiça atingia mais os pobres, ativistas sociais começaram a pedir reformas.

Os Bow Street Runners

No século XVIII, o antigo sistema britânico de agentes começou a falhar, pois muitas pessoas mais ricas escolhidas para servir *pro bono* (sem remuneração) pagavam para se livrar da responsabilidade, queixando-se de que isso os afastava de seus próprios negócios. Como resultado, o posto com frequência ia para desempregados – velhos, doentes ou pobres –, que tinham dificuldades para cumprir seus deveres.

Em 1749, o magistrado e escritor Henry Fielding, com seu irmão John, criou os Bow Street Runners, um pequeno grupo de policiais assalariados que trabalhavam para os Tribunais de Magistrados da Bow Street, em Londres. Eles não patrulhavam as ruas, mas podiam entregar ordens judiciais ou perseguir criminosos em nome do tribunal. Os primeiros seis agentes foram pagos pelo governo central e usaram métodos organizados para lidar com o crime. Porém, não eram uma força preventiva, pois só podiam agir depois de cometido o crime. Apesar de limitada a uma pequena área de Londres, a ideia dos Bow Street Runners como uma força policial profissional se mostrou influente.

Clamor por reformas

No fim do século XVIII, Londres se expandia, a criminalidade disparava e o Exército era muitas vezes chamado para pôr fim a tumultos. O magistrado Patrick Colquhoun fez pressão por reformas em *Tratado sobre a polícia da metrópole* (1796) e depois defendeu a criação de uma polícia eficiente e muito motivada, com fortes valores morais. As teorias de Colquhoun foram postas à prova em 1798, quando foi encarregado da recém-criada Polícia Marítima (depois chamada Polícia do Rio Tâmisa). Essa força assalariada inovou ao fazer patrulhas regulares – uma medida dissuasória visível que se provou bem-sucedida, com os crimes no rio diminuindo notavelmente. »

Com seus casacos azuis, os Bow Street Runners, a primeira polícia assalariada de Londres, detêm dois homens identificados por um terceiro como assaltantes que roubavam viajantes.

142 A LEI DA POLÍCIA METROPOLITANA

O policiamento se inicia como uma **obrigação social de todos os cidadãos**.

→ Com pagamento **privado**, ou estipendiário, a polícia recebe **gratificações por detenções**, e está exposta à **corrupção**.

→ A **pena capital** até para crimes menores é amplamente usada, num esforço para **conter a criminalidade**.

↓

Robert Peel cria a Polícia Metropolitana em 1829 como uma **força profissional** centrada na **prevenção ao crime**.

← Reformadores promovem a ideia do **policiamento preventivo**.

← Agentes locais não remunerados são **ineficazes** diante do **crescimento da população e dos crimes** em Londres.

O governo resiste a adotar modelos similares em outras cidades britânicas porque era provável que o custo exigisse o aumento de impostos – uma medida nunca popular. Além disso, a ideologia política dominante na época defendia uma intervenção estatal pequena, o que parecia contrariar uma força policial gerida pelo Estado. Também se temia que uma polícia permanente fosse passível de corrupção ou mal utilizada para fins políticos.

Os problemas de permitir que o Exército cuidasse da lei e da ordem se evidenciaram no uso excessivo da força, que resultou no Massacre de Peterloo, em Manchester, em 1819. Multidões enormes mas pacíficas de manifestantes pedindo a reforma parlamentar foram atacadas por soldados armados, resultando em dezoito mortos e muitos feridos. O público ficou indignado, e o Parlamento, temendo mais violência, soube que tinha de agir.

Criação de uma nova força policial

O político Robert Peel liderou o apelo por uma reforma da polícia em Londres, que nos anos 1820 tinha uma população crescente e taxas condizentes de crimes. Quando era secretário-chefe da Irlanda, Peel se inspirou no sucesso da força policial de Dublin. Como ministro do Interior, concentrou-se em pressionar, por meio de leis, para a criação de uma polícia similar para Londres, afirmando que a falta de lei e ordem na capital causava instabilidade. Em 1829, ele conseguira apoio para a aprovação da Lei da Polícia Metropolitana.

Essa lei criou uma força policial profissional em período integral para a área de Londres que respondia ao ministro do Interior. Os agentes usavam uniformes azuis, e não vermelhos como o Exército, para ser fácil identificá-los, e não eram armados. Conhecidos como *bobbies* ou *peelers* (do nome de Robert Peel),

O uso de forças armadas repressoras levou ao Massacre de Peterloo, em Manchester, em 1819, em que manifestantes pacíficos pediam uma reforma parlamentar.

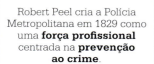

A ASCENSÃO DO ESTADO DE DIREITO

> O principal objetivo de uma polícia eficiente é a prevenção ao crime; o seguinte [...] a descoberta e punição dos criminosos [...].
> **Richard Mayne**
> Juiz de paz britânico
> (1796-1868)

recebiam mais que um operário, mas menos que um trabalhador especializado e, para evitar corrupção, não podiam mais receber gratificação por recuperar bens roubados. Até 1897, eles eram proibidos de votar, para evidenciar que não tinham fidelidade política.

Essa nova polícia foi a primeira a priorizar a prevenção do crime – patrulhava ruas e mantinha a ordem, trabalhando com a comunidade local. De início, as pessoas foram hostis; sentiam que agentes uniformizados lhes dizendo o que fazer constituíam interferência excessiva do Estado em sua vida diária. Porém, quando os níveis do crime em Londres caíram, a opinião pública começou a mudar.

Multiplicação país afora

Em 1835, muitos conselhos locais recém-formados já estavam nomeando agentes pagos. A Lei das Polícias Rurais, de 1839, permitiu aos condados instituir suas próprias forças. As polícias profissionais aos poucos se espalharam pelo Reino Unido, sob comandos centralizados com poder derivado da própria lei – o Parlamento. A Lei da Polícia de Burgos e Condados, de 1856, exigiu então que as cidades e condados criassem suas próprias polícias. Em 1900, já havia 181 forças policiais no Reino Unido, mas a comunicação entre elas era escassa, então muitas foram amalgamadas em polícias regionais para estimular uma cooperação maior no policiamento do país.

Adoção do modelo britânico

Muitos países da Commonwealth e dos EUA basearam suas polícias no modelo britânico, centrado na prevenção ao crime e nos vínculos comunitários e considerado menos passível de corrupção que as polícias municipais da Europa continental. A primeira polícia municipal centralizada dos EUA foi criada em 1838, em Boston, seguida por Nova York, em 1845. Porém, o sistema de polícia dos EUA logo divergiu, tornando-se descentralizado e baseado em comunidades locais – muitas vezes com fortes ligações com políticos locais, expondo algumas forças à corrupção.

Hoje o serviço de polícia no Reino Unido expandiu sua atuação, incluindo a detecção de crimes, a polícia secreta, o antiterrorismo e o combate aos crimes cibernéticos. Porém, em sua base ainda está o princípio de 1829 de que polícia e público são sinônimos. ∎

> A polícia é o povo e o povo é a polícia.
> **Instruções gerais da Polícia Metropolitana, 1829**

Robert Peel

Pai da moderna polícia, sir Robert Peel nasceu em 1788, filho de um baronete e industrial rico, e estudou em Harrow e na Universidade de Oxford. Entrou no Parlamento britânico como membro conservador em 1809 e teve várias funções importantes, como a de secretário-chefe pela Irlanda de 1812 a 1818. Mas foi como secretário do Interior, a partir de 1822, que Peel deixaria sua marca, estimulando a reforma das prisões e criando a Polícia Metropolitana. Foi depois duas vezes primeiro-ministro, em 1834-1835 e 1841-1846. Em 1846, revogou as Leis dos Cereais (restrições comerciais e taxas para proteção a produtores domésticos de grãos) e liberou assim o envio de grãos para a Irlanda, aliviando a fome causada pela crise da batata. Introduziu também a Lei da Indústria, de 1844, restringindo o número de horas que mulheres e crianças podiam ser obrigadas a trabalhar. Essa lei, com a das Minas, de 1842 – que proibia o trabalho de mulheres e crianças em minas –, foi importante para a reforma das práticas laborais vitorianas. Ele morreu em 1850, após uma queda de seu cavalo.

TODOS OS CONTRATOS QUE ENVOLVAM JOGO SERÃO NULOS E SEM EFEITO
A LEI DOS JOGOS (1845)

EM CONTEXTO

FOCO
Regulamentação do jogo

ANTES
1254 O rei Luís IX proíbe o jogo na França, no primeiro de muitos editos desse tipo.

1541 Na Inglaterra, a Lei dos Jogos Ilegais veta diversões consideradas corruptoras, como jogos de dados e cartas, *bowls* e tênis.

DEPOIS
1853 A Lei das Apostas torna ilegal o uso de qualquer local para apostas no Reino Unido.

1910 O estado de Nevada é um dos últimos dos EUA a proibir os cassinos.

1931 É aberto o primeiro cassino em Las Vegas, após as autoridades de Nevada legalizarem o jogo por seus benefícios econômicos.

2005 A Lei dos Jogos do Reino Unido torna as apostas legalmente válidas, levando a uma era de liberação do jogo.

Os jogos e as apostas **ganham popularidade** no século XVIII.

Números crescentes de **processos** são instaurados para **recuperar dívidas de jogo**.

A Lei dos Jogos de 1845 torna os contratos de jogo nulos e sem efeito.

As dívidas por jogo **deixam de ser legalmente recuperáveis** nos tribunais.

Os jogos de azar, como os de dados e as apostas, em que se apresentam palpites sobre um resultado esperado, há muito impõem um dilema para os legisladores. Com frequência vituperados como flagelo moral por líderes políticos e religiosos, os jogos foram tanto proibidos – pelos danos à economia e efeitos sociais negativos – quanto legalizados, a fim de regulamentá-los, proteger os participantes e taxar a atividade para favorecer os cofres públicos.

Embora certos jogos novos tenham sido, em teoria, tornados ilegais em 1541 na Inglaterra, para evitar que o povo negligenciasse a

A ASCENSÃO DO ESTADO DE DIREITO

Ver também: A Lei da Crueldade contra Animais 146-147 ▪ Hadley *vs.* Baxendale 148-149 ▪ A Convenção Internacional contra o Doping no Esporte 304 ▪ A Força-Tarefa contra a Manipulação de Resultados 306-307 ▪ A Ordem da Internet Aberta 310-313

Aristocratas jogam dados no clube de cavalheiros de Crockford, em Londres, em 1843. William Crockford, um ex-peixeiro, fez enorme fortuna com as perdas no jogo dos membros de seu clube.

Liberalização da legislação

Na primeira parte do século XX, o jogo passou ao submundo, no Reino Unido, controlado por gangues. Em 1949, uma comissão real investigou apostas, loterias e jogos. Suas conclusões resultaram na Lei de Apostas e Jogos de 1960, que autorizou lojas de apostas licenciadas em ruas comerciais no Reino Unido, tornando o jogo mais acessível.

No século XXI, o governo decidiu não tratar mais o jogo como algo moralmente suspeito e estimulá-lo do mesmo modo que outras atividades de lazer, por seu potencial econômico. A Lei dos Jogos de 2005 incentivou o setor, regulamentou o jogo online e removeu obstáculos urbanísticos à abertura de novas lojas de apostas. Ela também restaurou a obrigação do pagamento de apostas (retirada pela lei de 1845) e criou a Comissão de Jogos para regular o jogo comercial. ∎

prática do tiro com arco, a proibição não era fácil de implementar. O jogo sempre foi popular, em muitos países e culturas. No Reino Unido, no início da era georgiana (começo do século XVIII) – uma época de rápida mudança social e econômica –, ele cresceu muito. As apostas eram legais, e honrá-las era obrigatório pelo *common law*. Apostas em lutas de boxe, *bear-baiting* (cães açulados contra um urso) e rinhas de galos eram populares na classe trabalhadora; já a aristocracia preferia os dados e cartas.

Leis foram introduzidas não como uma resposta a preocupações morais de reformadores sociais, mas devido ao aumento dos conflitos por jogo que chegavam aos sobrecarregados tribunais. A Lei dos Jogos de 1845 decidiu que os contratos de jogo eram "nulos e sem efeito", tornando não exigíveis as dívidas decorrentes.

Mudança de regras

A lei de 1845 não tornou as apostas ilegais. Porém, afirmava que ações judiciais para recuperação de "qualquer soma de dinheiro ou objeto de valor" relativas a apostas não seriam mais permitidas – tirando o jogo, na verdade, da jurisdição dos tribunais. A lei foi criticada como paternalista e contrária aos princípios da livre escolha. Por que, perguntavam, as pessoas deveriam ser dissuadidas de fazer uma aposta de dez libras num evento esportivo, se poderiam com a mesma facilidade perder uma aplicação de dez libras na bolsa de valores?

Um efeito da nova lei foi desestimular os corretores de apostas profissionais (cujo crescente número tinha incentivado o aumento do jogo patológico no fim do século XVIII) a permitir que os clientes fizessem apostas a crédito. Um apostador que perdesse não poderia mais ser forçado por lei a pagar o dinheiro que devia. Então os corretores passaram a coletar apostas em dinheiro, levando a um crescimento das casas onde havia esse tipo de aposta. Em 1853, a Lei das Apostas suprimiu essas casas e forçou os corretores a levar o negócio para as ruas, uma prática que foi depois tornada ilegal por mais uma lei, em 1906.

Nenhum Processo será trazido ou mantido em nenhum Tribunal de Justiça ou Equidade para recuperação de nenhuma Soma de Dinheiro ou Coisa de valor alegadamente obtida com uma Aposta [...].
Lei dos Jogos, 1845

OBRIGADO A NÃO FAZER MAL A CRIATURAS NOSSAS IRMÃS
A LEI DA CRUELDADE CONTRA ANIMAIS (1849)

EM CONTEXTO

FOCO
Direito do bem-estar animal

ANTES
1764 Em "bestas", do *Dicionário filosófico*, Voltaire afirma que os animais são sencientes.

1822 A primeira lei nacional contra a crueldade com animais é aprovada no Reino Unido.

1835 As leis revisadas de crueldade contra animais proíbem rinhas de galos, touros ou texugos.

DEPOIS
1911 A Lei de Proteção aos Animais amplia as leis contra crueldade, para todos os animais.

2006 A Lei do Bem-Estar Animal do Reino Unido obriga os donos a garantir a seus animais ambiente e dieta adequados e proteção contra lesões, doenças e sofrimento.

2019 Nos EUA, a crueldade extrema contra animais se torna crime federal.

Historicamente, as pessoas viam os animais ou como forças selvagens da natureza, dotadas de poderes mágicos ou até demoníacos, ou como propriedades. No século XVII, algumas pessoas começaram a pensar que os animais precisavam de proteção legal contra sofrimento desnecessário. Em 1635, o Parlamento da Irlanda aprovou um Ato contra o Uso do Arado na Cauda e contra a Tosa de Lã de Carneiros Vivos para impedir as práticas gaélico-irlandesas de prender um arado no rabo de um cavalo e de arrancar a lã do dorso dos carneiros. Na Nova Inglaterra, da mesma forma, o Conjunto de Normas sobre as Liberdades de Massachusetts (1641), um dos primeiros códigos dos EUA a apresentar os direitos e responsabilidades das pessoas, incluiu regras contra "tirania e crueldade" para com animais domésticos – ou seja, os mantidos especificamente "para uso do homem".

No século XVIII, quando as ideias do Iluminismo ganharam impulso na Europa, cresceu o debate filosófico sobre a senciência dos animais (se são capazes de sentir). Os filósofos

---

O **Iluminismo** promove a ideia de que os **animais sentem** e portanto **sofrem**.

Os cristãos sentem um **dever moral** cada vez maior de **evitar o sofrimento** dos animais.

⬇ ⬇

De início, a **proteção legal** se estende só a animais **economicamente relevantes** de criadouros.

⬇

A pressão da **Sociedade para a Prevenção da Crueldade contra Animais** aumenta a **consciência pública sobre o sofrimento animal**, e a Lei da Crueldade contra Animais é aprovada.

A ASCENSÃO DO ESTADO DE DIREITO 147

Ver também: A Lei da Vivissecção 163 ▪ A Lei das Espécies Ameaçadas 264-265 ▪ A Rede Mundial de Reservas da Biosfera 270-271 ▪ O Protocolo de Kyoto 305

> O tratamento que damos aos animais – criaturas totalmente sujeitas ao nosso controle – pode ser visto como um critério acurado de nossa humanidade em relação à nossa própria espécie.
> **Elizabeth Heyrick**

Voltaire e Jean-Jacques Rousseau, na França, e Jeremy Bentham, na Inglaterra, escreveram sobre a capacidade dos animais de sofrer dor física e até ter sentimentos. Aos poucos, o enfoque dos maus-tratos aos animais em termos de perdas econômicas para seus donos mudou para a ideia de tratar com bondade os animais por seu próprio bem.

Um dever de proteger

Com o aumento do consenso de que as pessoas tinham o dever de proteger os animais, a filantropa quacre britânica Elizabeth Heyrick lançou uma campanha em 1809 contra o *bull-baiting* (rinhas de cães contra um touro) e depois lutou pela proteção de todos os animais de criadouros. Em 1822, o Reino Unido se tornou o primeiro país do mundo a aprovar uma lei pelo bem-estar animal. Conhecida como Lei de Martin, por causa do parlamentar e defensor de direitos animais Richard Martin, tratava da crueldade contra animais de criadouros, como bois, carneiros, burros e cavalos. A campanha de Heyrick continuou com a publicação, em 1823, de *Breves observações sobre a má tendência da crueldade irrestrita*, cujo alvo era o costume cruel de aguilhoar os animais antes de matá-los em Smithfield, em Londres, o maior mercado de carnes do Reino Unido.

A Sociedade para a Prevenção da Crueldade contra Animais foi criada em 1824 e se tornou um grupo de pressão poderoso, atraindo grande apoio público à causa. Em 1835, leis sobre crueldade contra animais foram atualizadas, proibindo a rinha de galos, *bull-baiting* e *badger-baiting* (cães açulados contra um texugo) e incluindo a proteção a animais como cães e gatos. Nos anos 1840, a opinião pública pressionavam por uma proteção maior dos animais. As ações judiciais aumentaram, em especial contra abatedouros, onde com frequência se negava comida ou água aos cavalos que iam morrer. Em 1849, a Lei da Crueldade contra Animais foi aprovada. Ela baniu as rinhas de animais e punia surrar ou sobrecarregar de trabalho animais domésticos ou transportá-los de modo que sofressem lesões. Quem violasse a lei – ou levasse outros a violá-la – poderia ser multado.

Um debate mais amplo

Só em 1911 a Lei de Proteção aos Animais concedeu proteção a "todos os animais", embora ainda sem os selvagens, aqueles cuja carne é consumida e os usados em experimentos científicos. Com a ampla aceitação de que os animais podiam sofrer, essas áreas excluídas também passaram a ser discutidas.

No Reino Unido, a Lei da Caça de 2004 proibiu a caça de animais selvagens (como raposas) com cães, e a Lei do Bem-Estar Animal de 2006 tornou os donos responsáveis pelo bem-estar de seus animais de estimação. Nos EUA, pela primeira vez, a Lei de Prevenção à Crueldade e à Tortura de Animais, de 2019, tornou a crueldade extrema contra animais um crime federal (nacional). ▪

O *bull-baiting*, em que cães eram açulados contra um touro amarrado, foi popular em feiras até os anos 1840. Seus opositores se preocupavam também com as apostas e brigas nesses eventos.

A INDENIZAÇÃO SERÁ CONSIDERADA COM EQUIDADE
HADLEY *VS.* BAXENDALE (1854)

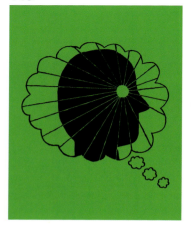

EM CONTEXTO

FOCO
Direito contratual

ANTES
531 d.C. A regra do *duplum* ("dobro") do direito romano, de Justiniano I, afirma que a quantia da indenização se limita ao dobro do contrato.

1839 Em Blanchard *vs.* Ely, um tribunal dos EUA cita o direito civil francês como um precedente para a regra de previsibilidade ao conceder indenizações em casos de quebra de contrato.

DEPOIS
1949 Um tribunal inglês decide que "previsibilidade razoável" significa perda de lucros "comum" e não "extraordinária", em Victoria Laundry (Windsor) Ltd. *vs.* Newman Industries Ltd.

1980 A Convenção das Nações Unidas sobre Contratos para a Venda Internacional de Mercadorias apresenta uma decisão internacionalmente acordada de previsibilidade.

De acordo com a decisão de **Hadley *vs.* Baxendale**, a **indenização por quebra de contrato** pode ser concedida em qualquer destas duas circunstâncias:

Quando é possível **considerar de modo razoável** que a perda **se origina naturalmente** da quebra de contrato.

Quando a perda poderia ter sido razoavelmente **contemplada por ambas as partes** no momento em que o contrato foi feito.

A decisão de um tribunal de apelação inglês em 1854, no caso Hadley *vs.* Baxendale, revelou-se influente na evolução do direito contratual moderno. No caso questionava-se se um réu por quebra de contrato pode ser declarado responsável por danos ocasionados pela perda de ganhos decorrente da quebra de contrato se o réu não fosse notificado de tal possibilidade ao assiná-lo.

Joseph e Jonah Hadley eram donos da City Steam-Mills, em Gloucester, que processava grãos. O eixo da máquina a vapor do moinho quebrou e tinha de ser substituído. O moinho ficou parado, causando perdas ao negócio dos irmãos, e assim eles pediram uma troca urgente.

Os Hadleys encomendaram um novo eixo aos engenheiros da W. Joyce & Co., em Greenwich, em Londres, e contrataram Pickford & Co. (de Joseph Baxendale) para levar a peça quebrada aos fabricantes no dia seguinte para que uma nova fosse forjada. Embora um funcionário da Pickford & Co. tenha assegurado ao empregado dos irmãos que, se enviado ao meio-dia, o eixo quebrado seria entregue no dia seguinte, os transportadores só o

A ASCENSÃO DO ESTADO DE DIREITO

Ver também: A Lex Aquilia 34 ▪ A Lex Mercatoria 74-77 ▪ O Código Napoleônico 130-131 ▪ O sistema de seguro de acidentes dos trabalhadores 164-167 ▪ Salomon *vs.* Salomon & Co. Ltd. 178-179 ▪ Donoghue *vs.* Stevenson 194-195

Sir Edward Hall Alderson, o juiz do caso Hadley *vs.* Baxendale, era um barão do Erário Público, um tribunal de apelação que tratava de questões de equidade. Suas muitas decisões ajudaram a dar forma ao direito comercial no século XIX.

levaram no sétimo dia. Isso atrasou a produção do novo eixo, forçando o fechamento do moinho por cinco dias mais que o previsto.

Além de perder negócios nos cinco dias adicionais, os Hadleys tiveram de comprar farinha para alguns de seus clientes e pagar os salários dos empregados que não puderam trabalhar até o eixo ser reparado. Para compensar suas perdas, eles levaram Baxendale ao tribunal.

O papel da previsibilidade

De início o júri nos *Assizes* de Gloucester decidiu em favor dos Hadleys e ordenou que Baxendale lhes pagasse 25 libras. Baxendale apelou ao Tribunal do Erário Público, alegando que não sabia que os Hadleys sofreriam perda de lucros se a entrega do eixo fosse atrasada. O juiz de apelação, barão sir Edward Hall Alderson, concordou e ordenou um novo julgamento do caso.

Em sua decisão, Alderson fez duas observações que se tornaram precedentes cruciais no direito contratual no Reino Unido e nos EUA. Ele declarou que Baxendale só poderia ser responsável por perdas que fossem razoavelmente previsíveis. E acrescentou que o caso dos Hadleys só teria algum mérito se, quando o contrato foi feito, eles tivessem mencionado a Baxendale as circunstâncias especiais – que o moinho não poderia funcionar sem o eixo e que, para obter o novo, o quebrado teria de ser entregue com urgência a W. Joyce & Co.

Foi uma decisão histórica porque criou a primeira regra definida para as limitações sobre indenizações por quebra de contrato. Ela logo foi adotada como um princípio nos tribunais britânicos e dos EUA, e está na base da lei de indenizações contratuais americana. Em 1888, por exemplo, a Suprema Corte dos EUA decidiu que a Western Union Telegraph Company não era responsável pelas perdas sofridas por George F. Hall, de Iowa, quando sua mensagem sobre compra de petróleo sofreu atraso. A decisão levou em conta a previsibilidade dos

Essas circunstâncias especiais nunca foram comunicadas pelos autores da ação aos réus.
Barão Alderson
Decisão de Hadley *vs.* Baxendale

Hadley vs. Baxendale ainda é, e supõe-se que sempre será, uma estrela fixa no firmamento da jurisprudência.
Grant Gilmore
Professor de direito americano
(1910-1982)

danos alegados. O tribunal concluiu que ela não existia e deu a Hall apenas o custo da transmissão da mensagem atrasada.

Impacto duradouro

Casos posteriores aprimoraram a regra de previsibilidade. Em Victoria Laundry (Windsor) Ltd. *vs.* Newman Industries Ltd., em 1949, o Tribunal de Apelação concedeu a indenização à lavanderia pela falha da Newman Industries em entregar um *boiler* em tempo, decidindo que as perdas resultantes de não ter o *boiler* eram "razoavelmente previsíveis". Isso excluía um nível mais alto de indenização pela perda de "contratos de tingimento particularmente lucrativos", pois esses não poderiam ser previstos.

O princípio de previsibilidade estabelecido em Hadley *vs.* Baxendale continua a ter importância. As partes de um contrato de negócios hoje em geral incluem uma limitação simples de cláusula de responsabilidade, de modo a evitar disputas legais sobre quais perdas cada uma deveria ter previsto. ∎

QUEM PODE CONDENAR A MULHER DESTE LIVRO?
O JULGAMENTO DE *MADAME BOVARY* (1857)

EM CONTEXTO

FOCO
Censura

ANTES
1571 Na França, o Edito de Gaillon é promulgado para prevenir que obras indesejadas sejam publicadas.

1803 Napoleão decreta que todo livro deve ser submetido à Comissão de Revisão.

1852 Napoleão III introduz uma rigorosa censura de imprensa.

DEPOIS
1857 O poeta francês Charles Baudelaire é julgado por obscenidade em sua coletânea *As flores do mal*; o tribunal proíbe seis poemas.

1921 *Ulisses*, de James Joyce, é proibido nos EUA após ser julgado obsceno.

1960 No Reino Unido, o editor de *O amante de Lady Chatterley*, de D. H. Lawrence, é julgado sob uma nova lei de obscenidade e absolvido.

Nos anos 1850 a França ficou sob o domínio autoritário de Napoleão III, que tomou o poder em 1851. Ele era sobrinho de Napoleão Bonaparte e, como o tio antes dele, restringiu a liberdade de imprensa e exerceu a censura sobre obras literárias. O objetivo era conter o individualismo que brotara durante a Revolução Francesa (1789-1799), considerado prejudicial à unidade da República Francesa. Em 1857, quando Gustave Flaubert publicou seu primeiro romance – *Madame Bovary* – sobre uma dona de casa entediada que se envolve numa série de casos, foi indiciado sob as acusações de "ultrajar a moral pública e religiosa e as boas maneiras".

O realismo literário do romance, em que os desejos, a extravagância e os atos adúlteros de Emma Bovary não recebem a censura moral de um narrador, levou à preocupação de que os leitores homens pudessem se excitar e as leitoras se desencaminhar. Porém, o modo com que Flaubert insinuava cenas indecorosas sem abertamente descrevê-las tornou difícil para os censores montar um processo convincente. Assim, o julgamento só durou um dia e Flaubert foi absolvido.

As leis de obscenidade foram usadas desde então ao redor do globo para restringir o acesso do público a livros tachados de repreensíveis em termos morais, como *Ulisses*, de James Joyce, que foi proibido tanto no Reino Unido quanto nos EUA. Ironicamente, o principal impacto desses julgamentos foi que as obras que desejavam suprimir se tornaram *best-sellers*. ■

A ilustração mostra Emma Bovary após cometer suicídio ingerindo veneno, depois de seus antigos amantes se recusarem a ajudá-la a pagar suas dívidas.

Ver também: O julgamento de Galileu Galilei 93 ▪ O Estatuto da Rainha Ana 106-107 ▪ O Tratado de Direitos Autorais da OMPI 286-287 ▪ A Ordem da Internet Aberta 310-313

A ASCENSÃO DO ESTADO DE DIREITO 151

TIRAR UMA VIDA É VINGANÇA, NÃO JUSTIÇA
A ABOLIÇÃO DA PENA DE MORTE (1863)

EM CONTEXTO

FOCO
Direito penal

ANTES
1764 Cesare Beccaria afirma que não há justificativa para que o Estado tire uma vida.

1794 A Pensilvânia é o primeiro estado dos EUA a limitar a assassinato em primeiro grau os crimes puníveis com pena de morte.

1852 Rhode Island é o primeiro estado dos EUA a abolir a pena de morte.

DEPOIS
1969 A pena de morte é abolida no Reino Unido, mas dois terços da Commonwealth a mantêm.

1977 Na França, o advogado Robert Badinter convence um júri a não executar o assassino de crianças Patrick Henry.

1981 A França abole a pena de morte, em um projeto proposto por Badinter como ministro da Justiça.

Historicamente, a pena de morte é a pena máxima, vista como uma medida dissuasória e ao mesmo tempo um método justo de castigo. As primeiras leis de pena capital registradas estão no Código de Hamurábi (c. 1750 a.C.), que impunha a morte por 25 crimes na antiga Babilônia. No século XVIII, mais de duzentos crimes já eram puníveis com morte no Reino Unido, e as execuções públicas eram um espetáculo em toda a Europa.

Os que defendiam a pena capital invocavam em geral o antigo princípio da Lex Talionis [Lei de Talião] – "olho por olho". Segundo essa forma de justiça retaliadora, a punição deve espelhar o crime, então quem tira uma vida deve perder a sua. O contra-argumento à pena de morte emergiu no Iluminismo, no século XVIII, quando filósofos afirmaram que as execuções eram em si mesmas uma forma de assassinato legitimado.

O apoio ao argumento abolicionista contra a desumanidade e a hipocrisia das execuções sancionadas pelo Estado cresceu, mas demorou a ganhar ímpeto. A República da Venezuela aboliu a pena capital em 1863, mas em 1900 só três países a tinham acompanhado. Hoje há um afastamento consistente da pena capital; mais de cem países a aboliram por completo, outros só em parte ou mal fazem uso dela, mas mais de cinquenta nações (entre elas os EUA) ainda a conservam. ■

Parece tão absurdo a mim que as leis […] para dissuadir os cidadãos de matar ordenem um assassinato público.
Cesare Beccaria
Jurista, político e filósofo italiano
(1738-1794)

Ver também: O julgamento de Carlos I 96-97 ■ A Declaração Universal dos Direitos Humanos 222-229 ■ A Convenção Europeia de Direitos Humanos 230-233

ATÉ A GUERRA TEM REGRAS

AS CONVENÇÕES DE GENEBRA (1864, 1906, 1929, 1949)

EM CONTEXTO

FOCO
Direito internacional

ANTES
1337-1453 Durante a Guerra dos Cem Anos, Ricardo II e Henrique V da Inglaterra e Carlos VII da França tentam codificar a disciplina militar.

1863 Abraham Lincoln adota o Código Lieber sobre tratamento ético de civis durante a Guerra Civil Americana.

DEPOIS
1977 Dois protocolos são acrescentados às Convenções de Genebra; um aborda conflitos internos.

1998 O Estatuto de Roma determina estabelecer o Tribunal Penal Internacional em Haia, nos Países Baixos.

1999 O presidente iugoslavo Slobodan Milošević é o primeiro chefe de Estado a ser acusado de crimes de guerra.

As Convenções de Genebra abrangem quatro tratados adotados entre 1864 e 1949 e se baseiam no princípio do direito internacional público que é aplicável a conflitos armados. Elas apresentam um padrão mínimo para o tratamento humano tanto de combatentes quanto de civis que se tornam vítimas de guerra, assegurando que a vida seja respeitada.

A ideia de um conjunto de normas internacionalmente acordadas para prevenir o sofrimento durante guerras foi proposta primeiro em 1862 por Henry Dunant, um empresário suíço. Dunant tinha viajado ao norte da Itália para pedir direitos de uso de água para

A ASCENSÃO DO ESTADO DE DIREITO

Ver também: A Paz de Westfália 94-95 ▪ As Convenções de Haia 174-177 ▪ As Nações Unidas e a Corte Internacional de Justiça 212-219 ▪ A Declaração Universal dos Direitos Humanos 222-229 ▪ O Tribunal Penal Internacional 298-303

um empreendimento de Napoleão III da França, que se engajara na Segunda Guerra da Independência Italiana. Por acaso, Dunant chegou quando a Batalha de Solferino, uma das mais sangrentas do século XIX, estava acabando. Sabe-se que quase 5 mil soldados morreram, mais de 23 mil ficaram feridos e muitos outros desapareceram. O sofrimento e o abandono no campo de batalha afetaram Dunant com tanta força que o motivaram a escrever *Lembrança de Solferino*, em que não só descreveu os horrores da guerra como propôs sugestões do que via como a solução – um grupo internacional, chefiado por voluntários, para cuidar dos feridos.

Os apelos pungentes de Dunant por um órgão internacional que protegesse as vítimas de guerra levou a Sociedade Genebrina de Utilidade Pública a nomear uma comissão de cinco pessoas, entre elas Dunant, para estudar se a ideia era viável. O grupo se reuniu pela primeira vez em Genebra, no início de 1863, como Comitê Internacional de Auxílio a Combatentes Feridos (CIACF). O CIACF convocou uma conferência em Genebra em outubro daquele ano. Os delegados dos dezesseis Estados e quatro organizações filantrópicas participantes chegaram às resoluções iniciais sobre tratamento humanitário a combatentes feridos.

Primeira Convenção de Genebra

Em 1864, em outra conferência em Genebra, as resoluções anteriores foram aprovadas como a Primeira Convenção de Genebra para a Melhoria da Condição dos Feridos dos Exércitos em Campo, nome abreviado depois para Primeira Convenção de Genebra. Suas principais disposições eram: proteção contra captura a todos os soldados feridos e doentes; tratamento imparcial a todos os combatentes capturados; proteção a todos os civis que estejam ajudando os feridos, e reconhecimento do símbolo da cruz vermelha sobre fundo branco como identificação de pessoas e »

Na Batalha de Solferino, em 1859, muitos soldados feridos e agonizantes foram alvejados ou esfaqueados até a morte, em vez de receber tratamento quando jaziam no campo de batalha.

Henry Dunant

Nascido em Genebra em 1828, Henry Dunant dedicou grande parte da vida a questões humanitárias. Em 1859, ao viajar pela Itália, ele viu os terríveis resultados da Batalha de Solferino. Horrorizado com o tratamento dado aos feridos, ele defendeu a criação de um órgão neutro para ajudá-los em campo de batalha. Seu trabalho deu origem ao Comitê Internacional da Cruz Vermelha e à Primeira Convenção de Genebra, em 1864. Mais tarde, Dunant faliu e foi evitado pela sociedade genebrina, mas isso não o impediu de continuar a defender questões humanitárias, como a ideia de uma biblioteca internacional universal e a codificação de regras sobre prisioneiros de guerra. Após alguns anos na obscuridade, Dunant foi reconhecido em 1901 ao receber o primeiro Prêmio Nobel da Paz, mas morreu na pobreza em 1910.

Obra principal

1862 *Lembrança de Solferino*

154 AS CONVENÇÕES DE GENEBRA

O Código Lieber

Henry Dunant não foi o primeiro a ver a necessidade de um código de conduta em campo de batalha. Francis Lieber foi um acadêmico teuto-americano que lutou pela Prússia nas Guerras Napoleônicas e foi ferido na Batalha de Waterloo, em 1815. Durante a Guerra Civil Americana (1861-1865), conscientizou-se dos maus-tratos a civis, espiões e escravizados que escapavam e percebeu a necessidade de um código de ética. O Código Lieber foi adotado pelo presidente dos EUA Abraham Lincoln em 1863 e foi a primeira codificação moderna de leis de conflito. Era legalmente vinculante e não mera recomendação. O Código Lieber proibia explicitamente o assassinato de prisioneiros de guerra. Também enfatizava a necessidade de tratar os civis de modo ético e humano. Embora nem sempre tenha sido respeitado, serviu como modelo para as Convenções de Haia de 1899 e 1907 e inspirou a maioria dos regulamentos de guerra posteriores.

---

equipamentos protegidos pelo acordo. No fim de 1867, todas as principais potências europeias já tinham ratificado o acordo, e os EUA o assinaram em 1882. O CIACF foi renomeado Comitê Internacional da Cruz Vermelha (CICV) em 1875. Ele se tornou o órgão neutro que ativamente assistia os feridos em campo de batalha.

Em 1899, delegados de 26 nações se reuniram em Haia, nos Países Baixos, e concordaram em fortalecer as leis internacionais sobre conduta na guerra. Os delegados adotaram a Convenção de Haia, em grande parte baseada no Código Lieber. A Convenção de Haia incorporou a Primeira Convenção de Genebra, concordou em estabelecer uma Corte Permanente de Arbitragem e estendeu a proteção a navios-hospitais marcados, soldados em naufrágios e combatentes no mar.

Em 1906, o governo suíço organizou uma conferência de 35 Estados, que culminou com a Segunda Convenção de Genebra. Esta ampliou a proteção aos capturados e feridos em batalha e recomendou a repatriação de prisioneiros de guerra (que afinal se tornou obrigatória em 1949). A Terceira Convenção de Genebra, acordada em 1929, estendeu mais uma vez as disposições, em especial para incluir o tratamento justo de prisioneiros de guerra.

O impacto da Segunda Guerra

Apesar ter assinado a Convenção de 1929, a Alemanha foi responsável por atos terríveis em campos de concentração de civis e prisões militares antes e ao longo da Segunda Guerra Mundial (1939-1945). Esses abusos incluíram tortura, experimentos com humanos e genocídio em escala sem precedentes: 6 milhões de judeus morreram no Holocausto, além de até 11 milhões de outros civis e prisioneiros de guerra, sob o domínio nazista. Apesar de ter sido o pior transgressor, o Estado alemão não foi a única das nações a ignorar as Convenções de Genebra.

A barbárie da Segunda Guerra Mundial demonstrou que as convenções existentes não eram fortes o bastante. Os crimes de guerra tinham sido tão abomináveis que prejudicaram toda a comunidade internacional. O CICV foi a força motriz para estender a proteção a civis e fortalecer o poder das Convenções. Suas propostas foram acordadas numa Conferência Internacional da Cruz Vermelha em Estocolmo, em 1948.

No ano seguinte, a Quarta Convenção de Genebra foi aprovada numa conferência em Genebra à qual

Entre os encarcerados no campo de concentração de Auschwitz na Segunda Guerra, havia 230 mil crianças. Na maioria judeus, mais de 1,1 milhão de homens, mulheres e crianças morreram ali.

A ASCENSÃO DO ESTADO DE DIREITO

A Segunda Guerra Mundial mostrou que as Convenções de Genebra seriam incompletas se não garantissem também a segurança das populações civis.
Max Petitpierre
Político suíço (1899-1994)

foram delegados de 64 nações. As convenções anteriores tinham se centrado quase só nos combatentes, mas o objetivo em 1949 foi bem maior, pois os delegados consideraram o tratamento a civis. Eles acordaram disposições, ou artigos, que abrangiam o tratamento a doentes e feridos, crianças e trabalhadores; a repatriação; a proibição de prisão sem julgamento, e a manutenção de serviços médicos e hospitalares.

O artigo 3 da Convenção é considerado de especial importância porque cobre "conflitos sem caráter internacional". Ele estipula que os que não têm parte ativa nas hostilidades devem sempre ser tratados com humanidade, e proíbe a tortura de prisioneiros, a tomada de reféns e a condenação sem o devido processo.

Atualização das Convenções

A Quarta Convenção de Genebra entrou em vigor em 1950 e tornou-se a base do direito internacional humanitário. Ela foi ratificada por 196 países até hoje, tornando-se universalmente aplicável. Em 1977, dois protocolos foram adicionados para complementar as Convenções de Genebra. Um proíbe ataques indiscriminados a civis, instalações culturais, locais de culto e ao ambiente natural. O outro estende o alcance da proteção durante conflitos "internos", acrescentando os que combatem ocupação, domínio colonial ou regimes racistas. Qualquer conflito entre nações signatárias quando não foi declarada guerra também se inclui nos protocolos.

A comunidade internacional é obrigada a localizar e levar a julgamento os responsáveis por crimes de guerra, que são as violações mais graves às Convenções de Genebra. Em 2002, foi estabelecido em Haia o Tribunal Penal Internacional para tratar desses crimes, que podem ser resumidos como: assassinato intencional, tortura, destruição extensa de propriedade não justificada por necessidade militar, imposição de que prisioneiro de guerra sirva nas forças de uma potência hostil, recusa de julgamento justo a prisioneiro de guerra, transferência ou confinamento ilegal e tomada de reféns.

Desafios modernos

Nos últimos anos, quando o terrorismo ficou mais comum, cresceu o debate sobre se os Estados deveriam obedecer às Convenções de Genebra se os terroristas as desprezam expressamente. Esse aspecto dos conflitos modernos, em particular, tornou mais difícil fazer cumprir as Convenções. O CICV vem abordando com cuidado sua aplicação nessas novas condições. ■

- Muitas vezes, **não combatentes** são **vítimas** de guerra.
- Os **combatentes** são com frequência **maltratados** quando **feridos ou capturados**.

↓

- As pessoas percebem que isso é **moralmente abominável**.

↓

- A **Cruz Vermelha** é criada para fornecer **alívio prático** para vítimas de guerra no mundo todo.
- **Convenções internacionais** legalmente vinculantes são instauradas para **salvaguardar combatentes e não combatentes**.

↓

O direito internacional humanitário é reconhecido como um princípio universal.

OS DIREITOS DE TODO TRABALHADOR
A LEI DOS SINDICATOS (1871)

EM CONTEXTO

FOCO
Direito do trabalho

ANTES
1799, 1800 As Leis de Associação aprovadas durante as Guerras Napoleônicas tornam ilegal a greve no Reino Unido.

1824 Cresce o poder dos sindicatos e o Parlamento britânico anula as Leis de Associação.

1868 O Congresso de Sindicatos é criado em Manchester.

DEPOIS
1886 A Federação Americana do Trabalho, de sindicatos de categorias, é fundada em Ohio.

1900 Surge o Partido Trabalhista britânico.

1901 É criada a primeira organização internacional de sindicatos.

1906 A Lei de Disputas Sindicais é aprovada no Reino Unido.

Uma lei importante foi aprovada no fim do século XIX e começo do XX no Reino Unido, ajudando a proteger os sindicatos e, assim, alterando o equilíbrio de forças em favor dos trabalhadores e não dos empregadores.

Aqueles que criaram os primeiros sindicatos acreditavam que toda negociação trabalhador-empregador pesa bastante para o lado dos empregadores porque eles têm o poder e a influência econômicos. A menos que haja uma grave falta de mão de obra, o trabalhador individual tem muito pouco poder de barganha,

A ASCENSÃO DO ESTADO DE DIREITO   157

Ver também: A Lex Mercatoria 74-77 ▪ Hadley *vs.* Baxendale 148-149 ▪ O sistema de seguro de acidentes dos trabalhadores 164-167 ▪ A Lei Antitruste de Sherman 170-173 ▪ O incêndio da Triangle Shirtwaist Factory 180-183

O trabalhador não tem tanto direito a preservar e proteger seu trabalho quanto o rico tem em relação a seu capital?
George Loveless
Mártir de Tolpuddle (1797-1874)

A **Revolução Industrial** atrai centenas de milhares de trabalhadores para **novas fábricas**.

↓

Os operários fabris são **mal remunerados** e trabalham **muitas horas**.

Novas **máquinas substituem** os artesãos qualificados.

↓

Os trabalhadores começam a se organizar em sindicatos, usando **atos coletivos para fazer exigências**.

↓

O **relatório minoritário** de Frederic Harrison alega que os sindicatos **não deveriam ser processados** por atos que seriam **legais** se **cometidos por um indivíduo**.

↓

O **status legal** dos sindicatos é **protegido** pela Lei dos Sindicatos de 1871.

---

o que torna fácil explorá-lo. Os sindicatos foram criados para corrigir essa disparidade, formando grupos organizados de trabalhadores para barganhar coletivamente com seu empregador.

A partir do século XVII, grupos de trabalhadores especializados começaram a formar pequenos sindicatos no Reino Unido. No século XVIII, quando os efeitos da Revolução Industrial começaram a ser sentidos, com máquinas substituindo o trabalho manual, disputas entre donos de fábricas e trabalhadores ficaram mais comuns. Com a insatisfação, mais sindicatos se formaram. O governo viu esses movimentos dos trabalhadores como uma ameaça à ordem econômica.

Primeiros desafios
A primeira grande greve do Reino Unido foi a dos tecelões de Calton, na Escócia, que pararam de trabalhar em protesto por um corte no pagamento. A greve só foi interrompida quando soldados alvejaram seis tecelões. As Leis de Associação de 1799 e 1800 serviram para tornar ilegal a greve, o que criou dificuldades para os crescentes sindicatos e dissuadiu muitos trabalhadores de se associarem. Embora as Leis de Associação tenham sido anuladas em 1824, muitas leis punitivas contra sindicatos ainda existiam e, em 1834, seis agricultores que formaram um sindicato no povoado de Tolpuddle, em Dorset, foram presos e levados para a Austrália como punição. O caso dos "Mártires de Tolpuddle", como ficaram conhecidos, refletia a hostilidade contínua do governo em relação aos sindicatos.

Um desafio adicional aos sindicatos veio dos tribunais civis. Os sindicatos eram na maioria grupos imprecisos de técnicos especializados que, para se unir, precisavam abdicar de alguns de seus direitos individuais de barganha em favor de interesses coletivos. Os tribunais britânicos viram isso como uma restrição à liberdade individual de contrato, que era ilegal, e assim tornaram as regras sindicais impraticáveis.

Porém, quando a economia cresceu nos anos 1850 e 1860 e engenheiros e trabalhadores ferroviários ganharam cada vez mais importância na industrialização contínua do país, os sindicatos começaram a se fortalecer de novo, pressionando por melhores condições »

A LEI DOS SINDICATOS

Em cidades industriais como Sheffield, milhares de operários estavam à mercê de empregadores inescrupulosos no século XIX. Os sindicatos buscavam dar aos primeiros maior força coletiva.

de trabalho e coletando recursos para membros em dificuldades. Na época, dois incidentes puseram em foco o status legal dos sindicatos. O primeiro foi a decisão no caso Hornby vs. Close (1867), segundo a qual, como um sindicato restringe a concorrência, não pode ser protegido de apropriação indébita por leis que se aplicam às *friendly societies* (associações de auxílio mútuo para financiamento cooperativo). Isso significava que os sindicatos ficavam em grande risco de ter seus fundos roubados por membros não confiáveis. O segundo incidente foi uma onda de violência em Sheffield causada por sindicalistas contra não sindicalizados.

Devido a esses dois incidentes, em 1867 o governo instalou a Comissão Real dos Sindicatos, que analisou seu status legal, mas não conseguiu chegar a um resultado. O relatório que prevaleceu ofereceu pouco em termos de mudanças legais, mas um relatório minoritário, apresentado pelo advogado e historiador Frederic Harrison, defendeu que os sindicatos obtivessem proteção legal contra leis penais e de restrição econômica.

Movimento global
No fim do século XIX, conforme a Revolução Industrial se acelerava para além do Reino Unido, os sindicatos começaram a ganhar força ao redor do globo. Nos EUA, havia guildas de artesãos no plano local desde o século XVIII e movimentos de reforma trabalhista surgiram a partir dos anos 1860, defendendo melhores condições de trabalho. Mas só em 1886 foi criado o primeiro sindicato, a Federação Americana do Trabalho. Na Alemanha, de início as leis antissocialistas de Otto von Bismarck suprimiram o sindicalismo, mas em 1897, após sua anulação, surgiu a Associação Livre dos Sindicatos Alemães. Na França, de modo similar, a formação de sindicatos foi ilegal até 1884, e depois eles floresceram. O crescimento dos sindicatos se refletiu na criação do Secretariado Internacional de Centros Sindicais Nacionais em 1901, o primeiro órgão sindicalista global, que ajudou a desenvolver e apoiar novas federações de sindicatos ao redor do mundo.

Legalização dos sindicatos
No Reino Unido, o governo liberal de William Gladstone optou pelo relatório de Harrison e foi adiante, com a Lei dos Sindicatos de 1871. Ela mitigava o princípio, vindo do *common law*, de restrição aos negócios (qualquer ação que impedisse a livre concorrência no mercado), que antes havia

Durante a Grande Greve das Ferrovias de 1877 nos EUA, mais de 100 mil trabalhadores lutaram pelo direito de organizar um sindicato. A greve foi debelada por soldados e policiais.

A ASCENSÃO DO ESTADO DE DIREITO

A Greve das Docas de Londres de 1889

Um líder trabalhista fala com doqueiros na Greve das Docas de Londres de 1889.

Nos anos 1880, os trabalhadores braçais britânicos não qualificados estavam cada vez mais insatisfeitos com os baixos salários, condições perigosas e muitas horas de trabalho. Em geral, até então os sindicatos só tinham representado trabalhadores qualificados, mas os de baixa qualificação viram o poder da negociação coletiva e também começaram a se organizar. Em 1889, doqueiros de Londres entraram em greve, exigindo seis *pence* de pagamento por hora. Todos os níveis de doqueiros foram incluídos e estima-se que até 130 mil entraram em greve, paralisando as docas por cinco semanas. Devido a essa ação em massa, os donos das docas concordaram com a maioria das demandas dos doqueiros, encerrando assim a greve. O sucesso da greve dos doqueiros inspirou muitos outros trabalhadores não qualificados a se sindicalizar, elevando o número de membros no Reino Unido para mais de 2 milhões em 1899.

---

impossibilitado a aplicação das regras sindicais. Embora a Lei dos Sindicatos tenha assegurado o status legal dos sindicatos e protegido seus fundos da apropriação indébita, não significava que o governo apoiasse atos como greves – ele também aprovou a Lei de Alterações ao Direito Penal, que tornava os piquetes ilegais. Os sindicatos agora eram legais, mas os que participassem de greve ainda podiam ser legalmente punidos, o que os deixava tão vulneráveis a processos como antes.

Houve porém outras mudanças. Em 1867, 1 milhão de homens da classe trabalhadora obtiveram o direito de voto, e na eleição de 1874 dois trabalhadores foram eleitos para o Parlamento pela primeira vez. Agora que tinham voz política, os trabalhadores não dependiam da solidariedade das classes médias liberais para levar adiante seus programas. O ativismo político crescente na classe trabalhadora se refletiu na criação do Congresso dos Sindicatos (CS) em 1868. O CS logo ganhou mais integrantes, e uma de suas primeiras campanhas foi pressionar contra a Lei de Alterações ao Direito Penal – sua anulação em 1875 devolveu aos trabalhadores o poder de greve. Em 1901, porém, a Taff Vale Railway Company, de Gales do Sul, levou a Sociedade Coligada de Empregados de Ferrovias (SCEF) ao tribunal após os ferroviários entrarem em greve por melhores salários e reconhecimento sindical. Os empregadores requeriam compensação pelos dias perdidos na greve, mas a SCEF alegou que um sindicato não era nem uma corporação nem um indivíduo e, assim, não podia ser responsabilizado. O juiz discordou e decidiu contra a SCEF, o que implicava que os sindicatos podiam ser processados pelas greves. Com isso, eles não poderiam mais arcar com esses atos.

A Lei de Disputas com Sindicatos

Muitos trabalhadores, que sentiam que a decisão da Taff Vale era injusta, se uniram ao recém-formado Partido Trabalhista, e de 1900 a 1906 o número de parlamentares trabalhistas subiu de dois para 29. A eleição geral de 1906 resultou em um governo liberal e muito mais parlamentares trabalhistas, que tinham defendido a anulação daquela decisão. Com isso, a Lei de Disputas com Sindicatos foi aprovada em 1906: os sindicatos não podiam mais ser processados pelo ato de greve. Eles floresceram no Reino Unido até os anos 1980, quando um governo conservador, hostil aos sindicatos, reduziu seu poder após a greve dos mineiros de 1984-1985.

Globalmente, cerca de 350 milhões de trabalhadores são sindicalizados, mas os direitos trabalhistas estão sob pressão, dado que a economia digital descarta trabalhadores não especializados e o comércio global se apoia em grande medida em trabalho barato e não regulamentado no mundo em desenvolvimento. ∎

Os objetivos de qualquer sindicato não devem [...] ser considerados ilegais nem expor qualquer membro de tal sindicato a sofrer processo penal.
Lei dos Sindicatos

AS NAÇÕES NÓRDICAS SÃO RAMOS DE UMA ÁRVORE
COOPERAÇÃO ESCANDINAVA (1872)

EM CONTEXTO

FOCO
Harmonização legislativa

ANTES
Séculos XI-XIII Leis regionais são criadas na Escandinávia – por exemplo, a lei de Gulathing, na Noruega, (século XI) e a lei da Jutlândia (1241), na Dinamarca.

DEPOIS
1880 A primeira lei nórdica conjunta sobre letras de câmbio é aprovada.

1901 A Comissão do Direito Civil Nórdico é instalada.

Anos 1940 A cooperação legislativa entre nações nórdicas passa a incluir também o direito penal.

1952 O Conselho Nórdico é criado para estimular a cooperação entre os Parlamentos dos Estados-membros.

1962 O Tratado de Helsinque de cooperação entre as nações nórdicas é assinado.

1995 A Finlândia e a Suécia se juntam à UE.

A Escandinávia – os países nórdicos Suécia, Dinamarca e Noruega – promoveu a cooperação na criação de leis desde o fim do século XIX, com a Finlândia e a Islândia se juntando depois. Essa harmonia legislativa foi um dos aspectos mais bem-sucedidos da cooperação nórdica, servindo como um ótimo exemplo dos benefícios do direito comparado e continuando a produzir várias leis acordadas a cada ano.

Solidariedade escandinava
Historicamente, sempre houve estreita interação entre as nações nórdicas. Entre 1524 e 1814, a Dinamarca e a Noruega formaram uma união e, graças aos esforços do rei Cristiano V, tiveram códigos muito similares. Do mesmo modo, Suécia e Finlândia se juntaram como um só país até que a guerra com a Rússia as dividiu em 1809. Na época, porém, já havia um sentimento de afinidade entre as nações escandinavas, e acreditava-se que a unidade devia ser estimulada.
Esse sentimento pró-Escandinávia foi canalizado para dar maior uniformidade ao direito nórdico, pois, além da utilidade prática, isso significava o

O rei Cristiano V da Dinamarca e Noruega criou códigos similares para as duas nações – a Lei Dinamarquesa (1683) e a Lei Norueguesa (1687).

reconhecimento das ligações históricas e culturais da região. Em 1872, as nações escandinavas fecharam um acordo pelo qual advogados representantes de cada um dos países fariam reuniões frequentes para encontrar bases comuns na legislação e na administração de justiça. Grupos de advogados ou representantes de

A ASCENSÃO DO ESTADO DE DIREITO 161

Ver também: A Lex Mercatoria 74-77 ▪ O Tratado de Helsinque 242-243 ▪ A Organização Mundial do Comércio 278-283

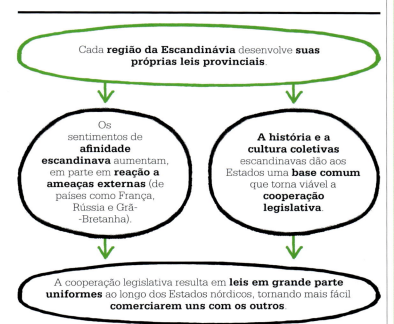

Direito comparado

O estudo de diferentes sistemas legais por comparação e contraste é conhecido como direito comparado. Para isso, sistemas legais são categorizados em famílias, permitindo que nações cujas leis tenham raízes históricas similares sejam agrupadas. Na era da globalização, o direito comparado se torna mais importante, com o comércio ocorrendo entre países com sistemas legais diferentes. Isso inspirou apelos por maior harmonização de leis em todo o mundo. Do mesmo modo, com a formação da União Europeia, tentativas têm sido feitas para alcançar maior cooperação legislativa entre seus Estados-membros.

O avanço do direito comparado no século XX foi confirmado em 1924 com a criação da Academia Internacional de Direito Comparado, em Haia. O órgão promove o direito comparado por meio de numerosos relatórios e conferências internacionais. A cooperação legislativa nórdica é vista como um exemplo positivo do direito comparado em ação.

escolas de direito se encontram desde então a cada três anos para sugerir áreas do direito em que os países nórdicos possam cooperar. Juízes, estudiosos do direito e advogados discutem então a praticidade de criar leis conjuntas sobre o tema em discussão.

O foco da reunião de 1872 foi o direito contratual, e o primeiro item sugerido foi a unificação das leis sobre letras de câmbio. Essa legislação foi afinal concluída em 1880.

Leis Contratuais Nórdicas

O direito contratual se revelou a área mais frutífera para a cooperação e, a partir de 1915, diversas Leis Contratuais Nórdicas foram aprovadas, produzindo uma legislação compartilhada em relação à criação de contratos e à anulabilidade (as circunstâncias em que um contrato pode ser posto de lado). Assim, hoje há um direito contratual quase uniforme em toda a Escandinávia. Apesar disso, o sistema de comissões, em que cada ideia é debatida entre especialistas para harmonizar as leis na região, às vezes tem se mostrado ineficaz.

Leis unificadas levam tempo para ser acordadas, e às vezes não se chega a um consenso – por exemplo, quando cada nação acredita que seus próprios precedentes legais são superiores aos das outras. Porém, a harmonização de leis entre os Estados nórdicos tem sido muito bem-sucedida, permitindo maior cooperação e comércio. Hoje, há uma legislação uniforme nos campos de direito contratual, comercial, de nacionalidade e da família. ■

Não há "eles e nós", só "nós". A solidariedade é e tem de ser indivisível.
Olof Palme
Primeiro-ministro da Suécia
(1969-1986)

MAUS COSTUMES DO PASSADO DEVEM SER EXTINTOS
A CARTA DE JURAMENTO (1868)

EM CONTEXTO

FOCO
Direito constitucional

ANTES
1603 O Período Edo (domínio do xogunato Tokugawa) se inicia, fechando o Japão a estrangeiros por mais de 250 anos.

1854 O comodoro Matthew Perry intimida o Japão, fazendo-o permitir que alguns navios e cônsules dos EUA entrem no país, abrindo caminho para o comércio futuro.

1867 O xogum renuncia em favor do imperador Meiji, encerrando o xogunato Tokugawa.

DEPOIS
1890 Um Parlamento japonês, chamado Dieta, torna-se a primeira assembleia nacional eleita na Ásia.

1946 Após a intervenção e derrota do Japão na Segunda Guerra, o imperador Hirohito reedita a Carta do Juramento e declara que não é um deus vivo.

Durante o período Edo, a sociedade feudal do Japão foi governada por uma série dinástica de xoguns (ditadores militares). Foi uma era de crescimento econômico e estabilidade, mas leis rigorosas mantinham o Japão fechado aos estrangeiros. Em meados do século XIX, muitos japoneses, insatisfeitos com o rígido sistema feudal e influenciados por ideias do Ocidente, já pediam mudanças no regime.

Com a agitação política e rebeliões armadas, o poder do xogum se enfraqueceu, e ele renunciou em 1867.

O imperador Meiji subiu ao poder logo depois, e a Restauração Meiji deu início a uma era de modernização.

Rumo a uma nova direção
Em 1868, Yuri Kimimasa, Fukuoka Takachika e Kido Takayoshi redigiram a Carta de Juramento, abrindo caminho para a modernização do Japão, sob uma Constituição parlamentar. Os cinco artigos do Juramento apresentavam os objetivos principais: instalar assembleias deliberativas, eliminar sistemas feudais, permitir a todo cidadão o direito de buscar "seu próprio anseio", abandonar costumes antigos prejudiciais e abrir o Japão para o comércio e ideias internacionais. O Juramento é considerado a primeira Constituição do Japão moderno e tão crucial como cartas similares foram para outros países. O Japão podia, afinal, se tornar uma sociedade mais aberta, com um Parlamento eleito. ∎

O imperador Meiji proclamou a Carta de Juramento, ou Juramento Imperial, em sua coroação, em 1868. Com quinze anos, ele ansiava por "colocar-se em pé de igualdade com as nações mais esclarecidas".

Ver também: A Magna Carta 66-71 ▪ A Constituição e a Declaração de Direitos dos EUA 110-117 ▪ A Declaração dos Direitos do Homem 118-119 ▪ A Constituição russa 190-191

A ASCENSÃO DO ESTADO DE DIREITO 163

É JUSTIFICÁVEL, MAS NÃO POR ABOMINÁVEL CURIOSIDADE
A LEI DA VIVISSECÇÃO (1876)

EM CONTEXTO

FOCO
Direito do bem-estar animal

ANTES
1849 A Lei da Crueldade contra Animais é aprovada no Reino Unido.

1871 A Sociedade Britânica para o Progresso da Ciência apresenta um código moral para todos que fazem experimentos com animais no Reino Unido.

1875 Em Londres, Frances Power Cobbe funda a hoje chamada Sociedade Nacional contra a Vivissecção.

DEPOIS
1966 A Lei do Bem-Estar Animal define um padrão mínimo no direito federal dos EUA para a regulamentação do bem-estar animal.

1986 A Lei dos (Procedimentos Científicos com) Animais regula o uso de animais em pesquisa científica no Reino Unido.

2013 A União Europeia proíbe testes de cosméticos em animais.

Durante uma reunião da Associação Médica Britânica em Norwich, em 1874, o fisiologista francês Eugène Magnan injetou absinto num cão, para mostrar os efeitos do álcool, e o animal morreu. Um processo com base na Lei da Crueldade contra Animais, da Sociedade Real de Prevenção à Crueldade contra Animais, fracassou (Magnan tinha voltado à França), mas o caso ganhou apoio público e mostrou que a legislação existente sobre vivissecção (experimentos em animais vivos) era inadequada.

Cientistas e ativistas apoiaram uma legislação mais rígida por razões opostas: os cientistas buscavam proteção contra processos e os ativistas, acabar com a crueldade contra animais.

Regulamentação dos experimentos

Em 1875, uma Comissão Real recomendou emendar a Lei da Crueldade contra Animais, de 1849, para incluir a vivissecção. Quando o novo projeto foi ao Parlamento, a pressão da classe médica levou à aprovação de uma versão diluída (conhecida como "Lei da Vivissecção") em 1876. Quem fizesse uma vivissecção a partir de então precisaria de uma licença, e todos os experimentos deveriam ter justificativa médica e não ser feitos mais em público. A lei equilibrava as necessidades de pesquisa e a segurança animal, mas ambos os lados sentiram que não tinha ido longe o bastante. Porém, foi uma lei histórica por ser a primeira no mundo a regular o uso e tratamento de animais vivos em pesquisa médica. ■

Seja a prática útil ou inútil, nós lhes pedimos que reflitam se é moralmente legal.
Frances Power Cobbe
Ativista irlandesa de direitos animais
(1822-1904)

Ver também: A Lei da Crueldade contra Animais 146-147 ■ A Lei das Espécies Ameaçadas 264-265 ■ A Rede Mundial de Reservas da Biosfera 270-271 ■ Eutanásia 296-297

O ESTADO CUIDARÁ DAS VÍTIMAS DA INDÚSTRIA

O SISTEMA DE SEGURO DE ACIDENTES DOS TRABALHADORES (1881)

EM CONTEXTO

FOCO
Direito do trabalho

ANTES
1838 Na Prússia, são aprovadas leis que exigem que empresas ferroviárias compensem acidentados no trabalho.

1880 A Lei de Responsabilidade dos Empregadores do Reino Unido permite reparação por acidente de trabalho devido a negligência de outros.

DEPOIS
1897 No Reino Unido, a Lei de Reparação aos Trabalhadores introduz um sistema de seguro para acidentes industriais.

1911 A Alemanha amplia o seguro trabalhista, cobrindo quase todos os trabalhadores por morte, invalidez e doença.

1935 Nos EUA, um sistema de seguro-saúde com base no trabalho é introduzido com a Lei do Seguro Social.

Conforme a Revolução Industrial se acelerou no século XIX na Europa e nos EUA, mais e mais pessoas trocaram o campo por empregos em fábricas e na construção. A mecanização da agricultura e da indústria tornou o trabalho mais perigoso e os acidentes, cada vez mais comuns. Os reformadores sociais viram que era preciso um sistema para fornecer reparação por lesões e mortes relacionadas ao trabalho.

A partir do século XIX, no Reino Unido e em outros países industrializados, surgiram organizações de amparo chamadas "sociedades de amigos" (as *friendly*

A ASCENSÃO DO ESTADO DE DIREITO

Ver também: A Lei dos Sindicatos 156-159 ▪ O incêndio da Triangle Shirtwaist Factory 180-183 ▪ Donoghue *vs.* Stevenson 194-195 ▪ A Lei de Proteção ao Informante 274

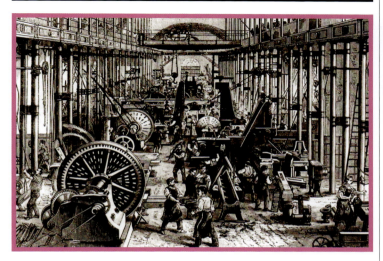

A fábrica de máquinas Götze & Hartmann, na Saxônia, leste da Alemanha, empregava pelo menos 2.700 trabalhadores em 1870. Muito industrializada, a Saxônia foi uma incubadora do socialismo alemão.

Otto von Bismarck

Nascido em 1815 perto de Berlim, Otto von Bismarck se tornou primeiro-ministro da Prússia em 1862 e ganhou a reputação de líder autoritário. Explorou habilmente rivalidades regionais, anexando territórios na Dinamarca e na Alemanha e provocando uma guerra com a França, e em 1871 arquitetou a unificação de 26 pequenos estados e ducados no Império Alemão, com a Prússia em seu âmago. O regente do novo império, Guilherme I, compensou Bismarck tornando-o o primeiro-chanceler da Alemanha, depois conhecido como "Chanceler de Ferro". Bismarck trabalhou para criar uma Alemanha estável, com uma forte identidade nacional. Ele conseguiu isso em parte lutando contra a ascensão do socialismo e a influência da Igreja Católica. Para consolidar a posição contra a crescente ameaça da Rússia e da França, Bismarck negociou uma aliança com a Áustria-Hungria em 1879.

Apesar dos muitos esforços de Bismarck para desacreditar os social-democratas na Alemanha, o partido conquistou muitas cadeiras na eleição de 1890; contrariado, ele renunciou. Morreu em sua propriedade no campo, em 1898.

societies) ou "de socorro mútuo". Com elas, grupos de trabalhadores colaboravam toda semana para um fundo que forneceria recursos se eles ficassem doentes, incapazes ou morressem. Os fundos tinham como base comunidades locais ou espaços específicos de trabalho – os que viviam ou trabalhavam numa área que não tinha uma sociedade de socorro mútuo não estavam cobertos. Quem se ferisse no trabalho e não fosse membro de uma dessas sociedades podia processar o empregador por uma reparação, mas só se a vítima fosse rica o bastante para pagar um advogado. Provar a responsabilidade de uma grande empresa era quase impossível. Com isso, muitas pessoas acidentadas no trabalho que não conseguiam mais sustentar a família passavam a mendigar ou eram forçadas a ir para uma instituição pública, como uma *workhouse* ou até uma prisão.

Quando o Império Alemão se formou, em 1871, suas indústrias pesadas, como as de engenharia e siderurgia, logo se expandiram. Os direitos dos trabalhadores se tornaram uma questão social premente, pois os donos de empresas ficavam cada vez mais ricos enquanto seus empregados trabalhavam muitas horas, com frequência em condições perigosas. A insatisfação crescente entre os operários alemães se revelou um solo fértil para os defensores de ideias socialistas, como as de remunerações iguais e proteção estatal para os trabalhadores na indústria.

Bismarck lidera

Em 1875, os socialistas alemães formaram o Partido dos Trabalhadores Socialistas (PTS, que quinze anos depois se tornou Partido Social-Democrata, PSD). Alguns membros do partido apoiavam o objetivo de Karl Marx de chegar ao socialismo pela revolução. O chanceler altamente conservador da »

O SISTEMA DE SEGURO DE ACIDENTES DOS TRABALHADORES

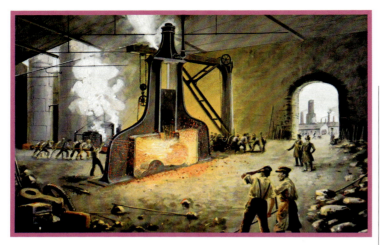

A energia liberada pelo martelo a vapor, inventado pelo engenheiro escocês James Nasmyth em 1838, aumentou a produção, mas também tornou muito mais perigosas as condições de trabalho.

Alemanha, Otto van Bismarck, via isso como uma ameaça a seu poder, e em 1878 aprovou a Lei Antissocialista, que proibia qualquer reunião que buscasse espalhar as ideias da social-democracia, e suprimiu os jornais socialistas. A lei, contudo, não teve o efeito desejado, pois o PTS ainda assim conquistou nove lugares no Reichstag (o Parlamento alemão) na eleição de julho de 1878, dando-lhe uma voz permanente nas questões do país.

Para neutralizar a popularidade dos socialistas, Bismarck decidiu defender algumas leis radicais de proteção aos trabalhadores. Em 1881, ele apresentou o sistema do Seguro de Acidentes dos Trabalhadores, que obrigava os empregadores industriais a contribuir para um sistema de seguro privado que pagaria os trabalhadores em caso de acidentes na fábrica. A política se baseava no ideal socialista de proteção ao trabalhador, embora Bismarck refutasse isso, preferindo se concentrar nos benefícios econômicos da produtividade aumentada com uma mão de obra saudável e obediente.

Um sistema de bem-estar

De início houve oposição ao sistema no Reichstag, mas, após vencer uma eleição em outubro de 1881, Bismarck conseguiu voltar ao programa. Com isso, ele tornou a Alemanha o primeiro país a criar um sistema nacional de bem-estar dos trabalhadores.

Em 1883, a primeira parte da legislação foi aprovada. A Lei do Seguro-Saúde afirmava que tanto empregadores quanto empregados deviam subscrever um fundo que daria aos acidentados no trabalho um pagamento e arcaria com os custos de tratamento médico por até treze semanas. O empregador pagaria um terço dos custos do fundo e os empregados, dois terços. As contribuições ao sistema e os benefícios pagos se baseavam em níveis de renda.

A Lei do Seguro de Acidentes que se seguiu, em 1884, cobria trabalhadores acidentados além de treze semanas. Os novos fundos eram financiados totalmente pelos empregadores, e os trabalhadores não tinham mais de provar a responsabilidade da empresa. Em vez disso, um sistema de seguro compulsório cobria todos os acidentes relacionados ao emprego. A princípio, só trabalhadores em minas, estaleiros e indústrias manufatureiras podiam se beneficiar, mas entre 1885 e 1901 isso foi expandido a outras áreas, entre elas as de transportes, agricultura e militar.

A política de bem-estar foi promovida como algo benéfico à economia alemã porque propiciava uma mão de obra saudável e produtiva, mas também conferia a vantagem econômica de reduzir os níveis de emigração. Menos alemães agora queriam se mudar para lugares como os EUA, porque em casa tinham proteção maior, por meio do seguro-saúde determinado pelo Estado.

Outras nações seguem o exemplo

O sistema alemão de proteção aos trabalhadores foi muito admirado e considerado uma reforma social positiva. Entre 1897 e 1907, vários países europeus, entre eles Áustria, Suécia e França, decretaram leis similares. No Reino Unido, o número crescente de acidentes de trabalho levou as associações de trabalhadores a pedirem uma mudança na lei de proteção aos empregados. O resultado foi a Lei de Responsabilidade dos

Os incapacitados para o trabalho por idade e invalidez têm uma reivindicação bem fundamentada ao cuidado pelo Estado.
Guilherme I
Imperador alemão (1797-1888)

A ASCENSÃO DO ESTADO DE DIREITO

> **Espera-se** que os trabalhadores **assumam a responsabilidade** por sua própria segurança.

→

> O **aumento da mecanização** na Revolução Industrial **leva a mais acidentes no trabalho**.

→

> Com a **dificuldade** e o custo para **provar a responsabilidade dos empregadores**, poucos trabalhadores acidentados **obtêm a devida reparação**.

↓

> **Programas compulsórios de seguro dos trabalhadores sancionados pelo Estado tornam os empregadores legalmente responsáveis pelos acidentados no trabalho.**

←

> A **ascensão do socialismo** produz novas **iniciativas de bem-estar** social.

Empregadores, de 1880, que concedeu aos trabalhadores braçais industriais a reparação por acidentes causados por negligência de um supervisor não braçal. Porém, o trabalhador ainda tinha de provar de quem era o responsável pelo acidente, o que complicava as reivindicações. A aprovação da Lei de Reparação aos Trabalhadores, de 1897, corrigiu o problema, permitindo que os acidentados no trabalho recebessem reparação desde que pudessem provar que o acidente ocorrera no trabalho. Isso deu aos trabalhadores britânicos os mesmos direitos que os dos alemães.

Legislação americana
Os EUA, como a Europa, tiveram um aumento nos acidentes de trabalho correspondente ao enorme crescimento industrial. Em 1898 e 1899, os legisladores americanos encomendaram várias pesquisas sobre os sistemas europeus de responsabilidade e reparação por acidente e concluíram ser viável um sistema baseado no modelo alemão. Em 1908, o Congresso aprovou a Lei Federal de Responsabilidade dos Empregadores (LFRE). Ela só se aplicava a ferroviários, mas foi a primeira lei nacional baseada numa reparação legalmente atribuída a vítimas de acidentes do trabalho.

Embora inspirada no modelo alemão, a LFRE diferia por ainda requerer que o trabalhador provasse a culpa do empregador. Porém, a lei enfraqueceu o argumento da negligência contribuinte, antes à dispor dos empregadores, pelo qual o pagamento podia ser negado ao empregado se fosse considerado que suas ações, mesmo que em parte, contribuíram para o acidente.

Pouco depois, os estados individuais começaram a introduzir sistemas de reparação aos trabalhadores. Wisconsin foi o primeiro, em 1911, e na década seguinte a maioria dos estados o seguiu. Diversamente da LFRE, essas leis estaduais permitiam a reparação sem culpa; porém, eram facultativas, pois as leis de participação compulsória tinham sido julgadas inconstitucionais. Isso mudou em 1917, quando, em New York Central Railroad Co. *vs.* White, a Suprema Corte dos EUA decidiu que exigências compulsórias eram permitidas pela Constituição do país. Os estados podiam agora obrigar à criação de sistemas de reparação aos trabalhadores, e em 1948 todos os estados já tinham introduzido leis de reparação em que os trabalhadores acidentados não tinham mais de demonstrar a culpa do empregador.

Embora o sistema de reparação dos estados dos EUA tivesse por base o alemão, no plano nacional o país estava defasado em relação à Europa nos direitos universais aos trabalhadores. Só em 1935 a Lei do Seguro Social introduziu uma pensão para idosos e benefícios para desempregados e deficientes. Além disso, enquanto na Europa o modelo alemão evoluiu para um serviço de saúde custeado pelo Estado, nos EUA preferiu-se um sistema baseado em seguro-saúde privado. ∎

>
> É uma vergonha que em nossa civilização qualquer classe de trabalhador americano deva [...] se sujeitar a riscos a seu corpo e sua vida tão grandes quanto os de um soldado.
> **Benjamin Harrison**
> 23º presidente dos EUA (1889-1893)
>

NENHUMA NECESSIDADE PODE JUSTIFICAR MATAR
A RAINHA *VS.* DUDLEY E STEPHENS (1884)

EM CONTEXTO

FOCO
Direito penal

ANTES
Anos 1600 Seis marinheiros ingleses que comeram um compatriota, com seu consentimento, são absolvidos do assassinato, no caso Saint Christopher.

1841 Nos EUA, um tribunal condena por homicídio culposo o tripulante Alexander Holmes, que lançou até dezesseis pessoas no mar para evitar que um barco salva-vidas afundasse.

DEPOIS
1971 Lorde Denning decreta que a "necessidade" não implica que sem-teto possam invadir.

2018 Uma juíza de Massachusetts cria um precedente legal ao decidir que ativistas ambientais podem usar a defesa de necessidade para justificar um protesto sobre mudança climática, contra uma fratura em um gasoduto.

Quando o *Mignonette*, um iate inglês de dezesseis metros, naufragou numa tempestade a 2.575 quilômetros do cabo da Boa Esperança, na África do Sul, em julho de 1884, sua tripulação – Tom Dudley, Edwin Stephens, Edmund Brooks e o grumete Richard Parker – escapou num barco salva-vidas. Após vinte dias com muito pouca comida e água, Dudley e Stephens decidiram, para se salvar, matar e comer Parker, que caíra em coma. Alguns dias depois, os sobreviventes foram resgatados e levados de volta a suas casas em Falmouth, na costa sudoeste do Reino Unido, para serem julgados.

A história ganhou grande cobertura na imprensa vitoriana. A opinião pública era favorável à absolvição; muitos estavam convencidos de que não havia opção para os homens além de matar e comer Parker. Em parte pela força da opinião pública, sentiu-se que era importante que o julgamento prosseguisse e o estado de necessidade fosse testado. O juiz, o barão Huddleston, pediu ao júri que desse um "veredicto especial", que garantisse que um painel de juízes pudesse tomar uma decisão. Estes decidiram que não havia defesa de necessidade no *common law* para uma acusação de assassinato e proferiram a pena de morte, com uma recomendação de clemência.

Dudley e Stephens passaram seis meses na prisão e suas sentenças acabaram comutadas pela Coroa. Esse caso criou o precedente de que matar um inocente, mesmo em caso de fome extrema, não encontra amparo no direito inglês. ∎

O caso de Dudley e Stephens foi amplamente divulgado na mídia. Esta imagem, baseada num desenho do próprio Stephens, apareceu no *Illustrated London News*.

Ver também: Os Dez Mandamentos e a lei mosaica 20-23 ▪ A Lex Rhodia 25 ▪ A abolição da pena de morte 151 ▪ A regra de exclusão 186-187

A ASCENSÃO DO ESTADO DE DIREITO

ONDE ESTAMOS É NOSSA PROPRIEDADE
O CASO DA ST. CATHERINE'S MILLING (1888)

EM CONTEXTO

FOCO
Os direitos dos povos indígenas à terra

ANTES
1763 O rei Jorge III afirma que os povos indígenas têm direito a suas terras; a Coroa deve cuidar de tratados que cedam a terra.

1867 A Lei da América do Norte Britânica torna o governo federal responsável pelos interesses dos povos indígenas e suas terras no Canadá.

DEPOIS
1982 A Constituição do Canadá reconhece os direitos dos indígenas e dos tratados existentes.

1992 Na Austrália, a Decisão Mabo rejeita o conceito de *terra nullius* ("terra vazia", que não tem dono legal antes de ser colonizada) e concede títulos de terras ao povo da ilha Murray.

2010 O Canadá assina a Declaração das Nações Unidas sobre os Direitos dos Povos Indígenas.

O caso da St. Catherine's Milling foi um marco na legislação sobre direitos dos povos indígenas à terra após a colonização. Em 1888, a St. Catherine's Milling and Lumber Company obteve uma licença do governo federal para cortar árvores ao redor do lago Wabigoon, em Ontário, no Canadá. O governo de Ontário, porém, alegou que possuía a terra onde as árvores estavam, e que assim a empresa devia requisitar a licença a Ontário. O caso dependia da transferência de propriedade das terras que os povos indígenas teriam feito ao governo federal, o que só poderia ter ocorrido, em primeiro lugar, se os povos indígenas tivessem possuído a terra.

O caso passou por quatro tribunais e por fim chegou ao Conselho Privado de Londres, na Inglaterra. Todos os tribunais sustentaram que as terras não tinham pertencido aos povos indígenas, mas por razões diferentes. O juiz tinha usado o que hoje é reconhecido como linguagem racista, dizendo que, "como pagãos e bárbaros", os povos indígenas não tinham direito à propriedade. O Conselho Privado foi mais contido, dizendo que os povos indígenas só tinham o direito de usar e desfrutar da terra, não de possuí-la. Nenhuma pessoa indígena teve a chance de apresentar provas no caso. A lei canadense hoje reconhece que os povos indígenas têm (e tinham) direitos muito similares aos direitos de propriedade sobre a terra, mas a luta está longe de acabar. ■

[...] não há título indígena decorrente de lei ou equidade. A reivindicação dos índios é simplesmente moral e nada mais.
Oliver Mowat
Primeiro-ministro de Ontário (1872-1896)

Ver também: A Magna Carta 66-71 ■ O Tratado de Tordesilhas 86-87 ■ A Paz de Westfália 94-95 ■ As Nações Unidas e a Corte Internacional de Justiça 212-219

CONCORRÊNCIA LIVRE E IRRESTRITA
A LEI ANTITRUSTE DE SHERMAN (1890)

EM CONTEXTO

FOCO
Direito comercial

ANTES
1776 *A riqueza das nações*, de Adam Smith, define concorrência como a ausência de restrições legais aos negócios.

1882 A Standard Oil combina várias empresas nos EUA em um grande truste sob a presidência de John D. Rockefeller.

1889 O Canadá aprova o primeiro estatuto sobre concorrência, fixando preços e monopólios.

DEPOIS
1890 A Lei de Tarifas McKinley sobe o imposto de importação para proteger empresas americanas de concorrência externa.

1911 A Suprema Corte dos EUA decide que a Standard Oil é um monopólio ilegal e ordena que seja desmembrada.

No fim do século XIX nos EUA, vários grandes "trustes" se formaram. Os trustes são criados quando donos de negócios combinam várias empresas numa só. Um administrador (ou às vezes vários) é então indicado para trabalhar pelos interesses do truste. Ao criar tais entidades, as empresas conseguem se unir e colaborar para controlar o mercado fixando preços e restringindo a competição. Isso coloca um enorme poder e riqueza nas mãos de apenas umas poucas corporações e suprime a concorrência. Um dos mais poderosos trustes nos EUA foi formado em 1882, quando várias refinarias de petróleo ao redor do país se juntaram,

A ASCENSÃO DO ESTADO DE DIREITO 171

Ver também: A Lex Mercatoria 74-77 ▪ Hadley *vs.* Baxendale 148-149 ▪ Salomon *vs.* Salomon & Co. Ltd. 178-179 ▪ A Comissão Federal de Comércio 184-185

O primeiro poço comercial de petróleo dos EUA foi construído na Pensilvânia em 1859 e viu o início do *boom* do petróleo no país. No auge, a cidade produzia um terço do petróleo mundial.

formando o truste Standard Oil. Isso permitiu à empresa controlar o preço e fornecimento de petróleo e ao mesmo tempo se esquivar de regras empresariais e taxas estaduais. O surgimento dos trustes sufocou a concorrência e foi considerado um mau negócio para o consumidor comum.

Legislação federal
Quando o número de trustes aumentou nos EUA, nos anos 1880, os legisladores começaram a perceber a necessidade de controlar a situação e romper os monopólios. (Um monopólio é um fornecedor único de um produto específico ao mercado.) Várias leis antitruste estaduais foram aprovadas, mas as comunicações a longa distância viabilizadas pelo telégrafo e as viagens de trem tornaram mais fácil aos grandes trustes trabalhar em vários estados. Era preciso agora leis federais, de âmbito nacional. Em 1888, o senador John Sherman, de Ohio, começou a trabalhar numa lei antitruste que pudesse reduzir o poder dos trustes em controlar o mercado. O projeto passou por várias mudanças e revisões, e, apesar de conservar muito pouco do texto original de Sherman ao ser aprovado em 1890, ainda foi nomeado em sua homenagem.

Proibição dos monopólios
A Lei Antitruste de Sherman foi o primeiro projeto federal a tornar ilegais os atos anticoncorrenciais, e forma um dos estatutos mais importantes do direito concorrencial dos EUA. Ela garante que combinações (dois ou mais empreendimentos trabalhando juntos) ou trustes que restrinjam os negócios entre estados ou com outras nações sejam proibidos. A lei incluía disposições contra a fixação de preços, fraudes em licitações ou a exclusão da concorrência e proibia a criação de monopólios. »

Se não toleramos um rei como poder político, não devíamos tolerar um rei acima da produção, transporte e venda de qualquer das coisas necessárias da vida.
John Sherman
Discurso no Congresso dos EUA, 1890

John Sherman

Nascido em 1823, John Sherman participou da Câmara dos Representantes e do Senado e ocupou os cargos de secretário do Tesouro e de Estado. Conhecido como o "pingente de gelo de Ohio" por sua atitude fria, Sherman se interessava muito por temas financeiros e, quando senador, ajudou a reestruturar o sistema monetário do país após a devastação causada pela Guerra Civil Americana (1861-1865).

Em 1884 e 1888, Sherman concorreu à candidatura republicana à presidência, mas não conseguiu conquistar apoios suficientes. Diz-se que a aversão de Sherman a seu rival na candidatura, Russell A. Alger, inspirou em parte sua lei antitruste. Alger tinha grande participação na Diamond Match Company, que, como a Standard Oil, era especialmente odiada pelo público porque tinha monopólio sobre uma necessidade diária: o fósforo. Sherman viu na lei antitruste um modo de prejudicar Alger. Ele morreu em sua casa em Washington, DC, em 1900.

172 A LEI ANTITRUSTE DE SHERMAN

Ao **formar grandes trustes**, as empresas podem **fixar preços e prejudicar a competição**.

Grandes trustes **trabalham em mais de um estado**, revelando as **fraquezas das leis estaduais**.

A Lei Antitruste de Sherman é aprovada. Essa lei federal previne que grandes corporações dominem o comércio nos Estados Unidos.

O **sucesso irrestrito** de uns poucos grandes trustes **limita a escolha do consumidor** e mina **a confiança do público nas práticas comerciais**.

O objetivo principal da lei era proteger o valor republicano fundamental da livre empresa. Porém, alguns especialistas legais criticaram a falta de detalhamento da lei, assinalando que as leis antitruste deveriam focar em *maus* monopólios, não em *todos* os monopólios. Essa falta de detalhamento da lei acabou se mostrando benéfica porque permitiu que o Judiciário dos EUA a interpretasse e aplicasse, refinando seu significado no direito. Em 1898, no caso Estados Unidos *vs.* Addyston Pipe & Steel Co., a Addyston Pipe Company foi acusada de "trabalhar sob acordo". Várias companhias se juntavam quando um trabalho ia ser contratado e, entre elas, decidiam quem daria a menor oferta e assim ganharia a licitação. Ao fazer isso, elas estavam de fato controlando o preço pago pelo serviço.

A Suprema Corte decidiu que a Addyston Pipe & Steel estava restringindo o mercado. Isso estabeleceu o precedente da "regra de razoabilidade", pelo qual só as restrições ao mercado consideradas "irrazoáveis" são julgadas uma violação da Lei Sherman. Uma restrição razoável ao mercado se aplicaria a uma empresa que tivesse chegado a um monopólio criando um produto ou tecnologia superior; tal ação não violaria as leis antitruste.

A Standard Oil
O poder da Lei Antitruste de Sherman foi usado de novo em 1911 para forçar o desmembramento da Standard Oil, que na época controlava 90% da produção de petróleo dos EUA. A Standard Oil tinha fechado acordos com ferrovias, garantindo a elas os direitos de transporte de quantidades substanciais de petróleo todos os dias em troca de um enorme desconto no frete. A Suprema Corte decidiu que havia uma violação à Lei Sherman, "pois essa é uma combinação de restrição irrazoável ao comércio interestadual". Isso impulsionou o conceito de "restrição irrazoável" na lei de concorrência. Com a decisão, a Standard Oil se desfez em 34 empresas menores, pondo fim a seu monopólio.

Atualização da lei
A Lei Sherman continha várias lacunas relacionadas a fusões e aquisições anticoncorrenciais. Além disso, o Congresso se preocupava porque, como a definição de "restrição irrazoável aos negócios" era vaga, os tribunais tinham de repetidamente proferir decisões, caso a caso. Assim, em 1914 o Congresso emendou a Lei Sherman com a Lei Clayton. Uma das medidas centrais da Lei Clayton foi tornar mais rígidas as leis de fusões e aquisições, legislando contra fusões que dificultassem a competição e criassem um monopólio.

> Toda pessoa que monopolizar [...] qualquer parte dos negócios ou comércio entre os vários estados, ou com nações estrangeiras, será culpada de um crime.
> **Lei Antitruste de Sherman, seção 2**

A ASCENSÃO DO ESTADO DE DIREITO

A Comissão Federal de Comércio dos EUA mudou-se para sua sede em Washington, DC, em 1938. O prédio é famoso por suas esculturas e relevos *art déco*.

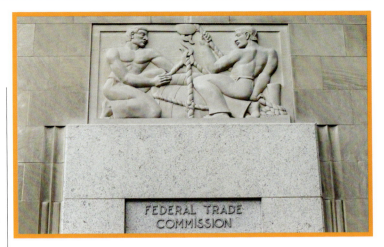

Ao mesmo tempo, foi aprovada a Lei da Comissão Federal de Comércio, ampliando o alcance da lei de concorrência com a proibição de "métodos desleais de competição" e atos desleais que afetassem o comércio. Isso foi concebido para proteger o consumidor, garantindo que as empresas não fizessem falsas alegações sobre seus produtos ou enganassem o público. A lei também estabeleceu que a Comissão Federal de Comércio regularia os negócios e supervisionaria a lei antitruste, tornando claro que qualquer violação à Lei Sherman infringiria também a Lei da Comissão Federal de Comércio.

A histórica Lei Sherman, a Lei Clayton e a Lei da Comissão Federal de Comércio formam até hoje a pedra angular do direito antitruste dos EUA e se tornaram um modelo para leis de concorrência eficazes em todo o globo. A Europa só abordou coletivamente leis de concorrência em 1957, quando o Tratado de Roma criou a Comunidade Econômica Europeia (como a União Europeia de início se chamou). Com a fundação do Mercado Comum, em 1992, foi preciso garantir mais ou menos as mesmas oportunidades de concorrência em toda a Europa, acordando regras que se aplicassem a todos os Estados-membros do bloco.

A validade da legislação antitruste existente foi questionada em 1998, quando o Departamento de Justiça (DJ) dos EUA apresentou queixa contra a Microsoft. O DJ alegou que o modo com que a Microsoft embutia seu navegador Internet Explorer em seu sistema operacional tornava difícil aos consumidores rodar outros navegadores num computador com Windows. Isso, afirmavam, era de fato um monopólio que dificultava a concorrência leal.

Domínio digital

O DJ acabou ganhando a causa e foi ordenado à Microsoft que se dividisse em duas empresas. Porém, a decisão foi alterada na apelação, e a empresa pôde se manter como uma só. Esse caso importante pode não ter mudado o predomínio da Microsoft, mas a competição com o Mozilla Firefox e o Google Chrome fez a empresa perder sua liderança no mercado. Alguns afirmaram que isso provou que o mercado corrige a si mesmo, tornando as leis antitruste desnecessárias. Porém, o crescimento contínuo de grandes empresas de tecnologia, como Google e Facebook, suscitou novas questões sobre monopólios digitais e a necessidade de mais regulação. ∎

> Embora os empresários americanos possam se queixar às vezes da interpretação ou da aplicação das normas [antitruste], sabemos que – como o espinafre – elas são boas para nós.
> **Henry Ford II**
> **Empresário americano (1917-1987)**

Quando a Microsoft infringiu as leis antitruste americanas em 1998 por embutir seu navegador de internet em seu sistema operacional, a empresa alegou que eram ambos parte do mesmo produto.

LEIS, DIREITOS E DEVERES NA GUERRA

AS CONVENÇÕES DE HAIA (1899, 1907)

EM CONTEXTO

FOCO
Direito internacional

ANTES
1863 O Código Lieber define normas de conduta militares na Guerra Civil Americana.

1864 A primeira Convenção de Genebra protege os feridos e não combatentes em conflitos.

1868 A Declaração de São Petersburgo proscreve o uso de certos tipos de armas.

DEPOIS
1954 A Convenção de Haia para a Proteção de Bens Culturais é assinada, focando a proteção de patrimônio cultural durante guerras.

1993 A ONU aprova a Convenção sobre Armas Químicas, que proíbe a produção, estocagem e uso de armas químicas.

A s Convenções de Haia foram os primeiros tratados internacionais a abordar os costumes e normas de guerra. Elas foram acordadas em conferências internacionais de paz em Haia, nos Países Baixos, em 1899 e 1907. O contexto desses acordos foi o alcance cada vez mais brutal e abrangente da guerra no século XIX e início do XX. O equilíbrio de poder na Europa e fora dela tinha sido abalado. Conforme cresciam, os Estados-nações disputavam territórios, matérias-primas e comércio. As nações reuniam poderosas forças armadas e uma corrida armamentista se instalou, envolvendo em especial o

A ASCENSÃO DO ESTADO DE DIREITO

Ver também: As Convenções de Genebra 152-155 ▪ Os julgamentos de Nuremberg 202-209 ▪ As Nações Unidas e a Corte Internacional de Justiça 212-219 ▪ A Declaração Universal dos Direitos Humanos 222-229 ▪ O Tribunal Penal Internacional 298-303

No século XIX, **potências europeias disputam** a **supremacia militar**.

↓

O **Código Lieber e a primeira Convenção de Genebra**, de 1864, refletem a crescente necessidade de **acordos internacionais** sobre conduta militar em tempo de guerra.

↓

Novos e **mais poderosos navios de guerra e armas**, entre elas as metralhadoras, são desenvolvidos.

↓

Os movimentos pela paz, que **defendem o desarmamento** e a cooperação internacional, **ganham força**.

↓

As Convenções de Haia criam um conjunto de normas internacionalmente reconhecidas e limitam o uso de armas perigosas.

Reino Unido, a França, a Alemanha e a Rússia. Sob Otto von Bismarck (1815-1898), a recém-unificada Alemanha adotou o militarismo – a ideia de que um Estado deve usar seus exércitos para agressivamente favorecer os interesses nacionais.

Primeiros passos

Em 1863, durante a Guerra Civil Americana (1861-1865), o presidente Abraham Lincoln promulgou o Código Lieber, a primeira tentativa de definir as normas da guerra. O código, formulado pelo filósofo político Francis Lieber, foi amplamente admirado.

Após a sangrenta Guerra Franco-Prussiana (1870-1871), o código inspirou o czar Alexandre II da Rússia a promover uma conferência de Estados europeus em Bruxelas em 1874, para esboçar uma versão internacional. Quinze nações

mandaram representantes à conferência, cujo objetivo era achar um modo de restaurar o frágil equilíbrio de poder na Europa e definir termos de compromisso sobre guerras futuras. Foram acordados códigos que tratavam das obrigações de potências ocupantes, definiu-se quem seria reconhecido como combatente, foram estabelecidas regras para bombardeio e cerco e declarado o dever das

nações de tratar os prisioneiros de guerra com humanidade. A conferência lançou as bases para o desenvolvimento posterior do direito internacional humanitário na Conferência de Paz de Haia, em 1899.

Reino Unido, Alemanha e Espanha não quiseram se vincular à Declaração de Bruxelas, e assim ela não foi ratificada. Após esse fracasso, o Instituto de Direito Internacional (IDI), »

A Batalha de Fort Wagner foi um dos muitos episódios sangrentos da Guerra Civil Americana. Ocorreu em 1863, mesmo ano em que o presidente Lincoln promulgou o Código Lieber.

fundado em 1873, estudou o esboço de acordo e apresentou outras propostas. O IDI as incluiu em *As leis da guerra em terra*, um manual aprovado numa conferência em Oxford, em 1880. Apesar de concordar que um tratado internacional era irrealista na época, o texto apelava aos governos para que adotassem os códigos como lei nacional. O Código Lieber e *As leis da guerra em terra* lançaram as bases para a criação de uma codificação verdadeiramente internacional sobre as normas da guerra.

Acordo multilateral

Com a aceleração da corrida armamentista no fim do século XIX, em especial entre Reino Unido e Alemanha, os movimentos pela paz ganharam maior apoio. Em 1891, foi criado o Gabinete Internacional de Paz. Sediado em Berna, na Suíça, defendia a paz mundial e promovia a arbitragem e o desarmamento. O desenvolvimento de armas modernas, mais letais, tinha mudado a natureza dos conflitos, e os defensores da paz

Entre os delegados na primeira Conferência de Paz de Haia, havia representantes da China, França, Alemanha, Federação Russa, Reino Unido, Espanha e Estados Unidos.

e até alguns chefes de Estado pensavam que deveriam ser traçados limites para as armas mais destrutivas.

Foi contra esse pano de fundo que a primeira Conferência de Haia foi proposta pelo czar Nicolau II da Rússia. Convocada em Haia, em 1899, teve a presença de delegados de 26 nações. Os objetivos principais da conferência eram controlar a corrida armamentista e negociar o desarmamento, codificar as normas de guerra e descobrir maneiras de resolver de modo pacífico as disputas internacionais sem recorrer à guerra.

Embora não se tenha alcançado um acordo sobre o programa de desarmamento, a conferência ratificou três tratados e mais algumas declarações – juntos, formaram a primeira das Convenções de Haia. Eles incluem importantes regras sobre conduta na guerra, proibindo a execução de combatentes inimigos rendidos, o uso de projéteis com gás venenoso, o lançamento de explosivos de balões, o uso de balas que se expandem no corpo (dunduns) e o ataque a cidades ou povoados indefesos. Também foi acordada a criação da Corte Permanente de Arbitragem em Haia, a primeira instituição internacional a fornecer

> Que se lute a guerra entendemos, mas não que se lute a paz, ou ao menos não tão conscientemente.
> **Fredrik Bajer**
> Presidente honorário do Gabinete Internacional de Paz (1837-1922)

soluções legais a disputas entre Estados. Mais de cinquenta nações ratificaram a primeira Convenção de Haia, que, com as Convenções de Genebra, serviu de base ao direito internacional humanitário.

Outra conferência foi convocada pelo presidente Theodore Roosevelt, dos EUA, em 1904, mas teve de ser adiada devido à guerra entre Rússia e Japão. Ela aconteceu por fim em 1907, quando 43 Estados se reuniram. Não foram feitas maiores alterações às disposições da Convenção de 1899, mas elas foram melhoradas ao tratar também, por exemplo, da guerra no mar. Os britânicos tentaram garantir um limite às armas navais, mas a

A ASCENSÃO DO ESTADO DE DIREITO

Alemanha rejeitou a proposta. Embora fossem os primeiros tratados multilaterais a esclarecer as normas de guerra, as Convenções de Haia tinham falhas graves. Em especial, nenhuma delas apresentava penalidades específicas a Estados que as violassem. Até a criação do Tribunal Penal Internacional (TPI) em Haia, em 2002, os processos por transgressão às Convenções cabiam a cada Estado, mas eles poderiam não ter capacidade ou relutar para fazer isso.

Duas guerras mundiais

Uma terceira conferência foi planejada para 1914, mas foi adiada indefinidamente devido à eclosão da Primeira Guerra Mundial. A guerra resultou em muitas violações catastróficas das Convenções – da Alemanha invadindo a Bélgica sem nenhum aviso ao uso disseminado de gás venenoso.

Abusos ainda maiores ocorreram na Segunda Guerra Mundial, entre eles o Holocausto (o pior genocídio da história), o bombardeio de cidades e as práticas difundidas de tortura e execução de prisioneiros de guerra. Os Estados Unidos, a União Soviética (URSS), o Reino Unido e a França supervisionaram a instauração dos julgamentos de Nuremberg em 1945-1946, que aplicaram as disposições das Convenções de Haia para julgar e sentenciar a liderança política, militar, judicial e econômica da Alemanha nazista.

As normas das Convenções de Haia são hoje consideradas vinculantes para todos os Estados, mesmo que eles não as tenham assinado diretamente. Embora elas tenham sido flagrantemente desconsideradas nas duas guerras mundiais, a comunidade internacional reconheceu o valor dos sistemas de direito internacional. Isso criou um espaço para a diplomacia e novos órgãos internacionais, em especial as Nações Unidas, fundadas em 1945.

Em 1954, a Convenção de Haia para a Proteção de Bens Culturais em Casos de Conflito Armado foi ratificada. Ela foi projetada para proteger o patrimônio cultural, incluindo sítios arqueológicos, obras de arte e coleções científicas. Suas raízes estão nas ruínas da Primeira Guerra Mundial, quando o artista e escritor russo Nicholas Roerich, horrorizado com o que vira, defendeu a proteção de locais de importância científica e artística. O Pacto de Roerich tinha sido acordado pela União Pan-Americana em 1935, mas

A cidade alemã de Dresden em 1945, após pesados bombardeios aéreos destruírem seu centro histórico, onde havia muitos locais de valor cultural, e matarem cerca de 25 mil moradores.

a devastação da Segunda Guerra Mundial reforçou a necessidade de um tratado internacional para proteger os bens culturais.

A convenção de 1954 foi ratificada desde então por 133 Estados e é supervisionada pela Organização das Nações Unidas para a Educação, a Ciência e a Cultura (Unesco). Em 1996, quatro organizações não governamentais criaram o Comitê Internacional do Escudo Azul – um equivalente cultural da Cruz Vermelha – para promover a ratificação da convenção de 1954.

Julgamento de crimes de guerra

As Convenções de Haia ainda são a pedra angular das normas de guerra. Alegações de crimes de guerra podem ser julgadas agora pelo TPI. Em 2012, o tribunal proferiu seu primeiro veredicto, ao declarar o líder de milícias Thomas Lubanga, da República Democrática do Congo, culpado por crimes de guerra e condená-lo a catorze anos de prisão. O órgão investiga hoje alegações de crimes de guerra em onze países. ∎

A triste realidade é que, ao longo dos séculos, muitas obras de arte se perderam e locais de interesse cultural foram danificados ou destruídos em guerras.

Comitê Internacional da Cruz Vermelha

Declaração na Convenção de Haia para a Proteção de Bens Culturais (1954)

UMA PERSONALIDADE LEGAL SEPARADA
SALOMON VS. SALOMON & CO. LTD. (1896)

EM CONTEXTO

FOCO
Direito empresarial

ANTES
1720 A Lei da Bolha britânica limita a criação de sociedades por ações, levando à quebra da Companhia dos Mares do Sul.

1855 A Lei da Responsabilidade Limitada protege investidores de empresas maiores pelo montante que originalmente aplicaram.

1862 A Lei das Empresas esclarece os deveres e direitos de empresas incorporadas e torna o processo de incorporação mais fácil.

DEPOIS
c. 1900 Os princípios básicos da responsabilidade limitada são aceitos em grande parte do Ocidente e se mantém como a base da vida corporativa.

1928 Uma Lei das Empresas revisada proíbe que as empresas britânicas de responsabilidade limitada sejam encerradas de modo fraudulento.

No século XIX, o Reino Unido era uma importante potência industrial, financeira e corporativa global. Os legisladores ansiavam por controlar a explosão de atividade econômica com uma estrutura justa de direito empresarial. As Leis de Sociedades por Ações de 1844 e 1856 (ver quadro à direita) e a Lei das Empresas de 1862 tornaram cada vez mais fácil formar uma sociedade por ações (de propriedade de acionistas). Esses atos consolidaram o princípio da "personalidade legal separada" (PLS), pelo qual um negócio ou empresa incorporado tem uma identidade legalmente distinta da dos que o criaram ou financiaram; proprietários ou sociedades únicas não têm essa proteção. A responsabilidade limitada, introduzida em 1855, dependia da noção de PLS e foi crucial para estimular as empresas, pois removia a responsabilidade do indivíduo ou grupo que possuía um negócio ou investira nele em relação a quaisquer perdas em que o negócio incorresse.

Em 1892, Aron Salomon, um sapateiro e proprietário individual, formou uma empresa nova, limitada. Sua mulher e os cinco filhos tinham uma ação de uma libra cada, e ele 20.001 ações, de modo que a empresa tinha o mínimo legal de acionistas. Então ele vendeu seu negócio para a empresa limitada por respeitáveis 39 mil libras, das quais 10 mil foram

> Uma empresa limitada incorporada é uma **entidade legal separada** dos que **a possuem ou investem nela**.

> Os donos ou acionistas de empresas **não** são **responsáveis** por perdas incorridas pela empresa, que com frequência **excedem o investimento inicial**.

> Os credores não podem processar os donos ou acionistas da empresa, só a empresa limitada.

A ASCENSÃO DO ESTADO DE DIREITO

Ver também: Hadley *vs.* Baxendale 148-149 ▪ A Lei Antitruste de Sherman 170-173 ▪ O incêndio da Triangle Shirtwaist Factory 180-183 ▪ A Comissão Federal de Comércio 184-185

Robert Lowe

Considerado o "pai do moderno direito empresarial", o *barrister* e político liberal Robert Lowe nasceu em 1811. Ele foi vice-presidente da Câmara de Comércio do Reino Unido em 1855-1858 e foi graças a ele que revisões críticas da Lei de Sociedades por Ações foram aprovadas numa lei de mesmo nome em 1856. A lei de 1844 criou uma estrutura regulatória que possibilitou às empresas – que até então só podiam ser incorporadas por carta régia – registrar-se como entidades legais de negócios no Registro Mercantil, uma nova agência governamental. Embora a lei de 1844 tenha dado às empresas muito mais flexibilidade, não permitiu a responsabilidade limitada de acionistas. A Lei de Sociedades por Ações de 1856, defendida por Lowe, impôs a responsabilidade limitada a qualquer empresa com sete acionistas. Igualmente importante, também ajudou a elevar os níveis de confiança nas atividades corporativas. O veredicto dos juízes da Câmara dos Lordes no caso Salomon *vs.* Salomon & Co. Ltd. teria sido impensável sem Lowe. Ele se tornou visconde de Sherbrooke em 1880 e morreu em 1892.

emitidas para Salomon como uma debênture (um empréstimo garantido pelos bens da companhia). A empresa entrou em liquidação em 1893, com dívidas de 7.773 libras a serem arcadas por seus credores não segurados (eles possuíam dinheiro, mas não havia bens na companhia que pudessem reclamar).

O caso no tribunal

Aron Salomon entrou com seu caso, Salomon *vs.* Salomon & Co. Ltd., como um credor segurado reclamando os fundos remanescentes da empresa. O liquidador afirmou que Salomon não tinha direito a nada porque havia sobreavaliado de modo fraudulento o negócio e era, assim, responsável pelas perdas da empresa.

Tanto o Tribunal Superior, em 1893, quanto o Tribunal de Apelação, em 1895, se declararam contra Salomon, com base no excessivo preço que ele tinha recebido por seu negócio. Também decidiram que a empresa incorporada era um "simples esquema" para permitir a Salomon realizar seu negócio com o benefício da responsabilidade limitada e ganhar prioridade sobre credores não segurados se ele não desse certo. Por fim, os tribunais sustentaram que os outros acionistas eram simbólicos, usados para criar o que na verdade era uma empresa de responsabilidade limitada de um só homem.

As decisões do Tribunal Superior e do Tribunal de Apelação foram rejeitadas em 1896 pelo mais alto tribunal britânico, a Câmara dos Lordes. A interpretação literal do direito empresarial pelos lordes e a afirmação de que "todo mundo pode ter responsabilidade limitada" inflaram as preocupações de que inescrupulosos pudessem manipular a responsabilidade limitada. Porém, o papel central da responsabilidade limitada como a "rocha inabalável" do direito empresarial britânico foi sustentado. Os juízes da Câmara dos Lordes – lorde Halsbury entre eles – também rejeitaram a ideia de que os acionistas devem ser independentes.

Decisões judiciais subsequentes estabeleceram uma distinção entre negócios legitimamente incorporados

Os motivos daqueles que participaram da promoção da empresa são totalmente irrelevantes ao discutir o que esses direitos e responsabilidades são.
Hardinge Giffard, lorde Halsbury
Juiz britânico da Câmara dos Lordes (1823-1921)

que fecham deixando grandes dívidas não pagas pelas quais diretores e acionistas não são responsáveis e empresas criadas numa tentativa de fugir de uma obrigação existente do criador da empresa, que este ainda tem de pagar. Em 1900, o modelo corporativo britânico baseado em responsabilidade limitada já tinha sido adotado em outros lugares, com algumas variações. ∎

FÁBRICAS SÃO LITERALMENTE ARMADILHAS MORTAIS
O INCÊNDIO DA TRIANGLE SHIRTWAIST FACTORY (1911)

EM CONTEXTO

FOCO
Direito do trabalho

ANTES
1900 Uma média de cem pessoas morrem todo dia em acidentes industriais nos EUA.

1909 Operários da indústria têxtil fazem greve por melhoria de condições. As empresas maiores, como a Triangle Shirtwaist Company, rejeitam as demandas por mais segurança no trabalho.

DEPOIS
1933 O New Deal coloca a reforma social e dos locais de trabalho no centro da política governamental.

1940 A emenda à Lei de Normas Justas de Trabalho reduz a jornada semanal nos EUA a quarenta horas. Entre outros direitos trabalhistas obtidos após o incêndio da Triangle Shirtwaist Factory, estão a licença-saúde, medidas de segurança e leis sobre trabalho infantil.

Até os ataques terroristas do Onze de Setembro no World Trade Center, o incêndio da Triangle Shirtwaist Factory, em 25 de março de 1911, era o evento isolado com mais mortes na cidade de Nova York. Quase todas as 146 pessoas que morreram eram jovens mulheres imigrantes, na maioria judias e italianas, presas quando o fogo se espalhou pelos três pisos superiores do prédio em Greenwich Village onde trabalhavam. Eram todas costureiras e recebiam de sete a doze dólares por uma semana de seis dias, ou 52 horas, em condições de superlotação e exploração. Suas mortes resultaram

A ASCENSÃO DO ESTADO DE DIREITO   181

Ver também: A Lei dos Sindicatos 156-159 ▪ O sistema de seguro de acidentes dos trabalhadores 164-167 ▪ Donoghue *vs.* Stevenson 194-195 ▪ A Declaração Universal dos Direitos Humanos 222-229 ▪ A Convenção Europeia de Direitos Humanos 230-233

> O **boom industrial** do fim do século XIX nos EUA é alimentado pela **mão de obra de novos imigrantes, dispostos e facilmente explorados**.

> **As normas contra incêndio são negligenciadas pelos empresários**, que subornam os encarregados de fazer cumprir regras de segurança e **resistem** ativamente **aos pedidos dos sindicatos por reforma**.

> Novas leis introduzem **padrões muito mais estritos**, e há o reconhecimento de que as leis trabalhistas devem **servir aos melhores interesses dos trabalhadores**.

> O **incêndio da Triangle Shirtwaist Factory choca a opinião pública dos** EUA, e as pessoas ficam indignadas com a **indiferença corporativa** pela segurança dos operários.

> **A ideia de que a sociedade e as economias como um todo se beneficiam de padrões justos de trabalho é universalmente aceita.**

---

de uma combinação de indiferença e incompetência municipal e irresponsabilidade corporativa. Os regulamentos sobre incêndio eram rotineiramente ignorados e os bombeiros não estavam equipados e preparados para controlar as chamas nos andares superiores de um prédio superlotado.

A tragédia pôs em destaque uma cultura em que propinas de empresários podem solapar a aplicação de normas de segurança e chocou todo o país. Como resultado, levou a uma série de regulamentos mais rígidos sobre incêndio e um aumento na sindicalização.

Blanck e Harris
Os donos da Triangle Shirtwaist Company – Max Blanck e Issac Harris, eles próprios imigrantes russos – eram típicos aproveitadores de sua classe e época. Quatro incêndios já tinham ocorrido nas fábricas que possuíam, e a dupla havia se beneficiado graciosamente do pagamento de seguros a cada vez. Em 1909, eles conspiraram para acabar com uma greve da Associação Internacional das Operárias de Fábricas de Vestuário pagando à polícia para que batesse nas mulheres e aos políticos para que fizessem vista grossa. Aventou-se que as precauções contra incêndio lamentavelmente inadequadas na Triangle eram em si mesmas uma forma de seguro: se a empresa estivesse mal, um incêndio poderia ser vantajoso. Porém, não há indícios de que o fogo foi iniciado deliberadamente.

O incêndio
Havia cerca de quinhentos empregados no prédio quando o fogo começou, no oitavo andar, por volta das 4h40. É quase certo que resultou de um cigarro aceso lançado num cesto de aço que tinha restos de algodão e papel de seda descartados de várias semanas de trabalho. As chamas incendiaram os »

Bombeiros lançam água nas chamas do incêndio da Triangle Shirtwaist Factory, no Asch Building. O prédio continua de pé hoje, renomeado como Brown Building.

O INCÊNDIO DA TRIANGLE SHIRTWAIST FACTORY

As emoções da multidão eram indescritíveis. Mulheres estavam histéricas, muitas desmaiavam; os homens choravam.
Louis Waldman
Testemunha do incêndio da Triangle Shirtwaist Factory (1892-1982)

tecidos suspensos do teto. Alguém pegou a mangueira de incêndio, mas descobriu que estava podre, com o bocal enferrujado entupido. Os empregados no último andar, o décimo, subiram rumo à cobertura e à segurança. Entre eles estavam Blanck e Harris. Porém, os que estavam no oitavo e no nono andar não tinham meios de escapar. Só um dos dois elevadores funcionava, e levava apenas doze pessoas por vez. Após três viagens, ele quebrou.

Havia duas escadas, uma para a Greene Street, a outra para a Washington Place. Muitas pessoas escaparam para a cobertura pela primeira, antes de o fogo torná-la intransitável. As escadas da Washington Place estavam livres, mas levavam a uma porta trancada. Uma pilha de corpos foi encontrada depois atrás dela. A escada de incêndio também ficou inutilizada – ela se retorceu e se desintegrou, fazendo vinte operários morrerem com a queda.

Os que ficaram presos dentro ou foram queimados vivos ou morreram por inalação de fumaça. Para horror

O incêndio da fábrica destruiu grande parte do interior do Asch Building. As vítimas mais jovens foram duas adolescentes, ambas de apenas catorze anos.

das multidões embaixo, 62 buscaram um fim ainda mais desesperado, pulando de janelas nos andares superiores, em meio ao fogo, rumo à morte. Vários deles estavam em chamas e muitos foram vistos de mãos dadas antes de pular. Trinta e seis também morreram após mergulhar no poço do elevador, numa tentativa não menos vã de escapar.

Os serviços de combate a incêndios da cidade foram ineficazes. Quase todos os bombeiros da cidade correram para o prédio, mas suas escadas mais altas só chegavam ao sexto andar e as mangueiras mais poderosas não iam muito mais alto. Redes foram estendidas para apanhar as pessoas que caíam ou se jogavam, mas se romperam com a pressão do impacto.

Reação do público

Em dezembro de 1911, Blanck e Harris foram julgados por assassinato mas absolvidos, em grande parte por detalhes ínfimos. Seu advogado, sem negar que a porta da Washington Place estava trancada, alegou com sucesso que não havia prova de que os réus soubessem disso. Em 1913, as famílias dos mortos abriram um processo civil, acusando Blanck e

Sei por experiência própria que cabe aos trabalhadores salvar a si mesmos.
Rose Schneiderman
Ativista sindical (1882-1972)

Harris por "homicídio culposo", mas só conseguiram uma reparação de 75 dólares para cada uma delas. Enquanto isso, Blanck e Harris já tinham recebido um seguro de cerca de 60 mil dólares, para ajudar a cobrir sua "perda de receita".

O incêndio mal durou trinta minutos, mas seu impacto social e político foi enorme, apesar de Blanck e Harris terem depois limpado seus nomes. Em 5 de abril de 1911, uma grande manifestação, com estimados 100 mil participantes, marchou por Nova York pedindo melhores condições de trabalho. Uma multidão silenciosa de 400 mil pessoas assistiu ao evento. A indignação pública entre todas as classes era palpável. Em junho de 1911, o Legislativo do estado de Nova York sancionou a criação da Comissão de Investigação de Fábricas, e seguiram-se muitas reformas e recomendações.

Quase nenhum setor industrial escapou das rígidas recomendações da comissão, com destaque para as fábricas de químicos. Entre as reformas mais duradouras, estavam as da Lei de Prevenção a Incêndios Sullivan-Hoey, que tornou os *sprinklers* obrigatórios e levou a grande melhoria nos acessos de entrada e saída, com todas as portas abrindo para fora e não para dentro.

A ASCENSÃO DO ESTADO DE DIREITO

Não menos importante, pela primeira vez as fábricas foram forçadas a prover itens higiênicos tão elementares como banheiros para os operários. Não havia nenhum nas instalações da Triangle Company. Uma razão para as saídas estarem trancadas era evitar "interrupções no trabalho" se empregados deixassem o prédio para usar um sanitário. Uma jovem operária descreveu assim as condições de trabalho: "Sem higiene. É a expressão em geral usada, mas deveria ser uma pior".

Ainda que a reação política fosse em parte motivada por interesse próprio – figuras políticas podiam melhorar sua imagem pública se fossem vistas ao lado dos operários e não dos patrões –, era também genuinamente desinteressada. Havia o reconhecimento de que nenhum país empreendedor e avançado como os EUA poderia prosperar se mantivesse leis tão obviamente inclinadas contra seus trabalhadores. O New Deal de Roosevelt, em 1933, foi resultado direto da lição aprendida no incêndio da Triangle: o capitalismo é mais bem servido se tiver de fato os interesses de todos em seu âmago.

Paralelos modernos

A Triangle Shirtwaist Factory fabricava as camisas femininas popularizadas pela ascensão de jovens americanas independentes e aventureiras que se libertavam das amarras do lar, forjando novas carreiras em escritórios urbanos EUA afora. Essas roupas descontraídas e as novas liberdades que simbolizavam só eram viabilizadas por trabalho forçado que pouco se distinguia de uma forma de escravidão. O incêndio de 1911 expôs as más condições de trabalho nas indústrias de vestuário da época, mas são impressionantes os paralelos com fábricas de muitas partes da Ásia no século XXI, que tornam as roupas tão baratas e a moda tão passageira no afluente Ocidente. ∎

Após um protesto contra a perda de vidas no incêndio da Triangle Shirtwaist Factory, os sindicatos trabalharam com políticos reformistas para introduzir normas de segurança mais rígidas.

Frances Perkins

Vários legisladores de Nova York responderam ao desafio que o incêndio na Triangle Shirtwaist Factory colocou. Com a organização política Tammany Hall, sediada em Nova York, eles contrastavam claramente com seus antecessores. Entre os membros mais notáveis estavam Alfred E. Smith, Robert F. Wagner e Charles F. Murphy. O membro mais importante, porém, era uma mulher.

Frances Perkins, nascida em 1880, testemunhou o incêndio da Triangle, e esse talvez tenha sido o momento definidor em sua vida. Ela já defendia os direitos dos trabalhadores, e seu compromisso posterior com a justiça social foi compensado em 1933, quando o presidente Roosevelt a nomeou secretária do Trabalho – a primeira mulher num gabinete americano. Tanto quanto os demais, Perkins pode ser considerada uma das principais idealizadoras do New Deal. Ela continuou no posto até o fim do mandato de Roosevelt, em 1945, e é conhecida hoje tanto como a secretária do Trabalho com mais tempo no cargo quanto como uma das primeiras defensoras dos direitos das mulheres. Morreu em Nova York, em 1965.

A GUERRA CONTRA O MONOPÓLIO
A COMISSÃO FEDERAL DE COMÉRCIO (1914)

O **bom funcionamento do livre mercado** depende de **concorrência leal**.

Monopólios e trustes gigantes **inibem a concorrência**.

O livre mercado é **incapaz de prevenir a criação** de monopólios e trustes.

O governo precisa ter uma agência poderosa que **impeça práticas anticoncorrenciais**.

EM CONTEXTO

FOCO
Direito comercial

ANTES
1890 A Lei Antitruste de Sherman declara ilegais a fixação de preços e os monopólios.

1911 A Suprema Corte dos EUA força a Standard Oil e a American Tobacco a romper seus monopólios.

DEPOIS
1914 A Lei Antitruste de Clayton proíbe fusões de empresas que possam prejudicar a concorrência ou criar monopólios nos EUA.

1972 Em CFC *vs.* Sperry & Hutchinson Co., a Suprema Corte confirma o poder da CFC de definir critérios para identificar práticas comerciais desleais.

1999 A Suprema Corte decide que a Microsoft é um monopólio ilegal. Ela se salva da divisão ao apelar.

A criação da Comissão Federal de Comércio (CFC) pelo 28º presidente dos EUA, Woodrow Wilson, em 1914 foi um marco nos negócios americanos. Era a primeira iniciativa destinada de fato a colocar sob controle o arrogante poder das corporações gigantes.

O objetivo da CFC é proteger os consumidores, investidores e negócios de práticas anticoncorrenciais, como fraude em licitações, fixação de preços, monopólios e fusões monopolistas. Há uma ideia implícita de que o livre mercado não pode garantir a ausência dessas práticas sem ser guiado no rumo correto.

O rápido crescimento econômico dos EUA, devido em parte ao aumento da população, levou, no início dos anos 1900, à necessidade cada vez mais urgente de leis. Muitos produtos essenciais estavam nas mãos de apenas umas poucas

A ASCENSÃO DO ESTADO DE DIREITO   185

Ver também: O Estatuto da Rainha Ana 106-107 ▪ A Lei Antitruste de Sherman 170-173 ▪ A Lei de Proteção ao Informante 274 ▪ O Tratado de Direitos Autorais da OMPI 286-287

Os chefões do Senado (1889). Neste cartum de Joseph Keppler, interesses corporativos, como os do cobre, estanho e carvão, são enormes sacos de dinheiro sobre a sala do Senado dos EUA.

empresas enormes – os trustes –, que controlavam setores inteiros da economia do país, como petróleo, aço, ferrovias e açúcar. Esses trustes gigantes eram em essência monopólios com total controle do mercado. Os preços disparavam, os serviços pioravam e o público exigia providências. O presidente Theodore Roosevelt proclamou-se um "caçador de trustes" e, em 1904, usou a Lei Antitruste de Sherman, que proibia a fixação de preços, para forçar o desmembramento da Northern Securities Company, um conglomerado de ferrovias.

Os esforços de Roosevelt, porém, não foram o bastante. Os grandes negócios floresciam e os ricos ficavam mais ricos, enquanto muitos trabalhadores estavam presos a empregos sem futuro e mal pagos. As pessoas sentiam que o capitalismo era manipulado – ideia confirmada quando a Standard Oil e a American Tobacco foram condenadas pela formação de trustes em 1911. A caça aos trustes se tornou um tema central nas eleições presidenciais de 1912, que levaram Woodrow Wilson ao poder.

Uma nova agência governamental

A administração de Wilson aprovou em 1914 a Lei Antitruste de Clayton, que criava poderes legais para conter os trustes focalizando as fusões. Porém, tratar trustes caso a caso logo entupiria os tribunais. Assim, o Congresso também apresentou a Lei da Comissão Federal de Comércio. Esse projeto proibia "métodos desleais de concorrência" e criava uma nova agência governamental, a CFC, com amplos poderes para regular os negócios. Para evitar influências políticas, só três de seus cinco membros podiam ser do mesmo partido político.

A CFC podia investigar indícios apresentados por consumidores, mídia e empresas, revisar casos e proferir diretamente decisões. Leis posteriores ampliaram seu alcance, abrangendo "atos ou práticas desleais ou enganosas no comércio ou que o afetem". Com a ajuda de novos órgãos reguladores, como a Agência de Alimentos e Drogas (FDA, na sigla em inglês), a CFC teve um papel enorme na formação dos negócios nos EUA no século passado. ■

As grandes corporações só existem porque são criadas e salvaguardadas por nossas instituições.
Theodore Roosevelt
26º presidente dos EUA (1901-1909)

Ida Tarbell

Nascida na Pensilvânia em 1857, Ida Tarbell foi uma pioneira do jornalismo investigativo. Ela é mais famosa por seu livro *A história da Standard Oil Company* (1904), publicado como uma série de artigos na *McClure's Magazine* de 1902 a 1904, a qual apresentou evidências de que a Standard Oil manipulava os preços que as ferrovias pagavam pelo petróleo. A obra foi definida como "a mais influente sobre negócios já publicada nos Estados Unidos" pelo escritor e historiador americano Daniel Yergin.

Escritora prolífica e popular por mais de 64 anos de carreira, Tarbell era conhecida por transformar temas complexos em artigos fáceis de entender. Ela também fez um circuito de palestras pelos EUA, abordando assuntos como paz mundial, política, tarifas, práticas laborais e questões femininas. Tarbell morreu de pneumonia num hospital em Bridgeport, em Connecticut, em 1944.

PROVAS ILEGAIS SÃO FRUTOS DA ÁRVORE ENVENENADA
A REGRA DE EXCLUSÃO (1914)

EM CONTEXTO

FOCO
Direito constitucional

ANTES
1791 O Congresso dos EUA adota a Declaração de Direitos, formada pelas dez primeiras emendas à Constituição.

Século XIX Não há jurisprudência para definir a aplicação prática da Quarta Emenda.

DEPOIS
1949 Com Wolf *vs.* Colorado, a regra de exclusão passa a não ser aplicável quando um crime na esfera estadual é julgado num tribunal estadual.

1961 Mapp *vs.* Ohio torna obrigatória a regra de exclusão em todos os tribunais dos EUA, derrubando Wolf *vs.* Colorado.

1974 EUA *vs.* Calandra reduz o alcance da regra de exclusão em certas circunstâncias; decisões posteriores continuam a aperfeiçoar as aplicações da regra.

A decisão unânime da Suprema Corte dos EUA em Weeks *vs.* EUA, em 1914, endossou de modo inequívoco os termos absolutos constitucionais da Declaração de Direitos americana de 1791. Especificamente, sustentou a Quarta Emenda da Declaração, que afirma: "Não será infringido o direito do povo à inviolabilidade de sua pessoa, suas casas, papéis e haveres, contra buscas e apreensões irrazoáveis". Essa foi a primeira vez que um tribunal dos EUA proferiu uma decisão definitiva sobre a Quarta Emenda, para esclarecer com precisão o que ela significava em termos legais.

Weeks *vs.* EUA
De início o caso pareceu rotineiro. Em 1911, Fremont Weeks foi condenado em Kansas City, no Missouri, por violar leis de jogos ao enviar por correio bilhetes de loteria, cruzando fronteiras estaduais. A Suprema Corte, porém, anulou a condenação porque as provas tinham sido obtidas ilegalmente. A casa de Weeks havia sido

A **Declaração de Direitos garante** as **liberdades pessoais** a todos os cidadãos americanos.

A **redação vaga** torna **obscura** a **interpretação** de algumas **emendas**, em especial a Quarta, que protege de **busca e apreensão não razoáveis**.

A regra de exclusão diz que provas obtidas por uma busca ou apreensão ilegal são inadmissíveis em tribunais penais.

A ASCENSÃO DO ESTADO DE DIREITO   187

Ver também: A Constituição e a Declaração de Direitos dos EUA 110-117 ▪ A Declaração dos Direitos do Homem 118-119 ▪ A Suprema Corte dos EUA e o controle de constitucionalidade 124-129 ▪ Miranda *vs.* Arizona 254-255

A polícia de Kansas City era ativa na perseguição aos criminosos, mas nem sempre seguia as leis. Na foto, alguns de seus membros por volta de 1900.

vasculhada duas vezes por agentes da lei – na segunda vez por um marechal americano. Nas duas ocasiões, não foi emitido mandado.

O direito constitucional de Weeks "à inviolabilidade", sob a Quarta Emenda, tinha sido violado, a prova obtida foi "excluída" do julgamento e, portanto, declarada inadmissível. Esse princípio é conhecido como regra de exclusão.

Houve claros paralelos em decisões posteriores da Suprema Corte em que se descobriu que direitos constitucionais foram violados, mais obviamente em Miranda *vs.* Arizona, de 1966. Nesse caso, condenações por estupro e sequestro foram anuladas porque os direitos constitucionais do acusado – a permanecer calado e evitar a autoincriminação (Quinta Emenda) e a ter uma defesa legal (Sexta) – tinham sido ignorados.

A regra de exclusão sempre foi controversa. A crítica óbvia é que culpados podem escapar sem punição – não se questionou se Weeks era culpado. Os defensores da decisão disseram que, sem a regra de exclusão, a própria Constituição seria violada. Em termos mais práticos, era do interesse mais amplo da Justiça americana usar a regra para manter entre os agentes da lei os mais altos padrões de coleta de provas.

Exceções à regra
Julgamentos posteriores da Suprema Corte tenderam a abrandar interpretações rígidas da regra de exclusão. Por exemplo, em EUA *vs.* Leon, um caso de tráfico de drogas, a polícia fez uma busca com um mandado que depois se revelou inválido. A decisão de 1984 afirmou que a regra de exclusão não se aplicava, pois uma prova obtida pela polícia "em boa-fé" com o mandado de busca era admissível; ela também sustentou que os "substanciais custos sociais" de o culpado ficar livre poderiam ser desproporcionais.

Uma singularidade da regra de exclusão era que só se aplicava a casos federais. Em Wolf *vs.* Colorado, em 1949, a Suprema Corte confirmou condenações pelo estado do Colorado, porque cabia aos tribunais estaduais decidir se iriam implementar ou não a regra de exclusão em casos criminais.

Foi só em 1961, com Mapp *vs.* Ohio, sobre uma condenação por posse de materiais obscenos, que a regra de exclusão se tornou obrigatória em todos os tribunais dos EUA. O precedente citado foi a 14ª Emenda, que garantia o direito ao "devido processo legal". ∎

Edward Douglass White era presidente do epônimo Tribunal White, a Suprema Corte dos EUA que em 1914, em Weeks *vs.* EUA, sustentou de modo unânime a regra de exclusão.

O criminoso fica livre, se for preciso, mas é a lei que o põe em liberdade.
Tom C. Clark
Juiz da Suprema Corte dos EUA
(1949-1967)

O PODER É O VOTO
A LEI DA REPRESENTAÇÃO DO POVO (1918)

EM CONTEXTO

FOCO
Reforma eleitoral

ANTES
1832 Mary Smith apresenta a primeira petição ao Parlamento do Reino Unido para que as mulheres possam votar em eleições locais.

1893 A Nova Zelândia se torna o primeiro país a dar às mulheres o direito de votar em eleições parlamentares.

1894 A Lei do Governo Local, no Reino Unido, permite que as mulheres votem em eleições locais e dos condados.

DEPOIS
1920 Os Estados Unidos dão a todas as mulheres o direito ao voto.

1928 O sufrágio universal no Reino Unido é afinal concedido a todos os homens e mulheres de mais de 21 anos.

2015 As mulheres na Arábia Saudita recebem o direito ao voto.

Antes de 1832, só 3% dos homens adultos britânicos tinham o direito de votar. A lei concedia o sufrágio (direito de votar) só aos homens com certa renda ou grandes propriedades. Conforme o Parlamento foi aos poucos estendendo o voto a uma proporção maior da população masculina (com leis aprovadas em 1832, 1867 e 1884), as mulheres se questionaram por que não podiam votar. Muitos homens – além de algumas mulheres – eram hostis à ideia do sufrágio feminino, acreditando que as mulheres eram emotivas demais para tomar decisões políticas racionais e que não sabiam nada sobre indústria e comércio.

Atos, não palavras

As ativistas começaram a se organizar em grupos. Algumas, como Millicent Fawcett, que formou a União Nacional de Sociedades para o Sufrágio das Mulheres em 1897, acreditavam em protestos pacíficos, com panfletos, comícios e petições ao Parlamento. Em contraste, Emmeline Pankhurst e a União Social e Política das Mulheres (criada em 1903), com o lema "Atos, não palavras", defendiam a ação direta: vandalismo, greves de fome e acorrentamento a grades. O ímpeto por mudança ganhou ainda mais força após as Leis de Propriedades de Mulheres Casadas de 1870, 1882 e 1884, que permitiram a elas manter seu próprio dinheiro e bens após casar-se. As mulheres agora pagavam impostos sobre as

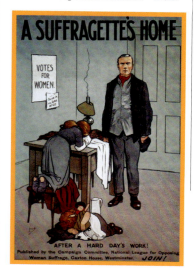

Neste cartaz contra o sufrágio feminino, um marido chega à casa após um dia duro de trabalho e encontra as crianças chorosas entregues a si próprias enquanto a mãe está fora em campanha.

A ASCENSÃO DO ESTADO DE DIREITO   189

Ver também: A Magna Carta 66-71 ▪ A Revolução Gloriosa e a Declaração de Direitos inglesa 102-103 ▪ A Declaração dos Direitos do Homem 118-119 ▪ A Declaração Universal dos Direitos Humanos 222-229 ▪ A Lei dos Direitos Civis 248-253

De início, o **direito de votar** inclui apenas **homens ricos e donos de terras**, mantendo o poder nas mãos de uns poucos escolhidos.

Os **trabalhadores** alegam de forma bem-sucedida que deveriam ser **representados no Parlamento**.

Durante a **Primeira Guerra Mundial**, muitas **mulheres deixam a esfera doméstica** para ocupar postos de trabalho tradicionalmente masculinos.

empresas que possuíam, mas não tinham voz sobre a aplicação desses recursos.

Desde os anos 1860, houve muito empenho de ativistas e parlamentares simpatizantes para obter leis que estendessem o direito de voto às mulheres, mas o esforço era sempre frustrado. As coisas mudaram com a eclosão da Primeira Guerra Mundial, em 1914. Com tantos homens na guerra, as mulheres foram chamadas a assumir trabalhos e responsabilidades

Os homens [...] decidiram que é totalmente certo e apropriado os homens lutarem por suas liberdades e direitos, mas que não é certo e apropriado as mulheres lutarem pelas delas.
Emmeline Pankhurst
My Own Story [Minha própria história], 1914

As *suffragettes* ocupavam as ruas defendendo o voto feminino e divulgando reuniões futuras, como nesta foto tirada em Manhattan por volta de 1913.

tradicionalmente masculinos. Os argumentos contra o voto feminino – como o de que elas eram o "sexo fraco" – pareciam absurdos quando cerca de 2 milhões de mulheres estavam em cargos antes ocupados por homens.

Em 1918, o Parlamento afinal aprovou a Lei da Representação do Povo, que estendeu o voto não só a todos os homens com mais de 21 anos como às mulheres de mais de trinta.

Voto para todos
A lei incluiu cerca de 8,5 milhões de mulheres, que puderam votar pela primeira vez numa eleição em dezembro daquele ano. E como a Lei (de Qualificação das Mulheres) do Parlamento tinha sido aprovada semanas antes, elas também puderam votar em candidatas pela primeira vez.

Na época, o sufrágio feminino já tinha se tornado um tema central em todo o mundo. Em 1893, a Nova

A Lei da Representação do Povo dá às mulheres acima de trinta anos o direito de votar.

Zelândia se tornou o primeiro país a estender o direito de voto às mulheres. Em 1920, a 19ª Emenda à Constituição dos EUA permitiu que as mulheres votassem, e em 1928 o Reino Unido aprovou a Lei do Voto Equitativo, dando a todos os britânicos acima de 21 anos o direito ao voto, independentemente de classe, riqueza ou gênero. ▪

AQUELE QUE NÃO TRABALHA NÃO COMERÁ
A CONSTITUIÇÃO RUSSA (1918)

EM CONTEXTO

FOCO
Direito constitucional

ANTES
1791 Na França, os revolucionários proclamam uma nova Constituição.

1871 A Comuna de Paris, baseada em ideais radicais socialistas, governa a cidade por três meses.

1905 A Revolução Russa leva a uma nova Constituição e a um Legislativo eleito, a Duma Estatal.

DEPOIS
1924 A Constituição de 1918 é revisada, consolidando o poder do Partido Comunista da Rússia (depois Partido Comunista da União Soviética).

1936 A Constituição de Stalin dá o controle total a ele e ao Partido Comunista.

1991 A União Soviética (URSS) se dissolve e, com ela, a Constituição Comunista.

A **revolução do proletariado**, a classe trabalhadora, deve **sobreviver**.

A **burguesia** fará qualquer coisa para **derrubar a revolução**.

As massas do proletariado são **instáveis demais para promover as mudanças** necessárias.

Os **líderes revolucionários** do proletariado devem **assumir um controle firme**.

A Constituição adota um projeto para a sociedade e exclui a burguesia.

Em 1917, durante a Revolução de Fevereiro, soldados russos esgotados pela Primeira Guerra Mundial expulsaram o czar Nicolau II de São Petersburgo, abrindo espaço para um governo provisório. Após a abdicação do czar, em março, os liberais esperavam uma mudança para uma democracia representativa. Porém, uma tentativa frustrada do general imperial russo Lavr Kornilov de derrubar o governo provisório, em setembro, levou Vladimir Lenin, que estava exilado na Finlândia, a mobilizar seus seguidores bolcheviques.

A conquista bolchevique
Lenin percebeu que o momento era propício para voltar à Rússia, onde teria um papel central na Revolução de Outubro. Influenciado pelo alemão Karl Marx, fundador do comunismo, Lenin abraçou a ideia da "ditadura do proletariado", assim chamada porque o poder do proletariado, ou classe trabalhadora, não deveria ser limitado por leis criadas pela burguesia.

Em 25 de outubro (7 de novembro no calendário gregoriano), os bolcheviques tomaram o poder, e logo formaram o Exército Vermelho e a Tcheka – disciplinadores brutais que acabariam se tornando a polícia

A ASCENSÃO DO ESTADO DE DIREITO   191

Ver também: A Revolução Gloriosa e a Declaração de Direitos inglesa 102-103 ■ A Constituição e a Declaração de Direitos dos EUA 110-117 ■ A Declaração dos Direitos do Homem 118-119 ■ O Tratado de Versalhes 192-193

---

secreta soviética, ou KGB. Na primavera seguinte, enquanto grassava a Guerra Civil, foi criada uma nova Constituição. A Constituição de 1918 foi a primeira a reconhecer o governo da classe trabalhadora, fazendo da Rússia o primeiro Estado socialista.

A Constituição

A Constituição elaborada por Lenin, adotada em 1918, não se destinava a garantir a estabilidade com um sistema de controle dos poderes; ela era um projeto revolucionário para uma sociedade em mudança.

O objetivo da Constituição era "a abolição da exploração do homem pelo homem, a total abolição da divisão das pessoas em classes, a supressão dos exploradores, o estabelecimento de uma sociedade socialista". Uma aliança de trabalhadores e camponeses governaria o país por meio de sovietes – conselhos de deputados formados por trabalhadores e soldados que surgiram em toda a Rússia.

De início, os sovietes eram abertos a todos, mas a Constituição excluiu deles a burguesia, bem como de todos os outros órgãos do governo. Ela

também proibiu que qualquer pessoa apoiasse o Exército Branco contrarrevolucionário (liderado pelas antigas forças imperiais) e tornou um dever a participação de trabalhadores e soldados no novo Exército Vermelho.

A ligação dos bolcheviques com o poder continuou após a Guerra Civil; a Constituição de 1918 substituiu o

Este impressionante cartaz soviético, que celebra a Revolução de 1917, apresenta um operário esmagando as correntes da opressão para conquistar a paz, a liberdade, o socialismo e a democracia.

despotismo do czar pelo despotismo de Estado, que marcaria o Partido Comunista Russo. Significativamente, ela não incluía a garantia de direitos humanos aos indivíduos.

O Congresso dos Sovietes Russos, formado em 1917, foi preenchido por deputados dos sovietes, trabalhadores, camponeses e soldados eleitos, mas na verdade era só uma fachada para o Partido. O "órgão de poder supremo", o Comitê Executivo Central, escolhia o chefe de Estado e emitia decretos. Comissários eleitos pelo Congresso também emitiam decretos e cuidavam da administração.

A Constituição de 1918 explicitou os princípios que seriam adotados depois em constituições de todo o mundo comunista – em Belarus, China, Cuba, Turcomenistão, Coreia do Norte e Vietnã. Ela também forneceu a estrutura para o governo da URSS por 73 anos. ■

Vladimir Ilitch Lenin

Vladimir Ulianov, mais conhecido como Lenin, nasceu em Simbirsk (hoje Ulianovsk), em 1870. Lenin se inclinou à revolução em parte porque seu irmão mais velho foi enforcado em 1887 por seu papel num plano para assassinar o czar Alexandre III. Inspirado pela Constituição revolucionária francesa, pela Comuna de Paris e por Karl Marx, ele acabou dando forma à Revolução Russa. Lenin estava decidido a fazer a Revolução durar fundando um partido. Como disse em 1902,

"Deem-nos uma organização de revolucionários e transformaremos a Rússia!". Porém, o Partido Operário Social-Democrata Russo se dividiu em bolcheviques linha-dura e mencheviques mais moderados. O dinamismo e a liderança inspiradora de Lenin levaram os bolcheviques ao poder na Rússia no fim de 1917, garantindo que não haveria volta para o czar Nicolau II. Os bolcheviques se tornaram o Partido Comunista Russo e Lenin foi o primeiro chefe do Estado soviético, até sua morte, em 1924.

A democracia para uma minoria insignificante, a democracia para os ricos – essa é a democracia da sociedade capitalista.
Vladimir Lenin
O estado e a revolução, 1917

QUEREMOS UMA PAZ QUE SEJA JUSTA
O TRATADO DE VERSALHES (1919)

EM CONTEXTO

FOCO
Direito internacional

ANTES
1907 A Tríplice Entente une Reino Unido, França e Rússia numa aliança para enfrentar as Potências Centrais – Alemanha e Áustria-Hungria.

1918 A Alemanha e a Áustria-Hungria assinam um armistício. O conflito termina com cerca de 9 milhões de militares e 11 milhões de civis mortos.

1918 Revoluções abalam a Alemanha após sua rendição.

DEPOIS
1923 A incipiente República de Weimar, o governo da Alemanha, vacila sob a tensão da hiperinflação.

1929-1933 Durante a Grande Depressão, o desemprego na Alemanha atinge 6 milhões.

1933 Hitler é confirmado chanceler alemão e logo se segue o governo nazista de um só partido.

O Tratado de Versalhes foi assinado em 28 de junho de 1919 entre as potências Aliadas da Primeira Guerra Mundial e o Império Alemão derrotado. Nos catorze meses seguintes, quatro outros tratados foram fechados com Áustria, Bulgária, Hungria e Turquia, além de mais alguns com a Turquia em 1923 e a Alemanha em 1925.

Os tratados remapearam a Europa. Os impérios Austro-Húngaro e Otomano foram desmantelados; o antigo Império Russo, convulsionado pela Guerra Civil, tinha se reduzido drasticamente. Oito novos Estados-nações foram também criados: Tchecoslováquia, Estônia, Finlândia, Hungria, Letônia, Lituânia, Polônia e Iugoslávia.

O Tratado de 1919 tinha sido redigido na Conferência de Paz de Versalhes, com a presença de 27 nações, lideradas, porém, por Reino Unido, França, Itália e EUA. O ímpeto inicial para a conferência viera do presidente dos EUA, Woodrow Wilson. Seu ideal era uma liga das nações democrática, aberta e igualitária (ver quadro na página ao lado), baseada na "autodeterminação", para forjar um mundo novo, pacífico e próspero.

A visão de Wilson para a Europa foi minada pela impossibilidade de criar Estados-nações coerentes com povos multiétnicos e pelos imperativos políticos de outros Aliados.

Punição à Alemanha
Os primeiros-ministros britânico, David Lloyd George, e francês, Georges Clemenceau, tinham se decidido por uma "cláusula de culpa da guerra". A lógica era simples: como a Alemanha

A Alemanha está algemada, neste cartaz de protesto de 1932, de Heinz Wever, com o peso das reparações, devido à "culpa da guerra", atribuída ao país no artigo 231 do Tratado de Versalhes.

A ASCENSÃO DO ESTADO DE DIREITO

Ver também: As Convenções de Genebra 152-155 ▪ Os julgamentos de Nuremberg 202-209 ▪ As Nações Unidas e a Corte Internacional de Justiça 212-219

> A **Primeira Guerra Mundial extenuou** as **nações** europeias; outra grande **guerra** é **impensável**.

> Os EUA **emergem brevemente** como **pacificadores do mundo**, defendendo a democracia e uma **liga das nações**.

> A **França e o Reino Unido insistem** que o **poder da Alemanha** deve ser **restringido**, para impedir que inicie outra guerra, e que **o país deve pagar** pelos **danos** que causou.

> O **Tratado de Versalhes** encerra formalmente a guerra e **obriga a Alemanha** a **se desarmar, entregar territórios** e pagar **enormes indenizações** às potências Aliadas.

A Liga das Nações

A decisão mundial de tornar impossível qualquer conflito futuro com a dimensão da Primeira Guerra Mundial foi sintetizada na criação em Genebra, em 1920, da Liga das Nações, que deveria ser uma força internacional para a cooperação e a segurança entre as nações.

Embora inspirada pelo presidente americano Woodrow Wilson, a Liga foi minada desde o início pela recusa dos EUA, retrocedendo ao isolacionismo, a aderir a ela e pela ideia de que era uma tentativa franco-britânica de justificar o domínio colonial.

A Liga das Nações logo se mostrou impotente, um órgão bem-intencionado sem meios efetivos de impor suas decisões e muitas vezes incapaz de obter acordos para linhas de ação coletivas. Em seu auge, em 1935, tinha 58 membros, muitos deles ambivalentes; alguns se juntaram à Liga só por poucos anos.

Um falso ímpeto ou não – foi oficialmente desativada em 1946 –, a Liga foi o modelo para as Nações Unidas, em 1945.

---

era a responsável pela guerra, devia arcar com o ônus. Assim, o Tratado de Versalhes impôs duas condições principais à Alemanha.

A primeira condição era financeira. A Alemanha devia pagar reparações de 132 bilhões de marcos. Isso se somou às suas enormes dívidas de guerra, de cerca de 150 bilhões de marcos. Também devia entregar quase todos os seus recursos de minério de ferro e carvão, além de 13% de seu território, onde cerca de 10% de seu povo vivia.

A Alemanha também deveria se desarmar: seus exércitos, de 3,8 milhões de soldados em 1914, se reduziriam a 100 mil. E ela deveria ceder a maior parte de sua Marinha e todos os seus maiores navios mercantes. A Renânia, no oeste da Alemanha, seria uma zona desmilitarizada, policiada por tropas aliadas, e o país deveria entregar todas as colônias de ultramar.

Forçada a assinar o tratado, a Alemanha se viu humilhada e empobrecida, com a economia arruinada, o imperador exilado e seu povo faminto. Mesmo na época se percebeu que demandas tão punitivas sobre um país derrotado só poderiam provocar ressentimento.

Consequências catastróficas

A punição à Alemanha se revelou desastrosa para o sucesso de longo prazo do tratado de paz. O país poderia ter se recuperado se a Grande Depressão não o tivesse mergulhado ainda mais na miséria econômica, em benefício de Hitler. Ele não foi um produto inevitável do Tratado de Versalhes, mas sem este sua ascensão seria impensável. Buscando dar fim à "guerra para acabar com todas as guerras", o Tratado de Versalhes abriu caminho para a Segunda Guerra Mundial e o Holocausto. ∎

Isto não é uma paz, é um armistício de vinte anos.
Marechal Ferdinand Foch
General francês (1851-1929)

UM DEVER DE CUIDAR
DONOGHUE *VS.* STEVENSON (1932)

EM CONTEXTO

FOCO
Responsabilidade civil

ANTES
1842 Em Winterbotton *vs.* Wright, no Reino Unido, os juízes decidem contra um motorista de carruagem que afirma ter se ferido devido à manutenção negligente do fornecedor do veículo.

DEPOIS
1943 A Câmara dos Lordes sustenta que o dever de cuidar não se estende aos traumatizados após presenciar acidentes. O caso McLoughlin *vs.* O'Brian, em 1982, reconhece tal dever.

1951 O princípio do dever de cuidar se aplica a uma mulher atingida por uma bola de críquete, num caso que elucida o que um réu precisa antever.

1970 Donoghue *vs.* Stevenson é citado num caso histórico que envolve danos a barcos por jovens infratores aos cuidados do Ministério do Interior.

Um indivíduo sofre danos supostamente devidos à **falta de cuidado** por parte de **outra pessoa**.

O **réu** poderia ter **razoavelmente previsto** que sua conduta **poderia prejudicar alguém**.

O **princípio "ama a teu próximo"** se estende a qualquer pessoa passível de ser afetada por **atos imprudentes**.

É justo impor ao réu a responsabilidade por suas ações.

Em 26 de agosto de 1928, May Donoghue e uma amiga foram a um café em Paisley, na Escócia, onde a amiga pediu bebidas para as duas. Donoghue recebeu uma cerveja de gengibre Stevenson, que veio numa garrafa de vidro marrom opaca que obscurecia o líquido dentro. Ela se serviu e tomou um pouco da cerveja, mas notou então que um caracol em decomposição tinha caído no copo. Ela ficou abalada e pouco tempo depois adoeceu.

O dono do café certamente não poderia ser responsabilizado, pois as garrafas fechadas tinham sido entregues a ele pelo fabricante, David Stevenson, e ele não podia ver seu conteúdo. O importante é que May Donoghue não era a compradora da cerveja – sua amiga sim, porque ela

A ASCENSÃO DO ESTADO DE DIREITO

Ver também: Os Comentários de Blackstone 109 ▪ Hadley *vs.* Baxendale 148-149 ▪ O sistema de seguro de acidentes dos trabalhadores 164-167 ▪ Salomon *vs.* Salomon & Co. Ltd. 178-179

Seria quase ultrajante tornar [os réus] responsáveis [...] pelas condições do conteúdo de cada garrafa saída de sua empresa.
Lorde Buckmaster
Juiz discordante, 1932

Uma garrafa opaca está no cerne do caso Donoghue *vs.* Stevenson, com a decisão final baseada no fato de que o dono do café não poderia ser responsável pelo que não era visível.

pagou pelas bebidas. Pela lei que havia na época, a senhora Donoghue não tinha o direito à reparação por sua doença, pois não tinha feito um contrato com o produtor das bebidas. Ela processou Stevenson, de qualquer modo, e em 1931 seu caso chegou à Câmara dos Lordes, então o tribunal máximo do Reino Unido.

"Ama o teu próximo"

No ano seguinte, lorde Atkin, falando pela maioria dos juízes que favoreciam Donoghue, disse que Stevenson tinha um grande dever de cuidar de qualquer pessoa que bebesse seu produto. Quando uma reclamação por danos era feita, era importante estabelecer se alguém teria como antever de modo razoável que suas ações poderiam prejudicar outra pessoa. O mandamento da Bíblia para amar ao próximo, disse Atkin,

suscitava uma questão legal: "Quem é o meu próximo?". Atkin disse então que uma pessoa devia considerar não só os que estão fisicamente perto dela, mas qualquer um passível de ser afetado por atos imprudentes. Ao delinear os deveres de uma pessoa em relação às outras – o que foi chamado de dever de cuidar –, ele estabeleceu um padrão pelo qual os tribunais poderiam avaliar se alguém seria declarado responsável por sua conduta descuidada. Essa apreciação era direta no exemplo da cerveja de gengibre de May Donoghue; o fabricante tinha feito

Quem, então, segundo a lei, é o meu próximo?
Lorde Atkin
Câmara dos Lordes, 1932

um produto destinado ao mundo mais amplo, então deveria prever que as pessoas que o consumissem seriam prejudicadas se ele estivesse contaminado.

Donoghue *vs.* Stevenson foi importante no campo da responsabilidade civil, que lida com a reparação por danos aos direitos das pessoas a produtos seguros, ambiente limpo e proteção de sua propriedade e interesses econômicos mais amplos. O caso elucidou a existência de um dever geral de cuidar, não só um dever confinado a situações como as relações entre um médico e um paciente, entre um empregador e um empregado, ou um contrato entre um fabricante e alguém que compra seu produto.

Quando, mais tarde, os tribunais definiram conceitos como previsibilidade e proximidade em mais detalhes, o caso passou a ser considerado um marco no direito do consumidor e de danos pessoais no mundo todo, lançando as bases da legislação moderna sobre negligência. ∎

ARMAS LETAIS DEVEM SER REGULAMENTADAS
A LEI NACIONAL DAS ARMAS DE FOGO (1934)

EM CONTEXTO

FOCO
Controle de armas

ANTES
1791 A Segunda Emenda confirma o direito de portar armas com base na autodefesa.

1929 No Massacre do Dia de São Valentim, sete membros de uma gangue são brutalmente assassinados em Chicago.

1933 Giuseppe Zangara tenta matar o presidente eleito Roosevelt; ele fere mortalmente o prefeito de Chicago, Anton Cermak, e o clamor pelo controle de armas fica mais forte.

DEPOIS
1993 O número anual de homicídios por armas de fogo chega ao auge. Após disparar nos anos 1960, ele diminui bastante de 1993 a 2000 e depois aumenta de novo.

2000-2019 Um total de 710 pessoas são mortas em tiroteios em massa ao longo dos EUA.

A Segunda Emenda à Constituição dos EUA torna explícito que "o direito das pessoas a manter e portar armas não será infringido". A intenção era proteger os cidadãos da república recém-independente contra ataques, potencialmente até de seu próprio governo, permitindo uma "milícia bem controlada". A discussão sobre esse direito – se é um incitamento à violência ou uma pedra angular das liberdades americanas – vem grassando desde então.

Apesar das decisões ambíguas da Suprema Corte em 1875 e 1886 – ambas, na verdade, enfraquecendo a Segunda Emenda –, a Lei Nacional das Armas de Fogo, de 1934, foi a primeira tentativa federal de uma legislação para controle de armas. Ela foi aprovada logo após a revogação da Lei Seca, em grande parte em resposta à inquietação pública diante da guerra de gangues descontrolada da época, quando os criminosos assumiram o controle do comércio de álcool.

A lei só se aplicava a dois tipos de armas: metralhadoras e rifles. Nenhuma delas deixou de ser permitida. A intenção era aplicar uma taxa proibitiva de duzentos dólares sobre cada venda. Além disso, os donos dessas armas tinham de registrá-las. A lei não se aplicava a pistolas. Os resultados da Lei das Armas de Fogo foram contraditórios. Ela penalizava principalmente quem cumpria a lei e pouco fazia para deter os criminosos, que dificilmente se dobrariam a diretivas legais. Outras decisões da Suprema Corte, em 2008, 2010 e 2016, falharam em fornecer uma solução para essa profunda brecha ideológica na sociedade americana. ■

O tiroteio em massa mais letal nos EUA ocorreu em 1º de outubro de 2017, em Las Vegas, quando Stephen Paddock abriu fogo num festival de música. Ele matou 58 pessoas e feriu mais 413.

Ver também: A Constituição e a Declaração de Direitos dos EUA 110-117 ■ A Declaração dos Direitos do Homem 118-119 ■ A Suprema Corte dos EUA e o controle de constitucionalidade 124-129

A ASCENSÃO DO ESTADO DE DIREITO **197**

DE UMA DEMOCRACIA A UMA DITADURA
AS LEIS DE NUREMBERG (1935)

EM CONTEXTO

FOCO
Leis raciais

ANTES
Meados dos anos 1800 Em partes do norte europeu, uma teoria de pureza racial ariana se desenvolve: judeus, negros e eslavos são julgados "racialmente inferiores".

1930 *O mito do século XX*, do nazista Alfred Rosenberg, tenta dar uma justificativa filosófica à perseguição aos judeus.

DEPOIS
1938 Na Kristallnacht (Noite dos Cristais), em 9-10 de novembro, tumultos antijudaicos são coordenados por paramilitares ao longo da Alemanha, e 30 mil judeus são presos.

1939-1945 O Aktion T4 (Programa T4) autoriza alguns médicos alemães a realizar eutanásia compulsória em pessoas deformadas, deficientes e com doenças mentais.

O racismo nazista contra o povo judeu era evidente mesmo antes de Adolf Hitler se tornar chanceler, em janeiro de 1933. Os judeus eram vistos como *Untermenschen* (seres subumanos), que contaminavam a pureza racial. No início dos anos 1930, eles foram usados como bodes expiatórios e maltratados, numa tentativa de expulsá-los da Alemanha. Então, em 1935, a discriminação racial se tornou lei.

Houve duas Leis de Nuremberg: a Lei de Proteção ao Sangue e à Honra Alemães e a Lei de Cidadania do Reich. Elas iam muito além dos inúmeros decretos antijudaicos aprovados desde 1933, como a proibição de judeus em postos do governo e restrições à sua atuação nas principais profissões.

A Lei do Sangue e da Honra Alemães proibia o casamento entre judeus e alemães – relações "extramaritais" eram igualmente ilegais. Os judeus também não podiam mais empregar alemãs com menos de 45 anos como empregadas domésticas. A Lei de Cidadania dava uma intrincada série de definições de identidade racial. Quem tivesse um oitavo de sangue judeu ou menos era considerado alemão e cidadão do Reich; os que tivessem três quartos ou sangue apenas judeu perdiam todos os direitos. Os que estivessem entre os dois casos eram cidadãos do Reich, mas não membros da raça alemã.

As Leis de Nuremberg foram um ponto de partida crucial para a própria Solução Final, autorizada em 1941: os judeus da Europa não seriam mais só atormentados – eles seriam exterminados. ■

Tudo o que fizemos deriva das Leis de Nuremberg.
Reinhard Heydrich
Oficial nazista das SS (1904-1942)

Ver também: As Convenções de Genebra 152-155 ▪ Os julgamentos de Nuremberg 202-209 ▪ A Convenção sobre o Genocídio 210-211 ▪ A Declaração Universal dos Direitos Humanos 222-229

UMA NO ORDEM INTERNA

1945-1980

VA
CIONAL

INTRODUÇÃO

1945 — A **Carta das Nações Unidas** objetiva promover a paz mundial e proteger os direitos humanos.

1945 — A Comissão Internacional de Polícia Criminal, fundada em 1923, é restaurada. Ela adota o nome **Interpol** em 1956.

1948 — A ONU aprova a **Declaração Universal dos Direitos Humanos**.

1952 — A **Corte Europeia de Justiça** é instalada como complemento à Comunidade Europeia do Carvão e do Aço, uma antecessora da União Europeia.

1945 — Um tribunal internacional é instalado em **Nuremberg**, na Alemanha, para julgar líderes nazistas acusados de crimes de guerra e crimes contra a humanidade.

1948 — A ONU adota a **Convenção sobre o Genocídio**, tornando o genocídio um crime à luz do direito internacional.

1950 — A **Convenção Europeia de Direitos Humanos** se torna o primeiro tratado internacional vinculante a proteger direitos humanos.

1962 — O Conselho Nórdico, formado em 1952, aprova o **Tratado de Helsinque**, facilitando a integração dos países escandinavos.

Nas décadas que se seguiram à Segunda Guerra Mundial, houve uma mudança drástica no cenário político global e nas atitudes relacionadas à cooperação internacional. Dois conflitos mundiais devastadores separados por menos de uma geração criaram um desejo novo de paz e justiça, e os horrores do Holocausto nazista destacaram a necessidade de leis internacionais. Logo, porém, as ideologias opostas do Oriente e do Ocidente começaram a lançar a longa sombra da Guerra Fria, tornada ainda mais ameaçadora pelo perigo das armas nucleares.

Apesar das tentativas, após a Primeira Guerra Mundial, de criar organizações de fato internacionais, como a Liga das Nações, elas acabaram fracassando na turbulenta atmosfera política e econômica em que se viram a Grande Depressão global e a ascensão dos nazistas na Alemanha. Mais para o fim da Segunda Guerra Mundial, contudo, os líderes internacionais estavam mais abertos à ideia de algo desse tipo, e a Organização das Nações Unidas (ONU) foi fundada em outubro de 1945.

Castigo e instituições

No período logo após a guerra, a enorme escala das atrocidades nazistas, em especial o Holocausto, produziu uma forte reação internacional, manifestada primeiro com uma série de tribunais militares para julgar os líderes políticos e militares alemães sobreviventes. Esses julgamentos ocorreram em Nuremberg, em 1945-1946, com um grupo de juízes dos EUA, Reino Unido, União Soviética (URSS) e França. Eram os primeiros tribunais militares internacionais desse tipo, e definiram três novos tipos de crime: crimes contra a paz, entre eles começar uma guerra não provocada; crimes de guerra, como violar as regras internacionais de guerra dispostas nas Convenções de Haia de 1899 e 1907; e crimes contra a humanidade, entre eles assassinato em massa, trabalhos forçados e perseguição religiosa.

A ONU reconheceu o genocídio como crime em 1946 e o proscreveu em 1948, mesmo ano em que apresentou uma codificação de seus princípios gerais na Declaração Universal dos Direitos Humanos. Em poucos anos, a ONU tinha reunido as principais potências mundiais em numerosas agências internacionais.

Na Europa, que havia sofrido muito com a devastação das duas guerras mundiais, existia um desejo geral de cooperação pacífica, em

A NOVA ORDEM INTERNACIONAL 201

Os EUA, a URSS e o Reino Unido assinam o **Tratado de Interdição Parcial, ou Limitada, de Ensaios Nucleares**, um primeiro passo para o desarmamento atômico.

No caso **Miranda vs. Arizona**, a Suprema Corte dos EUA decide que deve ser explicitado aos suspeitos sob custódia policial seu direito de ficar em silêncio.

A Califórnia introduz o princípio do **divórcio sem culpa**.

No caso **Roe vs. Wade**, a Suprema Corte decide em favor do direito legal de uma mulher ao aborto nos EUA.

↑ 1963   ↑ 1966   ↑ 1969   ↑ 1973

1964 ↓   1966 ↓   1970 ↓   1973 ↓

A **Lei dos Direitos Civis** torna ilegal a discriminação com base em raça nos EUA.

O **Pacto Internacional sobre Direitos Civis e Políticos** é redigido, complementando a Declaração Universal dos Direitos Humanos.

O **Programa Federal de Proteção às Testemunhas** é instalado para combater o crime organizado nos EUA.

O governo dos EUA introduz a **Lei das Espécies Ameaçadas**.

---

especial para reconstruir as indústrias e estimular a recuperação econômica. Lições tinham sido aprendidas sobre os efeitos do acordo punitivo imposto à Alemanha após a Primeira Guerra Mundial. Em vez do castigo, a reconciliação – em especial entre França e Alemanha – levou à criação de novas instituições europeias.

As doze nações integrantes do Conselho da Europa acordaram a Convenção dos Direitos Humanos em 1950, e a Comunidade Europeia do Carvão e do Aço, que depois levaria à União Europeia, instalou a Corte Europeia de Justiça em 1952. Um espírito de cooperação similar redundou na criação do Conselho Nórdico em 1952. Uma década depois, esse órgão aprovou o Tratado de Helsinque, que abriu caminho para uma integração maior dos países escandinavos. Em nítido contraste, tensões cresceram de ambos os lados da Cortina de Ferro, com o bloco "comunista" da URSS, seus aliados e a China de um lado, e os EUA e o Ocidente capitalista do outro. Cada campo aumentou seu arsenal nuclear, e a situação chegou ao auge na Crise dos Mísseis de Cuba, em 1962. Em sua esteira vieram discussões internacionais para restringir a proliferação de armas nucleares, resultando no Tratado de Interdição Parcial, ou Limitada, de Ensaios Nucleares, em 1963.

Mudança social

Além dos esforços internacionais para promover e proteger os direitos humanos, avolumaram-se as iniciativas, em especial nos EUA, que pressionavam por mudanças sociais com suporte legal. O movimento dos direitos civis surgiu da ira dos afro-americanos com as leis discriminatórias Jim Crow, levando por fim à Lei dos Direitos Civis de 1964. A ascensão do feminismo também impôs na ordem do dia os direitos das mulheres, e mudanças em leis sobre temas como aborto e divórcio foram introduzidas.

Houve ainda um aumento na preocupação com temas ambientais, conforme os efeitos da interferência humana na natureza ficavam mais aparentes. Em 1973, a Convenção sobre o Comércio Internacional das Espécies da Flora e da Fauna Selvagens Ameaçadas de Extinção e a Lei das Espécies Ameaçadas dos EUA foram promulgadas. Elas começaram a tratar da necessidade de proteger o mundo natural, mas ainda não lidaram com as implicações ecológicas mais profundas da perda de diversidade. ■

NOVOS MALES EXIGEM NOVOS REMÉDIOS

OS JULGAMENTOS DE NUREMBERG (1945-1949)

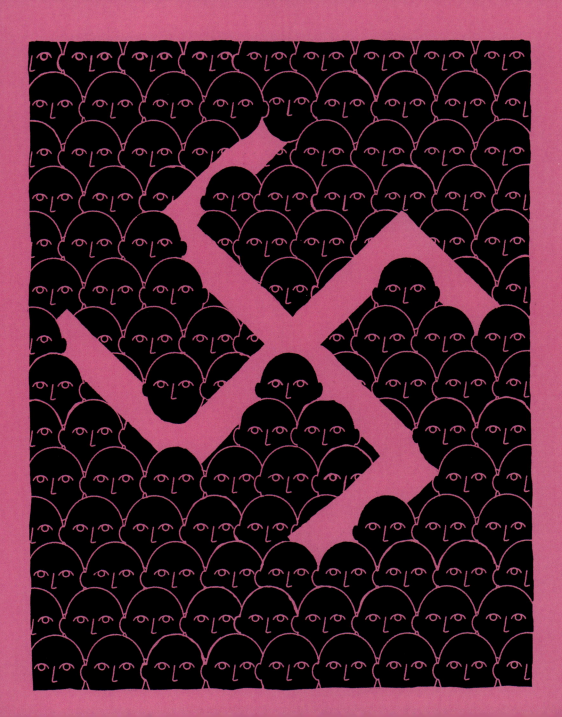

OS JULGAMENTOS DE NUREMBERG

EM CONTEXTO

FOCO
Direito militar

ANTES
1474 O borgonhês Peter von Hagenbach é o primeiro comandante militar a ser condenado por crimes de guerra.

1920 A Liga das Nações instala o primeiro tribunal internacional, a Corte Permanente de Justiça Internacional.

1943 Líderes das potências aliadas decidem levar a julgamento criminosos de guerra nazistas.

DEPOIS
1961 O nazista Adolf Eichmann é preso na Argentina, julgado em Jerusalém e executado.

1987 Klaus Barbie é julgado e condenado por deportar judeus.

2017 O tribunal de crimes de guerra da Iugoslávia fecha após condenar o presidente iugoslavo Slobodan Milošević, Radovan Karadžić e o general Ratko Mladić.

A nova acusação de "**crimes contra a humanidade**" é criada nos **julgamentos de Nuremberg**.

Os **advogados dos nazistas** afirmam que eles não podem ser julgados por **crimes que não existiam quando foram cometidos**.

Há um **precedente para o julgamento de criminosos de guerra** nas **Convenções de Haia** de 1899 e 1907.

Os **atos dos nazistas são tão chocantes que não se cumpriria a justiça se eles não fossem punidos**.

Os julgamentos de Nuremberg foram uma série de treze processos judiciais que ocorreram em Nuremberg, entre 1945 e 1949. Seu propósito era levar os líderes do derrotado regime nazista a um órgão de justiça reconhecido internacionalmente, após a Segunda Guerra Mundial. Julgamentos similares se seguiram, entre eles uma série em Tóquio contra líderes de guerra japoneses, mas os de Nuremberg estabeleceram o precedente.

O líder nazista Hermann Goering, um dos réus, desprezou os julgamentos de Nuremberg como "justiça de vencedores" – mas eles foram um marco importante na criação de um sistema de justiça internacional. Eles estabeleceram um precedente para lidar com crimes de genocídio e contra a humanidade cruzando fronteiras nacionais e se tornaram um símbolo de vitória sobre o belicismo e as atrocidades.

Punições futuras

Antes de a guerra chegar ao fim, os líderes aliados começaram a debater o que fazer com os líderes nazistas. Havia um desejo comum de obter justiça e punir os que tinham causado tanto sofrimento e mortes. Ainda mais urgente era a necessidade de desagravar os

Os sobreviventes esqueléticos encontrados em campos de concentração nazistas no fim da guerra evidenciaram ainda mais a necessidade de punir os arquitetos do Holocausto.

horrores do Holocausto. Quando veio à luz o destino chocante dos judeus sob os nazistas, os Aliados resolveram, nas Declarações de Moscou, em 1943, punir os responsáveis. Um documento, a Declaração sobre as Atrocidades, foi assinado pelo presidente dos EUA,

UMA NOVA ORDEM INTERNACIONAL

Ver também: As Convenções de Genebra 152-155 ▪ As Convenções de Haia 174-177 ▪ A Convenção sobre o Genocídio 210-211 ▪ As Nações Unidas e a Corte Internacional de Justiça 212-219 ▪ A Declaração Universal dos Direitos Humanos 222-229

Franklin D. Roosevelt, pelo primeiro-ministro britânico, Winston Churchill, e pelo dirigente soviético, Josef Stalin; ele determinava levar os alemães de volta à cena de seus crimes, julgá-los e punir devidamente os culpados.

Julgamento ou execução?

Embora Churchill defendesse o fuzilamento sumário dos oficiais de alto escalão para evitar o que imaginava como uma farsa judicial, os russos queriam fazer as coisas direito. Churchill escreveu: "U. J. ['Uncle Joe', 'Tio Joe', referindo-se a Stalin] assumiu uma inesperada postura muito respeitável. Não deve haver execuções sem julgamento; de outro modo o mundo diria que temos medo de julgá-los".

Após a morte de Roosevelt, em abril de 1945, os americanos acabaram concordando com os russos, e o secretário-assistente de Guerra dos EUA, John McCloy, expressou surpresa com a objeção dos britânicos. Por fim, os britânicos também concordaram e, para o julgamento das principais figuras, foi escolhido um local em Nuremberg, tanto por suas boas instalações prisionais e seu tribunal como porque Hitler realizara seus maiores comícios ali, o que dava um poder simbólico ao processo de punir seu regime pelas atrocidades cometidas.

Novo tribunal, novos crimes

Atendendo ao Estatuto de Londres, assinado em 8 de agosto de 1945 pelos quatro principais Aliados – os EUA, o Reino Unido, a União Soviética (URSS) e a França –, um Tribunal Militar Internacional foi instalado. Embora não contasse com júri, devia haver representação nacional igual entre os juízes e promotores. Os promotores dos EUA e do Reino Unido, Robert H. Jackson e sir Hartley Shawcross, se destacariam pelos interrogatórios incansáveis dos acusados. A defesa esteve em grande parte em mãos de advogados alemães.

Nos treze julgamentos, juízes, promotores e réus falavam quatro línguas diferentes: inglês, francês, alemão e russo. Traduzir tudo de quatro modos por escrito teria retardado drasticamente os

[Os nazistas] receberam um tipo de julgamento que eles, em seus dias de pompa e poder, jamais deram a nenhum homem.
Robert H. Jackson
Súmula para a acusação,
26 de julho de 1946

procedimentos, então, pela primeira vez, os julgamentos foram realizados em quatro idiomas com traduções simultâneas por fones de ouvido para todos os participantes.

Cada intérprete tinha de traduzir para a língua-alvo em tempo real. Isso significava que para cada uma das quatro línguas devia haver intérpretes para as outras três. A pressão sobre os profissionais para que vertessem testemunhos em geral muito angustiantes era imensa, e »

Robert H. Jackson

Nascido numa fazenda na Pensilvânia em 1892 e criado em Nova York, Robert H. Jackson tornou-se um dos mais famosos juízes da Suprema Corte dos EUA e foi um ardente defensor do primado do direito contra os excessos das agências federais. Ele foi um dos últimos a participar da Suprema Corte sem ter uma graduação em direito. Antes disso, ele também ocupou, de modo único, os postos de procurador-geral e advogado-geral dos EUA. Como juiz da Suprema Corte, opôs-se ao confinamento dos nipo-americanos em tempo de guerra e à segregação, mas decidiu que os conspiradores comunistas não tinham direito a proteção pelos direitos constitucionais de liberdade de expressão e de ir e vir. Jackson é mais famoso por seu papel como promotor-chefe dos EUA nos julgamentos de Nuremberg, em que seu estilo de interrogatório incisivo teve enorme impacto. Ele morreu em 1954, em Washington, DC.

206 OS JULGAMENTOS DE NUREMBERG

alguns tiveram de ser substituídos no meio dos julgamentos. Também houve críticas ao sistema pela grande possibilidade de erros de tradução devido à pressão, ou pelo risco de intérpretes fornecerem sua própria visão das declarações, conscientemente ou não. Enquanto isso, os advogados se queixavam porque o processo de tradução dava aos réus sob interrogatório um tempo crucial para pensar. Apesar de tudo isso, o sistema se mostrou bem-sucedido e desde então se tornou a norma em julgamentos internacionais.

O Estatuto de Londres definiu três novos tipos de crimes. Primeiro havia os crimes contra a paz, definidos, em essência, como planejar e iniciar guerras de agressão. Depois, os crimes de guerra, definidos como violações às convenções sobre guerra no tratamento de civis e prisioneiros. Por fim, os crimes contra a humanidade, que incluíam

Os líderes nazistas julgados
incluíram (no primeiro banco dos réus, a partir da esquerda) Hermann Goering, Rudolf Hess, Joachim von Ribbentrop, Wilhelm Keitel e Ernst Kaltenbrunner.

assassinato, trabalhos forçados, deslocamento imposto a civis e perseguição com base em política, religião ou raça.

Durante os julgamentos, os promotores identificaram os crimes nazistas contra a humanidade como genocídio, um termo cunhado em 1944 pelo advogado polonês Raphael Lemkin. A palavra foi sua resposta ao Holocausto e também a outras instâncias históricas de destruição de nações ou grupos inteiros definidos por etnicidade ou religião. As Nações Unidas tornaram o genocídio ilegal em 1948, na Convenção para a Prevenção e a Repressão do Crime de Genocídio, que entrou em vigor em 1951, após o fim dos julgamentos de Nuremberg.

Os acusados

Em outubro de 1945, 24 líderes e várias organizações nazistas, como a Gestapo, foram indiciados e obrigados a se apresentar ante um tribunal principal, no que foi chamado de Julgamento dos Grandes Criminosos de Guerra. Faltavam alguns dos principais personagens – em especial o próprio Adolf Hitler, Heinrich Himmler e Joseph

O marechal do Reich Hermann Goering estava por trás da implementação da assim chamada Solução Final, o plano para aniquilar totalmente a população judaica na Europa.

Goebbels –, por terem cometido suicídio nos estágios finais da guerra ou fugido sem deixar rastros.

O tribunal considerou legítimo julgar comandantes pelos crimes cometidos pelas tropas, conforme a doutrina de "responsabilidade de comando", um conceito estabelecido pelas Convenções de Haia de 1899 e 1907. Embora nem todos concordassem, havia um precedente. Em 1921, após a Primeira Guerra Mundial, o capitão alemão Emil Müller fora condenado sob essa diretiva pela Suprema Corte alemã, por causa da crueldade de suas tropas no campo de prisioneiros de Flavy-le-Martel.

O mais destacado entre os réus de Nuremberg foi Hermann Goering, ex-chefe da Força Aérea e o principal responsável pela implementação de um plano de assassinato em massa chamado A Solução Final para a Questão Judaica. Ele não manifestou

UMA NOVA ORDEM INTERNACIONAL 207

Estrutura do Tribunal Militar Internacional

Participantes		Franceses	Britânicos	Americanos	Soviéticos
Juízes	Principal	Professor Henri Donnedieu de Vabres	Lorde juiz coronel sir Geoffrey Lawrence	Francis Biddle	Major-general Iona Nikitchenko
	Alternativo	Robert Falco	Sir Norman Birkett	John J. Parker	Tenente-coronel Alexander Voltchkov
Promotores principais		François de Menthon, depois substituído por Auguste Champetier de Ribes	Advogado-geral sir Hartley Shawcross	Juiz associado Robert H. Jackson	Tenente-general Roman Andreievitch Rudenko
Defesa		Principalmente alemães			
		Um para cada réu, entre eles Otto Stahmer (para Hermann Goering), Hans Flächsner (Albert Speer), Günther von Rohrscheidt e Alfred Seidl (Rudolf Hess) e Rudolf Merkel (Gestapo)			

remorso, mentindo afrontosamente e insistindo que a liderança nazista só tinha feito o que todos os líderes de guerra fazem para garantir a sobrevivência de seu país.

Já Albert Speer, ministro do Armamento de Hitler, foi afável e encantador, oferecendo habilidosamente todos os dados pedidos pelo tribunal. Ele se desculpou muito pelos horrores cometidos pelos nazistas e com tanta aparente sinceridade que recebeu uma sentença de só vintes anos de prisão, escapando da pena de morte – ao contrário de Goering. Só mais tarde a real profundidade do envolvimento de Speer veio à tona.

Defesa legal
Os líderes nazistas tentaram várias defesas. Eles alegaram que os crimes de que os acusavam eram de leis *ex post facto*, ou seja, só foram identificados como tal pela primeira vez no Estatuto de Londres, que apresentou as diretrizes dos julgamentos muito após os crimes serem cometidos. Afirmaram também que os julgamentos não eram justos e imparciais, mas "a justiça de vencedores" adotada pelos Aliados contra os alemães, ao mesmo tempo que ignoravam crimes similares cometidos por seus próprios soldados. Uma terceira alegação foi que agiam obedecendo ordens.

O tribunal rejeitou o argumento *ex post facto* seguindo o precedente para crimes de guerra estabelecido pelas Convenções de Haia de 1899 e 1907, que proibiam certos métodos em conflitos. Em relação aos crimes contra a paz, remeteram ao Pacto Kellogg-Briand de 1928 (ou Pacto de Paris), em que os Estados signatários prometeram não tentar resolver controvérsias movendo guerras. O mais crucial, porém, foi o argumento de que, mesmo que não houvesse precedente em lei – como nos crimes contra a humanidade –, os crimes nazistas eram tão chocantes que não se cumpriria a justiça se eles não fossem punidos.

Condenação e execução
No final, o tribunal decidiu que os acusados, com exceção de três dentre os 24, eram culpados. Doze foram condenados à morte e os demais receberam sentenças de prisão de dez anos a perpétua. Em 16 de outubro de 1946, dez dos condenados à morte foram levados ao ginásio da prisão e enforcados. Enquanto eram levados à forca, Fritz Sauckel gritou: "Morro inocente. O veredicto estava errado".

Hermann Goering escapou a seu destino cometendo suicídio, tomando uma pílula de cianeto na noite » anterior à prevista para execução. O 12º homem, Martin Bormann, o auxiliar mais próximo de Hitler nos últimos anos da guerra, foi julgado e condenado em sua ausência. Por muito tempo se pensou que tinha fugido para a América do Sul, mas nos anos 1970 um esqueleto foi desenterrado das ruínas de Berlim; testes de DNA, em 1998, confirmaram que era de Bormann.

Julgamentos complementares

Após o Julgamento dos Grandes Criminosos de Guerra, uma série de outros aconteceram em Nuremberg, entre dezembro de 1946 e abril de 1949. Porém, as crescentes divergências entre os Aliados minaram a cooperação, e os tribunais internacionais deram lugar a tribunais militares dos EUA, ainda que no mesmo lugar. Houve julgamentos de médicos que fizeram experimentos em prisioneiros e de industriais que usaram trabalho forçado. Ao todo, mais 185 indivíduos foram indiciados, e doze condenados à morte.

Enquanto isso, no Japão, entre abril de 1946 e novembro de 1948, outro tribunal internacional julgou 28 líderes militares japoneses. O general Douglas MacArthur, dos EUA, iniciou o processo prendendo os líderes japoneses em setembro de 1945, quando a rendição japonesa encerrou a Segunda Guerra Mundial. Em janeiro seguinte, ele aprovou o Estatuto do Tribunal Militar Internacional para o Extremo Oriente (o Estatuto de Tóquio). Como o Estatuto de Londres, ele apresentava o modo como os julgamentos funcionariam.

O estatuto especificou um sistema similar ao de Nuremberg, com três categorias amplas de crimes. A acusação de crimes contra a paz (acusações classe A) foi aplicada aos principais líderes do Japão, que conduziram a guerra. As de crimes de guerra e contra a humanidade (classes B e C) foram aplicadas a escalões mais baixos. Mas, à diferença de Nuremberg, para serem processados por qualquer um desses dois últimos crimes, os indivíduos tinham primeiro de ser acusados de crimes contra a paz.

Outra diferença essencial de Nuremberg é que, em vez de quatro países, havia onze nações representadas em Tóquio. Austrália, Canadá, China, França, Índia

> Por que vocês simplesmente não nos fuzilam?
> **Criminoso de guerra nazista desconhecido, 1946**

Britânica, Países Baixos, Nova Zelândia, Filipinas, URSS, Reino Unido e EUA – todos envolvidos na guerra com o Japão – forneceram juízes e promotores.

Após dois anos, todos os 28 líderes japoneses julgados foram declarados culpados. Sete foram condenados à morte e enforcados. Os demais receberam longas sentenças de prisão.

As consequências

Muitas pessoas acharam deprimente a experiência de Nuremberg e dos tribunais relacionados. Todos os que participaram ouviram durante muitas semanas revelações sobre os horrores dos crimes alemães.

Alguns continuaram a afirmar que era na verdade justiça de vencedores. Logo se descobriu que os soviéticos tinham massacrado em 1940, em Katyn, 22 mil oficiais poloneses capturados e que centenas de milhares de civis alemães foram mortos por bombardeios aliados em Hamburgo, Dresden e outras cidades alemãs. Harlan Stone, presidente da

Um total de 419 testemunhas forneceram evidências no Tribunal Militar Internacional para o Extremo Oriente. Os três réus mostrados aqui são o general Iwane Matsui, o coronel Kingoro Hashimoto e o general Kenji Doihara.

Suprema Corte dos EUA na época, disse que o caso todo foi uma "fraude santimonial" e "um linchamento de alto nível".

Apesar das críticas, a crença geral, depois, foi de que os julgamentos alcançaram algo de grande importância. Eles tinham formalmente registrado muitos dos crimes do regime nazista. Mais ainda, não deixaram nenhuma dúvida sobre o responsável por iniciar a guerra. Crucial, porém, foi que os julgamentos de Nuremberg restabeleceram a importância do primado do direito e definiram um precedente para resolver controvérsias por meios legais e não recorrendo às armas. Eles foram parte da determinação não só de criar as Nações Unidas, mas de construir um mundo futuro que fosse governado por consenso internacional em vez de guerras.

O legado

Robert H. Jackson, o juiz principal dos julgamentos de Nuremberg, disse que não era o destino dos líderes nazistas individuais o que importava, mas a afirmação da lei como árbitro final. Em 1948, a Convenção sobre o Genocídio tornou o genocídio ilegal, e a Declaração Universal dos Direitos Humanos foi adotada pelas Nações Unidas. As Convenções de Genebra, atualizando padrões anteriores de tratamento humanitário em guerras, se seguiram em 1949.

Apelos pela criação de um Tribunal Penal Internacional que desse continuidade aos julgamentos de Nuremberg foram prejudicados pelos desacordos. Por fim, ele foi estabelecido em Haia, nos Países Baixos, em 2002, mas sem a anuência de várias nações, entre elas EUA, China, Iraque, Índia, Israel, Líbia, Qatar e Iêmen. Até hoje, o tribunal de Haia julgou e condenou oito pessoas e absolveu quatro.

Haia também sediou o Tribunal Penal Internacional para a antiga Iugoslávia (TPII), instalado pela ONU em 1993 para processar os graves crimes de guerra cometidos nas guerras iugoslavas. O tribunal condenou mais de oitenta pessoas, entre elas o ex-presidente sérvio Slobodan Milošević, o ex-presidente da República Sérvia, Radovan Karadžić, e o comandante sérvio-bósnio Ratko Mladić.

Os princípios legais acionados nos julgamentos de Nuremberg não conseguiram proteger as pessoas

[Uma] Magna Carta internacional para toda a humanidade.
Eleanor Roosevelt
Presidente do comitê de redação da Declaração Universal dos Direitos Humanos (1884-1962)

dos terríveis crimes de guerra e do genocídio, e há muitos horrores que passaram sem punição nem registro. Parece também improvável que as principais potências permitam algum dia ser escrutinadas em tais tribunais internacionais por seus próprios crimes. Apesar disso, o princípio de encontrar uma solução legal internacional para a punição de crimes de guerra parece bem estabelecido, com as três categorias de crime definidas em Nuremberg – crimes contra a paz, de guerra e contra a humanidade –, fundamentais para a busca de justiça. ∎

Peter von Hagenbach

O primeiro-comandante militar a ser condenado por crimes de guerra foi o cavaleiro borgonhês Peter von Hagenbach. Nascido em c. 1420, era o meirinho da região da Alta Alsácia, na atual fronteira França-Alemanha. Entre 1469 e 1474, ele chefiou uma revolta com tal brutalidade que um tribunal de 28 juízes de todo o Sacro Império Romano-Germânico foi chamado para julgá-lo por crimes que incluíam assassinato e estupro. Ele defendeu a si mesmo dizendo que seguia as ordens de Carlos, o Audaz, duque da Borgonha – a primeira vez, mas de modo algum a última, em que a defesa de agir sob ordens foi usada por um criminoso de guerra. A defesa foi rejeitada e ele foi decapitado em 1474, após ser condenado por assassinato, estupro e perjúrio. Alguns estudiosos modernos aventam que talvez tenha sido uma mera farsa judicial para desacreditar Carlos, o Audaz, mas parece haver pouca dúvida de que von Hagenbach de fato promoveu um reinado do terror.

O GENOCÍDIO É UMA VIOLAÇÃO DAS LEIS DA HUMANIDADE
A CONVENÇÃO SOBRE O GENOCÍDIO (1948)

EM CONTEXTO

FOCO
Direito internacional

ANTES
1899 A primeira das Convenções de Haia sobre a conduta apropriada em guerra é emitida.

1915 Começa o genocídio de cerca de 1,5 milhão de armênios pelos turcos.

1942 Os nazistas definem os detalhes da Solução Final na Conferência de Wannsee.

DEPOIS
1993 A ONU instala um Tribunal Penal Internacional (TPI) para investigar crimes na antiga Iugoslávia.

1995 Começa a investigação de um TPI da ONU sobre o genocídio de Ruanda em 1994.

2018 A ONU alerta que o genocídio continua a ser "uma ameaça e uma realidade", citando atrocidades contra ruaingas, iazidis, sírios e outros.

Os massacres sempre foram uma parte trágica da história. Mas o genocídio alcançou uma escala horripilante na Segunda Guerra Mundial, quando a Alemanha assassinou cerca de 6 milhões de judeus, além de muitos ciganos e outros, no Holocausto. Após a guerra, havia uma grande vontade de reafirmar o primado do direito em face dessas atrocidades. Para levar os líderes nazistas a julgamento, o Estatuto do Tribunal Militar Internacional, de 1945, que estabeleceu o arcabouço para os julgamentos de Nuremberg, identificou os crimes contra a humanidade.

Os crimes dos nazistas tinham tal proporção que exigiam uma estrutura totalmente nova para defini-los. Mais ainda, eram crimes cometidos por um Estado, não um indivíduo, então era essencial achar meios de identificar quem seria considerado responsável.

Direito internacional
Em 1946, a Organização das Nações Unidas (ONU) aprovou uma resolução que reconheceu o genocídio como crime. Dois anos depois, a ONU aceitou a Convenção para a Prevenção e a Repressão do Crime de Genocídio (ou Convenção sobre o Genocídio), que entrou em vigor em 1951.

Muito do trabalho básico foi feito pelo doutor Raphael Lemkin, que tinha fugido do Holocausto para os EUA. Em 1944, ele publicou seu relato da ocupação nazista, *O governo do*

Antes do século XX, o **assassinato em massa direcionado a grupos** de pessoas **não é reconhecido como crime** no direito internacional.

Após o Holocausto, os julgamentos de Nuremberg expõem a **necessidade de definir e nomear esse crime**, para que os culpados possam ser processados.

Em 1948, a ONU adota uma convenção para **definir, prevenir e punir o genocídio**.

UMA NOVA ORDEM INTERNACIONAL 211

Ver também: A Declaração dos Direitos do Homem 118-119 ▪ As Convenções de Genebra 152-155 ▪ As Convenções de Haia 174-177 ▪ Os julgamentos de Nuremberg 202-209 ▪ A Declaração Universal dos Direitos Humanos 222-229

Eixo na Europa ocupada. O primeiro-ministro britânico, Winston Churchill, havia comentado em uma transmissão da BBC: "Estamos na presença de um crime sem nome". Lemkin o chamou de genocídio.

O artigo 2 da convenção define genocídio como "qualquer dos atos seguintes, cometidos com o intuito de destruir, no todo ou em parte, um grupo nacional, étnico, racial ou religioso: (a) matar membros do grupo; (b) causar lesões graves, físicas ou mentais, a membros do grupo; (c) infligir deliberadamente ao grupo condições de vida calculadas para

O doutor Raphael Lemkin, um advogado judeu-polonês, defendeu, após a Segunda Guerra Mundial, uma legislação internacional sobre genocídio.

levar à sua destruição física no todo ou em parte; (d) impor medidas destinadas a prevenir nascimentos no grupo; e (e) transferir à força crianças do grupo para outro grupo". A convenção foi ratificada por 130 países, mas os EUA, apesar de envolvidos desde o início, só a ratificaram em 1988. A convenção enfrentou obstáculos muitas vezes, entre eles a exigência de provar a intenção. Por exemplo, Saddam Hussein (presidente do Iraque, 1979-2003) alegava que seu ataque aos curdos iraquianos, que matou milhares nos anos 1980, buscava restaurar a ordem. Ativistas afirmaram que a convenção deveria incluir padrões de ações que indicassem intenção.

Os primeiros tribunais

A Convenção sobre o Genocídio foi aplicada pela primeira vez nos anos 1990: os tribunais penais internacionais para a Iugoslávia (TPII) e para Ruanda (TPIR) aperfeiçoaram o

> O estupro não é mais um troféu de guerra.
> **Navanethem Pillay**
> Juíza sul-africana, sobre o Tribunal Penal Internacional para Ruanda (1995-2003)

conceito de genocídio. Com o caso de Ruanda, ele passou a incluir violência sexual e estupro, uma vez que as mulheres tútsis foram visadas por hútus infectados por HIV para serem estupradas. O tribunal da Iugoslávia determinou que mirar mesmo uma pequena parte de um grupo podia ser um sinal de intenção genocida.

Embora continue a ser aperfeiçoada, a Convenção sobre o Genocídio tem sido fundamental ao permitir que a comunidade internacional leve a julgamento, por processo legal e justo, os perpetradores de crimes chocantes. ▪

Refugiados ruandeses foram para acampamentos em países vizinhos, como o Zaire, em 1994, mas milhares morreram de doenças como cólera.

Genocídio de Ruanda

Em apenas três meses, entre abril e julho de 1994, até 1 milhão de ruandeses foram massacrados. Os assassinos usaram machetes, tacos e outros objetos sem corte. Muitas pessoas foram agrupadas em construções que eram encharcadas de querosene e incendiadas. Até meio milhão de mulheres foram estupradas. Os responsáveis eram sobretudo hútus das milícias juvenis Interahamwe e Impuzamugambi, e a maioria das vítimas, tútsi. A reação da comunidade internacional foi considerada um grande fracasso. No mesmo ano, a ONU instalou um tribunal investigativo em Arusha, na Tanzânia. O processo todo de investigação e julgamentos levou mais de vinte anos. O julgamento do ex-prefeito hútu Jean-Paul Akayesu criou o precedente para processar o estupro genocida. O diplomata hútu Jean-Bosco Barayagwiza e o ministro Ferdinand Nahimana foram condenados por genocídio à pena de prisão perpétua, reduzida após apelação. No total, 93 pessoas foram julgadas e 62, condenadas.

OS ARQUITETOS DO MUNDO MELHOR

AS NAÇÕES UNIDAS E A CORTE INTERNACIONAL DE JUSTIÇA (1945)

AS NAÇÕES UNIDAS E A CORTE INTERNACIONAL DE JUSTIÇA

EM CONTEXTO

FOCO
Direito internacional

ANTES
1899 A Conferência Internacional de Paz em Haia cria a Corte Permanente de Arbitragem.

1920 A Liga das Nações estabelece a Corte Permanente de Justiça Internacional.

1944 O Fundo Monetário Internacional e o Banco Mundial são instalados em Bretton Woods, em New Hampshire, EUA.

1944 Em Dumbarton Oaks, em Washington, DC, os Aliados criam as Nações Unidas (ONU).

DEPOIS
1948 A ONU promulga a Declaração Universal dos Direitos Humanos.

1992 A Cúpula da Terra é promovida pela ONU no Rio de Janeiro, no Brasil.

Quando a Carta das Nações Unidas (ONU) foi assinada em São Francisco, nos EUA, em junho de 1945, a Segunda Guerra Mundial ainda estava a três meses de acabar e as nações que se reuniram queriam prevenir que um conflito tão terrível como esse se repetisse.

A Carta da ONU continha dois compromissos básicos: primeiro, livrar o mundo do "flagelo da guerra" e, segundo, recuperar a "fé nos direitos humanos fundamentais". O sucesso da ONU em cumprir essas metas foi mais duvidoso que o esperado, mas eles continuam essenciais à sua missão hoje – preservar a paz e os direitos humanos por meio de acordos e discussões internacionais e resolver controvérsias entre nações – e entre nações e indivíduos – por arbitragem e processo legal, e não pela força das armas.

Cooperação internacional

O departamento mais visível da ONU é a Força de Paz internacional, que busca realizar o primeiro dos cinco objetivos essenciais do órgão – manter a paz e a segurança internacionais. A paz, porém, depende muito do

> Acredito que um dia, no futuro, as nações da Terra concordarão com algum tipo de congresso que se ocupará das questões de dificuldades internacionais.
> **Ulysses S. Grant**
> 18º presidente dos EUA (1869-1877)

sucesso da ONU em seus outros quatro objetivos: proteger os direitos humanos, fornecer ajuda humanitária, promover o desenvolvimento sustentável e defender o direito internacional. A ONU também tem o compromisso de se empenhar para que as nações se unam para trabalhar por essas metas.

O início da cooperação internacional remonta às Convenções de Haia de 1899 e 1907. As conferências de paz em Haia foram as primeiras tentativas reais das nações de se unirem e acordarem padrões do que era aceitável na guerra, do que

Franklin D. Roosevelt

Nascido em Nova York, em 1882, Franklin D. Roosevelt (FDR) exerceu quatro mandatos seguidos como presidente dos EUA. Após sua primeira eleição, em 1933, ele ficou conhecido por implementar o programa New Deal de obras públicas para tirar os EUA da Grande Depressão (1929-1933). Ele, porém, considerava sua obra mais importante ter lançado as bases para as Nações Unidas (ONU). FDR redigiu o texto da Declaração das Nações Unidas, assinada pelos delegados de 26 nações em janeiro de 1942, que pedia a luta conjunta contra as potências do Eixo – Alemanha, Itália e Japão.

Os planos de criar um novo órgão de cooperação internacional cresceram a partir desse acordo. Em abril de 1945, FDR estava trabalhando num discurso para a Conferência sobre Organização Internacional da ONU (Uncio, na sigla em inglês) quando teve um colapso e morreu. A Uncio, iniciada menos de quinze dias após a morte dele, decidiu criar a ONU, e a mulher de FDR, Eleanor, ajudou depois a escrever a Declaração dos Direitos Humanos.

UMA NOVA ORDEM INTERNACIONAL 215

Ver também: *O direito das gentes*, de Vattel 108 ▪ As Convenções de Haia 174-177 ▪ O Tratado de Versalhes 192-193 ▪ A Declaração Universal dos Direitos Humanos 222-229 ▪ O Tribunal Penal Internacional 298-303

O presidente Roosevelt conversa com o primeiro-ministro Churchill após assinarem a Carta do Atlântico a bordo do uss *Augusta*, no oceano Atlântico, em 14 de agosto de 1941.

não era e do que constituía crime de guerra. As ideias que essas convenções incorporam emergiram na Guerra Civil Americana, quando, em 1863, o presidente Abraham Lincoln promulgou o Código Lieber, apresentando regras para a proteção de civis em tempo de guerra, além do que constituía uma trégua, de como espiões e dissidentes deviam ser tratados etc.

As raízes da ONU
Uma das metas principais das Convenções de Haia era um sistema de resolução de controvérsias entre nações. Na conferência de 1899 houve a criação da Corte Permanente de Arbitragem, que iniciou sua atuação em 1902 para resolver diferenças em questões como fronteiras, soberania e direitos humanos. Ela foi instalada no Palácio da Paz de Haia, que foi construído especialmente para isso e hoje abriga o Tribunal Penal Internacional.

As Convenções de Haia logo foram desafiadas, quando a Alemanha infringiu as regras invadindo a Bélgica em 1914. Na Primeira Guerra Mundial houve muito mais violações, entre elas o uso disseminado de gás venenoso.

A Liga das Nações
Após o caos da Primeira Guerra Mundial, alguns dos Aliados vitoriosos se reuniram em Paris, em 1919, para que uma guerra como essa nunca mais ocorresse – que aquela fosse "a guerra para acabar com todas as guerras". A Conferência de Paz de Paris estabeleceu a Liga das Nações, com o fim declarado de "promover a cooperação internacional e alcançar a paz e a segurança". A ideia era resolver disputas entre países antes que irrompessem guerras abertas.

A Primeira Guerra Mundial marcou o fim da era imperial. Em seu lugar, os vencedores queriam construir um mundo de nações independentes se unindo em fóruns abertos, e não em negociações secretas a portas fechadas, como no século XIX. Desse modo, os vitoriosos esperavam poder diminuir as tensões e promover o desarmamento.

Na ocasião, pesou crucialmente a decisão dos EUA, ainda ligados a seu ideal isolacionista, de não se envolver. Com isso, a Liga não teve poder para fazer cumprir sua vontade. Como disse o primeiro-ministro britânico David Lloyd George: "Ela apresentava ligações fracas se espalhando por toda parte, mas nada seguro em nenhum lugar". Quando a Alemanha nazista fortaleceu seu Exército e invadiu a Áustria, a Tchecoslováquia e a Polônia, a Liga das Nações foi incapaz de impedir que os atos alemães deflagrassem outra guerra mundial. Porém, ao mesmo tempo que a Liga ruía, os líderes aliados já começaram a pensar numa nova organização que pudesse prevenir uma terceira conflagração.

Em agosto de 1941, com o Eixo Alemanha-Itália aparentemente ganhando poder, o presidente dos EUA, Franklin D. Roosevelt, e o primeiro-ministro do Reino Unido, Winston »

Um governo mundial deve ser criado, capaz de resolver conflitos entre nações por decisão judicial.
Albert Einstein
Rumo a um governo mundial, 1948

216 AS NAÇÕES UNIDAS E A CORTE INTERNACIONAL DE JUSTIÇA

Churchill, se reuniram para estruturar o que seria a Carta do Atlântico, uma afirmação "de certos princípios comuns nas políticas nacionais de seus respectivos países, em que basearam suas esperanças de um futuro melhor para o mundo". A Rússia, os governos da Europa ocupada – Bélgica, Grécia, Países Baixos, Tchecoslováquia, Luxemburgo, Noruega, Polônia, Iugoslávia – e representantes da França logo se juntaram a Churchill e Roosevelt.

Embora não tivesse status legal, a Carta do Atlântico pactuava a cooperação para assegurar a paz em tempos futuros e para o abandono do uso da força. Esse compromisso bem no auge da guerra, com o apoio pela primeira vez dos EUA, foi uma grande inspiração para os países ocupados.

Num encontro na Casa Branca em dezembro daquele ano, dias após o ataque do Japão a Pearl Harbor, Roosevelt sugeriu a Churchill que os Aliados se intitulassem Nações

Unidas. Churchill concordou, observando que a expressão vinha do poema "Childe Harold's Pilgrimage", de lorde Byron. Conforme a guerra avançou, mais países assinaram a Declaração das Nações Unidas, concordando com os princípios presentes na Carta do Atlântico. Em 1945, o total já tinha subido para 47 nações. Numa conferência em Dumbarton Oaks, perto de Washington, DC, em 1944, delegados da China, da Rússia, dos EUA e do

A estrutura da ONU

CONSELHO DE SEGURANÇA

O Conselho de Segurança toma decisões sobre a manutenção da paz e da segurança internacionais. É o único órgão das Nações Unidas com autoridade para emitir resoluções vinculantes aos Estados-membros. Há cinco membros permanentes com poder de veto (China, Rússia, França, EUA e Reino Unido) e dez membros não permanentes que são eleitos para mandatos de dois anos. Um veto de um só membro permanente do Conselho de Segurança prevalece sobre todos os demais. O Conselho de Segurança controla as forças de paz e estabelece sanções internacionais.

FORÇAS DE PAZ

Quando uma missão é aprovada pelo Conselho de Segurança, uma operação é organizada para ajudar países flagelados pela guerra a criar as condições necessárias a uma paz duradoura.

SECRETARIADO

O Secretariado compreende a secretaria-geral e milhares de funcionários da ONU que realizam o trabalho diário determinado pela Assembleia Geral e por outros órgãos principais da ONU.

ASSEMBLEIA GERAL

A Assembleia Geral tem como papel principal discutir temas e fazer recomendações, embora não tenha poder para fazer cumprir suas resoluções. É o único órgão em que todos os 193 membros têm representação igual. Ela supervisiona o orçamento da ONU e nomeia o secretário-geral.

ECOSOC

O Conselho Econômico e Social é responsável por coordenar as políticas econômicas, ambientais e sociais da ONU.

CIJ

A Corte Internacional de Justiça resolve controvérsias entre Estados. Ela está sediada no Palácio da Paz, em Haia (nos Países Baixos).

AGÊNCIAS ESPECIALIZADAS

Exemplos de agências:

FAO A Organização para a Alimentação e Agricultura lidera os esforços internacionais para acabar com a fome.

Unesco A Organização das Nações Unidas para a Educação, a Ciência e a Cultura promove a colaboração em educação, ciência e cultura.

OMS A Organização Mundial da Saúde monitora o bem-estar público.

PROGRAMAS DA ONU

Exemplos de programas:

PNUD O Programa das Nações Unidas para o Desenvolvimento ajuda os países a erradicar a pobreza e a reduzir desigualdades.

PNUMA O Programa das Nações Unidas para o Meio Ambiente promove o desenvolvimento sustentável e o uso responsável dos recursos naturais.

PAM O Programa Alimentar Mundial visa erradicar a fome e a desnutrição, alimentando quase 80 milhões de pessoas todos os anos.

TPI

O Tribunal Penal Internacional processa crimes contra a humanidade. Não faz parte da ONU, mas coopera e troca informações com ela.

UMA NOVA ORDEM INTERNACIONAL **217**

Reino Unido apresentaram propostas para construir uma organização que sucedesse a Liga das Nações e mantivesse a paz e a segurança no mundo. Na Conferência de Yalta, em fevereiro de 1945, Roosevelt, Churchill e o dirigente russo, Josef Stalin, acertaram a criação das Nações Unidas, definindo sua primeira reunião em abril, em São Francisco, nos EUA.

A ONU herdou várias estruturas da Liga das Nações, entre elas o Secretariado, os departamentos liderados pela secretaria-geral da ONU que realizariam a administração básica do órgão. Mas houve dois acréscimos cruciais: a Assembleia Geral e o Conselho de Segurança.

A Assembleia Geral

Mesmo sem poder real, a Assembleia Geral é o parlamento da ONU, onde os membros se encontram para discutir temas importantes e fazer recomendações, e assim sua influência é considerável. Cada um dos 193 membros é representado e tem um voto. Há também não membros, como o Vaticano e a Palestina, que podem participar, mas só têm status de observadores.

As decisões mais comuns dependem de maioria simples de votos. Mas algumas – como a admissão de novos membros, matérias de orçamento e questões sobre paz e segurança – exigem maioria de dois terços. Dado o grande porte da assembleia, os votos com frequência tendem a ser em blocos – cinco grupos de Estados-membros reunidos com base regional ou geopolítica. A Assembleia Geral se reúne uma vez ao ano e também tem sessões especiais, como as de eleição anual de um novo presidente para cada bloco.

A sessão principal é aberta todos os anos com um debate geral, em que os membros podem levantar temas de

> A **paz só é assegurada** se as **grandes potências estão sempre envolvidas** no processo.

> As **grandes potências** devem ter **assento permanente** no **Conselho de Segurança das Nações Unidas**.

> A ONU **tem tido algum sucesso** em manter a **paz internacional**.

> A **opção de veto** implica que as potências não tenham de **agir contra seu interesse**, o que reduz o **risco de conflitos**.

preocupação. Mas a maior parte do trabalho da Assembleia Geral é feita nos seis comitês: de Desarmamento e Segurança Internacional (ou Primeiro Comitê); Econômico e Financeiro; Social, Humanitário e Cultural; Especial Político e de Descolonização; Administrativo e Orçamentário; e Legal.

O Conselho de Segurança

Em muitos aspectos, o poder real da ONU repousa no Conselho de Segurança. Segundo a ideia original, as "quatro grandes" potências – EUA, Reino Unido, União Soviética (URSS) e China, às quais se juntou depois a França – seriam membros permanentes do Conselho de Segurança e guiariam todas as principais decisões. De início, foram

acrescentados seis membros não permanentes, com participações de dois anos. Uma emenda à Carta da ONU, em 1965, incluiu outros quatro membros não permanentes, aumentando o total no Conselho de Segurança para quinze.

De modo geral, os membros não permanentes são escolhidos buscando representar as diversas regiões geográficas de modo justo, com cinco membros da África ou Ásia, um da Europa oriental, dois da América Latina e dois da Europa ocidental ou outras áreas. Há rotatividade constante, com cinco dos dez membros não permanentes sendo eleitos a cada ano pela Assembleia Geral para mandatos de dois anos, e cinco se retirando. A presidência também é rotativa, e »

AS NAÇÕES UNIDAS E A CORTE INTERNACIONAL DE JUSTIÇA

cada membro a ocupa por um mês por vez. Cada membro tem um voto, e é preciso nove votos para decidir uma política. Todos os membros são obrigados a obedecer às decisões do conselho, mas há uma exceção crucial. Em Yalta, Stalin insistiu que cada um dos cinco membros permanentes tivesse o poder de veto. Roosevelt de início relutou em aceitar, mas isso na verdade reparou uma falha fatal da Liga das Nações, que podia teoricamente ordenar que seus membros contrariassem seus próprios governos.

O veto continua a ser um ponto de discórdia. Nos anos 1950 e 1960, os EUA tinham tanta influência global que nunca precisaram usar o veto, mas decisões do conselho eram continuamente bloqueadas pela URSS, em especial Andrei Gromyko, a quem os frequentes vetos renderam o apelido de Mr. Nyet (Senhor Não). Mais recentemente, os EUA usaram o veto para bloquear quaisquer resoluções sobre o conflito Israel-Palestina. Há muitas críticas sobre os participantes do Conselho de Segurança. Em especial, o predomínio dos cinco membros permanentes originais, o P5, é considerado ultrapassado, refletindo a política global de 1945 em vez da atual. Outros países, como Brasil, Alemanha, Índia e Japão (o chamado G4), têm reivindicado um assento permanente.

Manutenção da paz

A principal tarefa do Conselho de Segurança é manter a paz internacional. Embora tenha obtido algum sucesso, sobretudo em El Salvador e Moçambique, seus esforços para manter a paz na Síria foram um evidente fracasso.

Os criadores da ONU perceberam que, sem forças armadas, a Liga das Nações tinha sido incapaz de intervir de modo eficaz para garantir a paz mesmo em disputas menores. Com isso em vista, o Conselho de Segurança se apressou a montar forças de paz multinacionais. A primeira foi destacada para monitorar o cessar-fogo na Guerra Árabe-Israelense de 1948, na Palestina. Destinadas a atuar como forças policiais, as unidades só

> Não há alternativa à ONU. Ela ainda é a última grande esperança para a humanidade.
> **Kofi Annan**
> Secretário-geral da ONU (1997-2006)

reagiam com armas em autodefesa. Com as décadas, essas forças internacionais *ad hoc* se tornaram mais regulares, em especial após 1992, quando o Departamento de Operações de Manutenção da Paz da ONU foi criado. Hoje são parte essencial da ONU, mas não há exército de prontidão ou uma estrutura permanente; as forças de paz são arregimentadas de novo a cada missão.

A Corte de Justiça

Um dos órgãos centrais herdados da Liga das Nações pela ONU foi a Corte Permanente de Justiça Internacional. Sua sucessora na ONU, a Corte Internacional de Justiça (CIJ, ou Corte Mundial), foi estabelecida em São Francisco, nos EUA, em 1945. Diversamente da ONU, que teve de encontrar uma nova sede em Nova York, a CIJ já tinha uma em Haia, nos Países Baixos.

O objetivo da CIJ é solucionar disputas entre os Estados-membros, mas os casos só podem avançar quando os países envolvidos concordam que o tribunal tem jurisdição para tratar da questão. Após a CIJ decidir, em 1986, que a guerra não declarada dos EUA à Nicarágua era uma violação ao direito internacional, os EUA retiraram seu consentimento e só concordaram em reconhecer a jurisdição do tribunal

Veículos blindados da ONU escoltam congoleses que fogem do Acampamento de Pessoas Internamente Deslocadas de Kibumba, após um surto de violência entre facções políticas rivais, em 2008.

numa base discricionária. O Conselho de Segurança é autorizado pela Carta da ONU a fazer cumprir as decisões do tribunal, mas qualquer membro do P5 pode vetar isso, e foi o que os EUA fizeram no caso da Nicarágua.

Em 2002, um Tribunal Penal Internacional foi estabelecido para trabalhar com a CIJ em julgamentos de indivíduos, não nações, por crimes como genocídio.

Um mundo?

No decorrer das eras, incontáveis grandes pensadores – como o filósofo espanhol do século XVI Francisco de Vitoria – conjecturaram se todos os problemas poderiam ser resolvidos caso houvesse só um governo para o mundo todo. A lógica é simples: as guerras parecem acontecer por ordem de governos e governantes, então, se só houvesse um governo ou governante, não haveria guerras.

Em 1943, o ex-candidato à presidência dos EUA Wendell Willkie escreveu um *best-seller*, *Um mundo só*, em que propunha uma federação global. Em 1945, em *Anatomia da paz*, o húngaro Emery Reves afirmou que uma associação de Estados como as Nações Unidas nunca poderia prevenir a guerra e que deveria, assim, ser substituída por um governo federal mundial. O horror das bombas atômicas lançadas sobre Hiroshima e Nagasaki, no Japão, em 1945, deu mais ímpeto à ideia de um governo mundial. O físico alemão Albert Einstein foi um dos muitos ativistas de destaque a ficar bastante perturbado com o poder destrutivo sem precedentes das armas nucleares.

Mais e mais pessoas começaram a pedir que as Nações Unidas, renovadas, se transformassem em uma federação universal de Estados com o poder de controlar

A estudante sueca Greta Thunberg chegou às manchetes de jornais de todo o mundo com seu ativismo ambiental contra a irracionalidade, expresso em grandes eventos da ONU.

armamentos. Mas qualquer ideia desse tipo logo evaporou com o baque, no pós-guerra, de uma nova "Guerra Fria" entre a URSS, guiada pela concepção de Estado mundial bolchevique de Lenin, e o Ocidente liderado pelos EUA, que acreditava num mundo dominado por Estados-nações democráticos e pelo capitalismo global.

A ONU acabou se tornando aceita como a melhor solução. De muitos modos, ela se revelou mais bem-sucedida do que os observadores temiam e forneceu um fórum que deu voz a muitas nações emergentes. Porém, no século XXI, parece incapaz de lidar com conflitos no Oriente Médio, terrorismo global, refugiados e tráfico. Além disso, como assinalou com tanta energia a adolescente Greta Thunberg, ativista do clima, em seu discurso na Assembleia Geral em 2019, a ONU parece impotente em face da maior de todas as crises, a mudança climática global e seus impactos sobre toda a humanidade. ∎

A Convenção de 1989 apresentou os direitos da criança, entre eles os relativos ao trabalho infantil – como nesta mina a céu aberto na Índia.

A Convenção sobre os Direitos da Criança

Um dos maiores sucessos das Nações Unidas tem a ver com os direitos humanos. Ao longo de décadas, um conjunto abrangente de leis de direitos humanos foi estabelecido, servindo como marco para as pessoas que buscavam proteger direitos, entre eles os civis, culturais, econômicos, políticos e sociais.

Um avanço histórico foi a Convenção sobre os Direitos da Criança, da ONU, acordada em 1989. Todos os signatários devem relatar regularmente ao comitê da ONU seus progressos nessa área. A convenção sustenta que cada criança deve ter direitos humanos básicos, entre eles o direito à vida, ao próprio nome e identidade, a uma educação que lhe permita realizar seu potencial, a ser criada por seus pais ou ter relações com eles e a expressar suas opiniões e ser ouvida. Dois de seus protocolos proíbem também o envolvimento de crianças em guerras, o tráfico de menores, a prostituição e a pornografia infantis.

UM MUNDO MAIS SEGURO
A INTEROL (1945)

EM CONTEXTO

FOCO
Cumprimento da lei

ANTES
Anos 1870 A agência de detetives americana Pinkerton começa a partilhar informações com as polícias europeias

1910 O assassino doutor Hawley Crippen foge do Reino Unido, mas é preso no Canadá após um telegrama ser reencaminhado a autoridades britânicas pelo capitão do barco em que viajou.

1914 Acontece em Mônaco o primeiro Congresso Internacional de Polícia Criminal.

1923 A Comissão Internacional de Polícia Criminal é instalada.

DEPOIS
1946 A Interpol introduz em cores, com o vermelho para suspeitos de assassinato e o amarelo para desaparecidos.

2000 A identificação automática de impressões digitais é introduzida.

Sediada em Lyon, na França, a Interpol é uma organização internacional que visa coordenar os esforços das polícias de diferentes nações para combater crimes que cruzam fronteiras nacionais. Seu trabalho se tornou importante em especial ao lidar com o tráfico sexual e de drogas e com o terrorismo. Ela também tem tarefas relevantes no dia a dia, como notificar parentes sobre mortes no exterior.

Foragidos no exterior
A ideia de cooperação internacional para aplicação da lei teve início em meados do século XIX. Nos anos 1850, detetives prussianos, com apoio britânico, vigiaram o filósofo e revolucionário socialista alemão Karl Marx em Londres. Nos anos 1870, a agência de detetives Pinkerton, nos EUA, trocou informações com a Scotland Yard, do Reino Unido, e a Sûreté, da França – as três agências queriam capturar Adam Worth, um ladrão de bancos americano que fora para a Europa e estabelecera uma rede de crimes em Londres e Paris.

O primeiro esforço conjunto para criar um grau de cooperação policial formal cruzando fronteiras ocorreu em 1914, quando delegados de 24 países se reuniram em Mônaco. Eles queriam compartilhar técnicas de identificação e resolver como capturar fugitivos. Embora o Congresso de Mônaco possa ter sido limitado em suas realizações porque foi organizado por especialistas legais e políticos, e não por profissionais de polícia, apresentou

O assassinato em 1898 da imperatriz Isabel da Áustria foi um dos vários crimes que sublinharam a necessidade de cooperação policial internacional. Ela foi esfaqueada pelo anarquista italiano Luigi Lucheni em Genebra, na Suíça.

UMA NOVA ORDEM INTERNACIONAL 221

Ver também: A Lei da Polícia Metropolitana 140-143 ▪ As Nações Unidas e a Corte Internacional de Justiça 212-219 ▪ A Convenção Europeia de Direitos Humanos 230-233 ▪ A Corte Europeia de Justiça 234-241

Nosso objetivo coletivo será tornar a corrupção uma atividade de alto risco e pouca lucratividade.
Jürgen Sotck
Secretário-geral da Interpol, 2016

doze intenções centrais que mais tarde ajudaram a lançar as bases para a criação da Interpol.

A CIPC

Os avanços foram interrompidos pela Primeira Guerra Mundial, mas policiais de quinze países se reuniram no Congresso Internacional de Polícia Criminal em Viena, na Áustria, em 1923. Essa conferência instalou a Comissão Internacional de Polícia Criminal (CIPC) para implementar as doze intenções, mas a cooperação transnacional para identificação de criminosos estava em seu cerne. Os membros originais incluíam Áustria, Alemanha, Bélgica, China, França, Itália e Iugoslávia. O Reino Unido aderiu em 1928, mas os EUA só se juntaram após quinze anos.

Em 1933, a CIPC foi oficialmente reconhecida pela Liga das Nações. Na época, porém, a política já determinava quem seria visado como criminoso internacional pela CIPC. Por exemplo, na primeira metade dos anos 1930, muitas nações do Ocidente pensavam que a luta principal era contra os comunistas. Quando a Alemanha nazista anexou a Áustria, em 1938, a maioria dos países deixou a CIPC, que foi dominada por oficiais de alto escalão da SS. Sua sede foi de Viena para Berlim em 1942, onde foi usada pela Gestapo para atingir judeus, ciganos e outras minorias.

A Interpol e a Europol

Após a Segunda Guerra Mundial, autoridades policiais de dezessete países se reuniram para recuperar a CIPC, que fora corrompida pelo nazismo e perdera a maioria de seus registros. A comissão se mudou para Paris, na França, em 1946 e recomeçou do zero: o artigo 1º de sua nova constituição enfatizava a luta contra o crime "comum", buscando excluir quaisquer delitos com base política, religiosa ou racial. O nome Interpol foi adotado em 1956. Embora não tivesse poder de polícia nos países participantes, seu trabalho, ao fornecer apoio investigativo e auxiliar a cooperação entre agências de aplicação da lei, ajudou a aumentar o número de filiados, que chegou a 194 no início do século XXI.

Em 1975, as polícias europeias ampliaram a cooperação no combate ao terrorismo com o grupo Trevi (cujo acrônimo vem de "terrorismo, radicalismo, extremismo e violência internacional"). Quando os acordos Schengen permitiram a liberdade de ir e vir entre os países signatários, as polícias europeias começaram a trabalhar ainda mais próximas, e em 1992 foi criado em Haia, nos Países Baixos, a Agência da União Europeia para a Cooperação Policial (Europol). Pensado de início como uma unidade de combate às drogas, ela expandiu sua missão, em especial em relação ao crime organizado que cruza fronteiras nacionais, incluindo tráfico de pessoas, lavagem de dinheiro e exploração infantil.

Muitos países guardam com rigor suas fronteiras e seu próprio modo de lidar com criminosos. Os poderes da Interpol se mantêm limitados, e as extradições (envio de cidadãos a outro país para serem julgados) estão muitas vezes sujeitas a disputas. Mas o princípio da cooperação entre forças policiais do mundo todo é hoje amplamente aceito. ∎

Categorias de crimes combatidos pela Interpol

Terrorismo e crimes contra a pessoa e a propriedade
Incluem crimes contra crianças, tráfico de pessoas, planos terroristas, imigração ilegal e roubo de carros e de obras de arte.

Crimes econômicos, financeiros e digitais
Incluem fraudes bancárias, lavagem de dinheiro, corrupção, falsificação e fraudes envolvendo documentos de viagem.

Drogas ilegais e organizações criminais
Incluem crimes cometidos por cartéis internacionais de drogas, pela Máfia e por organizações terroristas.

TODOS SÃO IGUAIS PERANTE A LEI

A DECLARAÇÃO UNIVERSAL DOS DIREITOS HUMANOS (1948)

224 A DECLARAÇÃO UNIVERSAL DOS DIREITOS HUMANOS

EM CONTEXTO

FOCO
Direitos humanos

ANTES
1776 A Declaração de Independência dos EUA destaca "certos Direitos inalienáveis".

1789 A Declaração dos Direitos do Homem e do Cidadão é acordada pela Assembleia Nacional Constituinte da França revolucionária.

DEPOIS
1950 A Convenção Europeia de Direitos Humanos é redigida.

1965 A Convenção Internacional sobre a Eliminação de Todas as Formas de Discriminação Racial é adotada pela ONU.

1979 A Convenção sobre a Eliminação de Todas as Formas de Discriminação contra as Mulheres é aberta a assinaturas.

Quando a Organização das Nações Unidas (ONU) **é constituída**, em 1945, a proteção a **direitos humanos** é citada como um de seus **principais objetivos**.

Para **definir o que os direitos humanos são**, a Comissão de Direitos Humanos da ONU **redige uma Declaração de Direitos**.

A Assembleia Geral da ONU aprova a Declaração Universal dos Direitos Humanos em 1948.

A Declaração – com o Pacto Internacional sobre Direitos Civis e Políticos e o Pacto Internacional sobre Direitos Econômicos, Sociais e Culturais – forma a Carta Internacional de Direitos Humanos em 1966.

Antes da Declaração Universal dos Direitos Humanos (DUDH) de 1948, não havia uma proclamação geral no direito internacional sobre as proteções a que as pessoas tinham direito pelo simples fato de serem humanas. No fim do século XVIII, as revoluções francesa e americana combateram as instituições estabelecidas de poder e, inspiradas em obras como *Os direitos do homem* (1791), de Thomas Paine, começaram a propagar o conceito de direitos humanos. A abolição do tráfico escravista no Império Britânico em 1807 e os avanços nos direitos dos trabalhadores no fim do século XVIII e início do XIX foram importantes para criar a ideia de que todos têm o direito a um padrão básico de tratamento justo. Após a Primeira Guerra Mundial, o Tratado de Versalhes e a criação da Liga das Nações deram novas contribuições ao reconhecer a noção de direitos das minorias.

Vale a pena assinalar aqui que as leis de direitos humanos não devem ser confundidas com o direito humanitário, que se concentra na conduta em guerras e no tratamento a civis. Antes da Segunda Guerra Mundial, os grandes tratados internacionais humanitários incluíam as Convenções de Genebra de 1864, 1906 e 1929 e as Convenções de Haia de 1899 e 1907. Embora as duas categorias compartilhem preocupações sobre o tratamento dado às pessoas, hoje são ramos separados do direito.

A DUDH foi o momento mais importante na criação dos direitos humanos como uma forma de direito internacional. Em 2020, já tinha sido traduzida em 523 línguas e, ainda que não seja legalmente vinculante, deu nova forma ao direito internacional. A DUDH definiu uma série de proteções que todos os países devem fornecer aos cidadãos. Foi um fator essencial na criação de tratados de direitos

UMA NOVA ORDEM INTERNACIONAL

Ver também: A Constituição e a Declaração de Direitos dos EUA 110-117 ▪ As Nações Unidas e a Corte Internacional de Justiça 212-219 ▪ A Convenção Europeia de Direitos Humanos 230-233 ▪ O Pacto Internacional de Direitos Civis e Políticos 256-257

humanos, entre eles o Pacto Internacional sobre Direitos Civis e Políticos e o Pacto Internacional sobre Direitos Econômicos, Sociais e Culturais, ambos assinados em 1966. Também influenciou muitas organizações internacionais e regionais, e é citada em incontáveis campanhas ao redor do mundo.

Origens da DUDH

Em 1941, em meio à Segunda Guerra Mundial, o discurso das "Quatro Liberdades" de Franklin D. Roosevelt, presidente dos EUA, apresentou a ideia de que todo ser humano tem o direito à liberdade de expressão e crença, além da liberdade de viver sem medo e sem penúria. A ideia de que o mundo pós-guerra seria fundado na promoção dos direitos humanos estava contida na Declaração das Nações Unidas de 1942, redigida por Roosevelt e pelo primeiro-ministro britânico Winston Churchill. Em 1944, na conferência de Dumbarton Oaks, em Washington, DC, EUA – que estruturou a criação da Organização das Nações Unidas (ONU) –, os direitos humanos foram mencionados sem nenhuma definição real do que significavam. Mas quando a Carta da ONU foi assinada, em 1945, continha várias referências específicas aos direitos humanos. Por exemplo, o artigo 1º da Carta dizia que uma das funções essenciais da ONU era "promover e estimular o respeito pelos direitos humanos e pelas liberdades fundamentais de todos, sem distinção de raça, sexo, língua ou religião".

O Conselho Econômico e Social da ONU instalou a Comissão de Direitos Humanos em 1946. Quinze nações participaram de sua primeira reunião, em fevereiro de 1947, destinada a produzir uma declaração de direitos. O comitê de redação, com nove pessoas, foi criado por esses países e refletia uma diversa gama de formações e especialidades. Entre as nove estavam René Cassin, advogado francês que fugira dos nazistas, o filósofo libanês Charles »

A Segunda Guerra produziu milhões de refugiados, como estes judeus sobreviventes do Holocausto em 1945. Em 2019, havia no mundo quase 71 milhões de refugiados, um recorde.

Eleanor Roosevelt

Nascida na cidade de Nova York em 1884, Anna Eleanor Roosevelt foi primeira-dama dos EUA pelos quatro mandatos de seu marido, Franklin Delano Roosevelt (FDR), como presidente dos EUA, de 1933 a 1945. Ela fez campanhas por direitos humanos ao redor do mundo nos anos 1940 e 1950 e contra a pobreza e o racismo nos EUA, além de ter presidido o comitê que redigiu a DUDH.

Sobrinha do presidente Theodore (Teddy) Roosevelt, Eleanor se casou com seu primo em quinto grau Franklin em 1905 e o convenceu a continuar na política após desenvolver uma deficiência por poliomielite em 1921. Muitas vezes ela fez discursos de campanha e viajou pelos EUA em nome dele. Eleanor seguiu ativa na política após a morte do marido, em 1945. Ela morreu em 1962 e foi incluída postumamente, seis anos depois, no primeiro grupo de ganhadores do prêmio de direitos humanos da ONU, por seu trabalho sobre direitos humanos e direitos das mulheres.

226 A DECLARAÇÃO UNIVERSAL DOS DIREITOS HUMANOS

As trinta disposições da DUDH

1:	Todos os seres humanos nascem livres e iguais.
2:	Todos têm direito a direitos sem discriminação.
3:	Todas as pessoas têm o direito à vida, à liberdade e à segurança.
4:	Ninguém deve ser mantido como escravo ou em servidão.
5:	Não deve haver tortura ou outro tratamento desumano.
6:	Todos têm o direito a ser reconhecidos como pessoas perante a lei.
7:	A lei deve ser a mesma para todos.
8:	Todos devem ter acesso a ajuda legal para proteger seus direitos
9:	Ninguém será arbitrariamente preso, detido ou exilado.
10:	As pessoas têm o direito a julgamento público justo e imparcial.
11:	Todos são inocentes até que se prove o contrário.
12:	Ninguém deve atacar a privacidade ou reputação de uma pessoa.
13:	As pessoas têm liberdade de ir e vir em seu próprio país.
14:	Todos têm o direito a buscar asilo no exterior.
15:	Todos temos o direito à nacionalidade.
16:	Homens e mulheres podem se casar e ter filhos.
17:	Todas as pessoas têm o direito a possuir propriedade.
18:	A liberdade de pensamento é um direito de todos.
19:	As pessoas devem ter liberdade de opinião e expressão.
20:	Todos têm o direito à liberdade de reunião pacífica.
21:	A autoridade do governo deve se basear em eleições livres.
22:	O Estado deve fornecer segurança social sempre que necessário.
23:	Todas as pessoas têm o direito ao trabalho e ao pagamento justo.
24:	Todos devem ter tempo de lazer, inclusive férias remuneradas.
25:	Alimentação e moradia adequadas são um direito humano básico.
26:	O acesso à educação é um direito de todos.
27:	Devemos ter acesso e poder proteger as produções artísticas.
28:	Todas essas liberdades devem estar disponíveis no mundo todo.
29:	Temos o dever de proteger os direitos de outras pessoas.
30:	Nenhum país nem pessoa pode subtrair esses direitos.

Habib Malik, o acadêmico chinês Peng Chung Chang, o juiz chileno Hernán Santa Cruz e o sindicalista britânico Charles Dukes. A presidência coube a Eleanor, viúva de Roosevelt. A redação final da DUDH foi concluída em 1948. Em 10 de dezembro daquele ano, a Assembleia Geral da ONU, em Paris, na França (a sede em Nova York, EUA, ainda não existia), votou a resolução 217, intitulada "Carta Internacional de Direitos Humanos". A resolução foi aprovada com voto favorável de 48 nações, nenhum contra e abstenção de oito países, entre eles a África do Sul (ver quadro à direita). Todo o Dia Mundial dos Direitos Humanos é celebrado ao redor do mundo em 10 de dezembro.

Uma declaração de princípios

A DUDH não é um documento legal e, diversamente de um tratado, os países não são obrigados a seguir seus termos como matéria de direito internacional. Em vez disso, é uma declaração de princípios sobre os direitos a serem protegidos globalmente. A DUDH foi uma reação à tragédia da Segunda Guerra Mundial, durante a qual, como afirma seu texto, "o desrespeito e o desprezo pelos direitos humanos resultaram em atos bárbaros que ultrajaram a consciência da humanidade". Nesse aspecto, a defesa dos direitos humanos também tem o fim prático de promover a paz entre as nações; como indica o preâmbulo da DUDH, isso ajuda a apoiar "o desenvolvimento de relações amistosas entre as nações".

Os direitos humanos também são tratados como universais com base no direito natural, que o filósofo grego antigo Aristóteles explicou como um conjunto de princípios morais imutáveis independentes das leis de qualquer nação. O preâmbulo da DUDH afirma que os direitos humanos são

O apartheid e os direitos humanos internacionais

Os dizeres "Só não brancos", num banco na Cidade do Cabo, na África do Sul, são um lembrete pungente da segregação racial em todos os locais públicos do país no apartheid.

Um governo do Partido Nacional subiu ao poder na África do Sul em 1948, defendendo a instituição de leis de apartheid ("separação") no país. No mesmo ano, a África do Sul se absteve de votar a DUDH porque o artigo 2º afirmava que todos tinham plenos direitos, a despeito de raça. Nos anos seguintes, o país promulgou leis, como a Lei do Registro da População de 1950, que explicitamente discriminavam pessoas com base em sua raça.

Após a descolonização, nos anos 1960, Estados africanos e asiáticos recém-independentes lideraram a redação da Convenção sobre a Eliminação de Todas as Formas de Discriminação Racial, de 1965. Nos anos 1970, o tema do apartheid na África do Sul veio à tona regularmente na Comissão de Direitos Humanos da ONU e em sua Assembleia Geral. Por fim, o presidente F. W. de Klerk foi obrigado por uma combinação de sanções comerciais e culturais e pela oposição interna a libertar da prisão o líder do Congresso Nacional Africano, Nelson Mandela, em 1990. E daquela data até 1994 o governo descartou as leis do apartheid.

---

necessários para proteger "a dignidade e o valor da pessoa humana". O artigo 2º da DUDH torna isso concreto ao expor que todos podem invocar todos os direitos e liberdades apresentados nesta Declaração, sem distinção de nenhum tipo.

Em 1949, a filósofa e teórica política germano-americana Hannah Arendt, ela mesma uma refugiada apátrida da Alemanha nazista, mas também uma forte cética em relação à DUDH, resumiu isso de modo sucinto ao escrever: "O direito de ter direitos, ou

o direito de cada indivíduo a pertencer à humanidade, deve ser assegurado pela própria humanidade". Algumas outras disposições da DUDH também visavam proteger o direito de ter direitos. O artigo 28º fala sobre "o" direito a uma ordem social e internacional em que os direitos e liberdades estabelecidos na presente Declaração possam ser plenamente realizados", enquanto o artigo 30º torna claro que nenhum Estado ou indivíduo deve se engajar em atividades que visem à destruição de qualquer um dos direitos e liberdades apresentados na declaração.

O artigo 3º afirma que todos têm o direito à vida, à liberdade e à segurança pessoal, enquanto os artigos 4º e 5º se concentram na proibição da escravidão e da tortura, respectivamente. Os artigos 6º a 11º relacionam-se a direitos que regem o modo como uma pessoa é tratada pelos tribunais e sistemas de justiça

O artigo 9º declara que ninguém deve ser submetido a prisão ou detenção arbitrária, como os dissidentes que são presos em hospitais psiquiátricos – como muitos eram na União Soviética (URSS).

penal. A DUDH também inclui o direito à propriedade privada (artigo 17º), à educação (artigo 26º) e à busca de asilo político (artigo 14º).

Indivisibilidade

Muitos analistas fazem distinção entre direitos humanos de diferentes gerações. Os de primeira geração se relacionam a liberdade e expressão política. Às vezes chamados de direitos naturais, incluem os direitos à vida, à liberdade de expressão e a julgamento justo. São abordados nos artigos 3º a 21º da DUDH e proíbem a »

Negar às pessoas seus direitos humanos é contestar sua própria humanidade.
Nelson Mandela
Discurso na Sessão Conjunta do Congresso dos EUA, 1990

interferência do Estado nas liberdades individuais.

Os direitos de segunda geração tendem em grande parte a tratar de direitos econômicos e sociais, como o direito a alimentação, moradia e cuidados médicos. São tratados nos artigos 22º a 28º da DUDH. Esses direitos impõem aos governos o dever de promovê-los – mas sua aplicação depende dos recursos disponíveis.

Os direitos humanos de terceira geração vão além dos direitos básicos civis e sociais e incluem o direito a um ambiente saudável e à participação em uma herança cultural. Eles ainda não foram incluídos na DUDH, assim como, explicitamente, o direito de não lutar e a abolição da pena de morte.

Alguns observadores taxam de acadêmica a distinção entre direitos de primeira e segunda geração: todos os direitos exigem um compromisso estatal (financiando seja tribunais penais, seja clínicas de saúde) e devem ser vistos como universais, interdependentes e indivisíveis.

A Carta de Direitos Humanos

Depois que a Comissão de Direitos Humanos da ONU tornou a DUDH uma lei internacional, alguns de seus delegados, liderados pelo representante dos EUA, apoiaram a

Não podemos deixar que o relativismo cultural se torne o último refúgio da repressão.
Warren Christopher
Secretário de Estado dos EUA
(1993-1997)

criação de dois tratados separados de direitos humanos em 1966: o Pacto Internacional sobre Direitos Civis e Políticos (PIDCP), que em 2020 estava ratificado por 173 países, e o Pacto Internacional sobre Direitos Econômicos, Sociais e Culturais (PIDESC), assinado por 170 Estados até 2020.

A DUDH tinha tratado esses direitos com igual importância, mas havia algumas grandes diferenças. O artigo 2º do PIDCP exige que os signatários tomem as devidas providências para adotar as leis ou outras medidas que possam ser necessárias para cumprimento dos direitos protegidos pelo tratado e para assegurar a reparação de violações a esses direitos.

Em contraste, o PIDESC só requer que os países usem seus recursos disponíveis, com o fim de alcançar progressivamente a plena realização dos direitos contidos no tratado. Esse requisito legal em geral é considerado mais fraco, e alguns observadores o veem como uma evidência de que os direitos econômicos e sociais não são tratados de forma séria o bastante nas leis internacionais de direitos humanos.

Estudantes de medicina dos EUA protestam contra a revogação da Lei do Cuidado Acessível (2010), que tornava os planos de saúde mais baratos, insistindo que a assistência médica é um direito humano.

Relativismo e direitos

A DUDH foi redigida quando grandes partes da África e da Ásia ainda estavam sob domínio colonial. O comitê de redação da DUDH tomou o cuidado de reconhecer as diferentes tradições culturais e políticas de direitos. Apesar disso, em 1947 a Associação Americana de Antropologia alertou para a alegada "intolerância" da DUDH em relação a diferenças culturais e questionou se seria possível criar uma declaração de fato universal de direitos humanos.

A Arábia Saudita foi uma das oito nações que se abstiveram de votar a DUDH em 1948. O país se preocupava com as referências à liberdade religiosa contidas na declaração, percebidas como incompatíveis com a sociedade saudita, por sua adesão estrita ao islã e à *sharia*. Na Primeira Conferência Internacional de Direitos Humanos, em Teerã, em 1968, alguns países perguntaram se a ideia de direitos humanos seria inaplicável em sociedades da África, Ásia e Oriente Médio. Na Segunda Conferência Mundial de Direitos Humanos, em Viena, em 1993, a declaração e o plano de ação do encontro advertiram que "o significado de peculiaridades nacionais e regionais e os diversos ambientes históricos, culturais e religiosos devem ser considerados" ao se promover e proteger direitos humanos.

Isso levou à preocupação de que o relativismo pudesse minar os direitos humanos ao permitir que os países afirmassem que suas próprias tradições se sobrepunham a todas as alegações de direitos humanos. Alguns estudiosos, como o sudanês-americano Abdullahi Ahmed An-Na'im, especialista em direito islâmico e direitos humanos, constataram que direitos como a proibição de tortura têm origem em muitas tradições culturais e religiosas diferentes mundo afora e alegam que é errado desconsiderar os direitos humanos como uma mera ideia ocidental.

A DUDH foi o ponto de partida para muitos outros instrumentos de direitos humanos que aplicaram e ampliaram os princípios da declaração. Em 1976, por exemplo, a Comissão de Direitos Humanos da ONU iniciou a redação de um tratado sobre direitos femininos, que se tornou em 1979 a Convenção sobre a Eliminação de Todas as Formas de Discriminação contra as Mulheres. O preâmbulo dessa convenção diz que "a Declaração Universal dos Direitos Humanos afirma o princípio da inadmissibilidade de discriminação contra as mulheres", mas prossegue alertando que, apesar disso, "continua a existir grande discriminação contra as mulheres". Esse foi um reconhecimento de que a DUDH precisava ser inserida numa nova estrutura legal para lidar com a natureza complexa da discriminação contra as mulheres.

De modo similar, em 1989 a Convenção sobre os Direitos da Criança, da ONU, observou que a DUDH já havia proclamado que as crianças têm direito a "cuidado e assistência especiais", antes de prosseguir traçando uma estrutura legal específica para proteção de seus direitos humanos.

A Carta Africana dos Direitos Humanos e dos Povos (1981) – um tratado regional de direitos humanos para países membros da União Africana – afirmou em seu preâmbulo que buscava se fundamentar na DUDH, com "a tradição e os valores históricos da civilização africana".

> Vamos nos lembrar de nossas raízes como uma família humana, destinada para sempre a apoiar os princípios centrais da Declaração Universal dos Direitos Humanos.
> **Barack Obama**
> 44º presidente dos EUA (2009-2017)

Desafios futuros
Há mais de setenta anos, a DUDH é usada por uma grande variedade de movimentos para ajudar a definir suas reivindicações por direitos humanos básicos. Ativistas alegam que, para manter a paz num mundo em rápida mudança, seu alcance precisa ser ampliado, citando, por exemplo, o direito a um ambiente saudável e o acesso livre à internet. A DUDH realizou bastante, mas os direitos básicos ainda são negados a muitos milhões. ∎

Para marcar o 70º aniversário da DUDH, o artista e ativista chinês Ai Weiwei criou uma nova bandeira, com uma pegada – simbolizando todos os que são forçados a fugir, muitas vezes descalços.

O DIREITO À LIBERDADE E À SEGURANÇA

A CONVENÇÃO EUROPEIA DE DIREITOS HUMANOS (1950)

EM CONTEXTO

FOCO
Direitos humanos

ANTES
1945 A Europa é devastada após a Segunda Guerra Mundial. Não há tribunal para proteger os direitos humanos em lugar algum do mundo.

1948 A ONU aprova a Declaração Universal dos Direitos Humanos.

DEPOIS
1960 A Corte Europeia de Direitos Humanos (CEDH) profere sua primeira decisão, no caso Lawless *vs.* Irlanda, que envolve a detenção de um suspeito de terrorismo.

1998 O protocolo nº 11 obriga todos os países-membros a permitir que indivíduos acessem a CEDH.

2017 A CEDH profere sua 20.000ª sentença.

A Convenção Europeia de Direitos Humanos (CEDH) é um tratado sobre direitos humanos entre os 47 Estados-membros do Conselho da Europa – não confundir com a totalmente separada União Europeia (UE). A CEDH tem suas raízes na decisão da Europa ocidental de se reconstruir após a Segunda Guerra Mundial e de se proteger da ascensão do comunismo no Leste Europeu.

Em 1948, 750 delegados no Congresso da Europa estudavam ideias para unir e integrar legalmente a Europa. Quando o recém-formado Conselho da Europa se reuniu em 1949, seu foco se tornou mais modesto: a criação de um tratado de

UMA NOVA ORDEM INTERNACIONAL 231

Ver também: A Revolução Gloriosa e a Declaração de Direitos inglesa 102-103 ▪ A Constituição e a Declaração de Direitos dos EUA 110-117 ▪ A Declaração Universal dos Direitos Humanos 222-229 ▪ O Pacto Internacional sobre Direitos Civis e Políticos 256-257

O ex-primeiro-ministro britânico Winston Churchill foi presidente honorário do Congresso da Europa em Haia, nos Países Baixos, em 1948.

direitos humanos que, protegendo a democracia, poderia ser usado para resguardar a região do comunismo e do totalitarismo.

Os dez Estados fundadores do Conselho da Europa foram a Bélgica, a Dinamarca, a França, a Irlanda, a Itália, os Países Baixos, Luxemburgo, a Noruega, a Suécia e o Reino Unido. Os delegados debatiam, por exemplo, se os poderes emergenciais da nova convenção poderiam ser usados para abusar de direitos humanos. O Reino Unido e a França também temiam que alguns movimentos de independência em suas colônias pudessem usar a convenção contra eles.

A ideia da criação de um tribunal para fazer cumprir a nova convenção de direitos humanos gerou muita discussão. Algumas nações não entendiam como funcionaria, enquanto outras se preocupavam mais com o alcance de seus poderes.

O texto final da convenção foi concluído em 1950. Ela foi aberta para assinatura no mesmo ano e entrou em vigor em 1953, depois de ratificada pelos dez Estados fundadores do Conselho da Europa. Outros Estados a assinaram ao longo dos cinquenta anos seguintes. Quando um número suficiente de Estados-membros havia ratificado a convenção a Corte Europeia de Direitos Humanos (CEDH) foi instalada em Estrasburgo, na França. Ela consiste em um tribunal inferior e uma câmara de apelação, e recebeu seu primeiro caso em 1959.

Ao assinar a convenção, os Estados se comprometem, conforme o artigo 1º, a proteger os direitos da convenção »

Você vive no **território** de um país que **assinou** a **Convenção Europeia de Direitos Humanos**.

↓

Você é vítima de **violação de direitos humanos** porque um **governo lhe negou um direito da convenção**.

↓

Você **tenta resolver** sua **queixa** em seu **próprio país**, sem sucesso.

↓

Sua **queixa** é de um tipo que **não foi resolvido antes** pela Corte Europeia de Direitos Humanos.

↓

Seu caso é elegível para ser julgado pela Corte Europeia de Direitos Humanos.

A CONVENÇÃO EUROPEIA DE DIREITOS HUMANOS

para todos no país ou sob seu controle. Se não fizerem isso, uma pessoa que viva nesse Estado signatário e que sofra uma violação de direitos, ou um governo de outro Estado signatário, pode levar o Estado infrator à CEDH.

Os direitos da convenção

Inspirados em parte pela Declaração dos Direitos Humanos da ONU, de 1948, os artigos 2º a 13º da Convenção Europeia de 1950 listam doze direitos humanos fundamentais que todo indivíduo deve esperar de seu governo (ver abaixo). Cada conjunto de direitos é com frequência referido por seu artigo na convenção. Por exemplo, a proibição da escravização é chamada "direitos do artigo 4º". Outros artigos cobrem mecanismos processuais, como derrogações e restrições permitidas na aplicação dos direitos da convenção.

Em 1959, quando a CEDH foi instalada, as nações signatárias podiam escolher se aceitavam ou não sua jurisdição. Com os anos, porém, a convenção original foi sendo atualizada. Algumas emendas, chamadas protocolos, dizem respeito a procedimentos – por exemplo, em 1998, o protocolo nº 11 exigiu que todos os países signatários da convenção permitissem que os casos fossem para a CEDH. Outros protocolos acrescentaram novos direitos, como os de propriedade e educação, incluídos em 1954.

Interpretação dos direitos

Alguns direitos são absolutos perante a convenção. Os direitos do artigo 3º, que proíbe a tortura, não podem ser limitados por governos nem suspensos numa emergência. Em 2006, a CEDH bloqueou a deportação de Nassim Saadi pelo governo italiano por ligações suspeitas com grupos terroristas, porque se considerou que estava sob risco de tortura na Tunísia.

Outros artigos qualificam alguns direitos. Nos anos 1950, a maioria das nações ainda tinha pena de morte para assassinato. Assim, o artigo 2º permitia que uma pessoa fosse morta por "sentença de um tribunal após sua condenação por um crime para o qual a lei dispõe essa pena". Em 1983, porém, a pena de morte foi abolida por protocolo.

O direito à vida muitas vezes suscitou a questão sobre se deveria haver um direito a morrer, com a oferta de suicídio assistido a pessoas com doenças terminais. Reconhecendo que culturas e práticas variam ao longo da Europa, a CEDH foi cuidadosa ao afirmar que tais temas são mais bem tratados em tribunais nacionais.

O segundo parágrafo do artigo 10º (liberdade de expressão, consciência e opinião) apresenta como um governo pode limitar o direito à livre expressão. A tarefa da CEDH é avaliar se alguma limitação governamental é justificada. Em 1997, o jornalista suíço Martin Stoll publicou a correspondência de negociações confidenciais entre Suíça e EUA sobre reparações a vítimas do Holocausto por bancos usados por nazistas na Segunda Guerra Mundial. As autoridades suíças condenaram e multaram Stoll. Em 2007, em Stoll vs. Suíça, a CEDH decidiu que a multa,

A Corte Europeia de Direitos Humanos [...] exerce uma influência profunda sobre as leis e as realidades sociais de seus Estados-membros.
Dama Rosalyn Higgins
Britânica presidente da Corte Internacional de Justiça (2006-2009)

Principais direitos da Convenção de 1950

Artigo 2º:	O direito à vida
Artigo 3º:	O direito de não sofrer tortura e tratamento degradante
Artigo 4º:	O direito de não ser submetido a escravização e trabalhos forçados
Artigo 5º:	O direito à liberdade e à segurança pessoal
Artigo 6º:	O direito a um julgamento justo
Artigo 7º:	O direito de não ser punido fora da lei
Artigo 8º:	O direito à privacidade e à vida familiar
Artigo 9º:	A liberdade de pensamento e de religião
Artigo 10º:	A liberdade de expressão, consciência e opinião
Artigo 11:	O direito de reunir-se pacificamente e de se sindicalizar
Artigo 12:	O direito de se casar
Artigo 13:	O direito a recurso legal face a violações de direitos

UMA NOVA ORDEM INTERNACIONAL

Os direitos dos migrantes à liberdade e à vida familiar são sustentados em casos julgados pela Corte Europeia de Direitos Humanos, mas sem consenso.

embora restringisse o direito de Stoll à livre expressão, era justificada pela proteção de negociações confidenciais.

Alguns direitos, como os dos artigos 5º e 6º, dizem respeito à interação de uma pessoa com tribunais de Estado e sistemas de justiça penal. O artigo 2º, o direito à vida, também tem sido interpretado como a exigência de que os países garantam que suas polícias investiguem mortes suspeitas. Em 1988, as Forças Especiais Britânicas mataram três supostos terroristas do Exército Republicano Irlandês (IRA) em Gibraltar, e em 1995 a CEDH criticou a investigação britânica sobre as mortes por ter sido falha e secreta.

O artigo 3º, emendado em 2008, exige que as polícias previnam ativamente certos tipos de crime que envolvem tratamento desumano ou degradante. Em 2018, vítimas do "estuprador do táxi preto", um criminoso sexual serial, alegaram com sucesso na Suprema Corte do Reino Unido que o artigo 3º da convenção atribuía à polícia de Londres a responsabilidade de investigar e tentar evitar crimes sexuais.

Decisões controversas

O direito de participar de eleições, exposto em 1954 no artigo 3º do protocolo nº 1, é interpretado pela CEDH como a vedação a que os países proíbam totalmente seus prisioneiros de votar. Isso se mostrou polêmico em alguns países; o Reino Unido e a Rússia objetaram com vigor a essa decisão. Alguns direitos da convenção protegem interesses pessoais, como os direitos à privacidade (artigo 8º) e à liberdade religiosa (artigo 9º). Em 2011, a França proibiu o uso de coberturas sobre o rosto, entre elas a burca ou véus religiosos, em qualquer local público. No caso S. A. S. *vs.* França, de 2014, a COEDH decidiu que a proibição não violava o artigo 9º, mas o julgamento foi criticado por ser

Amal Clooney, uma advogada internacional de direitos humanos, representou com sucesso a República da Armênia num caso na CEDH em 2015, sobre uma negação do genocídio armênio.

muito reverente com a política governamental francesa de secularismo e não proteger os direitos das mulheres afetadas pela medida.

Avanços dos direitos humanos

O Conselho da Europa é o órgão responsável por aplicar pressão política sobre os países para implementar decisões da CEDH. A maioria dos Estados obedece, mesmo quando as medidas os contrariam, mas em meados dos anos 2010 surgiram preocupações com a não observância de algumas decisões por longo tempo. Só um Estado deixou formalmente a convenção – a Grécia, no fim dos anos 1960, após um golpe militar, embora tenha se reintegrado com a restauração da democracia. Em 2015, a Rússia aprovou uma lei que permite a seus próprios tribunais ignorar decisões da CEDH.

Apesar desses reveses, as decisões da CEDH continuam sendo referência para fazer avançar questões de direitos humanos, da abolição da pena de morte à proteção dos direitos LGBTQ. ∎

UM TRIBUNAL COM PODER ÍMPAR

A CORTE EUROPEIA DE JUSTIÇA (1952)

A CORTE EUROPEIA DE JUSTIÇA

EM CONTEXTO

FOCO
Direito internacional

ANTES
1693 William Penn defende a criação de um parlamento europeu.

1806 Napoleão Bonaparte propõe uma união alfandegária para a Europa continental.

1927 Émile Borel funda o Comitê Francês para a Cooperação Europeia.

DEPOIS
1957 O Tratado de Roma cria a Comunidade Econômica Europeia.

1992 O Tratado de Maastricht instaura a União Europeia (UE), um grande passo para a integração política.

2009 Sob o Tratado de Lisboa, novos sistemas constitucionais da UE são implementados.

2020 O Reino Unido sai da UE, restando 27 Estados-membros.

O **Parlamento Europeu** e o **Conselho da União Europeia** acordam uma **nova legislação da UE**.

A Corte Europeia de Justiça (CEJ) **interpreta** a legislação e **assessora os tribunais nacionais** dos Estados-membros sobre sua aplicação.

A CEJ **faz cumprir** a legislação se os tribunais nacionais **não a acatarem**. Ela pode **impor multas** por descumprimento.

A CEJ também pode tomar medidas contra o Parlamento, o Conselho ou a Comissão da UE, em nome dos Estados-membros.

Em 1693, o idealista democrático quacre William Penn, nascido na Inglaterra e fundador da Província de Pensilvânia, na América, propôs um parlamento para toda a Europa, como meio de acabar com suas constantes guerras: "[Assim,] pelas mesmas Regras de Justiça e Prudência pelas quais Pais e Mestres Governam suas Famílias, e Magistrados suas Cidades, e [...] Príncipes e Reis seus Principados e Reinos, a Europa pode Obter e Preservar a Paz entre Suas Soberanias". Nada resultou do plano de Penn, embora muitos outros tenham tido o mesmo sonho – entre eles o czar Alexandre I da Rússia, quando as Guerras Napoleônicas engolfaram a Europa em 1803-1815. Em 1946 – após duas guerras mundiais dilacerarem o continente, convencendo a muitos de que só uma Europa unificada poderia garantir a paz –, Winston Churchill, ex-primeiro-ministro do Reino Unido, defendeu a criação dos "Estados Unidos da Europa".

Em concordância com essa visão, a Europa tem hoje duas organizações internacionais fundamentais: o Conselho da Europa (CoE) e a União Europeia (UE). O objetivo da UE é promover a paz e prevenir o ressurgimento do nacionalismo, por meio da integração de seus Estados-membros. Ela se baseia no primado do direito, e a Corte Europeia de Justiça (CEJ) tem um papel importante para assegurar que as normas da UE sejam observadas e aplicadas de modo consistente em todos os países do bloco. Em 2018, por exemplo, foi intentada uma ação contra o Reino Unido na CEJ por violar a legislação da UE em relação à Diretiva de Qualidade do Ar. O Conselho da Europa foi instalado em 1949, quando representantes de dez países – França, Itália, Países Baixos, Bélgica, Luxemburgo, Dinamarca, Noruega, Suécia, Irlanda e Reino Unido – se reuniram em Londres para criar um fórum de diálogo e cooperação. O

O Primado do Direito [garante] que o Poder não vencerá ou oprimirá o que é Correto, nem que um Vizinho empregue uma Independência e Soberania sobre outro.
William Penn
"Ensaio rumo à paz presente e futura da Europa", 1693

UMA NOVA ORDEM INTERNACIONAL 237

Ver também: *O direito das gentes*, de Vattel 108 ▪ O Código Napoleônico 130-131 ▪ A Convenção Europeia de Direitos Humanos 230-233 ▪ O Tratado de Helsinque 242-243 ▪ Google Espanha *vs.* AEPD e Mario Costeja González 308-309

objetivo declarado do CoE era então (e continua a ser hoje) defender os direitos humanos, a democracia e o primado do direito na Europa. O CoE tem hoje um total de 47 Estados-membros.

O CoE às vezes é confundido com a UE e tem a mesma bandeira e hino. Porém, ele não tem o poder de legislar, ainda que possa fazer cumprir acordos fechados pelos Estados europeus. Enfatizando os direitos dos cidadãos europeus, ele gerou muitas organizações subsidiárias e convenções com foco em áreas específicas. Destacam-se entre elas a Convenção Europeia de Direitos Humanos, o Comitê Europeu para Prevenção da Tortura e a Convenção do CoE sobre Proteção de Crianças contra Exploração e Abuso Sexual. Fundamental foi a instalação pelo CoE, em 1959, da Corte Europeia de Direitos Humanos (CEDH), que faz cumprir a convenção.

Laços econômicos

Um dos temas discutidos pelo CoE em seus primórdios era a possibilidade de maior integração econômica e política entre os países-membros. Várias ideias foram apresentadas, mas nenhuma obteve apoio da maioria.

> [Quando] as nações e os homens aceitam as mesmas regras [...] o comportamento de uns com os outros muda. Esse é o próprio processo de civilização.
> **Jean Monnet**
> *A Ferment of Change*, 1962

Em 1945, porém, o economista político francês Jean Monnet recomendou que a França assumisse o controle das regiões produtoras de carvão dos distritos alemães de Ruhr e Sarre para enfraquecer o poderio industrial da Alemanha e ajudar a recuperação econômica francesa no pós-guerra. O Plano Monnet foi adotado: com apoio dos EUA, em 1947 o Sarre se tornou um protetorado francês e, em 1949, o Acordo do Ruhr foi imposto ao leste alemão, permitindo que EUA, Reino Unido, França e os países do Benelux

(Bélgica, Países Baixos e Luxemburgo) controlassem as minas de carvão do Ruhr. Essa foi uma condição para a criação da República Federal da Alemanha, formada pela fusão dos setores ocidentais alemães, controlados pelos Aliados. (Pouco depois, o setor oriental se tornou a República Democrática da Alemanha, dominada pelos soviéticos.)

As tensões entre os ex-inimigos França e Alemanha Ocidental sobre o controle do Sarre instigaram em Monnet a visão de uma comunidade europeia integrada. Em 1950, numa declaração redigida em parte por Monnet, o ministro do Exterior francês, Robert Schuman, propôs um plano para combinar toda a produção de carvão e aço francesa e alemã num mercado comum, administrado por uma só Alta Autoridade (AA) – um órgão que com o tempo evoluiria como Comissão Europeia. A participação nessa Comunidade Europeia do Carvão e do Aço (CECA) estaria aberta »

O rio Sarre era um corredor industrial crucial nos anos 1950, ligando as jazidas de carvão da região do Sarre a Saarbrücken, a capital regional. Canais conectam a França aos Países Baixos.

a todos os países da Europa ocidental, e a AA seria composta de representantes indicados pelos governos de cada Estado-membro.

Esperava-se que, no devido tempo, houvesse maior integração política. "A Europa não será feita de uma vez", declarou Schuman. "Ela será construída por realizações concretas que criem primeiro uma solidariedade de fato. A união das nações da Europa exige a eliminação da velha oposição de França e Alemanha." A junção das indústrias de carvão e aço significaria que "qualquer guerra entre França e Alemanha se torna não só inimaginável como materialmente impossível". Seria o "primeiro alicerce firme de uma federação europeia, indispensável para a preservação da paz".

O chanceler alemão Konrad Adenauer ficou entusiasmado, assim como os líderes da Itália e dos países do Benelux, mas o Reino Unido se opôs. Um importante apoio veio do secretário de Estado dos EUA, George C. Marshall, cujo Plano Marshall, decretado em 1948, despejou bilhões de dólares americanos na Europa do pós-guerra para reconstrução de infraestrutura e estímulo ao comércio.

> Bases compartilhadas de desenvolvimento econômico […] mudarão o destino daquelas regiões, que por muito tempo se dedicaram a fabricar munições de guerra.
> **Robert Schuman**
> Plano Schuman, 1950

O Tratado de Paris

Em junho de 1950, delegados da França, Alemanha Ocidental, Itália e países do Benelux começaram as negociações que levariam à criação da CECA. O Tratado de Paris foi afinal assinado em abril de 1951 e entrou em vigor em julho de 1952. As negociações foram complexas. Nem todas as partes partilhavam a visão de Monnet, e as esperanças de uma união política abrangente logo caíram por terra.

Monnet estava convicto de que a AA era essencial para a integração: os países podiam apelar à AA para que revisse qualquer decisão que não apreciassem. Mas isso não era suficiente para os países do Benelux e, como salvaguarda democrática para impedir que a AA assumisse um controle ditatorial, eles propuseram um conselho especial de ministros. Este seria composto de representantes de cada governo nacional e poderia contestar decisões da AA ou apreciar recursos ele próprio. Mais importante, alguns delegados também propuseram um tribunal de justiça, acreditando que uma corte forte poderia ajudar a criar o sistema constitucional necessário para que a Europa atingisse a integração plena.

Monnet estava cético quanto ao tribunal proposto, acreditando que impediria a cooperação. Mas ambas as ideias – de um conselho especial de ministros e de um tribunal de justiça – receberam apoio. Os delegados do Benelux queriam que o tribunal fosse capaz de controlar não só a legalidade das decisões da AA como suas políticas – no entanto, foi decidido que isso seria resolvido entre os Estados. Os alemães, porém, defendiam o acesso privado, enquanto os franceses receavam que, se o tribunal tivesse o poder de revisar

Jean Monnet

O consultor político francês Jean Monnet foi um pioneiro da integração europeia e o cérebro por trás do Plano Schuman, que realizou a fusão da indústria pesada europeia ocidental, formando a Comunidade Europeia do Carvão e do Aço (CECA). Nascido em 1888 na região de Cognac, o jovem Monnet viajou o mundo representando a empresa familiar de conhaque e se tornou um respeitado financista internacional. Na Primeira Guerra Mundial, distinguiu-se como intermediário econômico entre a França e seus aliados, e em 1919 foi nomeado secretário-geral adjunto da Liga das Nações. Em 1952, tornou-se o primeiro presidente da CECA. Monnet trabalhou sem descanso por seu sonho de uma comunidade europeia totalmente integrada. Em 1955, apresentou o Comitê de Ação para os Estados Unidos da Europa, que impulsionaria conquistas futuras, como a criação do Mercado Comum e, por fim, da União Europeia. Monnet morreu em 1979.

UMA NOVA ORDEM INTERNACIONAL 239

Hoje a Corte Europeia de Justiça (CEJ) tem jurisdição sobre 27 Estados da União Europeia. Ela foi instaurada em 1952 como Corte de Justiça da Comunidade Europeia do Carvão e do Aço. Em 1993, quando as doze nações das Comunidades Europeias criaram a União Europeia, a CEJ – antes apenas o tribunal de uma união econômica – se tornou a suprema corte dessa união política.

Lista de países:

1. Bélgica (1958)
2. Itália (1958)
3. França (1958)
4. Luxemburgo (1958)
5. Países Baixos (1958)
6. Alemanha (1958)
7. Dinamarca (1973)
8. Irlanda (1973)
9. Grécia (1981)
10. Portugal (1986)
11. Espanha (1986)
12. Finlândia (1995)
13. Áustria (1995)
14. Suécia (1995)
15. Hungria (2004)
16. Eslováquia (2004)
17. Polônia (2004)
18. Chipre (2004)
19. República Tcheca (2004)
20. Estônia (2004)
21. Letônia (2004)
22. Lituânia (2004)
23. Malta (2004)
24. Eslovênia (2004)
25. Bulgária (2007)
26. Romênia (2007)
27. Croácia (2013)

Legenda: Membro da UE (desde o ano indicado)
 Não membro da UE

---

políticas, isso pudesse levar a um governo de juízes antidemocrático. Um acordo foi alcançado. O tribunal teria o poder de anular decisões da AA que violassem os termos e o espírito do Tratado de Paris, e a AA evitaria decisões que perturbassem os Estados-membros.

Limitações aos poderes

Quando ficou claro que a AA seria o Executivo da CECA e o tribunal de justiça, seu Judiciário, os franceses asseguraram que o tribunal se mantivesse administrativo. Ele teria poderes para garantir a observância das leis da CECA e para interpretar o Tratado de Paris, mas não o poder de controle de constitucionalidade para examinar políticas. A nova Corte de Justiça foi instalada em Luxemburgo, com um juiz de cada um dos seis Estados-membros, mais um sétimo, rotativo, de um dos três maiores – Alemanha Ocidental, França e Itália. (Hoje a Corte Europeia de Justiça tem 27 juízes, um de cada estado da UE.)

Na época em que o Tratado de Paris foi assinado, em 1951, um pouco do entusiasmo por ligações supranacionais tinha esfriado, e os planos de uma união política e de defesa foram abandonados. Apesar disso, a forte estrutura legal deu ímpeto ao projeto europeu.

A CECA era supervisionada por quatro instituições: a AA, que era um órgão executivo de nove membros; a Assembleia Comum, formada por 78 representantes indicados pelos parlamentos dos países-membros; o Conselho Especial de Ministros, composto de representantes dos governos nacionais; e a Corte de Justiça. Com base no Conselho da Europa, foi projetada uma Assembleia Comum para fornecer legitimidade democrática. Ela se reuniu pela primeira vez em setembro de 1952, em Estrasburgo, na França.

Três comunidades

Aos poucos, os políticos europeus começaram a discutir a ideia de um mercado comum. A Comunidade Econômica Europeia (CEE), também conhecida como Mercado Comum, foi formada pelos seis Estados-membros fundadores da CECA, conforme o Tratado Constitutivo da Comunidade Econômica Europeia – comumente chamado Tratado de Roma. Ele foi assinado em 1957 e entrou em vigor em 1º de janeiro de 1958.

O tratado também criou uma terceira comunidade: a Comunidade Europeia de Energia Atômica (CEEA), logo chamada de Euratom. Concebida para monitorar a evolução do mercado europeu de energia atômica, ela hoje abrange todos os aspectos do setor, entre eles o descarte seguro de materiais nucleares.

A CEE e a Euratom tinham seus próprios conselhos e órgãos executivos. Mas, devido a reservas por parte de alguns países sobre os poderes supranacionais da AA, esses órgãos executivos tinham poderes mais limitados, e os conselhos, poderes maiores que no caso da CECA. »

A CORTE EUROPEIA DE JUSTIÇA

Em vez de "altas autoridades", os novos órgãos executivos eram "comissões". A jurisdição da Corte de Justiça da CECA foi ampliada para incluir tanto a CEE quanto a Euratom. A Assembleia Comum, também partilhada pelas três comunidades, tornou-se o Parlamento Europeu.

Mais integração

A criação da CEE foi um divisor de águas. Nunca antes um grupo grande de nações uniu recursos com tanta liberdade. Os membros ainda hesitavam quanto a uma maior integração política, mas a integração legal avançava rápido, com a CEJ

Uma condição do sucesso do experimento [europeu] é a existência de um órgão cuja tarefa é garantir que as regras sejam as mesmas para todos.
Juiz David Edward
Corte Europeia de Justiça (1992-2004)

O Tratado de Roma, que criou a Comunidade Econômica Europeia, foi assinado em 25 de março de 1957 pela França, Alemanha Ocidental, Itália, Bélgica, Países Baixos e Luxemburgo.

tomando muitas decisões cruciais ao longo dos anos 1960.

Em 1965, o Tratado de Fusão (ou Tratado de Bruxelas) foi assinado, entrando em vigor em 1967. Ele fundiu os órgãos executivos e conselhos da CECA, da CEE e da Euratom: coletivamente, os três eram agora chamados Comunidades Europeias (CE). O Executivo se tornou a Comissão das Comunidades Europeias.

O Reino Unido se recusara antes a participar das comunidades, mas mudou de parecer, temendo um isolamento econômico. A adesão foi solicitada à CEE em 1963 e de novo em 1967, ambas as vezes bloqueada pelo presidente francês Charles de Gaulle, que via a união econômica de um ponto de vista firmemente nacionalista – como um veículo para os interesses econômicos franceses – e não queria maior integração ou expansão.

Quando De Gaulle renunciou, em 1969, a oposição francesa à participação do Reino Unido se atenuou. A Alemanha vivia uma notável recuperação econômica e o Reino Unido, então em estado contrastante de pobreza, foi afinal admitido nas CE em 1973, com a Dinamarca e a Irlanda. Essa expansão, porém, ocorreu exatamente antes de uma escalada enorme no preço do petróleo iniciada pela Organização dos Países Exportadores de Petróleo (OPEP) na segunda metade de 1973 e que criou uma dramática retração na economia europeia. Muitos europeus sentiram que o único modo de enfrentar as duas superpotências globais – os EUA e a União Soviética (URSS) – seria construir uma Europa mais conectada.

As primeiras eleições para o Parlamento Europeu ocorreram em 1979, e Simone Veil, da França, se tornou sua primeira presidente. A Grécia se juntou às CE em 1981, seguida por Espanha e Portugal, em 1986. Em 1985, cinco dos dez Estados-membros assinaram o Acordo Schengen em Luxemburgo, abolindo os controles de fronteira. Outros países aderiram depois e, em 1997, 26 Estados europeus já faziam parte do Schengen.

O Reino Unido se manteve fora do Schengen, e a primeira-ministra Margaret Thatcher se opôs a uma integração econômica maior. Mas a situação mudou em 1985, quando o inglês Arthur Cockfield se tornou vice-presidente da Comissão das Comunidades Europeias, sob a presidência do francês Jacques Delors.

Cockfield foi conquistado pela ideia de "um só mercado", que garantiria o livre trânsito de bens, capital, serviços e trabalho (as "quatro liberdades") entre os Estados-

Van Gend en Loos vs. Países Baixos

Uma decisão histórica da Corte Europeia de Justiça (CEJ) foi a do caso van Gend en Loos *vs.* Ministério das Finanças dos Países Baixos, em 1963. Van Gend en Loos, uma empresa holandesa, transportava formaldeído da Alemanha para os Países Baixos. Os holandeses cobravam uma taxa por essa importação, violando as regras do Mercado Comum. A CEJ decidiu que van Gend en Loos podia receber de volta a taxa. Isso estabeleceu o princípio básico do "efeito direto", pelo qual os tribunais dos Estados-membros devem reconhecer os direitos conferidos pela Comunidade Europeia.

UMA NOVA ORDEM INTERNACIONAL

O jornal francês *Libération* publicou uma manchete de aspecto hesitante anunciando a diferença mínima no referendo sobre o Tratado de Maastricht em 1992. O resultado acabou conhecido como "*petit oui*" (pequeno sim).

-membros. Seu relatório sobre o tema, bem recebido pelos outros países das CE, levou ao Ato Único Europeu, de 1986. Este criaria um mercado único em 1993, dando também ao Parlamento Europeu maiores poderes legislativos para esse fim.

Enquanto isso, a recuperação do sonho frustrado de uma comunidade política europeia, discutido primeiro em 1952, ganhara apoio no Parlamento Europeu. Em 1984, com o Plano Spinelli, redigido principalmente pelo teórico político italiano Altiero Spinelli, o Parlamento decidiu avançar de uma união econômica a uma união política total. Conforme as negociações caminhavam, outros eventos importantes ocorriam: o Muro de Berlim caiu em 1989, a URSS colapsou e as Alemanhas Oriental e Ocidental se unificaram. Assim, foi num ambiente dinâmico que os doze Estados-membros das CE se encontraram em Maastricht, nos Países Baixos, em dezembro de 1991, para redigir um novo tratado.

A União Europeia

Um objetivo formal essencial do Tratado de Maastricht era a adoção de uma moeda universal. A união econômica e monetária se destinava a promover a convergência gradual das economias dos Estados-membros. Mas, antes que o tratado pudesse ser ratificado, as leis da França, da Dinamarca e da Irlanda exigiam que fosse feito um referendo. Na Irlanda ele foi aprovado por grande maioria, mas na França a diferença a favor foi mínima. Na Dinamarca, foi rejeitado por uma margem igualmente pequena. Só após quatro opções de exclusão serem negociadas para a Dinamarca outro referendo resultou em sua aprovação.

O Tratado de Maastricht foi assinado em fevereiro de 1992, constituindo-se em novembro de 1993 a União Europeia (UE). Ela herdou as instituições já existentes: a Comissão, o Conselho, o Parlamento e a CEJ, renomeada Corte de Justiça em 2009, enquanto seu tribunal inferior, antes Tribunal de Primeira Instância, se tornava o Tribunal Geral. Combinados, hoje eles se chamam Corte de Justiça da União Europeia. A Comissão desenvolve políticas e estratégias gerais e propõe novas leis, enquanto o Conselho da UE — formado por ministros de cada Estado-membro — coordena políticas. Juntos, o Conselho e o Parlamento — eleito diretamente pela população — discutem e adotam novas leis da UE.

Maastricht foi uma etapa lógica no processo de quarenta anos de convergência, mas chegar a ele não foi fácil. As tensões que eclodiram entre os Estados da UE no século XXI, sobre crises econômicas e migratórias, puseram à prova as esperanças dos políticos federalistas. Eles não poderiam mais assumir que as pessoas comuns partilhavam seu sonho de uma integração progressiva. ∎

A Corte Europeia de Justiça está sediada na cidade de Luxemburgo. Embora tenha 27 juízes, um de cada Estado-membro da UE, os casos são em geral julgados por grupos de três, cinco ou quinze deles.

AS NAÇÕES IRMÃS CRESCERAM JUNTAS
O TRATADO DE HELSINQUE (1962)

EM CONTEXTO

FOCO
Direito internacional

ANTES
1814 O Estado integrado de Dinamarca-Noruega se divide, e a Noruega forma uma união com a Suécia.

1845 Estudantes dinamarqueses e suecos defendem o movimento pan-escandinavo, mas ele desmorona em 1864.

1905 A união Noruega-Suécia se dissolve, e a Noruega se torna totalmente independente.

1907 A União Interparlamentar Nórdica, de cinco países, dá início a reuniões anuais.

DEPOIS
1996 A Noruega e a Islândia, como membros da União Nórdica de Passaportes, são aceitas no Espaço Schengen europeu.

2000 A ponte Øresund é aberta, ligando Dinamarca e Suécia.

Os **países nórdicos** são pressionados a formar alianças com **blocos poderosos**, como a OTAN e a URSS.

A **neutralidade** em alinhamentos militares parece ser a **opção mais segura**.

Fortalecidos pela cooperação, os países nórdicos podem criar ligações estáveis com **outras nações**.

A **cooperação de uns com os outros** é o melhor modo de os países nórdicos **preservarem a neutralidade**.

Criado em 1952, o Conselho Nórdico é uma assembleia de parlamentares de todos os países nórdicos: Noruega, Dinamarca e Suécia, da Península Escandinávia, além de Finlândia e Islândia. A participação de parlamentares ativos, em vez de delegados, é incomum numa assembleia internacional, e promove um grau raro de cooperação. Há 87 parlamentares no Conselho Nórdico – Noruega, Suécia, Dinamarca e Finlândia com vinte cada e Islândia com sete. O total da Dinamarca inclui dois das ilhas Féroe e dois da Groenlândia, e a Finlândia conta com dois das ilhas Åland. O conselho se reúne uma vez ao ano, no outono europeu, com outras "sessões temáticas" na primavera. A assembleia se liga ao Conselho Nórdico de Ministros, formado por ministros de cada governo.

Embora os laços entre os países nórdicos sejam antigos, o impulso direto de cooperação surgiu na Segunda Guerra Mundial. A Dinamarca e a Noruega foram ocupadas pelos nazistas, e a Finlândia vivia sob constante ameaça da União Soviética (URSS). A Suécia continuou

UMA NOVA ORDEM INTERNACIONAL

Ver também: *O direito das gentes*, de Vattel 108 ▪ Cooperação escandinava 160-161 ▪ As Nações Unidas e a Corte Internacional de Justiça 212-219 ▪ A Interpol 220-221 ▪ A Corte Europeia de Justiça 234-241

neutra mas vulnerável, enquanto a guerra grassava ao seu redor.

Alinhamentos do pós-guerra

Após o fim da guerra, a Suécia apresentou à Noruega e à Dinamarca um plano de união para a defesa escandinava, mas as conversas iniciais fracassaram. Havia grandes pressões dos principais blocos mundiais, em diferentes direções. Os países europeus estavam formando ligações econômicas que levariam à União Europeia. Os EUA, desejosos de instalar bases na Escandinávia, insistiam que os nórdicos eram fracos demais para se defender e deviam se unir à nascente Organização do Tratado do Atlântico Norte (OTAN). A URSS cobiçava a Finlândia.

Em desvantagem por suas economias arrasadas, a Dinamarca e a Noruega, além da Islândia, aderiram à OTAN como membros fundadores em 1949. A Suécia manteve a neutralidade. E a Finlândia, ansiosa por relações estáveis com seu poderoso vizinho e inimigo histórico, assinou o Tratado Finlandês-Soviético – um acordo de

"amizade, cooperação e assistência mútua" – em 1948.

O Conselho Nórdico

Apesar do fracasso da ideia de unidade defensiva, em 1952 o primeiro-ministro dinamarquês Hans Hedtoft propôs um Conselho Nórdico, projetado apenas como órgão interparlamentar consultivo, e não como uma união mais forte. A Noruega, a Suécia e a Islândia logo aderiram, e a primeira sessão ocorreu no ano seguinte, no Parlamento dinamarquês, com Hedtoft como presidente. Poucos anos após seu início, o conselho agregou dimensões práticas à cooperação nórdica: um

A ponte Øresund, que liga a Suécia à Dinamarca, tem 7,85 quilômetros. Ela cruza o mar entre Malmö e a ilha de Peberholm e depois continua por túnel até Copenhague.

mercado de trabalho conjunto e a unificação de passaportes permitiram aos cidadãos viajar livremente e trabalhar e morar em qualquer parte da região.

O conselho se revelou notavelmente resiliente. Após a morte de Stalin, as relações entre Finlândia e Rússia se amenizaram, e em 1955 a Finlândia aderiu ao conselho. Representantes da Groenlândia e das ilhas Féroe e Åland se juntaram depois.

Em 1962, os cinco países nórdicos se ligaram ainda mais, assinando o Tratado de Helsinque – um acordo formal de cooperação. Nove anos depois, isso levou à criação do Conselho Nórdico de Ministros, responsável pela cooperação intergovernamental. Sua aspiração é que a região nórdica se torne a mais integrada e ambientalmente sustentável do mundo. ▪

Harmonização legal

Há uma tradição de cooperação legislativa na região nórdica desde 1872, quando advogados de todas as nações se reuniram em Copenhague. Depois, o desejo de harmonização judicial formou uma parte essencial do Tratado de Helsinque, que buscou "cooperação no campo do direito, com a meta de alcançar a maior uniformidade possível no campo do direito privado". Um dos objetivos declarados no tratado era obter regras uniformes para penalizar crimes. O artigo 5º declara o propósito de permitir que um crime cometido em uma nação nórdica seja julgado em outra.

Apesar da cooperação entre os países, diferenças políticas têm sido um obstáculo à harmonização plena. Em anos recentes, a harmonização da UE ganhou prioridade sobre os objetivos nórdicos. Isso se mostrou problemático, pois a Dinamarca, a Finlândia e a Suécia são membros da UE, mas a Islândia e a Noruega não.

VAMOS NOS AFASTAR DAS SOMBRAS DA GUERRA
O TRATADO DE PROIBIÇÃO PARCIAL DE ENSAIOS NUCLEARES (1963)

EM CONTEXTO

FOCO
Controle de armas

ANTES
1945 Os EUA lançam bombas atômicas sobre Hiroshima e Nagasaki, no Japão.

1946 A Comissão de Energia Atômica da ONU é criada para abordar os riscos do uso da energia atômica.

1952 Os EUA fazem o primeiro teste de bomba de hidrogênio.

1961 A URSS testa sua Tsar Bomba, a mais poderosa bomba de hidrogênio já testada.

DEPOIS
1998 A Índia e o Paquistão testam várias bombas atômicas e de hidrogênio, na corrida para se tornarem Estados com armas nucleares.

2006-2017 A Coreia do Norte realiza seis testes nucleares subterrâneos.

Em 5 de agosto de 1963, os EUA, a União Soviética (URSS) e o Reino Unido assinaram o Tratado de Proibição Parcial, ou Limitada, de Ensaios Nucleares. O tratado não desacelerou a corrida armamentista nuclear de modo direto, mas proibiu testes de armas nucleares na atmosfera, sob a água e no espaço sideral, marcando um primeiro passo vital para o controle de armas nucleares.

Destruição assegurada
Nos anos 1950, as tensões escalaram entre o Ocidente e o bloco soviético, durante a Guerra Fria. Os EUA e a URSS se lançaram precipitadamente numa corrida armamentista nuclear,

UMA NOVA ORDEM INTERNACIONAL 245

Ver também: As Convenções de Genebra 152-155 ▪ As Convenções de Haia 174-177 ▪ A Convenção sobre Armas Químicas 276-277 ▪ A Convenção sobre a Proibição de Minas Antipessoais 288-289

A Tsar Bomba ("bomba rei") foi detonada secretamente pelos soviéticos numa ilha do Ártico. A explosão foi cerca de 1.500 vezes maior que as de Hiroshima e Nagasaki juntas.

seguindo em parte a estratégia de jogo da "destruição mútua assegurada" (expressão abreviada em inglês como MAD, que também significa "louco"). Com base na ideia de que o uso em grande escala de armas nucleares destruiria totalmente atacante e defensor, a MAD sugere que ambos os lados construam armas nucleares suficientes para garantir que cada lado seja aniquilado por completo se lançar suas bombas. Assim, nenhum lado jamais ousaria atacar primeiro. O filme *Dr. Fantástico* (1964), de Stanley Kubrick, satiriza de modo brilhante os perigos dessa estratégia.

O público ficou aterrorizado com a ideia de uma guerra totalmente nuclear e a consequente destruição global. Movimentos de protesto se multiplicaram, em especial a Campanha pelo Desarmamento Nuclear, e, em 1961, a Greve das Mulheres pela Paz pôs até 50 mil pessoas em marcha contra as armas nucleares em sessenta cidades dos EUA.

A Crise dos Mísseis de Cuba

As negociações internacionais sobre desarmamento nuclear começaram em 1958. A Organização das Nações Unidas (ONU) formou o Comitê das Dez Nações sobre Desarmamento em 1960, que se tornou o Comitê das Dezoito Nações em 1961, mas os avanços eram limitados. O momento crítico ocorreu após uma série de quase acidentes nucleares: em 1961, por exemplo, os EUA lançaram por engano bombas nucleares sobre Goldsboro, na Carolina do Norte, que por pouco não detonaram. Porém, foi a Crise dos Mísseis de Cuba, por treze dias em outubro de 1962, que deu o alerta final. A URSS estava construindo bases de lançamento de ogivas nucleares em Cuba, a apenas 145 quilômetros da costa dos EUA. Quando a Força Aérea americana as localizaram, o presidente John F. Kennedy retaliou com um bloqueio naval ao redor de Cuba. Uma guerra nuclear parecia iminente.

Kennedy e o dirigente soviético Nikita Khrushchev recuaram da beira do abismo: a URSS desmontou suas bases em Cuba e os EUA removeram o bloqueio naval. O horror do que poderia ter acontecido levou Kennedy e Khrushchev à mesa de negociações. Khrushchev defendeu uma interdição abrangente de testes nucleares, mas Kennedy não conseguiu convencer o Exército dos EUA a concordar. Seus »

O presidente John F. Kennedy fala ao público americano na televisão, em 1962, para explicar a ameaça das bases de mísseis soviéticas em Cuba e por que a Marinha dos EUA fazia um bloqueio à ilha.

Não iremos [...] arriscar uma guerra nuclear mundial [...] em que até os frutos da vitória seriam cinzas em nossa boca.
John F. Kennedy
35º presidente dos EUA (1961-1963),
Discurso à Nação, 1962

O TRATADO DE INTERDIÇÃO PARCIAL DE ENSAIOS NUCLEARES

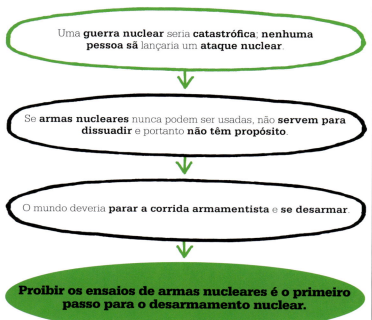

Uma guerra nuclear não pode ser vencida e nunca deve ser travada.
Ronald Reagan
40º presidente dos EUA (1981-1989), Discurso do Estado da União, 1984

conselheiros condicionavam as negociações à retirada das tropas soviéticas de Cuba; já a URSS temia que as inspeções de verificação propostas fossem pretextos do Ocidente para espionagem. Em junho de 1963, o presidente Kennedy fez um apelo exaltado por "um tratado que proíba os testes nucleares [e] detenha a escalada da corrida armamentista".

A primeira proibição de testes

Em julho de 1963, W. Averell Harriman, ex-embaixador americano na URSS, e Andrei Gromyko, ministro do Exterior soviético, continuaram as negociações em Moscou. Após dez dias, eles começaram a esboçar um tratado, esperando que as outras três potências nucleares da época (Reino Unido, França e China) aderissem, mas só o Reino Unido o assinou com os EUA e a URSS. O Tratado de Proibição Parcial de Ensaios Nucleares (TPPEN) proibiu os testes de armas nucleares na atmosfera e no espaço sideral e subaquáticos, mas permitiu os subterrâneos. Ele não fazia nada para diminuir os estoques de armas nucleares, interromper a produção ou limitar seu uso, mas foi um importante avanço.

Em três meses, cem governos haviam assinado, embora França e China se mantivessem de fora. Desde então, mais 25 nações se juntaram. Segundo o texto, EUA, Reino Unido e URSS podem vetar emendas ao tratado e é preciso maioria, incluindo os três membros iniciais, para aprovar qualquer emenda.

Não proliferação

Os esforços para limitar a difusão de armas nucleares além das cinco potências nucleares originais começou nos anos 1960, com o TPPEN. Em 1961, a ONU aprovou por unanimidade a resolução da Irlanda de proibir que potências nucleares cedessem a tecnologia a outros Estados. A Suécia também propôs que países não nucleares se comprometessem a não produzir nem guardar armas nucleares. A proposta teve apoio, mas muitos países se abstiveram, entre eles os EUA. As propostas irlandesa e sueca buscaram criar um regime ao qual todos pudessem aderir e resultaram no Tratado sobre a Não Proliferação de Armas Nucleares (TNP), de 1968. Com o TNP, nações sem armas nucleares concordaram em nunca comprá-las nem desenvolvê-las, e Estados nucleares se comprometeram a eliminar seus arsenais com o tempo e partilhar a tecnologia de energia nuclear.

Proibição abrangente

Em 1977 teve início a elaboração de um tratado para pôr fim aos testes nucleares. O avanço foi lento, em parte porque os desenvolvedores americanos de armas achavam que os testes eram essenciais para manter as armas nucleares atualizadas. Pressionado por eles, o presidente dos EUA, Ronald Reagan, interrompeu as negociações em 1982. A ocupação do Afeganistão pelos soviéticos em 1979-1989 também azedou as relações com os EUA.

UMA NOVA ORDEM INTERNACIONAL 247

Em 1991, o secretário-geral soviético, Mikhail Gorbatchev, anunciou que a URSS pararia unilateralmente os testes de armas nucleares. O Congresso dos EUA respondeu de modo caloroso, incitando a reabertura rápida das negociações. Mesmo assim, os debates foram prejudicados por preocupações dos militares de ambos os lados, até a dissolução da URSS em dezembro. A ONU assumiu então a liderança, promovendo em 1994 a Conferência sobre Desarmamento para elaborar um Tratado de Proibição Completa de Ensaios Nucleares (TPCEN), que impedia todas as explosões para testes pacíficos e armas nucleares.

Os EUA foram os primeiros a assinar o TPCEN, em 1996, e a maioria dos Estados aderiram desde então. Porém, o tratado só pode entrar em vigor após ser não só assinado, mas ratificado por todos os 44 membros da conferência, entre eles todas as potências nucleares. Até 2019, 168 países tinham ratificado o TPCEN e outros dezessete tinham assinado, mas não ratificado. Crucialmente, cinco dos 44 membros originais da conferência (China, Egito, Irã, Israel e EUA) ainda não ratificaram o tratado, e outros três (Índia, Coreia do Norte e Paquistão) nem o assinaram.

Impasse

Embora o TPCEN não tenha entrado em vigor, houve avanços. Os EUA e a Rússia reduziram muito o número de ogivas nucleares, sob o Tratado de Forças Nucleares de Alcance Intermediário (TFNAI), de 1987. O TNP foi renovado em 1995 com prazo indeterminado e já tinha 191 signatários em 2020.

Desde o TPPEN, só se sabe que obtiveram armas nucleares Paquistão, Índia, Coreia do Norte e provavelmente Israel. O Irã, porém, tem sido acusado de enriquecer urânio ilegalmente para fazer bombas. A Agência Internacional de Energia Atômica (AIEA) pediu acesso para verificação, e sanções internacionais foram impostas desde 2006. Intensas negociações continuam a tentar impedir que o Irã crie um arsenal nuclear.

A Coreia do Norte também tem feito avançar seu programa nuclear, apesar das sanções internacionais. Entre 2006 e 2017, realizou seis grandes testes nucleares subterrâneos (detectados por sismógrafos de pesquisa geológica dos EUA) e em 2017 declarou ter completado uma bomba de hidrogênio. Enquanto isso, as cinco principais potências nucleares, em especial EUA e China, não parecem ainda próximas de eliminar seus arsenais nucleares. Em 2019, os EUA se retiraram do TFNAI. Hoje há um complexo conjunto de leis internacionais que refletem os setenta anos de intensas negociações para evitar a ameaça de guerra. A AIEA confirma esses tratados, monitorando a atividade nuclear em mais de 140 países, mas muitos Estados não dão acesso a inspeções. A Corte Internacional de Justiça julga infrações aos tratados, mas alguns Estados se recusam a aceitar suas decisões. Enquanto as armas nucleares e outras de destruição em massa existirem, o perigo permanece, e os esforços para apoiar e ampliar os tratados de desarmamento continuam. ∎

> Todas as nações deveriam declarar […] que as armas nucleares têm de ser destruídas. Isso se destina a nos salvar e ao nosso planeta.
>
> **Mikhail Gorbatchev**
> Secretário-geral soviético (1985-1991), entrevista à BBC, 2019

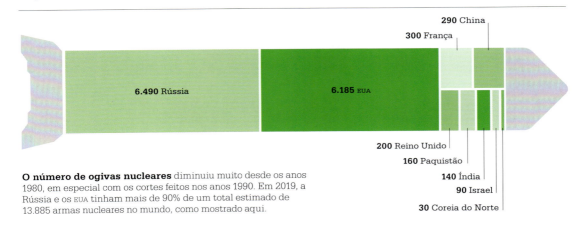

O número de ogivas nucleares diminuiu muito desde os anos 1980, em especial com os cortes feitos nos anos 1990. Em 2019, a Rússia e os EUA tinham mais de 90% de um total estimado de 13.885 armas nucleares no mundo, como mostrado aqui.

- 6.490 Rússia
- 6.185 EUA
- 300 França
- 290 China
- 200 Reino Unido
- 160 Paquistão
- 140 Índia
- 90 Israel
- 30 Coreia do Norte

MEUS FILHOS NÃO SERÃO JULGADOS PELA COR DA PELE

A LEI DOS DIREITOS CIVIS (1964)

A LEI DOS DIREITOS CIVIS

EM CONTEXTO

FOCO
Direitos humanos

ANTES
1866 A primeira Lei dos Direitos Civis dos EUA garante os direitos civis, mas não os políticos e sociais.

Anos 1880 As leis Jim Crow segregam as populações brancas e negras no sul dos EUA.

1896 A Suprema Corte permite a segregação com base no princípio de "separados, mas iguais".

DEPOIS
1965 A Lei do Direito de Voto torna ilegais os obstáculos discriminatórios que impedem que as pessoas negras votem.

1968 A Lei da Habitação proíbe a discriminação em moradia.

2019 Um atirador supremacista branco no Texas mata 22 pessoas e fere 24.

Todos os cidadãos dos EUA **nascem iguais** e todos os cidadãos dos EUA deveriam ter **direitos iguais**.

De início não se considerava que a **13ª e a 14ª Emendas** proibissem a **discriminação racial**.

A **Lei dos Direitos Civis** proíbe a **segregação em locais públicos** e torna ilegal a **discriminação com base em raça**.

Em 1776, os EUA anunciaram com franco entusiasmo, na Declaração de Independência: "Sustentamos que essas verdades são evidentes, que todos os homens são criados iguais [...]". Isso, porém, não impediu que os africanos negros fossem mantidos como escravos por quase um século mais. Mesmo após a Guerra Civil de 1861-1865 terminar com a libertação dos escravizados, os negros continuaram a sofrer. No início dos anos 1960, um século após o fim da escravização, ainda havia segregação racial nos EUA.

Em 1866, a primeira Lei dos Direitos Civis deu proteção legal igual a todos os cidadãos. A Lei dos Direitos Civis de 1875 foi além, afirmando que todas as pessoas são iguais perante a lei e proibindo a discriminação racial em locais públicos, como trens, restaurantes e locais de hospedagem. Porém, cinco casos tratados em conjunto pela Suprema Corte em março de 1883 tornaram isso nulo, declarando que nem a 13ª Emenda da Constituição dos EUA (que proibiu a escravização) nem a 14ª (que garantiu proteção igual pela lei) poderiam evitar a discriminação racial por pessoas privadas, e que isso não poderia ser proibido por lei. Em essência, o tribunal declarou que a Lei dos Direitos Civis de 1875 era inconstitucional, o que foi um enorme golpe contra os direitos dos afro-americanos.

Segregação

Após o fim da Guerra Civil, os exércitos republicanos tinham protegido os direitos civis dos escravos libertos no sul, mas em 1877 um acordo político retirou esses exércitos e deu aos estados do sul "o direito de lidar com os negros sem interferência do norte". Batizadas com o nome de uma caricatura negra do teatro americano, as leis Jim Crow do sul americano entraram em vigor nos anos 1870 e 1880 e foram tão segregacionistas quanto as leis do apartheid sul-africano.

Em teoria, sob a Constituição os negros tinham os mesmos direitos que os brancos, mas as leis Jim Crow davam força legal à segregação racial. Os sulistas brancos e negros socializavam com relativa liberdade até os anos 1880, quando algumas leis estaduais exigiram que as ferrovias

Será ilegal um negro e um branco participarem juntos [...] de qualquer jogo de cartas ou dados, dominó ou xadrez.
Leis Jim Crow
Birmingham, Alabama, 1930

UMA NOVA ORDEM INTERNACIONAL 251

Ver também: A Lei da Representação do Povo 188-189 ▪ A Declaração Universal dos Direitos Humanos 222-229 ▪ A Convenção Europeia de Direitos Humanos 230-233 ▪ O Pacto Internacional sobre Direitos Civis e Políticos 256-257

fornecessem vagões separados para passageiros "negros" e "de cor".

Os protestos logo se iniciaram e em 1892 o passageiro de trem Homer Plessy se recusou a se sentar no vagão reservado aos negros. Plessy, que alegava ter "sete oitavos de sangue caucasiano e um oitavo de africano", foi preso. O caso chegou à Suprema Corte, que, em 1896, decidiu que os governos estaduais podiam, sim, separar as pessoas por raça, desde que oferecesse a todas as mesmas instalações. Foi um golpe duro. Esse princípio de "separados, mas iguais" deu aos estados liberdade para continuar a segregar, o que se manteve por quase sessenta anos.

Os negros eram mandados para escolas separadas e trabalhavam, viajavam em trens e ônibus e se sentavam em restaurantes separadamente. As instalações para os negros eram muito inferiores às dos brancos, apesar do princípio da igualdade – por exemplo, ônibus escolares eram fornecidos às crianças brancas, enquanto as negras tinham de andar para ir à escola.

Salas de espera, refeitórios, bebedouros e entradas separadas eram comuns, e certos estabelecimentos nem sequer permitiam a presença de negros.

Discriminação contínua

Com a entrada dos EUA na Segunda Guerra Mundial, em 1941, milhões de homens e mulheres negros serviram o país em defesa da democracia e da liberdade. Ao voltar, porém, enfrentaram ainda a discriminação. Em 1948, o presidente Harry Truman tornou ilegal a discriminação no Exército, e o movimento dos direitos civis começou a ganhar impulso.

Nos anos 1950, ativistas dos direitos civis obtiveram sua primeira conquista real. Fundada em 1909, a Associação Nacional para o Progresso das Pessoas de Cor (ANPPC) foi pacientemente desenvolvendo contestações legais às leis de segregação em escolas públicas. O Conselho de Educação de Topeka, no Kansas, recusou-se a permitir que Linda Brown, filha do morador negro Oliver Brown, frequentasse a escola local, insistindo, em vez disso, que ela tomasse um ônibus para a escola elementar do outro lado da cidade. A ANPPC interveio e abriu um processo contra Topeka em nome de Oliver Brown.

A ANPPC alegou que as escolas para crianças negras não eram tão boas quanto as das brancas. Afirmou também que a segregação violava a cláusula da 14ª Emenda, que sustenta que nenhum estado pode "negar a nenhuma pessoa em sua jurisdição a proteção igual das leis". O caso foi levado, com outros quatro, à Suprema Corte, como Brown *vs.* Conselho de Educação de Topeka. A Suprema Corte concordou, e o juiz Earl Warren decidiu em 1954 que, "no campo da educação pública, a doutrina 'separados, mas iguais' não tem lugar", já que as escolas segregadas »

Antes de 1954, a segregação racial era obrigatória até em escolas, em muitos estados do sul. No norte, ela tendia a ser ilegal ou ter uso limitado.

- Obrigatória
- Sem legislação
- Opcional/limitada
- Proibida

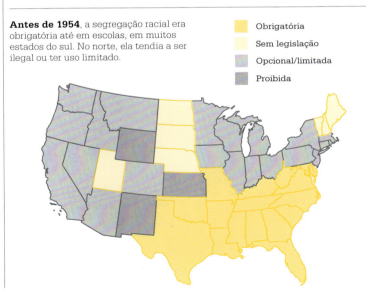

A LEI DOS DIREITOS CIVIS

Permanecendo desafiadoramente no assento do ônibus em Montgomery, no Alabama, em 1955, Rosa Parks iniciou um movimento incontrolável rumo aos direitos iguais e ao fim da segregação.

são "inerentemente desiguais". A implementação plena da decisão, porém, levaria décadas. Enquanto isso, houve outra contestação à segregação.

Rosa Parks

Em 1º de dezembro de 1955, Rosa Parks, uma mulher de ascendência miscigenada de Montgomery, no Alabama, desconsiderou em silêncio a insistência do motorista do ônibus para que desse seu lugar na área central "mista" do ônibus em que viajava. Como Plessy 63 anos antes, ela foi presa, mas dessa vez houve resistência sob a forma de protestos públicos. No dia de seu julgamento, ativistas negros dos direitos civis, liderados pelo pastor doutor Martin Luther King Jr., convocaram um boicote a todos os ônibus de Montgomery. Essa ação de direitos civis acabou se tornando a mais longa e mais incisiva que os EUA já tinham visto. O boicote durou 381 dias, durante os quais 90% da população negra se recusou a tomar os ônibus. Ele se provou muito eficaz e só terminou quando a Suprema Corte decidiu que a segregação em ônibus era ilegal.

A reação branca

A decisão do tribunal deflagrou uma reação feroz, com um tiro disparado na porta da casa de Martin Luther King, bombas lançadas em igrejas de negros e um jovem negro, Willie Edwards, morto pela Ku Klux Klan (um grupo de ódio supremacista branco) por se encontrar com uma branca. Os negros logo voltaram a ser separados nos ônibus.

Para reduzir a tensão, o presidente Dwight D. Eisenhower apresentou uma nova Lei de Direitos Civis, em 1957, que permitia processar qualquer pessoa que tentasse impedir outra de votar. Porém, a segregação ainda era uma horrível realidade. Em 1960, quatro estudantes de Greensboro, na Carolina do Norte, iniciaram uma ocupação no balcão de uma lanchonete da rede Woolworth, onde não tinham sido atendidos porque só brancos poderiam se sentar ali. Logo ocupações de estudantes aconteciam em todo o sul. Os manifestantes com frequência apanhavam e eram presos,

As pessoas sempre diziam que não cedi o assento porque estava cansada, mas não é verdade [...]. Não, eu só estava cansada era de ceder.
Rosa Parks
Rosa Parks: minha história, 1992

mas persistiram até que a Woolworth cedeu e os balcões segregados acabaram.

Em outubro de 1960, Martin Luther King tinha sido preso em Atlanta, na Geórgia, por liderar uma dessas ocupações por direitos civis num balcão de lanchonete. O candidato à presidência John F. Kennedy ofereceu apoio a King e o auxiliou em sua libertação. Agradecido por essa demonstração num momento difícil, King apoiou Kennedy para a presidência, e com isso 70% dos negros votaram nele na eleição de novembro, contribuindo para sua vitória.

Direitos civis dos nativos americanos

Diversamente dos negros, os nativos americanos buscaram limitar os danos da discriminação não pela inclusão, mas pela proteção de terras tribais. A brutal Lei das Remoções, de 1830, tirou deles muito, mas a parcela restante ainda lhes fornecia algum lar. Houve tensões nos movimentos dos direitos civis dos anos 1950 e 1960 entre os negros, que reivindicavam reconhecimento na Constituição, e os nativos americanos, que consideravam essa esperança ingênua. A Lei dos Direitos Civis dos Indígenas (LDCI), de 1968, foi concebida como o reconhecimento de que a política de assimilação fora um fracasso. Mas nem todos os nativos americanos ficaram satisfeitos. Ao garantir os direitos constitucionais aos indivíduos, a LDCI permitia que contestassem governos indígenas. Várias administrações dos EUA passaram desde então a reconhecer gradualmente a soberania tribal, mas o tema continua espinhoso.

UMA NOVA ORDEM INTERNACIONAL

Em 1961, sete jovens negros e seis brancos ficaram conhecidos como "Viajantes da Liberdade". Eles percorriam o sul num ônibus, protestando contra as leis segregacionistas. Quando chegaram a Anniston, no Alabama, uma multidão emboscou o ônibus e jogou dentro dele uma bomba incendiária. Os Viajantes da Liberdade forçaram o caminho para fora mas foram espancados pela multidão. Imagens do ônibus em chamas aumentaram o ímpeto do movimento pelos direitos civis.

"Eu tenho um sonho"
Pressionado publicamente por King, o presidente Kennedy teve uma atitude decisiva. Em 11 de junho de 1963, ele falou numa transmissão sobre a urgência moral de leis para acabar com a segregação, dizendo: "Esta nação foi fundada sobre o princípio de que todos os homens são criados iguais" e "a raça não tem lugar na vida e nas leis americanas".

Em agosto, para pressionar o Congresso a aprovar a legislação de Kennedy, King liderou uma marcha de 250 mil pessoas em Washington, DC, onde fez o famoso discurso "Eu tenho um sonho" e prometeu "um oásis de liberdade e justiça".

A marcha de Washington por Empregos e Liberdade, liderada por Martin Luther King, em agosto de 1963. Cerca de 250 mil pessoas participaram do enorme protesto por direitos civis.

Kennedy foi assassinado três meses depois, antes de suas leis serem aprovadas em todas as instâncias. Apesar disso, seu sucessor, o presidente Lyndon B. Johnson, usando a maré de emoção da morte de Kennedy, conseguiu impulsionar a Lei dos Direitos Civis, que foi aprovada em julho de 1964.

A nova lei garantia direitos trabalhistas iguais a todos, proibindo a discriminação em qualquer empresa com mais de 25 pessoas, e foi criada uma Comissão de Oportunidades Iguais de Emprego para examinar queixas. A lei também protegeu os negros de discriminação em testes de qualificação para votar e tornou ilegal a segregação em hotéis, restaurantes, teatros e outros locais públicos. Além disso, impôs a dessegregação nas escolas públicas e a retirada de financiamento federal de qualquer programa que praticasse a discriminação.

Uma batalha crucial tinha sido vencida na luta contra a discriminação, mas a longa guerra continua. Martin Luther King foi assassinado no Tennessee, em 1968, aos 39 anos, deflagrando uma onda de tumultos raciais. Aos poucos as coisas melhoraram, e com a eleição de Barack Obama, em 2009, a página parecia ter sido virada. No entanto, é muito claro que ainda há um longo caminho a percorrer antes de a verdadeira igualdade ser alcançada. ∎

Martin Luther King Jr. fez seu histórico e tocante discurso "Eu tenho um sonho" às multidões reunidas no Lincoln Memorial durante a Marcha de Washington, em 1963.

O DIREITO DE PERMANECER EM SILÊNCIO
MIRANDA VS. ARIZONA (1966)

Acumulam-se protestos pelo fato de a **aplicação da lei nos EUA** usar métodos ameaçadores ao **interrogar suspeitos**.

Os tribunais com frequência negligenciam a **Quinta Emenda** à Constituição dos EUA, que dá aos réus **o direito de não se incriminar**.

Apesar das **reclamações** de que a justiça é prejudicada, a **decisão de Miranda** ajuda a proteger **de conduta imprópria da polícia**.

A decisão de Miranda sustenta o direito ao silêncio e a um advogado.

EM CONTEXTO

FOCO
Direito constitucional

ANTES
1791 A Quinta Emenda torna claro que ninguém "será compelido a testemunhar contra si mesmo".

1911 A revista *The Atlantic* protesta que os processos legais nos EUA tendem em favor dos criminosos.

1914 A regra de exclusão defende os direitos de todos os cidadãos à "segurança" contra provas obtidas em busca ou apreensão ilegal.

DEPOIS
2000 A Suprema Corte decide em Dickerson *vs.* Estados Unidos que "avisos de Miranda são exigidos constitucionalmente".

2010 A decisão da Suprema Corte em Berghuis *vs.* Thompkins diz que qualquer suspeito em interrogatório deve afirmar seu direito ao silêncio ou explicitamente abrir mão dele.

A decisão de Miranda, mais propriamente Miranda *vs.* Arizona, foi uma sentença histórica da Suprema Corte, em junho de 1966, que reafirmou uma das mais famosas emendas da Declaração de Direitos de 1791 – a Quinta, o direito de ficar em silêncio. A decisão foi simultaneamente saudada como uma vitória dos direitos pessoais e criticada como uma restrição indevida à aplicação da lei, que deixaria a polícia de mãos atadas em benefício da correção constitucional.

A Quinta Emenda

A decisão central do caso Miranda foi além da afirmação da Quinta Emenda de que "nenhuma pessoa será compelida em nenhum processo criminal a testemunhar contra si mesma". Na verdade, ela tornou claro que qualquer suspeito sob custódia policial deve ser informado de modo explícito não só do direito de ficar em silêncio como do de se recusar a responder perguntas. Ao mesmo tempo, como permitido pela Sexta Emenda, também deve ser informado

UMA NOVA ORDEM INTERNACIONAL

Ver também: A Constituição e a Declaração de Direitos dos EUA 110-117 ▪ A Declaração dos Direitos do Homem 118-119 ▪ A regra de exclusão 186-187

Richard Nixon, ao concorrer à presidência em 1968, prometeu combater o crime e tinha o compromisso de anular a decisão de Miranda, à qual ele se opunha com veemência.

do direito a um advogado, fornecido por recursos públicos se necessário. O aviso de Miranda se tornou uma introdução de rotina a todo interrogatório policial de suspeitos.

O cenário e a decisão

O nome da decisão vem do caso de Ernesto Miranda, um vagabundo com uma longa história de crimes. Ele tinha sido preso em Phoenix em 1963 sob acusações de estupro e sequestro. Três outros casos foram considerados então pela Suprema Corte. Em cada um deles, os suspeitos, todos julgados e condenados, não tinham sido explicitamente alertados de seus direitos sob a Quinta Emenda.

A decisão – uma sentença de maioria, com cinco juízes a favor e quatro contra – despertou controvérsia instantânea. Muitas pessoas a viram como uma licença para os criminosos, com evidentes culpados sendo liberados basicamente por um detalhe técnico. O juiz da Suprema Corte James Harlan, que se opunha à decisão, proclamou, por exemplo, que ela equivalia a um "experimento perigoso". Sam J. Ervin, senador democrata pela Carolina do Norte, reclamou que "criminosos confessos ficam livres […] porque o policial que fez a prisão não lhes disse algo que eles já sabiam". Robert Kennedy, senador democrata por Nova York, rebateu com a pergunta: "Você acha que um aviso adicional infringe de algum modo a aplicação efetiva da lei?".

Outros desenvolvimentos

A questão do "aviso adicional" era pertinente. Em todos os quatro casos, os suspeitos foram descritos como homens de "limitada educação", que não pareciam estar cientes de seus direitos sob a Quinta ou a Sexta Emenda. Além disso, os interrogatórios policiais com frequência eram hostis e ameaçadores. Embora uma sentença posterior da Suprema Corte, em 2000, em Dickerson vs. EUA, tenha apoiado de modo enfático a decisão Miranda, a de Berghuis vs. Thompkins, em 2010, enfraqueceu-a muito, determinando que o direito ao silêncio só seja mantido se o suspeito explicitamente o invocar. ▪

Um problema sério na aplicação da lei penal ocorrerá [se o direito ao silêncio não for observado].
Gary K. Nelson
Advogado de defesa (1935-2013) de Miranda na Suprema Corte

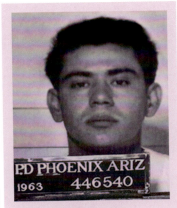

Ernesto Miranda

Nascido em Mesa, no Arizona, em 1941, Ernesto Miranda foi quase um vagabundo arquetípico. Já no início da adolescência, sua vida era dedicada a pequenos crimes, seguidos de inevitáveis prisões em várias instituições penais. Sua detenção em 1963 foi mais uma numa ladainha de rusgas com a lei, e ele não negou sua culpa. Na verdade, foi exatamente porque confessou sob interrogatório sem ter sido avisado de seu direito ao silêncio e a uma defesa legal que a Suprema Corte anulou sua condenação, apesar de o tribunal superior do Arizona ter apoiado a decisão original que o declarou culpado.

Ele foi depois julgado de novo pelo mesmo crime, mas com sua confissão suspensa como prova. O mesmo veredicto de culpado, com sentença de vinte a trinta anos, foi proferido. Após receber a liberdade condicional, em 1972, ele voltou à vida de indigente. Outras detenções e períodos na prisão se seguiram. Ele morreu numa briga a faca num bar em Phoenix, em 1976.

AS BASES DA LIBERDADE, DA JUSTIÇA E SOBRE PAZ
O PACTO INTERNACIONAL DE DIREITOS CIVIS E POLÍTICOS (1966)

EM CONTEXTO

FOCO
Direitos humanos

ANTES
1948 A ONU aprova a Declaração Universal dos Direitos Humanos.

1965 A Convenção Internacional sobre a Eliminação de Todas as Formas de Discriminação Racial, da ONU, é adotada.

DEPOIS
1979 A ONU adota a Convenção sobre a Eliminação de Todas as Formas de Discriminação contra as Mulheres.

1989 A Convenção sobre os Direitos da Criança, da ONU, trata de modo abrangente dos direitos dos menores de 18 anos.

1989 O Segundo Protocolo Opcional do PIDCP busca abolir a pena de morte.

1992 Os EUA ratificam o PIDCP.

Qualquer Estado que assine o Pacto Internacional sobre Direitos Civis e Políticos (PIDCP) deve implementar os **direitos acordados**…

aprovando **novas leis** que protegem direitos,

aplicando as **leis existentes** que protegem direitos,

e fornecendo **recursos legais locais** contra **abusos** de direitos humanos.

A não implementação dos direitos implica que o Estado não observa o pacto.

Uma vítima de **violação dos direitos** do PIDCP pode levar o caso ao **Comitê de Direitos Humanos** da ONU.

O Pacto Internacional sobre Direitos Civis e Políticos (PIDCP) é um dos dois grandes tratados internacionais criados pela Organização das Nações Unidas (ONU) em 1966 – o outro é o Pacto Internacional sobre Direitos Econômicos, Sociais e Culturais (PIDESC) –, que tornaram a Declaração Universal dos Direitos Humanos uma lei internacional vinculante. Os dois tratados juntos formam a Carta Internacional de Direitos Humanos.

O PIDCP, redigido pela Comissão de Direitos Humanos da ONU, foi aberto para assinatura em 1966 e entrou em vigor em 1976. Os países que o assinaram deviam também

UMA NOVA ORDEM INTERNACIONAL 257

Ver também: A Declaração dos Direitos do Homem 118-119 ▪ As Nações Unidas e a Corte Internacional de Justiça 212-219 ▪ A Declaração Universal dos Direitos Humanos 222-229 ▪ O Tribunal Penal Internacional 298-303

A liberdade de opinião e a liberdade de expressão são condições indispensáveis para o pleno desenvolvimento da pessoa.
Comitê de Direitos Humanos
Comentário geral nº 34

A política chilena Michelle Bachelet foi indicada para o posto de alta-comissária dos direitos humanos da ONU em 2018, encarregada de assegurar que o PIDCP e outros tratados de direitos humanos operem adequadamente.

adotar leis que assegurassem os direitos contidos no pacto e usar recursos do governo para garantir que fossem protegidos.

Entre os direitos consagrados no pacto estão a liberdade de pensamento, crença, expressão e reunião; o direito a julgamento justo; a liberdade de não sofrer tortura ou outro tratamento desumano ou degradante, e a igualdade de tratamento perante a lei. A discriminação com base em raça, gênero, língua, crença ou classe social é proibida. O artigo 25 garante o direito dos cidadãos a votar e ser eleitos em eleições livres realizadas em intervalos regulares, o que levou alguns a criticar o PIDCP por só representar uma tradição ocidental de democracia. Alguns signatários ignoram partes do pacto quando lhes convém. Por exemplo, as leis de blasfêmia da Indonésia são usadas contra não muçulmanos.

Inspeção dos países
Até hoje, 173 Estados ratificaram o PIDCP. Cada um deve submeter um relatório ao Comitê de Direitos Humanos (CDH) da ONU a cada quatro ou cinco anos sobre seus progressos na implementação dos direitos contidos no pacto. O CDH conta com dezoito especialistas das nações signatárias, autorizados a inspecionar os Estados e emitir recomendações sobre a observância dos direitos humanos. Embora não seja um tribunal formal, suas decisões têm sido vitais para dar forma à lei de direitos humanos.

Medidas contra Estados
O Primeiro Protocolo Opcional ao PIDCP permite que os indivíduos dos 116 Estados que ratificaram o protocolo (entre eles França, Alemanha, Rússia e Brasil) recorram ao CDH se acreditarem que seu país violou seus direitos previstos pelo

[…] o ideal de seres humanos livres desfrutando de liberdade civil e política […] só pode ser atingido se forem criadas condições para que todos usufruam de seus direitos civis e políticos.
Preâmbulo do PIDCP

PIDCP. Em 1994, Nicholas Toonen usou o protocolo para levar o governo australiano ao CDH com base nas leis da Tasmânia que criminalizam relacionamentos sexuais entre homens. Ele obteve sucesso alegando que isso violava o artigo 17º, do direito à privacidade.

O CDH também tem ajudado em casos em que a vítima de violações aos direitos humanos não tem ninguém mais a quem recorrer. As testemunhas de Jeová têm apresentado uma série de queixas contra o governo sul-coreano, contestando as punições impostas a quem recusa o alistamento militar. Elas alegaram com sucesso que isso violava o artigo 18º do PIDCP, que protege a liberdade de consciência e crença.

Apesar de seus muitos êxitos, o CDH não tem poder para forçar os Estados a observar as disposições do pacto. Além disso, seus recursos são limitados e o órgão tem dificuldade em acompanhar o ritmo das reclamações e relatos que recebe. Com isso, alguns Estados continuam a desconsiderar o PIDCP. ■

FIM DO JOGO DE ACUSAÇÕES
DIVÓRCIO SEM CULPA (1969)

Em quase todas as sociedades ocidentais, o divórcio era visto antes como a solução mais desesperada e vergonhosa socialmente. Como o casamento era o alicerce da fé cristã no primado da família, o divórcio era quase impensável. Isso se agravava devido à sua complexidade e à necessidade de provar a "culpa", fosse por adultério, fosse por crueldade ou abandono. Seu impacto nas vítimas – sobretudo os filhos – também tinha um grande peso. No fim dos anos 1960, as atitudes mudaram. Foi no estado americano da Califórnia, em 1969, que emergiu uma nova crença legal: casais que tivessem "diferenças inconciliáveis" tinham motivo suficiente para o divórcio. Não era preciso demonstrar nenhuma "culpa". Desde 2010, os divórcios sem culpa se tornaram legais em todos os estados americanos. Os argumentos favoráveis e contrários são fortes. O divórcio sem culpa é aclamado como uma liberação, um modo racional de terminar um casamento condenado, evitando brigas dolorosas. Ele tem sido criticado, igualmente, por baratear o que seria um compromisso eterno, com a liberalização das leis de divórcio invariavelmente levando a mais divórcios. Não é possível dizer se as crianças se beneficiam ou não da separação mais rápida dos pais.

De qualquer modo, a opinião ocidental aceitou desde então o divórcio sem culpa como o modo menos prejudicial de terminar um casamento. Porém, ainda que a lei possa moderar e racionalizar, não pode regular a total complexidade das relações humanas. ∎

EM CONTEXTO

FOCO
Direito civil

ANTES
1794 O Código Geral dos Estados da Prússia permite que casais sem filhos se divorciem.

1917 A Rússia bolchevique abranda as leis de divórcio alegando que o casamento é um constructo burguês.

DEPOIS
1975 A Austrália permite o divórcio sem culpa com base apenas na "dissolução irrecuperável" de um casamento.

2010 Nova York se torna o último estado dos EUA a introduzir o divórcio sem culpa.

2019 O Reino Unido se compromete a introduzir o divórcio sem culpa e um projeto é submetido ao Parlamento em 2020.

Isso [...] me desconcerta. Que as esposas possam [...] ser forçadas a ficar casadas com alguém que se recusa a deixá-las ir.
L. M. Fenton
Advogada de divórcios americana, revista *Salon*, 2010

Ver também: A Declaração Universal dos Direitos Humanos 222-229 ▪ A Convenção Europeia de Direitos Humanos 230-233 ▪ Casamento homoafetivo 292-295

A SEGURANÇA E O BEM-ESTAR DAS TESTEMUNHAS
O PROGRAMA FEDERAL DE PROTEÇÃO ÀS TESTEMUNHAS (1970)

EM CONTEXTO

FOCO
Direito penal

ANTES
1871 O Congresso dos EUA aprova a Lei da Ku Klux Klan para proteger testemunhas contra o grupo supremacista branco.

DEPOIS
1984 A Lei Abrangente de Controle do Crime reforça a proteção a testemunhas.

1986-1987 O mafioso siciliano Tommaso Buscetta fornece provas essenciais como informante no Maxiprocesso de Palermo, que julgou 475 mafiosos na Sicília, na Itália. Ele morre nos EUA em 2000, sob proteção à testemunha.

1994 A Austrália aprova a Lei de Proteção às Testemunhas.

1996 O Canadá introduz a proteção a testemunhas.

2013 O Reino Unido instaura o Serviço de Pessoas Protegidas.

Muitas vezes chamado apenas de WITSEC (de Witness Security Program), o Programa de Proteção às Testemunhas dos EUA teve início nos termos definidos pela Lei do Controle ao Crime Organizado, de 1970. Administrado conjuntamente pelo Departamento de Justiça e pelo Serviço de Delegados dos EUA, foi criado por Gerald Shur, da Seção de Crime Organizado do Departamento de Justiça. O programa foi deflagrado pelo caso de Joe Valachi, que em 1963, cumprindo pena de prisão perpétua por assassinato, foi o primeiro alto membro da Máfia a detalhar seu funcionamento interno. Em troca, ainda na prisão, ele recebeu proteção policial. O caso de Valachi destaca um fato importante: o programa se destina a proteger criminosos que se tornam informantes, e não a ajudar as vítimas inocentes de crimes.

As pessoas protegidas são desligadas não só do passado, mas de tudo, a não ser de sua família imediata. Elas ganham uma nova identidade, são afastadas de tudo que era familiar e sua vida vira de ponta-cabeça. Na verdade, o preço de sua segurança é uma vida dupla, uma mentira elaborada e rigorosamente cumprida. Até hoje, cerca de 18 mil pessoas receberam a proteção. O Serviço de Delegados dos EUA se orgulha por nenhuma pessoa que aderiu às suas rigorosas exigências ter sido morta por vingança. Como os condenados constituem 89% das pessoas que testemunham contra antigos cúmplices, o programa se revelou uma importante arma na luta contra o crime organizado. ■

Joe Valachi, o primeiro a romper o código de *omertà* (silêncio) da Máfia. Shur afirmou que Valachi "podia discutir o molho de espaguete e o assassinato de um amigo próximo com a mesma falta de emoção".

Ver também: A Interpol 220-221 ▪ A Declaração Universal dos Direitos Humanos 222-229 ▪ Teste de DNA 272-273

O DIREITO DE ESCOLHA DA MULHER

ROE *VS.* WADE (1973)

EM CONTEXTO

FOCO
Direitos civis

ANTES
1821 Connecticut é o primeiro estado dos EUA a proibir o aborto.

1900 O aborto é ilegal em todos os estados dos EUA.

1967 O Colorado é o primeiro estado dos EUA a legalizar o aborto.

DEPOIS
1976 A Emenda Hyde põe fim ao custeio federal de abortos nos EUA.

1990 Os abortos realizados nos EUA chegam a mais de 1,6 milhão por ano.

2019 Um juiz federal dos EUA bloqueia a "cláusula de consciência" do presidente Trump, que permitiria aos profissionais de saúde recusar o aborto por razões morais.

Com exceção do direito de voto, nenhuma questão definiu de modo mais óbvio a luta pelos direitos femininos no mundo moderno que o aborto. Mas, enquanto a campanha pelo voto ocorreu nos primeiros anos do século XX (com êxito em muitos países), o direito legal ao aborto só veio à tona nos anos 1960. Ele se tornaria um marco absoluto do que foi originalmente chamado Liberação das Mulheres e é hoje conhecido como feminismo. Até hoje, o aborto continua possivelmente a ser o foco primordial de todas as afirmações de igualdade feminina.

Ao longo da história, as mulheres que engravidavam de modo inesperado ou não desejado enfrentaram a perspectiva de uma

UMA NOVA ORDEM INTERNACIONAL 261

Ver também: A Lei da Representação do Povo 188-189 ▪ A Declaração Universal dos Direitos Humanos 222-229 ▪ A Convenção Europeia de Direitos Humanos 230-233 ▪ A Emenda Dickey-Wicker 284 ▪ Certificado de igualdade salarial 314-315

Margaret Sanger

A ativista americana Margaret Sanger foi uma defensora do planejamento familiar e da contracepção, no início do século XX. Nascida em 1879, ela abriu a primeira clínica de controle de natalidade dos EUA, em 1916. Fundou várias organizações de controle de natalidade e foi a primeira presidente da Federação Internacional de Planejamento Familiar, que se tornou o maior órgão internacional não governamental de saúde da mulher, planejamento familiar e controle da natalidade do mundo. No início dos anos 1950, Sanger estimulou o financiamento para que o biólogo Gregory Pincus desenvolvesse a pílula anticoncepcional. O sucesso de Sanger, e também da ativista britânica Marie Stopes, em enfrentar talvez o maior tabu social de sua época continua insuperado. Seu impacto sobre a luta nos anos 1960 pelo aborto como um direito fundamental não pode ser subestimado. Dito isso, Sanger se opunha essencialmente ao aborto, e considerava controle de natalidade muito mais eficaz para impedir a gravidez indesejada. Ela morreu em 1966.

vida arruinada, em especial se não tinham apoio financeiro. Quando renegadas pelo pai da criança, como muitas vezes ocorria, elas se viam diante de uma pobreza abjeta, a menos que dessem o filho para adoção, já que não podiam cuidar dele e trabalhar. Seus filhos, chamados de "ilegítimos", não tinham os mesmos direitos de herança que as crianças nascidas "dentro do casamento", e elas próprias com frequência eram tratadas como párias sociais.

Após a Primeira Guerra Mundial, os esforços de Margaret Sanger, nos EUA, e de Marie Stopes, no Reino Unido, levaram a alguma discussão pública sobre os temas, até então tabus, da contracepção e do planejamento familiar, mas isso teve pouco impacto sobre mulheres de todas as classes que se viam grávidas, pois a contracepção e o aborto ainda eram ilegais – até a defesa da contracepção por Sanger resultou várias vezes em sua prisão.

Em 1920, a União Soviética (URSS) se tornou o primeiro governo europeu a legalizar o aborto, mas seu dirigente totalitário, Josef Stalin, reverteu a decisão em 1936 para aumentar a população, dizimada por expurgos e fome. Na maioria dos países, o aborto era visto como última solução desesperada, fonte de vergonha e horror. As mulheres que apesar disso escolhiam abortar não só enfrentavam traumas emocionais, estigmatizadas pelos que as cercavam, como se arriscavam a pôr em perigo a própria vida em procedimentos malfeitos realizados por pessoas não qualificadas – os

A maternidade forçada é a mais total negação do direito de uma mulher à vida e à liberdade.
Margaret Sanger
"Supressão", publicado em *The Woman Rebel*, 1914

assim chamados "abortos clandestinos".

Nos liberalizantes anos 1960, uma corrente de opinião presente em grande parte do mundo sustentou que as leis antiaborto eram antiquadas e deviam ser eliminadas. Quando a pílula anticoncepcional foi legalizada (no Reino Unido em 1961 e ao longo da América do Norte por volta de 1972), negar às mulheres o direito ao aborto pareceu ilógico e discriminatório. Nos EUA, esse direito afinal ganhou força legal em 1973, com Roe vs. Wade.

Um caso histórico

Em 1969, a texana Norma McCorvey, de 21 anos, ficou grávida de seu terceiro filho e queria abortar, o que era ilegal no Texas. A causa de McCorvey foi assumida por duas advogadas feministas, Sarah Weddington e Linda Coffee, que viram nela a possibilidade de se tornar um marco. Elas entraram com uma ação para McCorvey (que nas audiências adotou o nome de Jane Roe para proteção de identidade), alegando que as leis de aborto do Texas eram inconstitucionais. O réu, no caso, era o advogado distrital do »

ROE VS. WADE

Graças a **décadas de campanhas**, difunde-se a ideia de que o **aborto legal é um direito fundamental** das mulheres.

A **Nona e a 14ª Emendas**, segundo decisões judiciais, confirmam o direito da mulher de **abortar**.

A **Suprema Corte dos EUA** decide que a mulher tem o **direito constitucional de escolher o aborto**.

Roe *vs.* Wade legaliza o aborto nos EUA.

Apesar de certa **oposição por razões morais**, o aborto continua legal na maioria dos países, como um **direito da mulher de escolher**.

Condado de Dallas, Henry Wade, que representava o estado do Texas. Um julgamento inicial foi favorável a McCorvey, mas o Texas apelou e a causa chegou à Suprema Corte em 1970. Após mais de dois anos de disputas jurídicas, uma sentença por maioria de sete a dois decidiu afinal em favor de McCorvey, em janeiro de 1973.

Consagrando os direitos pessoais e o direito à privacidade, a Nona e a 14ª Emendas à Constituição dos EUA deram base legal à sentença. A Suprema Corte decidiu que elas abrangiam o direito de uma mulher a tomar sua própria decisão quanto a fazer ou não um aborto. Mas ao mesmo tempo o tribunal deixou claro que esse direito não era "absoluto", pois tinha de ser contrabalançado pela necessidade de proteger a vida da mulher (um aborto tardio implica sérios riscos) e do feto. O tribunal buscou resolver esse potencial conflito levando em conta os três trimestres da gravidez. Decidiu-se que, a menos que houvesse razões médicas convincentes, a decisão sobre o aborto no primeiro trimestre (até doze semanas) seria só da mãe; nesse período, os abortos em geral apresentam menos ameaça à saúde da mulher que o parto. No segundo trimestre, poderia haver razões para não permitir o aborto se ele pusesse em risco a saúde da mulher. Embora a sentença tenha se esquivado bastante da questão polêmica de quando um feto se torna um ser humano viável, admitiu que isso ocorria no início do terceiro trimestre, então o estado deveria proibir o aborto nesse período (a menos que a vida da mulher estivesse em risco).

Mesmo em termos legais estritos, a decisão foi questionada por muitos especialistas. Um dos dois juízes discordantes, Bryon White, disse: "Não encontro nada na linguagem ou na história da Constituição que sustente a decisão do tribunal", chamando-a de "um exercício imprudente e extravagante do poder de controle de constitucionalidade". Mesmo Edward Lazarus, um funcionário da Suprema Corte que era grande defensor do direito feminino ao aborto, disse: "Em termos de interpretação constitucional e método jurídico, [a decisão] beira o indefensável [e] não fornece basicamente nenhum argumento em apoio à sua adequação".

A gravidez de Norma McCorvey esteve no cerne do caso Roe *vs.* Wade. Após se converter ao catolicismo, mais tarde, ela se opôs ao aborto e lamentou ter participado de sua legalização.

Pela escolha

O impacto da sentença foi imediato. Qualquer lei estadual que conflitasse com essa decisão foi

Ativistas protestam contra a Lei de Proteção à Vida Humana, proposta no Alabama em 2019, que teria basicamente proibido o aborto. Ela acabou sendo considerada contrária à decisão de 1973 da Suprema Corte.

automaticamente revogada, mas o aborto continua a ser uma questão moral e política que divide opiniões. O argumento feminista é que o aborto é essencialmente uma questão de direitos das mulheres – que ele é um direito como o da livre expressão – e uma arma crítica na luta pela igualdade.

As feministas perguntam por que só as mulheres devem sofrer as consequências de uma gravidez indesejada, com não só sua vida como a de seu filho potencialmente arruinadas. Elas assinalam, também, o fato inegável de que sempre haverá gravidezes indesejadas e assim sempre haverá abortos, a despeito de serem legais ou não – e abortos ilegais são muito mais propensos a dar errado e, portanto, é mais provável que ponham a vida da mãe em risco.

Pela vida

O contra-argumento clássico é que o aborto é assassinato – que desde o momento da concepção o feto é uma vida humana única. Em 2017, Ben Shapiro, um comentarista conservador americano, resumiu: "É uma violação da lei moral matar outro ser humano. É por isso que temos leis sobre assassinato". Ambos os lados do debate afirmam ter a ciência ao seu lado. Os contrários ao aborto dizem que a assinatura de DNA de qualquer feto é imediatamente clara desde a concepção e que a tecnologia do ultrassom evidencia que um feto é um ser humano capaz de sentir dor. Outros clínicos dizem que o feto não pode sentir dor até 24 semanas de gravidez. Em 2018, a jornalista americana Jennifer Wright sustentou: "O direito de um feto à vida é discutível. O da mulher não é".

A divisão política

Ao ser proferida, a decisão Roe *vs.* Wade destacou uma clara divisão entre democratas pró-aborto e republicanos contra o aborto. Em 2017, houve indignação entre os democratas quando o presidente Donald Trump nomeou o conservador Brett Kavanaugh juiz da Suprema Corte. Os democratas suspeitavam que Kavanaugh tinha sido indicado para ajudar a realizar a promessa de campanha do presidente, em 2016, de anular a decisão.

Em junho de 2022, após muitas discussões e polêmicas, a Suprema Corte dos EUA decidiu pela não proteção constitucional ao aborto, em uma vitória para os republicanos. Em seguida e por consequência, 13 estados já tornaram o aborto ilegal pelas chamadas "leis de gatilho", e outros impuseram restrições.

Ao redor do mundo, até 2020, cerca de 60% das mulheres em idade reprodutiva viviam em países onde o aborto é legal. Nos demais, ou ele é totalmente proibido ou realizado apenas quando a vida ou a saúde da mulher estão em risco. As divisões frisadas pelo debate sobre o aborto continuam essencialmente sem solução. ∎

A proibição do aborto no Alabama [...] reduz a capacidade das mulheres de atuar em sociedade e tomar decisões sobre reprodução.
Juiz Myron Thompson
Comentário sobre a Lei de Proteção à Vida Humana, 2019

A VIDA ANIMAL É O QUE HÁ DE MAIS INESTIMÁVEL
A LEI DAS ESPÉCIES AMEAÇADAS (1973)

Os dois objetivos da LEA são **prevenir a extinção** e **aumentar a quantidade** de indivíduos das espécies ameaçadas.

→ A **seção 4** exige a classificação das espécies como **ameaçadas ou em perigo de extinção**.

↓ Uma das **principais ameaças** às espécies em risco de extinção é a **destruição de seu habitat**.

← Se uma espécie é **listada como ameaçada**, a LEA dá a seu habitat essencial uma **proteção especial**.

EM CONTEXTO

FOCO
Direito ambiental

ANTES
1900 A Lei de Lacey, nos EUA, proíbe a caça comercial e o comércio interestadual de certos animais e plantas.

1966 A Lei de Preservação de Espécies Ameaçadas leva à primeira lista de espécies em risco de extinção.

1972 Os EUA proíbem a captura de mamíferos marinhos em suas águas.

DEPOIS
1988 Cientistas afirmam que está em curso a sexta extinção em massa na Terra.

2004 Os condores-da-califórnia se reproduzem na natureza pela primeira vez em dezessete anos.

2007 A águia-careca sai da lista após recuperação da espécie.

2008 O urso-polar é listado como ameaçado devido à perda do ambiente no Ártico.

A o longo da história, os humanos causaram diretamente a extinção de muitas espécies da vida selvagem, como o dodô, o arau-gigante, o pombo-passageiro e o lobo-da-tasmânia. Hoje parece que a ameaça que impusemos a outros animais está se acelerando, com 50% das espécies em risco real de desaparecer e muitos biólogos falando em extinções em imensa escala. A caça tem parte da culpa, mas a principal razão é a perda de habitat natural devido a plantio, desmatamento e urbanização.

Os americanos começaram a se conscientizar da ameaça à vida selvagem nativa no fim dos anos 1800, e em 1900 introduziram a Lei de Lacey para proibir o tráfico de certas espécies de plantas e animais selvagens. Destinada de início a conter a caça de pássaros e sua venda através das fronteiras dos estados, hoje ela é usada basicamente para prevenir a importação de espécies invasoras.

O aumento acentuado da população e atividade humanas no século XX colocou muito mais animais sob ameaça, e nos anos 1960 os movimentos ambientalistas já exerciam pressão sobre o governo dos EUA e de outros países. Em 1966, A Lei de Preservação de Espécies Ameaçadas levou à primeira lista de espécies em perigo, e em 1969 o Congresso emendou-a, dando proteção

UMA NOVA ORDEM INTERNACIONAL

Ver também: A Lei da Crueldade contra Animais 146-147 ▪ A Lei da Vivissecção 163 ▪ A Rede Mundial de Reservas da Biosfera 270-271 ▪ O Protocolo de Kyoto 305

A CITES e a conservação internacional

No século XX, o mundo começou a notar que o comércio internacional de plantas e animais selvagens, explorados como alimentos, remédios e outros fins, estava levando algumas espécies à extinção. Em 1963, a União Internacional para a Conservação da Natureza (UICN), que monitora a diversidade global, começou a elaborar um acordo internacional para restringir esse comércio, e os esforços frutificaram em 1973, com a Convenção sobre o Comércio Internacional das Espécies da Fauna e da Flora Selvagens Ameaçadas de Extinção (CITES, no acrônimo em inglês), que regulamenta ou proíbe o comércio internacional de espécies ameaçadas e é uma das pedras angulares da conservação internacional. Ela tem hoje 183 países signatários e cuida de mais de 5 mil espécies de animais e 30 mil de plantas. Ela se reúne regularmente, desenvolvendo planos para proteger da exploração comercial as espécies ameaçadas.

A LEA é o instrumento mais forte e eficaz que temos para reparar os danos ambientais que estão causando o declínio de uma espécie.
Norm Dicks
Congressista dos EUA (1977-2013)

adicional a espécies em risco de extinção mundial por meio da proibição de sua importação e subsequente venda nos EUA. Inspirada nas normas aprovadas em 1973 na Convenção sobre Comércio Internacional das Espécies da Flora e da Flora Selvagens Ameaçadas de Extinção (CITES, no acrônimo em inglês), a revolucionária Lei das Espécies Ameaçadas (LEA) foi além, protegendo o patrimônio natural dos EUA.

Esforços coordenados

A LEA permite a indivíduos e organizações pleitear que uma espécie seja listada como ameaçada. Em seguida, ocorrem uma avaliação científica rigorosa e uma consulta pública, antes de ser tomada a decisão final de incluir a espécie na lista. Se uma espécie é listada, áreas críticas de habitat recebem proteção especial e um plano de recuperação da espécie é implementado, esboçando como aumentar o número de indivíduos dela.

As populações são monitoradas ao longo do tempo, para ver se a espécie se recuperou o bastante para ser tirada da lista. Esse compromisso de longo prazo é uma parte essencial da lei. A maioria dos especialistas de vida selvagem considera a LEA um enorme sucesso na prevenção de extinções, creditando-se a ela o retorno de várias espécies – como a águia-careca, o condor-da-califórnia e o urso-cinzento. Ela também definiu um padrão global de proteção para espécies ameaçadas.

Em 2019, numa tentativa de satisfazer as demandas de interesses comerciais, a administração do presidente Trump fez revisões à LEA que a enfraqueceram muito. Uma das revisões propostas é a restrição do habitat crítico protegido à área em que a espécie ameaçada sobrevive hoje, em vez daquela que ocuparia ao se recuperar. Com a crise climática e outras ameaças ambientais acelerando a perda de espécies a uma taxa alarmante, as mudanças na LEA contrariam os apelos por uma proteção mais forte, e não mais fraca. ■

Espécies de aves ameaçadas, segundo a LEA

- 42% aumentando em número de indivíduos
- 13% retiradas da lista (não mais em risco)
- 16% com número estável de indivíduos
- 21% com número de indivíduos em queda
- 7% extintas
- 1% sem dados disponíveis

Após 40 anos:
- Espécies de aves listadas que estão melhor
- Espécies de aves listadas que ainda estão em declínio

O DIREIT

IDADE M

1980-HOJE

O NA
ODERNA

O **perfil de DNA** é usado pela primeira vez numa investigação criminal no Reino Unido.

O uso e a produção de armas químicas são proibidos pela **Convenção sobre Armas Químicas**.

A Emenda Dickey-Wicker torna ilegal o financiamento federal de **pesquisa científica com embriões humanos**.

A **Convenção sobre a Proibição de Minas Antipessoais** é pactuada em Ottawa.

1986 **1993** **1996** **1997**

1990 **1995** **1996** **2000**

A **Lei dos Americanos com Deficiência** busca tornar ilegal a discriminação contra pessoas com deficiência.

A **Organização Mundial do Comércio** é fundada com o fim de garantir o comércio internacional livre e justo.

Um tratado proposto pela **Organização Mundial da Propriedade Intelectual**, da ONU, define regras para proteger o copyright digital.

A **estratégia portuguesa contra as drogas** descriminaliza a posse de drogas.

Nas décadas finais do século XX, a ameaça de novas guerras mundiais havia recuado, graças à cooperação internacional e ao trabalho da ONU e suas agências. Porém, esses órgãos não conseguiam deter a implacável perda de vidas em conflitos regionais, do Kosovo e do Sudão ao Afeganistão e à Síria. Os efeitos das armas químicas e o legado mortal das minas terrestres levaram a convenções internacionais para impor proibições: a Convenção sobre Armas Químicas, de 1993, e a Convenção sobre a Proibição de Minas Antipessoais, de 1997.

O mundo estava ficando mais interconectado. O aumento do comércio mundial e o crescente poder das corporações multinacionais levaram à fundação da Organização Mundial do Comércio em 1995, com o fim de criar uma estrutura global de livre comércio. Mas não era só a paisagem econômica que estava mudando; avanços tecnológicos em escala nunca vista antes introduziam uma nova era, e também novos desafios legais. Em 1996, a Organização Mundial da Propriedade Intelectual – uma agência da ONU dedicada a defender marcas, patentes e copyrights – voltou sua atenção às questões trazidas pela revolução digital. A necessidade de regras para salvaguardar direitos de propriedade intelectual e garantir a segurança de dados é algo evidente, mas, assim que soluções tecnológicas são introduzidas, hackers determinados encontram modos de superá-las. A lei tem se empenhado em acompanhar esse ritmo.

O acesso público a dados digitais também trouxe à luz problemas relativos à privacidade e à propriedade de informações individuais. Em 2014 a Corte Europeia de Justiça decidiu que o "direito de ser esquecido" supera o da liberdade de expressão – mas mesmo isso foi contestado.

Direitos humanos

A atitude pública em relação aos direitos humanos e à discriminação sofreu mudanças fundamentais em certas partes do mundo. Ativistas pressionaram governos a promulgar leis de proteção aos direitos de pessoas com deficiência e a reconhecer o direito de pessoas do mesmo sexo a se casar. Os EUA foram pioneiros no primeiro caso, em 1990; os Países Baixos no segundo, em 2000, e outros países os acompanharam. Na Islândia, o certificado de igualdade salarial obriga os empregadores a se submeter a auditorias regulares para mostrar que dão pagamento igual por trabalhos de igual valor.

O DIREITO NA IDADE MODERNA

2000 — Os Países Baixos se tornam o primeiro país a legalizar o **casamento homoafetivo**.

2002 — O **Tribunal Penal Internacional** é aberto em Haia, nos Países Baixos.

2005 — O **Protocolo de Kyoto** entra em vigor para reduzir as emissões de gás de efeito estufa e desacelerar o ritmo da mudança climática.

2014 — A Corte Europeia de Justiça decide que as pessoas têm o "**direito de ser esquecidas**" – de ter dados negativos sobre elas removidos de buscas na internet.

2001 — A **eutanásia** é legalizada nos Países Baixos, sujeita a condições estritas e sob supervisão médica.

2005 — A Unesco monitora a **Convenção Internacional contra o Doping nos Esportes**.

2011 — A Interpol estabelece a **Força-Tarefa contra a Manipulação de Resultados** para lidar com o crime organizado nos esportes.

2017 — O **certificado de igualdade salarial** obriga as empresas a pagar o mesmo a mulheres e homens por trabalho equivalente.

O direito também se defronta com novas questões éticas, como as suscitadas pela pesquisa com embriões humanos e pelo sofrimento de pessoas com doenças terminais.

A luta contra o crime

Os avanços na ciência podem muitas vezes suscitar problemas éticos, mas ela também tem sido valiosa na obtenção de provas para a Justiça. O perfil de DNA para identificação de criminosos se revelou uma ferramenta forense tão crucial quanto a impressão digital; além disso, a tecnologia computacional se tornou indispensável em todos os aspectos da aplicação da lei, tendo em vista em especial a crescente sofisticação e o alcance internacional do crime organizado.

O mundo do esporte também experimentou uma mudança significativa, com o aumento dos patrocínios globais, coberturas televisivas ao vivo e apostas online multiplicando os valores envolvidos. Com essa expansão, a corrupção aumentou – as vantagens de trapacear seduziram igualmente indivíduos, facções criminosas e nações embusteiras. A Unesco reagiu com a Convenção Internacional contra o Doping nos Esportes, em 2005, e em 2011 a Interpol instaurou uma força-tarefa para combater a manipulação dos jogos. Em 2000, alarmado com a taxa de casos de HIV/AIDS – metade deles por injeção de drogas –, o governo português adotou uma nova estratégia, descriminalizando a posse de drogas como parte de reformas sociais e de saúde mais amplas, cujo impacto outros países hoje estudam.

Proteção do planeta

Nos anos 1980, os efeitos danosos da atividade humana sobre o mundo natural já eram claros, e o tema ganhou espaço. Em 1983, a Unesco assumiu a liderança na proteção ambiental com a criação de uma rede de Reservas da Biosfera, pró-conservação e desenvolvimento sustentável.

Um problema ainda maior são os efeitos catastróficos da mudança climática global. Em 1992, a Cúpula da Terra, no Rio de Janeiro, pactuou objetivos internacionais de redução das emissões de gás de efeito estufa, mas a relutância em implementar as mudanças e adotar políticas de energia sustentável impediu qualquer acordo legalmente vinculante até o século XXI. Em 1997, o Protocolo de Kyoto definiu metas para redução das emissões, que entraram em vigor em 2005. Dado o fracasso em decretar políticas de redução, o desafio é encontrar novos modos de garantir que cada um faça sua parte. ∎

SEM FRONTEIRAS, INESTIMÁVEL E AMEAÇADA
A REDE MUNDIAL DE RESERVAS DA BIOSFERA (1983)

EM CONTEXTO

FOCO
Direito ambiental

ANTES
1821 O naturalista Charles Waterton cria a primeira reserva natural em Walton Hall, em Yorkshire, no Reino Unido.

1872 O presidente dos EUA, Ulysses S. Grant, torna Yellowstone o primeiro parque nacional do mundo.

1916 A primeira "reserva natural estrita" estatal é criada na Rússia para estudo científico.

1916 O presidente dos EUA, Woodrow Wilson, funda o Serviço Nacional de Parques.

DEPOIS
1992 É pactuada a Convenção sobre Diversidade Biológica.

2016 A enorme Reserva da Biosfera Tsá Tué, no Canadá, é criada pelo grupo indígena dene.

2016 A maior reserva marinha do mundo é criada no mar de Ross, no oceano Antártico.

A biosfera é a "pele" superficial ao redor da Terra, que abriga a humanidade e todas as outras formas de vida. Em 1971, a Unesco lançou o Programa O Homem e a Biosfera (MAB, do nome em inglês) com o fim de estimular um desenvolvimento econômico que fosse ambientalmente sustentável e ao mesmo tempo protegesse o mundo natural. Em 1972, em Estocolmo, na Suécia, a Conferência sobre o Ambiente Humano foi o primeiro fórum destinado a tratar de questões ambientais internacionais. Entre suas recomendações estava a criação de "reservas biológicas" para proteger a flora e a fauna ameaçadas.

Na época, cresciam as preocupações com o desmatamento, a poluição do ar e da água, a sobrepesca e o declínio da população de muitos animais selvagens. As primeiras 57 Reservas da Biosfera (RBS) foram selecionadas em 1976. Nos anos seguintes outras foram indicadas e em 1983, numa conferência patrocinada pela Unesco em Minsk, em Belarus, surgiu o plano de uma Rede Mundial de Reservas da Biosfera (RMRB).

Benefícios mútuos
Segundo a Convenção sobre Diversidade Biológica de 1992 da ONU (ratificada por 193 países até 2020 e legalmente vinculante), "os ecossistemas, espécies e recursos genéticos deveriam ser usados em benefício dos seres humanos, mas de modo que não leve ao declínio da biodiversidade". Reconhecendo

Zonas de uma reserva da biosfera

- **A zona núcleo** é uma área de proteção estrita, onde a atividade humana é limitada, e as formas de vida e ecossistemas (comunidades de espécies em interação e o ambiente do qual dependem) são preservados.

- **A zona de amortecimento** é usada para monitoração, pesquisa científica, treinamento e educação.

- **A zona de transição** é onde as pessoas vivem e trabalham, e onde atividade cultural e econômica sustentável é permitida.

O DIREITO NA IDADE MODERNA **271**

Ver também: As Nações Unidas e a Corte Internacional de Justiça 212-219 ▪ A Lei das Espécies Ameaçadas 264-265 ▪ O Protocolo de Kyoto 305

O Parque Nacional de Yellowstone, nos estados americanos de Wyoming, Montana e Idaho, foi declarado reserva da biosfera em 1976.

As *zapovedniks* da Rússia

A Rússia liderou mundialmente a criação de santuários da vida selvagem. Sua primeira *zapovednik* (reserva natural, em russo) estatal foi criada em Barguzinsky, perto do lago Baikal, em 1916, para conservar sua população de zibelinas – pequenos mamíferos cuja pele é valorizada. Em 2020, havia mais de cem *zapovedniks*, ocupando cerca de 1,4% da área do país. Algumas eram vastas: a Grande Zapovednik do Ártico, por exemplo, cobre 4 milhões de hectares de tundra e abriga ursos-polares, corujas-das-neves, focas, baleias e outros animais. O cientista russo do solo Vassíli Dokuchaev foi quem apresentou a ideia das *zapovedniks*, nos anos 1890, e propôs que não cientistas fossem excluídos delas. O botânico russo Ivan Borodin afirmou depois que elas não deveriam ser criadas em partes, mas planejadas para incluir cada ecossistema principal. Essas reservas fornecem ambientes de pesquisa onde os cientistas podem observar a natureza não afetada pela influência humana.

que a diversidade das espécies é crucial para sustentar a rede de vida do planeta, a RMRB objetiva hoje mostrar como a biodiversidade e a diversidade cultural humana se beneficiam mutuamente.

A sustentabilidade ambiental repousa na premissa de que, se as pessoas têm um interesse econômico ou cultural em seu ambiente – por exemplo, dependem dos peixes para alimentar-se ou da madeira para construir –, são mais propensas a protegê-lo e garantir que os estoques não se esgotem. Em muitas RBs, as pessoas locais também se beneficiam do ecoturismo.

A construção de uma rede

Uma rede global é importante para refletir de fato a biodiversidade da Terra. Os governos podem indicar novas RBs. Se o corpo dirigente do MAB concordar que elas satisfazem os critérios exigidos, são adicionadas à RMRB. Cada RB é protegida por leis ambientais do país em que se situa. Nos cinquenta anos desde que o MAB foi lançado, as ameaças à biosfera se agravaram. Um milhão de espécies podem se extinguir nas próximas décadas, entre elas 40% dos anfíbios e 30% dos mamíferos marinhos. A mudança climática induzida pelo homem intensificará o processo, que alguns cientistas descrevem como a sexta extinção em massa da Terra.

Em 2020, havia 701 RBs em 124 países, com dimensões que vão da enorme RB da Amazônia Central, no Brasil, à RB Biosffer Dyfi, um pequeno estuário no sul de Gales. Medidas globalmente coordenadas e legalmente vinculantes, como o programa da RMRB, oferecem o melhor modo de responder aos enormes desafios ambientais que o planeta enfrenta. ▪

Deveríamos preservar cada pedacinho da biodiversidade como algo inestimável, enquanto descobrimos […] o que significa para a humanidade.
E. O. Wilson
Biólogo americano, 1992

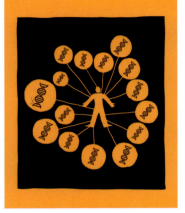

PARA A JUSTIÇA, É COMO O TELESCÓPIO PARA AS ESTRELAS
TESTE DE DNA (1986)

EM CONTEXTO

FOCO
Direito penal

ANTES
c. 1900 A impressão digital é adotada como o primeiro método científico para identificar suspeitos de crimes.

1953 A estrutura do DNA, o código genético que rege a vida, é revelada pelos cientistas James Watson, Francis Crick, Rosalind Franklin e Maurice Wilkins no Reino Unido.

DEPOIS
1994 O FBI coordena o uso de perfis de DNA nos EUA.

2002 O banco de dados de DNA da Interpol é criado; participam 84 países.

Desde 2010 Programas de computador avançam na análise e identificação de amostras de DNA.

2017 A Lei do DNA Rápido, nos EUA, estimula mais pesquisas sobre o DNA como recurso policial.

Cientistas mostram que **amostras de DNA** podem **identificar** com exatidão **qualquer indivíduo**.

Agências policiais ao redor do mundo adotam os perfis de DNA rotineiramente.

Os **bancos de DNA** oferecem um recurso em rápido crescimento: milhões de registros são reunidos e suas aplicações aumentam.

Subsiste o receio de que os testes de DNA nem sempre sejam aplicados com rigor: o **potencial de mau emprego** é claro.

O perfil de DNA (ácido desoxirribonucleico) foi a mais importante conquista na solução forense de crimes desde a introdução da impressão digital, no início do século XX. O valor da molécula de DNA na investigação forense reside no fato de que, embora 99,9% do DNA de todos os humanos que já viveram ser idêntico, a diferença de 0,1% fornece identificação irrefutável de qualquer indivíduo (à exceção de gêmeos idênticos). A amostra de DNA pode ser de saliva, pele, sangue, cabelo ou células. Para ter valor, porém, é essencial que tanto a amostragem quanto a análise sigam padrões rigorosos.

O primeiro uso de teste de DNA numa investigação criminal se destinou a estabelecer inocência, e não culpa. Em 1986, Richard Buckland, um

O DIREITO NA IDADE MODERNA 273

Ver também: A Interpol 220-221 ▪ A Declaração Universal dos Direitos Humanos 222-229 ▪ A Convenção Europeia de Direitos Humanos 230-233 ▪ A Convenção Internacional contra o Doping nos Esportes 304

Alec Jeffreys fez pesquisas genéticas na Universidade de Leicester, Inglaterra, de 1977 a 2012. Seu trabalho é útil em controvérsias sobre paternidade, imigração e investigação criminal.

Banco de Dados Nacional de DNA do Reino Unido, criado em 1995, tinha 6,5 milhões de perfis em 2020.

Desde que os perfis de DNA começaram a ser usados, os avanços tecnológicos permitiram analisar amostras minúsculas muito rápido. O evidente sucesso dos perfis de DNA levou a assumir que eles são infalíveis, mas falhas humanas levaram a vários erros judiciais. Em 1998, por exemplo, Josiah Sutton, de dezessete anos, de Houston, no Texas, foi condenado a 25 anos de prisão por estupro, com base em provas de DNA. Mais tarde se verificou que houvera manuseio incorreto no laboratório forense, e Sutton foi isentado de culpa.

Falhas

Na verdade, conforme o número de amostras de DNA aumenta, o risco de erros – de arquivos embaralhados a falhas na aplicação de técnicas de

As pessoas têm noções irrealistas sobre o significado das provas científicas, em especial quando vêm de DNA.
Euroforgen
(Rede de Excelência Genética Forense Europeia), 2017

testagem – também cresce. A "transferência secundária", em que o DNA é passado a um objeto ou pessoa por um intermediário, se revelou um entrave. Além disso, a maioria dos objetos diários carrega traços minúsculos de múltiplas pessoas e pode ser quase impossível distinguir o DNA daquelas em frequente contato. Como um relatório do governo britânico explicou, "nossa capacidade de analisar [o DNA] pode exceder a de interpretar". ∎

jovem com dificuldades de aprendizagem, foi detido por estupro e assassinato de Dawn Ashworth, de quinze anos, no Reino Unido. O caso chamou a atenção do geneticista britânico Alec Jeffreys. Ele examinou o DNA obtido de sêmen encontrado no corpo de Dawn e mostrou que não era de Richard. Jeffreys também demonstrou que quem matara Dawn também assassinara outra garota, Lynda Mann, três anos antes. Richard foi libertado e, após uma longa investigação, descobriu-se que o DNA do criminoso sexual serial Colin Pitchfork coincidia com as amostras de sêmen. Ele foi condenado à prisão perpétua por dois assassinatos.

Avanços nos testes de DNA

Buscando explorar as grandes vantagens do DNA, agências policiais de todo o mundo criaram bancos de dados para guardar e partilhar informações. O Departamento Federal de Investigação dos EUA (FBI, na sigla em inglês) lançou seu Sistema Combinado de Índices de DNA em 1998; em 2020, ele já incluía perfis de DNA de mais de 14 milhões de criminosos, obtidos em cenas de crimes. Do mesmo modo, o

O assassino do rio Green

O caso dos assassinatos em série do rio Green – um dos piores da história dos EUA – validou de modo espetacular o uso dos perfis de DNA. Gary Ridgway estuprou e estrangulou pelo menos 49 jovens mulheres no estado de Washington entre 1982 e 2001, quando afinal foi detido. Ele descartava os corpos no rio Green ou perto dele. A polícia não tinha pistas.

Em 2001, técnicas aperfeiçoadas de amostragem de DNA levaram a uma descoberta crucial na investigação policial. As amostras de DNA obtidas de sêmen encontrado em algumas das vítimas foram comparadas com uma retirada de Ridgway em 1987, quando, suspeito dos assassinatos, ele tinha sido interrogado, mas não acusado. As amostras coincidiram totalmente; Ridgway foi condenado por assassinato e sentenciado a 48 prisões perpétuas consecutivas. Ele afirmou depois ter matado até oitenta mulheres, e o verdadeiro total pode ser ainda maior.

EMPODERAR OS VIGILANTES DE DELITOS
A LEI DE PROTEÇÃO AO DENUNCIANTE (1989)

EM CONTEXTO

FOCO
Direito do trabalho

ANTES
1863 A Lei das Falsas Alegações – talvez a primeira lei sobre denunciantes – visa diminuir as fraudes de empresas em programas do governo, na Guerra Civil.

1966 A Lei de Liberdade de Informação dos EUA abre os assuntos do governo ao "escrutínio público".

DEPOIS
1998 No Reino Unido, a Lei de Divulgação de Interesse Público protege os denunciantes, em órgãos públicos ou privados, se revelarem informações para o bem público.

2010 A Lei Dodd-Frank dos EUA inclui a proteção de denunciantes na regulamentação de instituições financeiras.

2015 Cresce o receio de que a Lei Dodd-Frank prejudique pequenos bancos.

Funcionários que denunciaram má conduta, deliberada ou não, em qualquer agência federal dos EUA receberam proteção pela primeira vez em 1989 pela Lei de Proteção ao Denunciante. A lei oferecia a eles garantias de que não sofreriam retaliações, como remoções ou suspensões.

Embora os EUA tenham sido pioneiros nessa legislação, e apesar de ela ter sido fortalecida pela Lei de Reforço à Proteção ao Denunciante

Proteger funcionários que revelam ilegalidades, desperdício e corrupção do governo é um grande passo para um serviço público mais eficaz.
Lei de Proteção ao Denunciante

em 2012, o impacto pretendido foi aquém. Ela não inclui a imunidade em relação a processos movidos pelo empregador – um fato que dissuade outros trabalhadores de falar.

Uma decisão da Suprema Corte dos EUA em 2006, em Garcetti vs. Ceballos, causou desânimo ao determinar que nem mesmo a garantia de liberdade de expressão da Primeira Emenda se aplicava a funcionários públicos denunciantes, como Richard Ceballos, um promotor distrital de Los Angeles.

A lei de 1989 também excluiu os funcionários da agência de inteligência dos EUA. A Lei de Proteção ao Denunciante da Comunidade de Inteligência, de 1998, lhes deu apenas direitos limitados; em 2014, ela foi emendada para ampliar sua imunidade.

A Lei Dodd-Frank, aprovada após a crise financeira de 2007, busca diminuir a tomada de decisões arriscadas por instituições financeiras e proteger os consumidores. Ela se revelou um êxito, em parte porque 10% a 30% do dinheiro recuperado pode ser pago ao denunciante. ■

Ver também: A Declaração Universal dos Direitos Humanos 222-229 ■ O Pacto Internacional sobre Direitos Civis e Políticos 256-257 ■ A Lei de Megan 285

O DIREITO NA IDADE MODERNA

JUNTOS SUPERAMOS. JUNTOS VAMOS SUPERAR
A LEI DOS AMERICANOS COM DEFICIÊNCIA (1990)

EM CONTEXTO

FOCO
Igualdade de direitos

ANTES
1964 A Lei dos Direitos Civis busca dar fim à segregação com base em raça nos EUA.

1965 A Lei do Direito de Voto proíbe práticas discriminatórias que impeçam cidadãos americanos de exercer seu direito de votar.

1973 A Lei da Reabilitação proíbe, em qualquer programa com financiamento federal nos EUA, a discriminação de pessoas com deficiência.

DEPOIS
1992 A Comissão para a Igualdade de Oportunidades no Emprego começa a pôr em prática proteções explicitadas na LAD.

2000 A Estrutura para Igualdade de Tratamento no Emprego e Ocupação, dos EUA, inclui a proteção a trabalhadores com deficiência.

A Lei dos Americanos com Deficiência (LAD), de 1990, visava garantir "direitos humanos e civis plenos às pessoas com deficiência". O governo queria tornar claro que a sociedade devia estimular e propiciar que as pessoas com deficiência dessem a maior contribuição possível à vida americana. A LAD tornou ilegal a discriminação no emprego contra as pessoas com deficiência, e cada empregador com mais de quinze trabalhadores teria de "acomodar" as necessidades "razoáveis" de quaisquer de tais empregados – a menos que causassem à empresa dificuldades indevidas.

A LAD também requeria que qualquer construção ou negócio aberto ao público – como escolas, hotéis, academias e lojas – fornecesse acesso mais fácil e não discriminasse as pessoas com deficiência. As telecomunicações e transportes – ônibus, trens, aviões e até navios de cruzeiro – deviam assumir obrigações similares. Em 2008, a Lei de Alterações à LAD ampliou seu alcance e a definição de deficiência para proteger mais pessoas. Apesar de as leis colocarem os EUA na vanguarda da legislação sobre deficiência, os resultados foram ambíguos. Muitos pequenos negócios se queixaram dos altos custos para observar a lei. Em 1990, 70% dos cidadãos com deficiência "significativa" estavam desempregados. Em 2010, o número permanecia igual. A sanção a organizações que não conseguem cumprir as seções sobre emprego da LAD consiste tão somente em sanar essas violações. ∎

O presidente George H. W. Bush promulgou a Lei dos Americanos com Deficiência – a primeira lei abrangente de direitos civis para pessoas com deficiência física ou mental – em 26 de julho de 1990.

Ver também: A Declaração Universal dos Direitos Humanos 222-229 ∎ A Convenção Europeia de Direitos Humanos 230-233 ∎ A Lei dos Direitos Civis 248-253

UM MUNDO LIVRE DE ARMAS QUÍMICAS
A CONVENÇÃO SOBRE ARMAS QUÍMICAS (1993)

EM CONTEXTO

FOCO
Controle de armas

ANTES
1899, 1907 As Convenções de Haia propõem a proibição internacional de armas químicas.

1925 O Protocolo de Genebra propõe proibições mais exequíveis, mas seu impacto é limitado.

1975 A Convenção sobre Armas Biológicas entra em vigor.

1990 EUA e União Soviética se comprometem por acordo a parar a produção de novas armas químicas e destruir as estocadas.

DEPOIS
2013 Irrompe a guerra civil na Síria. Há ataques múltiplos com armas químicas – entre eles, um de gás sarin num subúrbio de Damasco que mata mais de 1.400 civis.

Um dos tratados internacionais mais ambiciosos sobre guerra, a Convenção sobre Armas Químicas (CAQ) objetivou a proibição do uso dessas armas em qualquer lugar. Ela foi aprovada pela Assembleia Geral da ONU e foi aberta para assinatura em 1993. Em 2020, já tinha sido ratificada por 193 países, e só três membros da ONU – Egito, Sudão do Sul e Coreia do Norte – não aderiram.

Há uma longa história de tratados para proibir armas químicas. O primeiro foi assinado em Estrasburgo em 1675, na França, quando o país e vários estados alemães pactuaram a vedação a "balas envenenadas". Mais explicitamente, na Declaração de Bruxelas de 1874, as Leis e Costumes de Guerra proibiram "armas de veneno ou envenenadas". Outras restrições foram aplicadas ao uso de armas químicas pelas Conferências de Paz de Haia de 1899 e 1907.

Após o disseminado uso de armas químicas na Primeira Guerra Mundial, a Alemanha foi proibida de utilizá-las pelo Tratado de Versalhes. Depois, em 1925, o Protocolo de Genebra vetou seu uso, mas não a fabricação. O Japão

A **Convenção sobre Armas Químicas** (CAQ) pactua medidas para **proibir seu uso** em guerras.

A CAQ **proíbe** toda **fabricação e uso** de qualquer arma química.

As nações devem permitir o acesso de **verificadores independentes** para assegurar que a destruição e a desativação **foram realizadas**.

Ela ordena a **destruição** das armas químicas existentes e a **desativação** de todas as instalações de fabricação.

O DIREITO NA IDADE MODERNA

Ver também: As Convenções de Genebra 152-155 ▪ As Convenções de Haia 174-177 ▪ As Nações Unidas e a Corte Internacional de Justiça 212-219 ▪ O Tratado de Interdição Parcial de Ensaios Nucleares 244-247 ▪ A Convenção sobre a Proibição de Minas Antipessoais 288-289

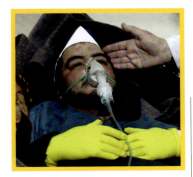

Uma vítima de ataque com armas químicas na Síria, em abril de 2017. O presidente sírio, Bashar al-Assad, culpou "terroristas" por esse e outros ataques, mas suas forças armadas estavam envolvidas.

> O uso na guerra de gases asfixiantes, venenosos e outros, e de todos os líquidos, materiais e dispositivos análogos, está sendo devidamente condenado.
> **Protocolo de Genebra, 1925**

as empregou amplamente contra os chineses na Guerra Sino-Japonesa de 1937-1945. No início da Segunda Guerra Mundial, tanto a Alemanha nazista quanto os Aliados tinham estoques, mas os usaram pouco em campo de batalha, sobretudo por temer retaliação.

Acordos internacionais

Em 1975, após vários anos de trabalho preparatório, a Convenção sobre Armas Biológicas entrou em vigor. Foi o primeiro tratado de desarmamento multilateral a proibir a produção de toda uma categoria de armas, mas sua eficácia foi restringida pela falta de meios para garantir que fosse cumprido.

Avanços reais só ocorreram com o abrandamento das relações EUA-URSS após 1985. Em 1990, ambos concordaram em parar a produção e destruir as armas químicas existentes, abrindo caminho para o acordo global de 1993.

Disposições e abusos

As disposições da CAQ eram claras: todo signatário concordava em não produzir mais armas químicas, eliminar as que já tivesse e permitir inspeções obrigatórias pela Organização para a Proibição de Armas Químicas, realizadas, se necessário, com apenas doze horas de aviso prévio. Em 2007, a Albânia se tornou o primeiro país a cumprir totalmente a CAQ e, no fim de 2018, 97% dos estoques declarados por países tinham sido destruídos de modo verificável. A implementação da proibição, porém, é difícil de policiar. A Síria assinou a CAQ em 2013 e alegou ter destruído todas as suas armas químicas, mas ataques repetidos com armas desse tipo foram relatados na guerra civil que irrompeu naquele ano. Apesar das negativas, as forças estatais sírias estavam fortemente envolvidas. ∎

As armas químicas do Iraque

Nascido em c. 1941, Ali Hassan al-Majid (mais conhecido como "Ali Químico") era primo do ditador iraquiano Saddam Hussein. Ele ocupou alguns dos postos mais importantes do governo nos anos 1980 e 1990 e, nos estágios finais da Guerra Irã-Iraque (1980-1988), comandou todos os órgãos estatais no norte do país, povoado por curdos.

O Iraque empregara armas químicas contra as forças iranianas desde 1980, mas em 1987-1988 Al-Majid autorizou seu uso contra civis curdos. O genocídio de Al-Anfal (Butim de Guerra) contra os curdos pode ter resultado em até 180 mil mortes. No evento mais conhecido, em 16 de março de 1988, aviões iraquianos lançaram tubos de gás mostarda e sarin sobre a cidade de Halabja, matando pelo menos 5 mil pessoas, além de ferir e causar doenças de longa duração em outras milhares. Ali Químico foi preso por forças dos EUA em 2003 e, após um longo julgamento, executado em 2010.

Ali Hassan al-Majid ordenou o uso de armas químicas letais contra civis curdos no norte do Iraque em 1987-1988.

LIVRE COMÉRCIO PARA O BEM DE TODOS

A ORGANIZAÇÃO MUNDIAL DO COMÉRCIO (1995)

280 A ORGANIZAÇÃO MUNDIAL DO COMÉRCIO

EM CONTEXTO

FOCO
Livre comércio internacional

ANTES
1929-1939 A Grande Depressão produz desemprego em massa ao redor do mundo.

1947 O Acordo Geral sobre Tarifas e Comércio (GATT) é estabelecido; com 23 países.

1986 Começa a Rodada do Uruguai do GATT – as negociações de comércio internacional mais ambiciosas já realizadas.

DEPOIS
1999 Protestos violentos acontecem ao lado das reuniões da OMC em Seattle.

2001 A Rodada de Doha tenta introduzir uma liberação maior do comércio, mas obtém avanços limitados.

2015 As negociações de Doha são oficialmente abandonadas pela OMC.

A Conferência de Bretton Woods, de 1944, tenta criar um **sistema econômico regulatório** global para o mundo do pós-guerra.

O Acordo Geral sobre Tarifas e Comércio (**GATT**, na sigla em inglês), patrocinado pela ONU, é assinado em 1947.

Os **objetivos declarados do acordo** são o livre comércio e a **abolição de tarifas altas**, que penalizam as importações.

A OMC se torna o órgão legislativo e judicial mais poderoso do mundo.

Porém, a meta de **liberalização do comércio** da OMC é o tempo todo prejudicada por **interesses nacionais concorrentes**.

Pode-se dizer que criação da Organização Mundial do Comércio (OMC), em 1995, representa o mais presciente dos tratados internacionais. Ela surgiu do Acordo Geral sobre Tarifas e Comércio (GATT, na sigla em inglês), estabelecido pelas Nações Unidas em 1947. Tanto o GATT quanto a OMC se embasavam na mesma ideia: o livre comércio entre nações em termos imparciais e transparentes só produz benefícios. Essa era essencialmente uma extensão dos argumentos apresentados pelo economista escocês Adam Smith no século XVIII: que o interesse próprio esclarecido,

quando aproveitado pela iniciativa individual, era o modo mais certo possível de aumentar a riqueza.

Quando a Segunda Guerra Mundial chegava ao fim, um sonho global como esse começou a parecer possível. Para o presidente dos EUA, Franklin D. Roosevelt, o economista britânico John Maynard Keynes e outros, uma das principais lições dos anos 1930 tinha sido que taxas de importação altas ajudavam a desestabilizar as relações internacionais sem melhorar a economia global. Eles acreditavam que o livre comércio promovia a prosperidade e a paz, e com esse fim a

Conferência de Breton Woods, de 1944, criou o Fundo Monetário Internacional (FMI) e o Banco Mundial, para ajudar a garantir a estabilidade financeira global e fornecer empréstimos a governos de nações em dificuldades. Também foi pactuada a instalação de um sistema para regulamentar o comércio, e o GATT surgiu três anos depois, patrocinado pela recém-criada ONU.

Conciliação de interesses

A Guerra Fria, após a Segunda Guerra Mundial, produziu uma barreira que parecia intransponível entre as duas potências dominantes do mundo, os

O DIREITO NA IDADE MODERNA   281

Ver também: A Lei Antitruste de Sherman 170-173 ▪ A Comissão Federal de Comércio 184-185 ▪ O Tratado de Direitos Autorais da OMPI 286-287

O comércio africano recebeu um impulso em 2019 com a criação da Área de Livre Comércio Continental Africana, que permitiu eliminar tarifas entre a maioria das nações integrantes.

EUA e a União Soviética (URSS), agravada pela corrida armamentista nuclear, um impasse sem solução visível. Ao mesmo tempo, divisões entre os assim chamados Primeiro e Terceiro Mundos – os países economicamente "desenvolvidos" e "em desenvolvimento" – tornavam a perspectiva de criar meios comuns de comércio ainda menos provável. O problema não era só como pontos de vista tão variados poderiam ser conciliados, mas o fato de interesses nacionais restritos tenderem a prevalecer sobre as altas aspirações. Essa é uma contradição nunca resolvida.

As negociações multilaterais sobre comércio que levaram à criação da OMC ficaram conhecidas como Rodada do Uruguai, pois começaram em Punta del Este, nesse país. Elas ocorreram no âmbito do GATT de 1986 a 1993, com a participação de 123 nações. As negociações de comércio são reconhecidamente complexas e lentas – a China, por exemplo, só referendou a OMC em 2001, após quinze anos de negociações. Dito isso, em 2020 a OMC já tinha 164 Estados-membros, que entre eles respondiam por 98% do comércio global.

Mecanismos básicos

O objetivo declarado da OMC é garantir que o comércio flua de modo tão suave, previsível e livre quanto possível. Ela se empenha em eliminar tarifas de importação protecionistas e altas, gerando assim condições estáveis para os negócios, que »

A OMC tem uma das histórias mais impressionantes de governança econômica global.
Anna Lindh
Política sueca (1957-2003)

Seattle, 1999

A OMC não está imune a disputas internas, muitas vezes sobre temas de complexa política econômica. No fim dos anos 1990, emergiu uma oposição externa a qualquer órgão considerado defensor dos interesses exploradores e capitalistas que impulsionavam uma agenda neoliberal global – entre eles o FMI, o Banco Mundial, a União Europeia e a OMC. A reunião da OMC em Seattle, em Washington, EUA, em dezembro de 1999, viu essa oposição alcançar um novo patamar. Mais de 50 mil manifestantes protestaram contra a degradação ambiental, importações baratas, falta de transparência democrática, práticas precárias de trabalho ou a existência do capitalismo em geral. Protestos pacíficos culminaram em violência, agravada por tentativas desastradas da polícia de evacuar as ruas. Uma nova forma de protesto cívico nasceu, cujos frutos incluem os movimentos Occupy e Rebelião da Extinção.

A **"Batalha de Seattle"** ocorreu em 30 de novembro e 1º de dezembro, chamando a atenção para os efeitos do comércio global.

282 A ORGANIZAÇÃO MUNDIAL DO COMÉRCIO

A estrutura da Organização Mundial do Comércio

Conferência Ministerial

É o órgão mais alto de formulação de políticas e em geral se reúne de dois em dois anos. Tem representantes de cada Estado-membro e pode tomar decisões sobre qualquer aspecto dos acordos multilaterais de comércio da OMC.

Órgão de Solução de Controvérsias

Quando surgem controvérsias, os membros do Conselho Geral se reúnem neste comitê, formando painéis de conciliação de disputas.

Conselho Geral

Entre as conferências, este é o órgão supremo de tomada de decisões. Ele se reúne regularmente e tem delegados de todos os países-membros.

Órgão de Revisão de Políticas

Os membros do Conselho Geral às vezes se reúnem como Órgão de Revisão de Políticas Comerciais para monitorar mudanças propostas em políticas de comércio nacionais.

Conselho do Comércio de Bens

Este comitê supervisiona o GATT, que se ocupa do comércio internacional de bens. Dez subgrupos tratam de áreas específicas, como agricultura, acesso a mercados e subsídios governamentais.

Conselho dos Direitos de Propriedade Intelectual

O Conselho para Aspectos dos Direitos de Propriedade Intelectual Relacionados ao Comércio é responsável por monitorar a eliminação do comércio de bens que infrinja os direitos de propriedade intelectual.

Conselho do Comércio de Serviços

Este órgão supervisiona vários subcomitês e é responsável pelo Acordo Geral sobre o Comércio de Serviços. Esse acordo abrange o comércio de serviços financeiros.

---

promovam o investimento e a criação de empregos. Isso, espera-se, estimulará os países em desenvolvimento, tirando as pessoas da pobreza e permitindo a competição em igualdade com o mundo desenvolvido.

A OMC coordena esforços com o FMI e o Banco Mundial, e usa sanções comerciais contra países que se considera terem violado suas regras. Em geral a cada dois anos ocorre uma conferência ministerial para tomada de grandes decisões. Comitês que monitoram o comércio de bens e serviços e a delicada questão dos direitos de propriedade intelectual se encontram mais regularmente, e subcomitês negociam os detalhes de

política comercial. O Órgão de Apelação, um comitê independente de sete especialistas em direito comercial, foi criado em 1995. Ele analisa relatórios de painéis de resolução de controvérsias e tem o poder de revogá-los.

Críticas variadas

A OMC é um órgão complexo e de reação lenta porque tem de considerar um número muito grande de interesses conflitantes. Os críticos a acusam de ser servil aos interesses dos membros mais poderosos. Eles também questionam a transparência de suas decisões e alegam que ela discrimina nações em desenvolvimento. Uma crítica persistente é que, ao buscar

defender os direitos de propriedade intelectual (em especial os de uma empresa sobre qualquer produto que criou), a OMC nega os potenciais benefícios de medicamentos, sobretudo a países incapazes de comprá-los. Por exemplo, as empresas que investiram no desenvolvimento dos medicamentos "patenteados" originais para HIV forçaram a saída de remédios genéticos mais baratos, mas igualmente eficazes, de muitos mercados do mundo em desenvolvimento. Em tais casos, os lucros e dividendos de acionistas parecem ter tido prioridade sobre os pacientes.

Outras críticas se relacionam a blocos comerciais que conseguem usar

O que os países devem fazer para integrar a OMC é […] aceitar o primado do direito, reduzir a corrupção e tornar-se abertos, responsáveis e democráticos.
Richard Haass
Diplomata dos EUA, julho de 2018

sua força econômica para impor tarifas muito mais altas que as permitidas para outros países. Por exemplo, as importações agrícolas para a UE enfrentam tarifas médias de 11,5%. Sob exatamente as mesmas regras da OMC, a Rússia nunca conseguiu elevar suas tarifas acima de 6,5%. Assim, os produtores da UE usufruem um nível de proteção sancionado pela OMC que é negado a seus pares na Rússia.

Qualquer órgão internacional como esse é vulnerável a manipulação por seus membros mais poderosos. Cada membro ou bloco da OMC — como UE, Asean (sigla em inglês para Associação de Nações do Sudeste Asiático) ou Mercosul (o "mercado do sul" da América Latina) — precisa apresentar "cronogramas" que explicitem suas tarifas, cotas e subsídios. Eles são então submetidos à aprovação da OMC. Porém, não só é possível negociar sem essa forma de certificação, como os cronogramas da UE para a OMC, por exemplo, não são certificados desde 2004. Embora a OMC seja o árbitro final de controvérsias sobre tarifas e subsídios, resolvê-las requer o acordo unânime de seus 164 membros, e não há modo de saber como tais decisões são alcançadas. Global ou não, a OMC dificilmente pode alegar ser democrática. Apesar disso, desde o fim dos anos 1990 o número de disputas comerciais sob a OMC caiu de maneira consistente. Havia cinquenta em 1997, mas só dezoito em 2017, por exemplo. Isso indica que, com tempo suficiente, é possível desenredar a maioria dessas divergências sob a jurisdição da OMC. Assim, o órgão parece de fato oferecer a esperança de comércio global igualitário.

Um ideal imposto?

A busca por acordos de comércio multilaterais sempre estará em segundo lugar em relação aos interesses nacionais. Cada nação procura adaptar as decisões da OMC em seu próprio benefício. Os EUA há muito se ressentem dos países ou blocos que tentam extrair termos comerciais favoráveis da OMC, enquanto fazem exatamente o mesmo que eles. Os críticos à OMC dizem que, na verdade, ela se tornou apenas outro meio para que os que têm mais poder econômico imponham suas próprias agendas.

Se os últimos 25 anos nos ensinaram algo sobre a OMC, é que essa organização é resiliente e tem desenvoltura.
Roberto Azevêdo
Diretor-geral da OMC, 2020

Quando Donald Trump chamou a OMC de "um desastre" em 2018 e ameaçou retirar os EUA, foi dado o primeiro passo numa negociação de altas jogadas. Sua administração tinha acabado de impor tarifas às importações chinesas, e a China retaliaria com tarifas compensatórias.

O GATT nasceu da crença do pós-guerra de que o mundo devia e podia ser refeito. A OMC é seu descendente direto. Ela pode estar desgastada, mas impulsionou o mundo rumo a uma maior prosperidade e equidade, com base no livre comércio. Apesar de atabalhoada, suas ideias subjacentes continuam essencialmente otimistas. ■

O presidente dos EUA, Donald Trump, e seu colega chinês Xi Jinping apertam mãos após negociações em 2017. No ano seguinte as relações entre as duas nações sobre a questão do comércio se deterioraram.

QUANDO A VIDA COMEÇA?
A EMENDA DICKEY-WICKER (1996)

EM CONTEXTO

FOCO
Direito da família

ANTES
1976 Nos EUA, a Emenda Hyde proíbe o custeio federal de abortos, à exceção de casos de emergência médica.

1978 Louise Brown, a primeira "bebê de proveta", nasce no Reino Unido; a pesquisa com embriões se evidencia.

1979 Um Conselho Consultivo de Ética nos EUA delibera que a pesquisa com embriões é aceitável para o tratamento de infertilidade; seu parecer é desconsiderado.

DEPOIS
2009 Obama remove a restrição a financiamento federal de pesquisa de células-tronco.

2011 O Tribunal de Apelação de Colúmbia confirma a ordem de Obama com restrições; as disposições essenciais da Emenda Dickey-Wicker continuam em vigor.

Desde 1996, a Emenda Dickey-Wicker proibiu o financiamento federal para a criação de embriões humanos para fins de pesquisa, ou para pesquisa em que os embriões humanos são destruídos ou lesionados. O projeto, vinculado às propostas de gastos governamentais dos EUA, já tinha sido aprovado pelo Comitê de Dotações, em 1995, antes de ir a votação no Congresso, em 1996.

A emenda – que nunca proibiu a pesquisa com embriões humanos em si, só seu financiamento federal – toca a essência das questões éticas que, de modo similar, alimentam o debate sobre o aborto. Em que ponto se pode dizer que a vida humana começa e que leis devem ser criadas para protegê-la? O trabalho com embriões humanos que se iniciou nos anos 1970 abriu novos horizontes na ciência médica. Ele ofereceu a possibilidade de conceber a casais estéreis, além do potencial para tratamentos pioneiros para doenças graves usando células-tronco. Mas o tema sempre foi controverso.

O Congresso com frequência legisla sem entender o total alcance de suas leis.
Cathryn Smeyers
Oncofertility Consortium, 2013

Em 2009, a emenda foi em parte diluída pelo presidente Barack Obama, e em 2011 a Corte de Apelações confirmou que ela era "ambígua" e não proibia o financiamento de pesquisas que usam células-tronco embrionárias. A opinião médica se opõe substancialmente à emenda, afirmando que pesquisas vitais são prejudicadas por uma lei obsoleta promulgada por pessoas sem qualificação para tomar tal decisão. ■

Ver também: A Declaração Universal dos Direitos Humanos 222-229 ■ A Convenção Europeia de Direitos Humanos 230-233 ■ Roe *vs*. Wade 260-263

O DIREITO NA IDADE MODERNA 285

PAIS E MÃES DEVERIAM TER O DIREITO DE SABER
A LEI DE MEGAN (1996)

EM CONTEXTO

FOCO
Direito penal

ANTES
1947 A Califórnia se torna o primeiro estado dos EUA a compilar um registro de criminosos sexuais.

1994 A Lei de Jacob Wetterling de Registro de Crimes contra Crianças e Criminosos Sexualmente Violentos é aprovada.

DEPOIS
1996 A Lei de Pam Lychner de Identificação e Rastreio de Criminosos Sexuais leva à criação de um banco de dados.

2006 A Lei de Adam Walsh de Segurança e Proteção à Criança estabelece novas condições para a frequência com que criminosos devem atualizar seu paradeiro às autoridades.

2016 A Lei Internacional de Megan exige que criminosos sexuais registrados sejam identificados nos passaportes.

A Lei de Megan é uma lei federal dos EUA que exige que as autoridades do estado informem ao público dados sobre criminosos sexuais registrados. Ela foi aprovada como uma emenda à Lei de Jacob Wetterling, de 1994, que exigia que os estados criassem registros de condenados por crimes sexualmente violentos ou crimes contra crianças. Os estados podem decidir quanta informação liberar ao público e por qual meio.

A nova lei foi promulgada após o estupro e assassinato de Megan Kanka, de sete anos, em julho de 1994, em Nova Jersey. Ela foi morta por um vizinho de 33 anos, Jesse Timmendequas, que já tinha sido condenado por dois crimes sexuais contra crianças e passara seis anos na prisão. Os pais de Megan, Maureen e Richard Kanka, lançaram uma campanha pela notificação obrigatória à comunidade sobre criminosos sexuais, alegando que, se soubessem a história de Timmendequas, teriam protegido a filha contra ele. Meses após o assassinato, Nova Jersey promulgou a Lei de Megan, que se tornou o modelo para a lei de mesmo nome aprovada pelo Congresso dois anos depois.

Ninguém jamais duvidou das boas intenções da Lei de Megan, mas ela não diminuiu o número de crimes e foi denunciada como uma violação dos direitos à privacidade garantidos pela Quarta Emenda. Ela também estimulou alguns a fazer justiça com as próprias mãos, infligindo punições justiceiras contra criminosos sexuais condenados. ■

Bill Clinton assina a Lei de Megan na presença da mãe e do irmão de Megan, do representante de Nova Jersey, Dick Zimmer, e de John Walsh, apresentador do programa de TV *Os Mais Procurados*.

Ver também: A Constituição e a Declaração de Direitos dos EUA 110-117 ■ A Declaração Universal dos Direitos Humanos 222-229 ■ A Convenção Europeia de Direitos Humanos 230-233

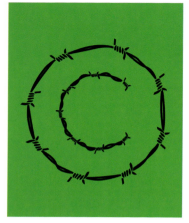

SE A CRIATIVIDADE É UM CAMPO, O COPYRIGHT É UMA CERCA
O TRATADO DE DIREITOS AUTORAIS DA OMPI (1996)

EM CONTEXTO

FOCO
Leis de direitos autorais

ANTES
1886 As nações signatárias da Convenção de Berna concordam em respeitar os direitos autorais internacionais.

1909 Nos EUA, a Lei do Copyright reformula a proteção dada aos autores.

1988 A Lei de Copyright, Designs e Patentes é sancionada no Reino Unido.

DEPOIS
2016 Só o Google recebe mais de 900 milhões de pedidos de remoção de conteúdo por ano.

2018 Nos EUA, a Lei de Modernização da Música amplia o alcance da proteção aos direitos de copyright e royalties para artistas por streaming.

2019 A Diretiva sobre Copyright dos EUA coloca sobre os provedores de internet o ônus de eliminar as violações de copyright.

A Convenção de Berna, de 1886, foi a primeira a tentar regular os direitos autorais internacionalmente. De início, só dez nações aderiram, mas hoje, administrada pela Organização Mundial de Propriedade Intelectual (OMPI), da ONU, há 178 signatários.

A primeira lei de copyright foi o Estatuto da Rainha Ana, aprovado pelo Parlamento britânico em 1710, mas que não se aplicava fora do Reino Unido. A Convenção de Berna estendeu a proteção de direitos autorais a escritores e artistas num número sempre crescente de países – reconhecendo que eles são os donos legais da obra que produzem e também que devem ser os principais beneficiários de seu trabalho. Ela também declarou que o copyright não precisa ser declarado, pois é

Os **provedores de serviços de internet** (PSI) hospedam arte, música, filmes, fotos, artigos e livros online.

Grande parte desse **conteúdo online** viola direitos autorais, fazendo com que os **criadores originais não recebam royalties**.

O Tratado de Direitos Autorais (**TDAO**) estende a Convenção de Berna de modo a abarcar os **conteúdos digitais**, e a **Lei da Modernização da Música** trata da **música distribuída por streaming**.

Apesar da legislação, fazer cumprir o princípio da **propriedade sobre conteúdo** na internet **continua a ser um desafio**.

O DIREITO NA IDADE MODERNA 287

Ver também: O Estatuto da Rainha Ana 106-107 ▪ A Declaração Universal dos Direitos Humanos 222-229 ▪ A Convenção Europeia de Direitos Humanos 230-233 ▪ Google Espanha *vs.* AEPD e Mario Costeja González 308-309 ▪ A Ordem da Internet Aberta 310-313

O **"Editor Pirata"**, desrespeitando os direitos autorais, foi satirizado neste cartum da revista americana *Puck* em 1886, ano da Convenção de Berna, que buscou defendê-los.

conferido automaticamente ao criador. Várias atualizações se seguiram. Por exemplo, em 1908 foi acordado que o copyright duraria por cinquenta anos (depois estendidos a setenta) após a morte do autor.

Um mundo digital

Desde os anos 1990, houve um crescimento exponencial dos meios digitais, com música, livros, jornais, fotos, filmes e arte disponíveis online ao toque de uma tecla. Conforme se tornou cada vez mais fácil copiar e fazer upload de conteúdos, ficou mais difícil determinar sua procedência. Artistas, escritores e outros encontravam regularmente suas criações hospedadas online, sem atribuição de autoria e nenhuma esperança de receber royalties. O grande desafio aos legisladores era aplicar as disposições da Convenção de Berna no mundo digital.

Para enfrentar essa dificuldade, em 1996 uma conferência promovida pela OMPI adotou o Tratado de Direitos Autorais da OMPI (TDAO), que entrou em vigor seis anos depois. O TDAO delineou a importância da proteção ao copyright para estimular a atividade criadora. Afinal, por que alguém criaria algo se seria copiado e distribuído online como o trabalho de outra pessoa?

A proteção à propriedade e ao conteúdo criativo era extremamente necessária. A Câmara de Comércio dos EUA afirmou em 2018 que a pirataria de vídeos online sozinha custava à economia americana quase 30 bilhões de dólares por ano, além da perda de até 560 mil empregos na indústria de cinema e televisão do país. A lei também protege o desenho industrial. Com as leis de patentes e marcas, ela foi uma arma legal na batalha contra artigos falsificados. O comércio global desses itens já alcançava 509 bilhões de dólares em 2016, segundo a Organização para a Cooperação e Desenvolvimento Econômico (OCDE).

Outras leis de direitos autorais se seguiram, entre elas, nos EUA, a Lei de Direitos Autorais do Milênio Digital (1998), que aumentou as penas para os que violam o copyright na internet, e a Lei da Modernização da Música (2018), que protege os direitos autorais e royalties de artistas cujas músicas são distribuídas por streaming online.

O problema que se mantém, porém, é que os mecanismos legais, embora bem-intencionados, ainda têm dificuldade em policiar os direitos autorais digitais. ∎

Kim Dotcom

Um dos mais descarados exploradores das possibilidades quase infinitas da internet, Kim Dotcom (Kim Schmitz) nasceu em 1974. Após dar golpes lucrativos na Alemanha, ele foi para Hong Kong, onde lançou o site de compartilhamento de arquivos Megaupload em 2005. Em seu auge, o Megaupload pode ter respondido por 4% de todo o tráfego na internet. Qualquer pessoa podia se registrar e fazer uploads. O resultado foi um vasto repositório de arquivos ilegais que podiam ser baixados, com Dotcom lucrando com a enorme renda dos anúncios. Com a entrada de dinheiro, ele comprava carros, casas, aviões e iates. A festa de gastos terminou em 2012 com a detenção de Dotcom na Nova Zelândia, após ser processado nos EUA por violação de copyright, lavagem de dinheiro e outros crimes. Ele negou as acusações. Em março de 2020, ainda estava tentando impedir sua extradição para os EUA.

A MINA TERRESTRE NÃO RECONHECE A PAZ
A CONVENÇÃO SOBRE A PROIBIÇÃO DE MINAS ANTIPESSOAIS (1997)

EM CONTEXTO

FOCO
Controle de armas

ANTES
1992 Tem início a Campanha Internacional para Eliminação de Minas Terrestres (CIEMT).

1995 A Bélgica se torna o primeiro país do mundo a proibir minas antipessoais.

1996 Minas terrestres são provisoriamente proibidas por uma conferência de 75 países em Ottawa, no Canadá.

DEPOIS
1998 O Monitor de Minas Terrestres é formulado pela CIEMT para checar o cumprimento do tratado.

2010 A Convenção sobre Bombas de Fragmentação entra em vigor. Até 2020, 121 países se comprometeram com ela.

2016 Há um aumento de 150% de vítimas de minas antipessoais, na na maior parte devido a conflitos em curso.

No início dos anos 1990, cerca de 110 milhões de minas terrestres antipessoais (MTAS) estavam enterradas no solo em todo o globo. A maior parte foi deixada por conflitos anteriores na África, Oriente Médio e Sudeste Asiático. Detonadas por pessoas ao andar, elas causam ferimentos horríveis ou morte. O número exato de vítimas é desconhecido, mas até 25 mil pessoas foram mortas ou mutiladas a cada ano ao cumprir atividades regulares como pastorear animais ou buscar lenha. Os que pisavam nas minas não eram os únicos a sofrer: seu efeito também era devastador nas famílias que perdiam quem ganhava o pão. Em zonas de conflito ao redor do mundo, essas armas foram utilizadas em tal quantidade porque eram de uso fácil e muito baratas. Por outro lado, livrar-se delas é perigoso e caro. Uma MTA comprada por três dólares pode custar mil para ser removida. Essa era claramente uma crise humanitária urgente e cada vez maior.

O Tratado de Ottawa

Uma solução surgiu com a Convenção sobre a Proibição de Minas Antipessoais (ou Tratado de Ottawa), acordada por 122 países em Ottawa, no Canadá, em dezembro de 1997, e que entrou em vigor em março de 1999. Em 2020, o número de países signatários chegou a 164. Todas essas nações se comprometeram a não produzir nem usar MTAS, a destruir em quatro anos todas as estocadas e a eliminar todos os campos minados "sob sua jurisdição ou controle" em dez anos após a assinatura. O tratado estimulava a cooperação internacional na eliminação de minas e na assistência médica.

A maioria das vítimas (71%) das minas antipessoais são civis. As crianças são metade delas. Um ferimento devastador para um adulto pode muitas vezes ser fatal para uma criança.

O DIREITO NA IDADE MODERNA

Ver também: As Convenções de Genebra 152-155 ▪ A Declaração Universal dos Direitos Humanos 222-229 ▪ A Convenção sobre Armas Químicas 276-277

Armamentos não detonados de todos os tipos são um **legado da Segunda Guerra Mundial**.

→ **Conflitos posteriores**, em especial na África e na Ásia, viram o uso disseminado de **minas terrestres baratas**.

↓

A Rússia, a China e os EUA oferecem **apoio à proibição**, apesar de **se recusarem a assinar o Tratado de Ottawa**. ← **Com o aumento das mortes e lesões**, crescem também os apelos pela **proibição e destruição das minas terrestres**.

↓

Surge um consenso de que a destruição das minas terrestres é um bem humanitário.

Os resultados em geral foram animadores. Até 2014, 70 milhões de MTAS foram removidas e mais de 4 mil quilômetros quadrados de áreas minadas foram limpas. Os números de mortos e feridos caíram em cerca de dois terços, embora ainda se tenham registrado mais de 130 mil vítimas entre 1999 e 2018. E quase vinte civis ainda eram mortos ou feridos todos os dias por minas terrestres e outros dispositivos em 2018.

Não signatários

Trinta e duas nações se recusam a assinar, entre elas EUA, China e Rússia – todos membros permanentes do Conselho de Segurança da ONU. Índia, Irã, Síria e Líbia também são notórios não signatários. As razões para isso variam. Os EUA, por exemplo, não produzem MTAS desde 1997 e doaram quase 2 bilhões de dólares a programas de remoção de minas, mas sempre sustentaram que as MTAS são essenciais para a defesa da Coreia do Sul, ameaçada pela vizinha Coreia do Norte. Em 2014, os EUA se comprometeram a não usar tais armas em nenhum lugar, a não ser para proteger a Coreia do Sul, mas no início de 2020 a administração do presidente Donald Trump revogou a restrição ao uso de MTAS pelo Exército americano, dizendo que a proibição poderia pôr as tropas dos EUA em "grave desvantagem". ■

Os civis não devem ser mortos ou mutilados por armas que atuam de forma cega e insensata.
Associação de Controle de Armas (ACA)

O efeito Diana

Vários ativistas de destaque deram seu apoio à luta contra as MTAS, entre eles o ator britânico Daniel Craig, um defensor da remoção de minas nomeado pela ONU. Mas ninguém influenciou mais a opinião pública que Diana, princesa de Gales. Como patrona do HALO Trust (a maior organização beneficente contra minas do mundo) e convidada da Cruz Vermelha Internacional, ela visitou, em janeiro de 1997, antes do Tratado de Ottawa, um campo minado em Angola, um dentre as centenas de campos minados criados na guerra civil no país. Noticiada em manchetes pelo globo, a identificação de Diana com as vítimas de minas terrestres de Angola e seu apoio público despertaram a indignação mundial, estimulando o apoio à proibição de minas. Em agosto de 1997, três semanas antes de sua morte, ela visitou sobreviventes de minas terrestres na Bósnia e Herzegovina, também com muitos campos minados.

Diana, a princesa de Gales, visita um campo minado em Angola. Seu filho, o príncipe Harry, é hoje o patrono do HALO Trust.

PACIENTES, NÃO CRIMINOSOS
A ESTRATÉGIA PORTUGUESA CONTRA AS DROGAS (2000)

EM CONTEXTO

FOCO
Descriminalização do uso de drogas

ANTES
1868 Conforme a Lei de Farmácia do Reino Unido, só farmacêuticos qualificados podem comprar e vender venenos e drogas perigosas.

1912 A Convenção Internacional do Ópio, o primeiro tratado de controle de drogas, é pactuada. Ela entra globalmente em vigor em 1919.

1971 Nixon defende uma "guerra aos tóxicos" para combater o aumento do abuso de drogas.

DEPOIS
2012 Washington e Colorado são os primeiros estados dos EUA a descriminalizar o uso pessoal de maconha.

2014 A OMS defende que o uso de drogas seja descriminalizado.

2019 31 estados dos EUA endossam a descriminalização do uso de drogas.

Em 2000, Portugal aprovou leis para descriminalizar o uso de drogas antes ilegais, como a heroína e a cocaína. O objetivo era lidar com o crescente problema da dependência tratando e não punindo os usuários de drogas – uma mudança radical numa nação famosa pelo conservadorismo.

Nos anos 1800, quando os níveis de dependência do ópio subiram, o Ocidente passou a ver o uso de drogas com mais rigor. Embora em 1839 e 1856 tivesse guerreado com a China para proteger o lucrativo comércio de ópio, o Reino Unido foi o primeiro país (em 1868) a aprovar uma lei moderna que restringia a venda de drogas e venenos. No século XX, apesar de uma série de tratados internacionais de controle de drogas e leis nacionais cada vez mais duras, que criminalizavam o uso e o tráfico, ambos continuaram a proliferar mundo afora.

Lidando com o problema

Sob o regime autoritário de António de Oliveira Salazar, seu primeiro-ministro de 1932 a 1968, Portugal não experimentou a explosão no uso de drogas vivida em outros países nos anos 1960. Em 1974, três anos após sua morte, o regime colapsou numa revolução pacífica que abriu a fronteira para o comércio internacional, e a maconha e a heroína invadiram o país.

De início Portugal reagiu de modo enérgico, punindo usuários e traficantes, com pouco efeito. Em 1983, porém, uma nova lei deu aos usuários a opção de aceitar tratamento, suspendendo a punição criminal. Em 1987, foi aberto em Lisboa o Centro Taipas, financiado pelo Ministério da Saúde e liderado pelo ativista da saúde doutor João Castel-Branco Goulão, como modelo para outros centros de tratamento no país. Como o uso de drogas continuou a subir, um relatório governamental de 1998 defendeu uma estratégia abrangente sobre drogas, concebida

Não há correlação entre a rigidez das leis e a incidência do consumo de drogas.
The Economist
Editorial, 5 de maio de 2009

O DIREITO NA IDADE MODERNA   291

Ver também: As Leis dos Pobres 88-91 ▪ A Interpol 220-221 ▪ Eutanásia 296-297 ▪ A Convenção Internacional contra o Doping nos Esportes 304

por Goulão, com foco no apoio aos usuários em vez da criminalização. A Lei 30, que estabeleceu a estrutura para o tratamento de usuários de drogas, promovendo seu bem-estar, foi aprovada no ano 2000 e entrou em vigor em julho de 2001.

A lei descriminalizou o uso de drogas, mas não o legalizou. O uso continua a ser uma violação administrativa em Portugal, e a distribuição e a venda de drogas ainda são crimes graves. Mas a posse e o uso são vistos como um problema de saúde pública, não um crime. Quem for apanhado com quantidade menor de drogas que o consumo de dez dias é levado a uma comissão local e encaminhado a psiquiatras, profissionais de saúde e conselheiros – não à polícia.

Entre 1999 e 2003, conforme mais centros de tratamento eram abertos, as mortes relacionadas a drogas passaram à metade, as taxas de infecção por HIV/AIDS com agulhas contaminadas caíram drasticamente e muito menos adolescentes usavam drogas pesadas. A tendência vem se mantendo em grande parte. Apesar de um pequeno pico de mortes induzidas por drogas em 2015, a média de Portugal permaneceu abaixo das de outros países europeus.

Mortes induzidas por drogas por milhão de habitantes:
Mais de 40 ▪ 10-40 ▪ Menos de 10 ▪ Dados não disponíveis

Lista dos países:
1. Portugal
2. Espanha
3. Irlanda
4. Reino Unido
5. França
6. Bélgica
7. Luxemburgo
8. Países Baixos
9. Itália
10. Alemanha
11. Dinamarca
12. Noruega
13. Croácia
14. Eslovênia
15. Áustria
16. República Tcheca
17. Hungria
18. Eslováquia
19. Polônia
20. Suécia
21. Grécia
22. Bulgária
23. Romênia
24. Lituânia
25. Letônia
26. Estônia
27. Finlândia
28. Turquia

© EMCDDA, 1995-2019

As mortes induzidas por drogas – por overdose e envenenamento diretamente atribuídos ao consumo de drogas ilegais – eram em média de 22,6 por milhão de pessoas na Europa e Turquia em 2017. Portugal tinha só quatro mortes desse tipo por milhão de habitantes. Das 8.238 mortes registradas, 34% ocorreram no Reino Unido.

Um exemplo a seguir

Os Países Baixos, a Alemanha, a Itália, a República Tcheca e a Espanha descriminalizaram algumas drogas por atos legislativos ou na prática no ano 2000, e a Estônia, a Croácia, a Polônia e a Suíça seguiram o exemplo. Portugal, porém, foi o primeiro país europeu a descriminalizar todas as drogas, e verificou uma queda mais drástica em mortes relacionadas a drogas que qualquer desses países. A estratégia bem-sucedida portuguesa parece se dever à sua decisão de apoiar a descriminalização do uso de todas as drogas com iniciativas como centros de acolhimento, esquemas de troca de seringas e programas de substituição de opioides. Remover as sanções criminais ao uso de drogas liberou recursos para tratar usuários e perseguir revendedores e traficantes.

Globalmente, mais de vinte nações têm hoje algum tipo de lei de descriminalização do uso de drogas, assim como as Ilhas Virgens, dezoito estados americanos e três australianos. Em 2019, representantes de 31 agências da ONU endossaram a descriminalização da posse e uso de drogas. Embora a criminalização ainda seja mais comum, cada vez mais países reconhecem agora que, como Portugal, é preciso encontrar uma solução melhor. ∎

Usuários de drogas portugueses recebem as doses diárias de metadona da van de tratamento em Lisboa. Duas vans funcionavam todo dia, atendendo cerca de 1.200 pessoas por ano.

O CASAMENTO DEVERIA SER ABERTO A TODOS
CASAMENTO HOMOAFETIVO (2000)

EM CONTEXTO

FOCO
Direitos civis

ANTES
1791 A França revolucionária legaliza a homossexualidade.

1969 A rebelião de Stonewall, em Nova York, põe em foco a causa homossexual.

1996 A Lei de Defesa do Casamento permite que estados dos EUA não reconheçam casamentos homoafetivos.

DEPOIS
2004 O Reino Unido aprova a Lei da Parceria Civil.

2015 A Suprema Corte dos EUA sustenta o direito ao casamento homoafetivo em todo o país.

2017 Expurgos anti-homossexuais são lançados na república russa da Chechênia.

2019 O ministro iraniano de Assuntos Estrangeiros defende a execução de homossexuais.

Com enorme publicidade, que incluiu cobertura ao vivo pela TV, os primeiros casamentos homoafetivos legais do mundo ocorreram nos Países Baixos em 1º de abril de 2001, após a sua legalização em 2000. Os casamentos de quatro casais – três masculinos, um feminino – demonstraram a aceitação histórica dos direitos de gays por um dos países mais tolerantes do mundo.

A campanha pelo reconhecimento legal de parcerias homoafetivas atingiu um marco em 1989, quando a Dinamarca se tornou o primeiro país a introduzir as uniões civis. Uma união civil confere direitos similares ou idênticos aos do casamento em áreas

O DIREITO NA IDADE MODERNA

Ver também: A Lei da Representação do Povo 188-189 ▪ A Declaração Universal dos Direitos Humanos 222-229 ▪ A Lei dos Direitos Civis 248-253 ▪ O Pacto Internacional sobre Direitos Civis e Políticos 256-257 ▪ Roe *vs.* Wade 260-263

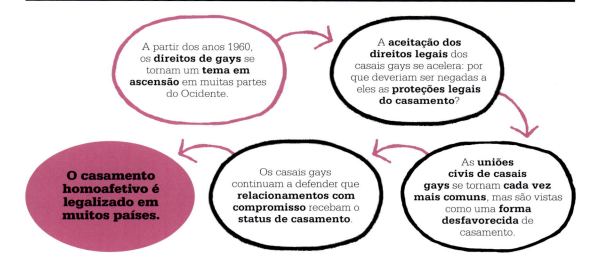

A partir dos anos 1960, os **direitos de gays** se tornam um **tema em ascensão** em muitas partes do Ocidente.

A **aceitação dos direitos legais** dos casais gays se acelera: por que deveriam ser negadas a eles as **proteções legais do casamento**?

As **uniões civis de casais gays** se tornam **cada vez mais comuns**, mas são vistas como uma **forma desfavorecida** de casamento.

Os casais gays continuam a defender que **relacionamentos com compromisso** recebam o status de casamento.

O casamento homoafetivo é legalizado em muitos países.

como benefícios fiscais, pensões e herança, embora as leis variem de país a país, em especial no caso de adoção de crianças. Mas uma união civil não tem o que se poderia chamar de status espiritual do casamento – sua essência de compromisso profundo –, ou seja, a cerimônia não pode ter nenhum elemento religioso e votos não são trocados. Assinalando várias diferenças cerimoniais, legais e constitucionais entre as uniões civis e os casamentos, ativistas por direitos iguais destacaram que impor um arranjo separado para casais do mesmo sexo era inferiorizá-los. A distinção foi criticada como "separados, mas iguais" – uma referência à doutrina do direito constitucional dos EUA evocada no século XIX para justificar a segregação racial.

Mudanças culturais

A luta pelos direitos de homossexuais se acelerou nos anos 1960, e o preconceito contra a homossexualidade é cada vez mais visto como uma forma de abuso – tão descabido quanto contraproducente. O argumento de que a união civil implica um status inferior ao do casamento ganhou espaço, e o casamento homoafetivo se tornou um indicador de avanço e tolerância cultural. Aos poucos, outras nações seguiram o exemplo dos Países Baixos; em 2020, 29 países já tinham legalizado o casamento gay. Porém, a aceitação do que é conhecido como direitos LGBTQ (de lésbicas, gays, bissexuais e transgêneros) é um

O casamento deveria ser entre cônjuge e cônjuge, não entre gênero e gênero.
Hendrik Hertzberg
Jornalista americano (1943-)

fenômeno quase exclusivamente ocidental. Dos 29 países em que o casamento homoafetivo é legal, dezesseis estão na Europa, sete na América Latina, dois na América do Norte, dois na Australásia, um na África e um na Ásia. Na vasta maioria do mundo, o casamento gay – e a homossexualidade – continua ilegal.

Mesmo na Europa, há uma clara divisão de atitudes, em especial nas linhas leste-oeste. Pesquisas de opinião mostraram em 2019 que França, Alemanha, Bélgica, Países Baixos, Reino Unido, Itália, Espanha, Portugal e os países nórdicos são decididamente favoráveis ao casamento homoafetivo, enquanto Grécia, Hungria, Romênia, Bulgária, Polônia, Letônia, Lituânia e Eslováquia são firmemente contrários – apesar da decisão da UE, em 2018, de que casamentos homoafetivos realizados num país do bloco deviam ser reconhecidos naqueles em que eles não são legais. A Rússia também se opõe em especial aos direitos dos gays, » apesar das leis que descriminalizaram a homossexualidade em 1993.

América do Norte

O tema dos direitos de gays também se mostrou profundamente polêmico nos EUA. No Canadá, a homossexualidade foi descriminalizada em 1969 e os casamentos homoafetivos se tornaram legais em 2005, mas nos EUA a questão expôs uma fratura cultural. O país se tornou ao mesmo tempo uma incubadora do ativismo pelos direitos de gays e um bastião dos valores tradicionais, com alguns decididos a tornar a homossexualidade ilegal, como um crime contra Deus e o próprio país. Em 1962, a homossexualidade – definida por lei como sodomia – era ilegal em todo o EUA a não ser Illinois. Em 2003, ainda era ilegal em treze estados; em Idaho, implicava sentença de prisão perpétua. Os ativistas americanos de direitos de gays, fossem da Califórnia, fossem de Nova York, enfrentavam os implacáveis estados centrais.

Precedentes legais

O casamento homoafetivo era um campo minado peculiarmente sensível nos EUA. Já em 1971, a Suprema Corte tinha se recusado a decidir a matéria, rejeitando-a "por falta de uma questão federal substancial". Casos posteriores foram também pouco esclarecedores, mas um momento decisivo pareceu ser alcançado em 1996, com a aprovação da Lei de Defesa do Casamento (LDC). Ela foi o produto de uma série de ações de iniciativa estadual que coletivamente deixaram claro que qualquer estado dos EUA tinha o direito a "não reconhecer casamentos homoafetivos". Mesmo enquanto assinava a lei, o presidente dos EUA, Bill Clinton, descreveu a LDC como "divisora e desnecessária". Duas outras decisões

O primeiro casal de mesmo sexo a se casar legalmente nos EUA, Marcia Kadish (esq.) e Tanya McCloskey, trocou alianças na prefeitura de Cambridge, em Massachusetts, em 17 de maio de 2004.

da Suprema Corte trouxeram mais clareza ao tema. Em 2013, em EUA *vs.* Windsor, o tribunal decretou que grande parte da LDC era inconstitucional. Aos estados que já tinham declarado o casamento homoafetivo legal (Massachusetts foi o primeiro), juntaram-se muitos outros. Em 2015, em Obergefell *vs.* Hodges, a

---

Roy Jenkins, ministro britânico em 1967, defendeu a Lei de Crimes Sexuais como parte das reformas da que chamou de "sociedade civilizada".

A Lei de Crimes Sexuais

Em 1885, o Parlamento do Reino Unido aprovou uma Lei de Alterações ao Direito Penal que tornava ilegal a homossexualidade entre homens. Mas em meados dos anos 1950, apesar do contínuo preconceito social, havia uma crescente percepção de que a criminalização era um anacronismo. O Relatório Wolfenden, de 1957 afirmou que o que adultos faziam na vida privada "não era assunto do direito". Porém, o relatório foi abandonado por receio de indignação pública. Só em meados dos anos 1960 uma iniciativa transpartidária foi lançada para descriminalizar a homossexualidade. Em 1967, a reforma se tornou legal, com a aprovação da Lei de Crimes Sexuais. Sintomaticamente, porém, a idade de consentimento homossexual foi fixada em 21 anos. Só em 2000 foi baixada para dezesseis, como a do heterossexual. A lei se aplicava só à Inglaterra e ao País de Gales. A homossexualidade afinal se tornou legal na Escócia, em 1981, e na Irlanda do Norte, em 1982.

Suprema Corte, citando a 14ª Emenda, obrigou todos os estados a realizar e reconhecer casamentos homoafetivos. De uma só vez, o casamento gay, com todos os direitos e obrigações legais usufruídos e conferidos no casamento heterossexual, se tornou um fato. Foi uma mudança fundamental. Em 1996, só 27% dos americanos eram favoráveis ao casamento homoafetivo; em 2019, eram 61%.

Objeções religiosas
Embora as atitudes progressistas em relação aos direitos de gays e ao casamento homoafetivo parecessem representar uma nova norma no Ocidente, havia pontos fora da curva. Em 2005, o papa João Paulo II, em outros aspectos um notável defensor de liberdades humanas, afirmou que os casamentos homossexuais eram parte de "uma nova ideologia do mal […] insidiosamente ameaçando a sociedade". "Atos homossexuais", ele declarou em 2000, "vão contra a lei natural".

A doutrina católica encontrou seu aliado mais disposto no mundo muçulmano. Em 2019, o Irã pode ter sido radical ao ainda declarar a homossexualidade punível com morte, mas na maioria dos países muçulmanos ela permaneceu ilegal. A extensão com que as pessoas gays eram perseguidas variou ao longo do mundo islâmico, mas o ponto essencial era o mesmo: a homossexualidade era um desvio da *sharia*. As perseguições a homossexuais na Chechênia a partir de 2017 não deixaram de representar a presunção de que a homossexualidade é uma perversão.

Em grande parte da África e da Ásia, a homossexualidade continuou

O casamento como a união de um homem e uma mulher que só envolve a reprodução e a criação de filhos no contexto da família é tão velho quanto o Gênesis.
Suprema Corte de Minnesota

a ser tabu. Ela foi descriminalizada na China em 1997, mas na Índia só em 2018. Em ambos os casos, quase nenhum outro direito civil foi estendido. A África do Sul é o único país africano a ter legalizado o casamento homoafetivo (em 2006), enquanto Taiwan é o único país da Ásia a ter feito isso (em 2019).

Direitos dos trans
Desde pelo menos 2000, muitos no Ocidente abraçaram também a causa dos direitos dos transgêneros: que o gênero biológico de uma pessoa é menos importante que sua identificação com qualquer gênero. Um macho biológico pode se identificar como fêmea, e vice-versa. A ideia repousa na crença de que as sociedades forçam muito rapidamente os meninos e meninas a assumir papéis predeterminados com base no gênero, o que gera alienação e confusão para alguns. Mas o conceito deixa o restante do mundo perplexo, e alguns pensaram que isso era levar a agenda sexual liberal longe demais. Certos defensores mais firmes dos direitos das mulheres até traçaram um limite: em 2015, Germaine Greer, autora de *A mulher eunuco*, disse que em sua opinião as mulheres transgênero "não eram mulheres".

Valores humanos
Uma verdade central se mantém. Ainda que a defesa dos direitos dos não heterossexuais seja quase só ocidental, o princípio que a norteou foi a proteção de valores que dão forma à humanidade como um todo. Todo ser humano tem o direito de ser considerado em seus próprios termos. A sexualidade não pode ser descartada; ela continua a ser um fundamento da existência humana. Mas não é o guia para a moralidade de ninguém. ∎

Manifestantes celebram do lado de fora da Suprema Corte dos EUA em 26 de junho de 2015 – dia em que o tribunal legalizou o casamento homoafetivo em todo o país.

A COMPAIXÃO NÃO É UM CRIME
EUTANÁSIA (2001)

EM CONTEXTO

FOCO
Direito penal

ANTES
1997 O Oregon se torna o primeiro estado dos EUA a legalizar o suicídio assistido.

1998 A Dignitas, primeira provedora de eutanásia do mundo, abre na Suíça.

DEPOIS
2002 A Bélgica segue os holandeses, legalizando a eutanásia e o suicídio assistido.

2005 A Lei Leonetti, na França, permite limitar o tratamento de pacientes terminais.

2017 A Bélgica registra 2.309 mortes legais por eutanásia – duas delas de menores.

2019 A mais alta corte da Itália decide que o suicídio assistido nem sempre é crime.

2019 No polêmico caso de Vincent Lambert, o tribunal francês decide que o suporte à sua vida pode ser desligado.

A eutanásia se mantém como uma das mais polêmicas questões do século XXI. Muitos perguntam se tirar uma vida humana deliberadamente pode de algum modo ser justificado. A ética médica visa preservar a vida humana, não tirá-la, e quase todas as religiões se opõem de modo similar às assim chamadas mortes misericordiosas. Também há o receio de que a eutanásia legalizada possa levar a sancionar o assassinato dos mais velhos, dos deficientes e dos vulneráveis sem seu consentimento. Por outro lado, há circunstâncias de tamanho sofrimento irremediável em que estender a vida equivale a uma forma de tortura.

Rejeite a tentação [...] de usar a medicina para amparar um possível desejo do paciente de morrer.
Papa Francisco, 2019

No centro desse debate está a ciência médica moderna, que pode sustentar a vida mas nem sempre pode impedir o sofrimento dos que mantém vivos. Para pacientes que só esperam o fim de sua agonia, por que seu desejo pelo direito de morrer deveria ser desrespeitado devido aos escrúpulos de outros? A questão fica ainda mais aguda quando os meios para uma morte indolor, administrada medicamente, estão tão prontamente disponíveis.

Esclarecendo o debate

Definições são essenciais para entender a questão. A eutanásia ocorre quando um médico é legalmente capaz de provocar a morte de um paciente que sofre de uma doença incurável ou terminal. Ela se subdivide em eutanásia voluntária, realizada com anuência do paciente, e não voluntária, em que o paciente é mantido vivo artificialmente com suporte à vida e é incapaz de dar seu consentimento, de modo que uma terceira parte, invariavelmente um familiar próximo, é responsável por isso.

A eutanásia pode ser ativa – realizada por um médico, por meio de uma injeção – ou passiva, em que medicamentos que sustentam a vida são suspensos. Este último caso não deve ser confundido com a sedação

O DIREITO NA IDADE MODERNA

Ver também: A Declaração Universal dos Direitos Humanos 222-229 ▪ A Convenção Europeia de Direitos Humanos 230-233 ▪ Roe *vs.* Wade 260-263 ▪ A Emenda Dickey-Wicker 284

paliativa, em que pacientes terminais são mantidos sedados até morrer. Em contraste com a eutanásia, o suicídio assistido (às vezes chamado suicídio assistido por médico ou morte assistida) significa oferecer deliberadamente ajuda a alguém que quer se matar – por exemplo, quando um médico dá drogas letais ao paciente para que ele as tome. Alguns veem o termo "morte assistida" como algo diverso, especificando que o paciente deve ter uma doença terminal e estar nos últimos seis meses de vida, mas na prática as duas expressões tendem a ser usadas de modo intercambiável.

Movimentos pela legalização

A opinião no Ocidente vem começando a tender em favor da eutanásia. Os Países Baixos foram o primeiro país a legalizá-la, em 2001, com entrada em vigor em 2002, seguidos da Bélgica em 2002 e de Luxemburgo e Colômbia em 2020. O suicídio assistido foi legalizado no Canadá em 2016, em nove estados dos EUA e em Washington, DC, entre 1997 e 2020, e nos estados australianos de Victoria e Austrália Ocidental em 2019. Os Países Baixos, Bélgica e Luxemburgo legalizaram o suicídio assistido ao mesmo tempo que a eutanásia. Embora a eutanásia seja proibida na Suíça, o país permite o suicídio assistido desde 1942 e é o único a oferecê-lo a estrangeiros. Em cada um dos países em que é legal, as circunstâncias permitidas variam muito, como a condição do paciente e a idade requerida. Em 2014, por exemplo, a Bélgica revogou todas as restrições de idade.

Outras diretrizes

Em todos os casos, normas legais estritas foram implementadas. Na

O escritor britânico Terry Pratchett, mais famoso por seus romances de fantasia, como a série *Discworld*, se tornou um defensor da morte assistida após ser diagnosticado com Alzheimer.

Bélgica, por exemplo, que permite a eutanásia e o suicídio assistido, o paciente precisa ser portador de "doença incurável", estar "consciente e apto" e preencher um requerimento. Se a morte não é iminente, deve haver uma segunda opinião médica que confirme a decisão original em favor da eutanásia, e a espera de pelo menos um mês entre o pedido formal e o próprio ato. Quase exatamente as mesmas condições se aplicam nos Países Baixos.

Opinião pública

A eutanásia continua ilegal na maioria dos países ocidentais, mas no Reino Unido, em que também é um crime, pesquisas de opinião pública em 2019 mostraram uma mudança em apoio ao procedimento de 84%. A opinião médica, porém, continua dividida quanto aos meios legais para interromper a vida dos que sofrem dor intolerável. ▪

Se um adulto que está sofrendo e morrendo pede a eutanásia, por que outros teriam o direito de negá-la a ele?
Carmenza Ochoa
Fundação do Direito a uma Morte Digna, 2015

Fabiano Antoniani

Quase nenhum caso destacou tão bem os argumentos sobre o suicídio assistido quanto o do DJ e produtor musical italiano Fabiano Antoniani. Em 2014, uma batida de carro o deixou tetraplégico e cego – em essência, fisicamente incapaz, mas ainda mentalmente ativo. Seu caso foi defendido pelo principal ativista do suicídio assistido na Itália, Marco Cappato. Em 2017, Cappato conseguiu que Antoniani fosse levado à Suíça, onde, em 27 de fevereiro, aos quarenta anos, ele morreu por suicídio assistido. Cappato foi então acusado de cumplicidade na morte de Antoniani, o que poderia levá-lo a doze anos de prisão. Em setembro de 2019, a mais alta corte italiana o inocentou, dizendo que, em certas circunstâncias, alguém que "facilite a intenção suicida [...] de um paciente mantido vivo por tratamentos de suporte à vida e sofrendo de uma patologia irreversível" não deveria ser punido.

A CAUSA DE TODA A HUMANIDADE

O TRIBUNAL PENAL INTERNACIONAL (2002)

O TRIBUNAL PENAL INTERNACIONAL

EM CONTEXTO

FOCO
Direito internacional

ANTES
1950 A Quarta Convenção de Genebra se torna a base do direito humanitário global.

1998 O Estatuto de Roma cria o Tribunal Penal Internacional (TPI).

DEPOIS
2005 O TPI emite o primeiro indiciamento, contra três comandantes rebeldes ugandenses, por crimes de guerra e contra a humanidade.

2009 Começa o julgamento de Thomas Lubanga, um guerrilheiro da República Democrática do Congo. Ele é depois sentenciado por crimes de guerra, na primeira condenação do TPI.

2019 O TPI autoriza uma investigação de supostos crimes contra a humanidade em Myanmar.

O logotipo do TPI é claramente visível num vidro em frente à sua primeira sede permanente, em Haia, nos Países Baixos, onde o tribunal foi instalado em 2015.

A ideia de um tribunal internacional para julgar crimes de guerra remonta ao período pós-Primeira Guerra Mundial e a discussões sobre levar o cáiser Guilherme a juízo por ter iniciado o conflito. Só após a Segunda Guerra Mundial, porém, foi criado o primeiro tribunal penal internacional do mundo. Os tribunais de Nuremberg e de Tóquio processaram os principais líderes políticos e militares da Alemanha e do Japão por atos de suas tropas durante a guerra, pelo Holocausto e por sua responsabilidade pelo início da guerra. Mas esses tribunais não eram permanentes e, após terem proferido suas sentenças, deixaram de funcionar.

Durante a Guerra Fria, as tensões entre a União Soviética (URSS) e os EUA redundaram em falta de consenso na ONU quanto à abordagem de crimes internacionais. Só após esse período, a ideia de uma corte penal internacional permanente foi analisada, em 1991. A eclosão de guerras civis na antiga Iugoslávia e em Ruanda, em que crimes horrendos foram cometidos, levou à criação de tribunais de crimes de guerra (1993-2017 no caso da Iugoslávia, 1994-2015 no de Ruanda) para tratar desses conflitos específicos. No fim dos anos 1990, a Assembleia Geral da ONU realizou uma série de reuniões para formar um novo tribunal internacional. No encontro final, em Roma, na Itália, em 1998, um tratado conhecido como Estatuto de Roma do Tribunal Penal Internacional foi acordado e, em 2019, tinha 123 signatários. O Tribunal Penal Internacional (TPI) foi instalado em Haia, nos Países Baixos, em 2002 e emitiu os primeiros indiciamentos em 2005.

O TPI lida com quatro tipos de crimes internacionais, todos considerados no Estatuto de Roma: crimes de guerra, crimes contra a humanidade, genocídio e o crime de agressão. O Estatuto de Roma também esclarece como os julgamentos do TPI devem ser conduzidos, os direitos dos réus nesses julgamentos e outros aspectos de administração do tribunal.

Crimes internacionais

Os crimes de guerra se relacionam à conduta em confrontos armados tanto entre Estados quanto em situações em que grupos armados organizados de rebeldes combatem o governo de um Estado. O conceito de crimes de guerra se originou nas Convenções de Haia de 1899 e 1907, relacionado aos métodos de guerra permitidos, e foi depois desenvolvido

O DIREITO NA IDADE MODERNA

Ver também: As Convenções de Genebra 152-155 ▪ As Convenções de Haia 174-177 ▪ Os julgamentos de Nuremberg 202-209 ▪ A Convenção sobre o Genocídio 210-211 ▪ As Nações Unidas e a Corte Internacional de Justiça 212-219

nas Convenções de Genebra, que regulam não só o modo com que os exércitos lutam e outras questões relativas a conflitos como o tratamento dado a prisioneiros de guerra. A guerra pode envolver mortes, mas participar de atos como ordenar que tropas matem soldados inimigos que estão fugindo ou se rendendo – como o comandante ruandês Bosco Ntaganda fez no leste do Congo – é um crime de guerra.

Em 2016, o TPI condenou Ahmad al-Mahdi pelo crime de guerra de intencionalmente visar locais religiosos e culturais em Tombuctu durante a luta entre insurgentes e forças governamentais no Mali.

Os crimes contra a humanidade diferem dos crimes de guerra porque atingem civis, não soldados. Assassinato, escravização, tortura, deportação e várias outras práticas são consideradas crimes contra a humanidade se são cometidos num ataque armado organizado contra uma população civil e se o comandante do grupo atacante tinha conhecimento, ou deveria ter, desse ataque. A violência sexual e a

Desde 2016, mais de um milhão de rohingyas do oeste de Myanmar foram forçados a sair de seu país no que a ONU chamou de ato de limpeza étnica.

punição de civis são classificadas como crimes contra a humanidade.

Tanto no Quênia (2007-2008) quanto na Costa do Marfim (2010--2011), a violência organizado em campanhas eleitorais – inclusive multidões matando rivais políticos e espancando apoiadores da oposição – foi considerada crime contra a humanidade. Antes de sua morte, em 2011, o TPI estava investigando o coronel Muammar Gaddafi por ter ordenado uma retaliação armada contra manifestantes. Em 2019, o TPI concordou em abrir uma investigação para decidir se a deportação forçada do povo rohingya, do norte de Myanmar, é um crime contra a humanidade.

O genocídio é a tentativa de destruir o conjunto ou parte de um grupo étnico ou religioso. Foi originalmente codificado na Convenção sobre o Genocídio, de 1948. Pessoas foram processadas por genocídio nos tribunais especiais de Ruanda e da antiga Iugoslávia. O TPI só acusou uma pessoa de genocídio até hoje – o ex-presidente sudanês Omar al-Bashir, em 2010.

O crime de agressão é o uso de força armada por um Estado contra a "soberania, integridade territorial ou independência política" de outro. Diversamente dos demais crimes, a agressão trata do processo de iniciar guerras. Não constava na redação original do Estatuto de Roma, mas em 2010 ele foi alterado para incluí-la, com sua ativação em 2017, quando um número suficiente de Estados concordou com a definição.

Quem o TPI pode processar
Como não tem a capacidade de processar todos os crimes internacionais, o TPI se concentra nos casos mais graves e nos que têm o que chama de "responsabilidade superior". O artigo 28 do Estatuto de Roma torna o comandante militar responsável pelos crimes dos soldados sob seu comando, e os líderes políticos pelo controle da polícia e do Exército de seu país. Quando um país assina o TPI, espera-se que incorpore todas as definições de crimes internacionais do Estatuto de Roma em sua legislação doméstica. As pessoas »

A jurisdição do tribunal deve se restringir aos crimes mais graves de importância para a comunidade internacional como um todo.
Artigo 1º do Estatuto de Roma do TPI, 1998

Sempre podemos fazer mais. Sempre podemos fazer melhor. E não deveríamos descansar enquanto houver um criminoso que não responda por seus crimes.
Juiz Song Sang-Hyun
Ex-presidente do TPI (1941-)

O TRIBUNAL PENAL INTERNACIONAL

Se um crime que pode ser julgado pelo TPI é cometido, há três modos de submeter o caso:

- **O governo** do país em que o crime é cometido **submete o caso ao TPI** para julgamento.

- **O promotor do TPI** pode autorizar uma investigação sobre a situação num **país signatário** desse tribunal.

- **O Conselho de Segurança da ONU** instrui o TPI a **investigar o caso**.

que cometem crimes internacionais podem então ser processadas em seu próprio país. O TPI só processa alguém quando um país não quer ou é incapaz de fazê-lo. Isso é chamado de princípio de complementaridade, mas tem sido criticado e distorcido, já que é mais fácil para países ricos e com sistemas jurídicos mais desenvolvidos e estáveis instaurar processos judiciais que para aqueles em que, por exemplo, o sistema jurídico pode ter desmoronado.

O presidente do Quênia, Uhuru Kenyatta, foi acusado de crimes contra a humanidade relativos a eventos violentos após as eleições no país em 2007 e foi chamado ao TPI três anos depois. Ele era um de seis suspeitos de instigar os atos violentos, mas as acusações contra ele caíram depois por falta de provas. Em 2009, o TPI emitiu um mandado de prisão para Omar al-Bashir, então presidente do Sudão, por crimes contra a humanidade, crimes de guerra e genocídio na região de Darfur, no Sudão. Ele foi o primeiro chefe de Estado a ser indiciado pelo TPI. O tribunal seguiu o princípio de que mesmo chefes de Estado não podem esperar imunidade legal a processos no contexto de acusações tão graves.

Críticas ao TPI

Até hoje, EUA, Rússia e China se recusaram a aderir ao TPI. Como esses países são membros permanentes do Conselho de Segurança da ONU, não há um modo efetivo de processar nenhum crime cometido por eles em seu próprio território, pois podem simplesmente vetar qualquer resolução do Conselho de Segurança que envolva o TPI. Porém, essa evasão não se aplica a alegados crimes que cometam em território de um membro do TPI. Tanto o Reino Unido quanto a França são membros permanentes do Conselho de Segurança da ONU e do TPI. Em meados dos anos 2000, o TPI realizou uma investigação sobre a conduta das forças britânicas no Iraque, mas ao final não houve indiciamento. O TPI recentemente tentou ampliar seu

O presidente sudanês Omar al-Bashir (no centro, levantando a bengala) foi acusado de instigar o genocídio de Darfur, o primeiro do século XXI, em que até 400 mil pessoas morreram.

O DIREITO NA IDADE MODERNA

> **Sem hesitar. Para Haia.**
> Políticos quenianos
> Em referência aos casos de violência eleitoral, 2007

alcance decidindo que pode apreciar casos relativos a países que não são signatários do TPI caso se refiram a refugiados que escaparam de uma nação não signatária para uma signatária. Em 2019, advogados abriram um processo em nome de refugiados sírios (a Síria não assinou o Estatuto de Roma) que fugiram para a Jordânia (que assinou).

A maioria dos casos que chegam ao TPI são da África, o que levou o tribunal a ser criticado como uma instituição neocolonial e alguns países a ameaçarem abandoná-lo. Outras nações tentaram se retirar, em protesto contra o início de uma investigação do TPI em seu território. Em 2018, quando o TPI começou a investigar o governo das Filipinas por crimes contra a humanidade cometidos em sua "guerra contra as drogas", o país deixou oficialmente o tribunal.

Só um punhado de pessoas estão cumprindo sentenças devido a condenações pelo TPI. William Schabas, professor canadense de direito penal internacional, descreveu o progresso do TPI como "glacial" nos primeiros anos. Mesmo quando os casos resultaram em condenação, houve algumas apelações de pessoas influentes. Em 2016, Jean-Pierre Bemba Gombo, ex-vice-presidente da República Democrática do Congo, foi condenado por crimes de guerra e crimes contra a humanidade quando se descobriu que a milícia que comandava realizou massacres na República Centro-Africana em 2003. Ele recorreu, e a condenação foi depois anulada devido a erros de processo em seu julgamento.

Apesar dessas críticas, o TPI continua a ser um fórum importante para a investigação de algumas das atrocidades mais mortais que ocorrem ao redor do mundo. ■

Em 2016, o TPI condenou o ex-vice-presidente congolês Jean-Pierre Bemba Gombo por assassinato, estupro e pilhagem. Porém, a sentença foi anulada em 2018.

> É preciso haver justiça. É preciso haver equidade.
> **Fatou Bensouda**
> Ex-promotora-chefe do TPI

Fatou Bensouda

Advogada e ex-ministra da Justiça gambiana, Fatou Bom Bensouda nasceu em 1961 e foi promotora do TPI de 2012 a 2021. Como tal, ela era responsável por tomar decisões sobre quais suspeitos investigar e depois quais processar por crimes internacionais. O escritório da promotoria é independente do tribunal, então, para iniciar uma investigação, o promotor precisa pedir permissão a um painel de juízes no TPI.

Durante seu período no cargo, Bensouda ampliou o foco do TPI, lançando investigações sobre possíveis crimes de guerra no Afeganistão, em Israel, em Myanmar e em Bangladesh. Ela também tentou aumentar o número de processos por estupro e exploração de mulheres em conflitos armados.

O DOPING DESTRÓI O JOGO JUSTO
A CONVENÇÃO INTERNACIONAL CONTRA O DOPING NOS ESPORTES (2005)

EM CONTEXTO

FOCO
Direito esportivo

ANTES
1960 O ciclista dinamarquês Knud Jensen morre nas Olimpíadas de Roma; descobre-se depois que ele tinha tomado anfetaminas.

1966 O ciclismo e o futebol introduzem testes obrigatórios nos campeonatos mundiais.

1972 O teste de drogas é usado nas Olimpíadas de Verão.

1988 O abuso de drogas é revelado no Tour de France.

DEPOIS
2009 O Passaporte Biológico do Atleta é introduzido, e os testes de drogas são registrados eletronicamente.

2016 O Relatório McLaren afirma que mais de mil atletas russos se envolveram em doping promovido pelo Estado entre 2011 e 2015.

2018 A Rússia é banida das Olimpíadas de Inverno.

O uso de drogas que melhoram o desempenho no esporte era disseminado bem antes da adoção da convenção contra o doping pela Organização das Nações Unidas para a Educação, a Ciência e a Cultura (Unesco), em outubro de 2005. Em 1967, o Comitê Olímpico Internacional (COI) publicou uma lista de substâncias proibidas, e em 1988 o velocista canadense Ben Johnson perdeu sua medalha de ouro das Olimpíadas de Seul após testar positivo para anabolizantes.

A escala do problema era tal que,

Marion Jones (centro) ganhou três medalhas de ouro e duas de bronze para os EUA nas Olimpíadas de 2000. De início ela negou o doping, mas sete anos depois admitiu o uso de esteroides.

no início do século XXI, considerou-se necessário invocar a autoridade legal das Nações Unidas para tratar dele. Como a Unesco considerava o esporte "uma ferramenta educacional", ela assumiu esse papel. Uma convenção foi ratificada em 2007, e as nações signatárias se vinculam a suas disposições pelo direito internacional. Muito do trabalho prático recai sobre outros órgãos, entre eles a Agência Mundial Antidoping (AMA), fundada pelo COI em 1999. Ela coopera intimamente com organizações nacionais e participa do Código Mundial Antidoping, emitido em 2004 e regularmente atualizado.

Em muitos casos, a razão do doping no esporte (ou seja, de trapacear) é apenas ambição individual. Mas a prática também ocorre como parte de iniciativas deliberadas patrocinadas pelo Estado. A Alemanha Oriental foi o primeiro país a introduzir o doping sistemático, nos anos 1970. Em 2016-2017, a AMA revelou que Itália, França e EUA tinham o maior número de atletas que violavam o código, e fisiculturismo, atletismo e ciclismo respondiam pelo maior número de violações. ■

Ver também: Teste de DNA 272-273 ▪ A estratégia portuguesa contra as drogas 290-291 ▪ A Força-Tarefa contra a Manipulação de Resultados 306-307

A BATALHA CONTRA A MUDANÇA CLIMÁTICA
O PROTOCOLO DE KYOTO (2005)

EM CONTEXTO

FOCO
Direito ambiental

ANTES
1988 O Painel Intergovernamental sobre Mudanças Climáticas (IPCC) é estabelecido.

1992 Na Cúpula da Terra, no Rio de Janeiro, as primeiras metas internacionais para redução de emissões são pactuadas.

1997 O Senado dos EUA se recusa a ratificar o Protocolo de Kyoto porque países em desenvolvimento são dispensados do acordo.

DEPOIS
2009 A Cúpula de Copenhague termina num impasse: nenhum compromisso legalmente vinculante é fechado.

2015 O Acordo de Paris fixa metas não vinculantes para limitar a alta da temperatura global a 2 °C até 2100.

2017 Donald Trump retira os EUA do Acordo de Paris.

O Protocolo de Kyoto, adotado em 1997 e vigente desde 2005, foi o primeiro acordo entre nações industrializadas a fixar reduções definidas em suas emissões de gases de efeito estufa. O protocolo se baseou na Convenção-Quadro das Nações Unidas sobre Mudanças Climáticas (CONUMC), adotada na Cúpula da Terra do Rio, em junho de 1992. Os signatários da CONUMC se reúnem anualmente desde 1995 em conferências das partes (COPs). As metas do Protocolo de Kyoto são vinculantes, sob o direito internacional.

Ao assinar o protocolo, as partes reconheceram que as emissões da queima de combustíveis fósseis estão levando a aumentos potencialmente catastróficos na temperatura do mundo, com efeitos previstos, entre eles a subida do nível do mar, a extinção de espécies com a perda de biodiversidade e o aumento de eventos climáticos extremos, como inundações, secas e incêndios. A meta de limitar o aumento da temperatura global a menos de dois graus Celsius até 2100, como estabelecida no Acordo de Paris, na COP de 2015, demandaria esforços sem precedentes. Dado o custo monetário das reformas necessárias, sem mencionar as mudanças de estilo de vida requeridas, os resultados têm sido ambíguos. Embora alguns países tenham cumprido suas metas, líderes políticos confrontam a questão complexa das responsabilidades das nações (signatárias) desenvolvidas e das principais economias emergentes. Enquanto isso, as emissões globais e as temperaturas continuam a subir. ■

A estabilização das concentrações de gases de efeito estufa na atmosfera [para] prevenir interferência antropogênica perigosa sobre o sistema climático.
Meta (artigo 2º) da CONUMC

Ver também: As Nações Unidas e a Corte Internacional de Justiça 212-219 ■ A Lei das Espécies Ameaçadas 264-265 ■ A Rede Mundial de Reservas da Biosfera 270-271

É O ESPORTE CONTRA ESSAS PESSOAS
A FORÇA-TAREFA CONTRA A MANIPULAÇÃO DE RESULTADOS (2011)

EM CONTEXTO

FOCO
Direito esportivo

ANTES
1919 O Chicago White Sox é subornado para perder a *World Series*, e causa ondas de violência nos EUA.

2010 Um relatório confidencial da Fifa indica que amistosos foram combinados na fase preparatória da Copa do Mundo.

2011 A polícia de Istambul prende sessenta pessoas suspeitas de combinar resultados de jogos na Turquia.

DEPOIS
2013 Suposto líder de uma organização de manipulação de resultados, Dan Tan é preso pela polícia de Singapura.

2014 A Convenção sobre Manipulação de Competições Esportivas, do Conselho da Europa, é assinada, e entra em vigor em setembro de 2019.

2016 O tenista Novak Djokovic afirma que lhe propuseram entregar um jogo em 2007.

O esporte, em todas as suas formas, é há muito associado às apostas. E o potencial das atividades ilegais do jogo para prejudicar a integridade do esporte sempre representou uma ameaça.

Porém, os esforços para lidar com esse perigo tomaram novo rumo em 2011, quando a Organização Internacional de Polícia Criminal (Interpol) criou a Força-Tarefa contra a Manipulação de Resultados (FTMR). A razão era simples: o esporte tinha se tornado um vasto negócio global, cada vez mais vulnerável a sistemáticas tentativas de trapacear. Um método antigo era induzir os competidores a deliberadamente entregar (perder) um jogo, de modo que o resultado de um evento esportivo pudesse ser determinado antes. Organizações criminosas de jogo podiam obter assim enormes valores, fazendo apostas com base em informação privilegiada. A Interpol descreveu esse tipo de manipulação de resultados como um negócio de trilhões de dólares. Para que o esporte mantivesse sua integridade, tornou-se essencial erradicar tal corrupção.

Redes globais

O epicentro das organizações de apostas ilegais é o Sudeste Asiático, onde muitos esportes são acusados de corrupção, envolvendo donos de clubes, juízes e jogadores.

A partir de mais ou menos 2010, as organizações asiáticas voltaram sua atenção para o palco global. Embora os esportes individuais fossem mais fáceis de manipular que os de equipe, estes foram o alvo principal porque sua popularidade mundial gera muitas apostas. Um exemplo era o time de críquete do Paquistão. Dois de seus jogadores foram considerados culpados de cometer faltas de propósito em momentos prefixados num jogo em 2010. Essa prática de manipular um aspecto específico do

O envolvimento do crime organizado na manipulação de competições esportivas torna o fenômeno uma ameaça global à integridade e à ética do esporte.
Conselho da Europa, 2019

O DIREITO NA IDADE MODERNA 307

Ver também: A Interpol 220-221 ▪ O Tribunal Penal Internacional 298-303 ▪ A Convenção Internacional contra o Doping nos Esportes 304

O esporte é um alvo das **organizações que exploram apostas** em toda parte, e as **possibilidades de manipulação de jogos** são evidentes.

Conforme os esportes se tornam um **negócio global**, os **ganhos com apostas ilícitas** crescem.

O **Sudeste Asiático** vê uma enorme expansão nas **organizações criminosas** de manipulação de jogos.

As agências **policiais** no mundo todo **compartilham serviços de inteligência** para ajudar a combater as organizações criminosas.

A investigação transnacional obtém algum sucesso contra a manipulação de jogos.

O Rei do Kelong

Nascido em Singapura em 1964, Tan Seet Eng, também chamado Dan Tan, foi descrito pela Interpol como "o líder da organização de manipulação de jogos mais notória do mundo". Muito conhecido como "Rei do Kelong" (Rei da Trapaça), Tan supostamente iniciou a manipulação de resultados em Singapura no início dos anos 1990, trabalhando com um sócio, Wilson Raj Perumal, e ficou preso por pouco tempo por agenciamento ilegal de apostas. Em 2010, consta que o futebol italiano já se tornara seu alvo, com jogos combinados em associação com círculos criminosos da Europa oriental.

Tan e Perumal também eram suspeitos de ter manipulado jogos na Hungria, Nigéria e Finlândia. Em 2011, Perumal foi preso na Finlândia e denunciou Tan, acusando-o de ser o chefe de uma rede criminosa mundial de manipulação de jogos. Em 2013, a polícia de Singapura deteve Tan nos termos de uma lei local, sem acusações formais. Libertado em dezembro de 2019, ele ainda enfrenta denúncias na Itália e na Hungria. Ele nega qualquer delito.

jogo – sem relação com o resultado final – é chamada de manipulação pontual e pode envolver enormes somas de dinheiro.

Trabalhando com uma rede global de agências policiais, a FTMR compartilha serviços de inteligência e fornece uma plataforma de investigações transnacionais. Em um caso bem-sucedido, Dan Tan (ver quadro à direita) foi detido em Singapura. Em 2011, a Fifa, o órgão internacional que dirige o futebol, concordou em dar milhões de euros à Interpol para um programa de treinamento anticorrupção. Mas a própria Fifa foi atingida por um escândalo, com acusações de corrupção contra muitos de seus mais altos funcionários, entre eles o presidente, Joseph Blatter, e alegações de suborno no processo que escolheu o Qatar como sede da Copa de 2022.

A esperança de que algum órgão possa extinguir corrupção de tal escala não é grande, e as apostas online tornaram os jogos ainda mais atrativos para os criminosos. Apesar disso, atravessando fronteiras, a Interpol tem obtido algum sucesso em combater o problema. ∎

"Hansie" Cronje (à frente), capitão de um time de críquete sul-africano, foi afastado para sempre do esporte em 2000 após admitir ter combinado jogos. Ele morreu num acidente de avião em 2002.

O DIREITO DE SER ESQUECIDO

GOOGLE ESPANHA *VS.* AEPD E MARIO COSTEJA GONZÁLEZ (2014)

EM CONTEXTO

FOCO
Direito à privacidade

ANTES
1995 A UE cria a Diretiva de Proteção de Dados, buscando salvaguardar toda informação individual.

DEPOIS
2003 A cantora e atriz americana Barbra Streisand tenta suprimir imagens online de sua casa, dando origem ao "efeito Streisand" – a criação de ainda mais interesse por elas.

2015 A Comissão Nacional de Informática e Liberdade, um órgão regulador francês, tenta obrigar o Google a aplicar no mundo todo as regras da UE sobre privacidade.

2016 O Regulamento Geral sobre a Proteção de Dados é aprovado pelo Parlamento da UE.

2019 A CEJ aceita restringir à Europa suas tentativas de legislar sobre a observância do direito a ser esquecido.

Em 2009, o empresário espanhol Mario Costeja González fez uma busca por seu nome no mecanismo de busca do Google e encontrou duas notificações legais que tinham aparecido num jornal espanhol onze anos antes – declarações oficiais de que sua casa tinha sido vendida à força para pagar uma dívida. Quando o jornal digitalizou as edições antigas, o Google criou um link para as notícias. Tratava-se de um registro público, mas isso levou as dificuldades financeiras anteriores de González a ficarem disponíveis online para qualquer pessoa, o que era potencialmente prejudicial à sua carreira como consultor financeiro. O jornal se recusou a remover as notícias, assinalando que tinha obrigação legal de mantê-las, e o Google igualmente não cooperou. González abriu um processo.

A Agência Espanhola de Proteção de Dados (AEPD) concordou que o Google deveria remover os links às dificuldades financeiras anteriores de González, mas não tinha meios para obrigar a companhia a obedecer. Um tribunal espanhol se viu incapaz de decidir sobre o caso, que foi remetido à Corte Europeia de Justiça (CEJ). Ele suscitava duas questões fundamentais. Primeiro, existe legalmente um "direito de ser esquecido", com o passado considerado legalmente irrelevante? E, segundo, se esse direito existe, como pode ser aplicado na internet?

Interesse público

Em sua defesa, o Google alegou que, como empresa americana, só respondia à lei dos EUA; ele não era um "coletor de dados" e só fornecia um mecanismo de busca para informações indicadas e hospedadas por outros; e como a informação sobre González era demonstravelmente verdadeira, qualquer tentativa de suprimi-la representava um ataque à liberdade de expressão – em outras palavras, a venda forçada da casa de

Mario Costeja González se recusou a revelar quanto gastou na batalha legal contra o Google, insistindo que tinha sido uma luta por ideais, e que esses ideais tinham vencido.

O DIREITO NA IDADE MODERNA

Ver também: A Constituição e a Declaração de Direitos dos EUA 110-117 ▪ A Convenção Europeia de Direitos Humanos 230-233 ▪ A Corte Europeia de Justiça 234-241 ▪ O Tratado de Direitos Autorais da OMPI 286-287 ▪ A Ordem da Internet Aberta 310-313

Os critérios usados para impor o "direito de ser esquecido" eram impossíveis de definir, de um ponto de vista legal.
Enrique Dans
Professor espanhol de sistemas de informação e inovação, 2019

González era uma matéria legítima de interesse público e não se deveria fazê-la desaparecer.

A decisão da CEJ

Qualquer decisão da CEJ é submetida a um parecer preliminar de um advogado-geral, que, em 2013, rejeitou o primeiro argumento do Google, alegando que o Google Espanha era uma companhia espanhola e, assim, sujeita à lei europeia. Ele sustentou as outras objeções da empresa, e presumiu-se que a CEJ seguiria pelo mesmo caminho.

Em 2014, porém, num veredicto que assombrou muitos, a CEJ determinou que o Google é um "coletor de dados" e, assim, responsável por qualquer informação que suas buscas apresentem. E decidiu que os dados online podiam ser removidos se fossem considerados "inadequados, não mais relevantes ou excessivos […] à luz do tempo transcorrido".

A decisão de 2014 da CEJ destacou algumas diferenças essenciais em termos culturais e legais entre países. De um lado, nos EUA o direito à liberdade de expressão (incluindo a liberdade de imprensa) ultrapassa todos os outros. De outro, a lei francesa consagra *le droit à l'oubli* (o direito de ser esquecido) desde 2010, valorizando a proteção à privacidade como um direito humano fundamental, com precedência sobre o direito à livre expressão. Uma segunda questão é que o conteúdo da internet não é efetivamente sujeito a nenhuma lei, nacional ou internacional. Um crítico mais apaixonado da decisão da CEJ ficou imaginando por que uma lei que revogasse a gravidade não foi aprovada ao mesmo tempo, já que teria mais ou menos igual resultado.

Um grande recuo

Em 2019, a CEJ concedeu que suas restrições só poderiam se aplicar à Europa. Uma objeção essencial à decisão da CEJ tinha sido que aquilo que o Google fosse obrigado a retirar de suas listas ainda estaria disponível a qualquer pessoa com acesso à internet: o link poderia ser removido, mas não o conteúdo. Qualquer decisão legal, ainda que poderosa, que buscasse defender o "direito de ser

Os agentes reguladores de dados europeus não deveriam ser capazes de definir os resultados de busca que os usuários de internet ao redor do mundo verão.
Thomas Hughes
Diretor executivo do grupo de privacidade Article 19, 2019

esquecido" estava fadada à irrelevância num mundo digital movido pelo desejo de informação imediata. O que se pretendia que fosse uma reavaliação séria dos direitos legais à privacidade num novo mundo digital terminou em farsa. González iniciou uma campanha contra o Google para proteger sua privacidade, mas acabou conhecido no mundo todo pelo próprio fato que queria ver esquecido. ■

O papel de um advogado-geral

Em setembro de 2019, a CEJ relutantemente concordou que o direito de ser esquecido só pode se aplicar aos Estados-membros da UE. Ela fez isso a conselho do advogado-geral polonês Maciej Szpunar. Cinco anos antes, quando ela tinha decidido que o Google era responsável pelos dados a que dava acesso, fez isso contra o conselho de outro advogado-geral, Finn Niilo Jääskinen. Os advogados-gerais atuam de modo independente dos próprios juízes da CEJ e só examinam os casos em que o tribunal considera que um novo ponto do direito é levantado. Um advogado-geral é alocado para cada caso, e ele ou ela tem a autoridade para questionar as partes em disputa. Embora seu papel seja consultivo, os "memorandos fundamentados" que apresentam são seguidos em muitos casos pelos juízes da CEJ ao deliberar. Há onze advogados-gerais, nomeados pelos Estados-membros da UE para atuar por seis anos.

UMA INTERNET LIVRE E ABERTA
A ORDEM DA INTERNET ABERTA (2015)

EM CONTEXTO

FOCO
Leis da internet

ANTES
1996 A Lei das Telecomunicações só regulamenta PSIs por modem a cabo existentes nos EUA; PSIs de banda larga são excluídos.

2010 O Chile é o 1º país a consagrar a neutralidade da rede em lei.

2014 Numa pesquisa de opinião da CFC nos EUA, 99% apoiam a neutralidade da rede.

DEPOIS
2015 O Regulamento 2015/2120 da UE busca proteger o igual acesso à internet na Europa.

2017 A CFC reverte sua decisão de 2015 com a Ordem da Restauração da Liberdade na Internet.

2019 O Tribunal de Apelação de Colúmbia, EUA, apoia o fim à neutralidade da rede.

Praticamente nenhuma questão sobre a internet e seu futuro nos EUA se mostrou mais polêmica e problemática que a da neutralidade da rede (expressão cunhada em 2003 por Tim Wu, professor de direito na Universidade de Colúmbia, nos EUA). A neutralidade da rede é o princípio de que o acesso a todos os conteúdos e serviços na internet deveria estar livre de interferência dos provedores de serviço de internet (PSIs). Ela diz respeito apenas ao mecanismo de entrega de dados digitais, sem alteração nos próprios dados.

Porém, a neutralidade da rede define não só como a informação pode ser acessada, mas também, na

O DIREITO NA IDADE MODERNA

Ver também: A Constituição e a Declaração de Direitos dos EUA 110-117 ▪ A Declaração Universal dos Direitos Humanos 222-229 ▪ O Tratado de Direitos Autorais da OMPI 286-287 ▪ Google Espanha *vs.* AEPD e Mario Costeja González 308-309

prática, qual informação pode ser acessada. Dada a onipresença da internet e, em consequência, a dependência mundial quase absoluta a ela, essa é uma questão de importância vital.

PSIS e provedores de conteúdo

A internet é uma interação digital entre provedores de conteúdo e consumidores, permitindo transferência (tráfego) mais ou menos ilimitada de dados digitais entre provedores e consumidores – tudo, de mensagens, e-mails e vendas online a streaming de vídeos e serviços de redes sociais e mecanismos de busca. O vínculo físico entre eles é uma vasta e infinitamente complexa rede global de cabos e torres de transmissão, fornecida por PSIS. Além de construir essa infraestrutura cara, cada PSI projeta um modelo financeiro para cobrar de todos os fornecedores e consumidores o uso de sua rede.

Qualquer usuário de internet (provedor ou consumidor) deve pagar a um PSI pelo uso da rede. Se o PSI aderiu à neutralidade da rede, o usuário pode confiar que seu acesso à internet será totalmente imparcial. O PSI não dará prioridade ou tratamento menor a nenhum conteúdo. Mesmo os maiores provedores de conteúdo, com incontáveis usuários, como Google, YouTube, Facebook e Twitter, serão tratados do mesmo modo que o mais modesto, como o website de um simples vendedor local ou uma comunidade.

Num mercado não regulado, os PSIS poderiam escolher, para sua vantagem econômica, bloquear conteúdo ou limitá-lo, diminuindo de propósito a velocidade de transmissão, de modo que seja baixado lentamente ou tenha menor qualidade. Eles poderiam discriminar por preço – por exemplo, cobrando mais de fornecedores de conteúdo pelas "*fast lanes*" artificialmente aceleradas (priorização paga) ou promovendo o *zero-rating access* (limitando o conteúdo disponível a usuários gratuitos), o que poderia deixar outros fornecedores de conteúdo em desvantagem.

A internet deve ser considerada basicamente uma **oportunidade comercial** ou um novo tipo de **serviço público**?

Num **mercado livre**, os negócios **manipulam o acesso à internet** para obter vantagens comerciais.

Provedores de serviço de internet (PSIS) **regulados pelo governo** devem fornecer **acesso igual** à internet para todos.

Conflitos entre prioridades políticas e do livre mercado afetam a legislação.

Em 1996, quando a internet estava na infância, a primeira tentativa de regular PSIS nos EUA veio com a Lei das Telecomunicações. Ela classificou os PSIS que tinham redes telefônicas existentes (por modem a cabo ou discadas) como serviços de telecomunicações, ou "transportadores comuns", sob a Lei de Telecomunicações de 1934, a serem regulados como de utilidade pública. Os PSIS de banda larga foram classificados como "serviços de informação" e excetuados da regulação. A distinção era crítica, pois determinou se os PSIS eram legalmente obrigados a fornecer acesso igual a conteúdo para todos.

A política da CFC

A Comissão Federal de Comunicações (CFC) é o órgão regulador de todos os sistemas de comunicação nos EUA, mas com os anos mudou de política várias vezes. Em 2002, a CFC reclassificou até os PSIS de modem a cabo como "serviços de informação", não "transportadores comuns". Sua tentativa de regulamentar os PSIS em »

Alimentamos e protegemos nossas redes de informação porque elas estão no âmago de nossas economias, nossas democracias e nossas vidas culturais e pessoais.
Tim Berners-Lee
Inventor da World Wide Web, 2006

2008 foi frustrada (ver quadro, p. 312). Convencida de que as vantagens da neutralidade da rede são extraordinárias, e com forte apoio público, a CFC emitiu a Ordem da Internet Aberta em abril de 2015. Isso reforçou a ideia de que os PSIs não são basicamente diferentes de, por exemplo, empresas de telefonia, designando-as como "serviços de telecomunicações" em vez de "serviços de informação". Os PSIs eram agora obrigados a fornecer acesso imparcial à internet para todos. A ordem estabeleceu diretrizes claras que os PSIs tinham de seguir: sem bloqueios, sem restrições, com maior transparência e sem priorização paga.

Prós e contras

Antes e depois da Ordem da Internet Aberta de 2015, houve debates acalorados sobre o dever de proteger por lei a neutralidade da rede. O governo dos EUA deveria tratar a internet como um bem público, sujeito a regulação como uma utilidade pública? Ou permitir que o livre mercado estabelecesse os termos e condições de acesso a ela?

Os defensores da legislação alegam que uma regulação governamental benéfica é essencial para o avanço da internet, ao propiciar as maiores vantagens ao maior número de pessoas. A internet é importante demais para ser deixada a mercados livres e irrestritos. Quase todo PSI tem um interesse comercial próprio em promover ou acelerar certos sites e suprimir ou bloquear outros. Se os PSIs favorecem os que pagam mais, os que pagam menos serão relegados a um limbo na rede. Além disso, em áreas rurais, em que a escolha de PSIs é limitada ou inexistente, há uma óbvia tentação para qualquer PSI de abusar do que é basicamente um monopólio.

Outra objeção à autorregulação é que qualquer rede de duas vias (ver diagrama à direita) implica uma forma de censura, se os PSIs determinam o que pode ou não ser visto com base só em sua própria vantagem financeira de curto prazo. Os PSIs podem também exercer influência política – por exemplo, bloqueando sites. Os opositores da regulação argumentam sem menos energia que, desde sua súbita aparição nos anos 1900, a internet se mostrou perfeitamente capaz de autorregular-se. Os PSIs defendem uma rede de duas vias regida pelo livre mercado. Se, por exemplo, um serviço de streaming de vídeo

Este é um plano para regular a internet como a Primeira Emenda é um plano para regular a liberdade de expressão.
Tom Wheeler
Presidente da CFC, 2015

responsável por mais de 30% do uso de toda a largura de banda nos EUA sufoca outros provedores de conteúdo que usam os mesmos PSIs, por que não teria de pagar mais por seu uso desproporcional de largura de banda limitada? Além disso, qualquer usuário de internet, doméstico ou comercial, poderia então escolher, se quisesse, pagar mais por um serviço mais rápido e de mais qualidade. Lucros maiores para os PSIs resultariam em investimento maior em nova infraestrutura, em benefício de todos a longo prazo.

Ironicamente, algumas corporações concorrentes, usando imensos recursos e cada uma com suas próprias

Tom Wheeler, presidente da CFC na época de Obama, defende a neutralidade da rede e acredita que a regulação é necessária.

Comcast e BitTorrent

Um argumento contra a neutralidade da rede é que é difícil de fazer cumprir. Bem antes de sua revogação pela CFC em 2017, os PSIs com frequência desaceleravam o tráfego do que consumia muita largura de banda. O caso mais famoso nos EUA é de 2008. Por vários anos a Comcast obstruiu, ou tornou de fato impossíveis, transferências de dados via BitTorrent (um serviço de compartilhamento de arquivos usado para baixar arquivos grandes, como filmes). A Comcast alegava só desacelerar transferências da BitTorrent em períodos de alta densidade de tráfego, mas fazia isso de modo mais ou menos permanente. Os ativistas afirmavam que isso "bloqueava a livre escolha na internet". A CFC advertiu a Comcast por violar a neutralidade da rede, estrangulando a BitTorrent, e em 2008 emitiu uma carta de cessação. A Comcast por sua vez processou a CFC em Comcast Corp. *vs.* CFC e, em 2012, o Tribunal de Apelação do Distrito de Colúmbia decidiu contra a CFC.

O DIREITO NA IDADE MODERNA 313

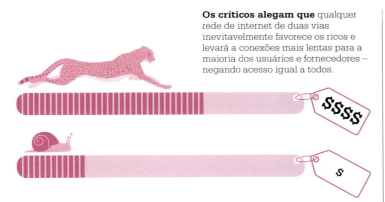

Os críticos alegam que qualquer rede de internet de duas vias inevitavelmente favorece os ricos e levará a conexões mais lentas para a maioria dos usuários e fornecedores – negando acesso igual a todos.

prioridades comerciais, batem de frente sobre a questão da neutralidade da rede. O Google, por exemplo, é um provedor de conteúdo, mas também tem uma empresa PSI, e enfrenta corporações PSIs rivais de peso, como a Comcast, a Verizon e a AT&T – que se opuseram à neutralidade da rede. Como um mecanismo de busca que envia enormes quantidades de dados e assim ocupa grande parcela de largura de banda, o Google questionou por que deveria pagar preços mais altos pelo acesso, na verdade subsidiando rivais.

Viés político

Havia um claro elemento político na batalha muitas vezes amarga entre os defensores de uma internet regulada e os de uma internet de livre mercado. Os cinco comissários da CFC responsáveis pela Ordem da Internet Aberta em 2015 eram todos indicados políticos do presidente Barack Obama. Em 2017, a maioria dos novos comissários da CFC tinham sido nomeados pelo presidente Donald Trump. Seu apoio aos interesses corporativos era claro, e a CFC revogou sua decisão de 2015 em dezembro de 2017, com a Ordem da Restauração da Liberdade na Internet, que também proibiu a regulamentação estadual ou local de PSIs.

A ordem de 2017 tornou inevitáveis batalhas legais com estados individuais que queriam promulgar sua própria neutralidade da rede. No início de 2018, mais de vinte estados moveram uma ação contra a medida, mas os defensores da neutralidade da rede sofreram um importante revés em outubro de 2019, quando o Tribunal de Apelação do Distrito de Colúmbia decidiu que a CFC agiu de acordo com o direito ao extinguir a neutralidade da rede. A polêmica decisão contrariou

Ajit Pai, nomeado presidente da CFC por Donald Trump em 2017, é um alvo dos defensores da neutralidade da rede. Ironicamente, ele foi indicado primeiro para a CFC por Obama, em 2012.

um apoio público consistente à neutralidade: algumas pesquisas mostraram que 80% dos americanos eram claramente favoráveis a ela. A Suprema Corte pode ser o árbitro definitivo desse debate altamente controverso e de outro modo não resolvido – uma decisão desse tribunal poderia ter um impacto direto sobre a posição dos EUA como influência dominante sobre a internet no mundo.

Abordagens diferentes

A aguda controvérsia sobre a neutralidade da rede nos EUA refletiu em parte a dificuldade de legislar para um mundo em que a tecnologia está sempre evoluindo. O problema não se restringe aos EUA. Na União Europeia, por exemplo, a solução preferida é fortemente favorável à neutralidade da rede, uma posição que até o Reino Unido pós-Brexit endossa. A postura europeia foi em parte conduzida pela Finlândia, que em 2009 introduziu uma Obrigação Universal de Serviço que apoiava intensamente a neutralidade da rede e tornava a provisão de banda larga uma obrigação legal. A disponibilidade de banda larga em áreas rurais em muitos países ainda é uma questão tão premente quanto a neutralidade da rede. ■

O que é responsável pelo desenvolvimento fenomenal da internet? Certamente não é a mão pesada da regulação governamental.
Ajit Pai
Presidente da CFC, 2017

NÃO SE TRATA DE DINHEIRO. TRATA-SE DE IGUALDADE
CERTIFICADO DE IGUALDADE SALARIAL (2017)

EM CONTEXTO

FOCO
Direito do trabalho, igualdade de direitos

ANTES
1919 Nos EUA, Michigan e Montana aprovam leis de igualdade salarial.

1951 A Convenção sobre Igualdade de Remuneração da Organização Internacional do Trabalho da ONU afirma o princípio da igualdade salarial para trabalhos de mesmo valor.

1957 O Tratado de Roma lista a igualdade salarial como um princípio essencial da CEE.

1963 A Lei da Igualdade Salarial é introduzida nos EUA.

1975 As mulheres entram em greve por um dia na Islândia, recusando-se a trabalhar, cozinhar e cuidar de crianças.

DEPOIS
2019 O governador de NY fortalece a legislação estadual de 1944 proibindo potenciais empregadores de perguntar sobre salários anteriores.

Em junho de 2017, o parlamento da Islândia aprovou leis destinadas a suprimir a diferença salarial por gênero. Como muitos países, a Islândia tinha leis desse tipo havia muito, mas os empregadores ainda pagavam menos às mulheres que aos homens. As novas leis se destinavam a garantir que a igualdade salarial de fato ocorresse.

A legislação afirmava que toda empresa na Islândia que empregasse mais de 25 pessoas deveria obter um certificado que atestasse que sua estrutura observava as leis de igualdade salarial. As empresas maiores tinham de se adequar até o fim de 2019; as menores entre 2020 e 2022.

A mudança foi anunciada como uma revolução para as mulheres, e levou a apelos por leis similares em outros países. Mas os críticos insistiam que a lei era desnecessária, já que a Islândia já tinha leis que garantiam às mulheres pagamento igual por trabalho igual. Eles afirmavam que as

Os salários das mulheres continuam **muito menores que os dos homens** em quase todos os países.

→ Há **leis de igualdade salarial** na maioria dos países, mas, como são **difíceis de fazer cumprir**, só diminuíram a diferença de modo limitado.

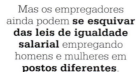

Mas os empregadores ainda podem **se esquivar das leis de igualdade salarial** empregando homens e mulheres em postos diferentes.

← Em 2017, a **Islândia aprovou leis** que forçaram a maioria dos empregadores a provar que sua estrutura salarial obedecia ao **padrão nacional de igualdade salarial**.

O DIREITO NA IDADE MODERNA **315**

Ver também: A Lei dos Sindicatos 156-159 ▪ O Sistema de Seguro de Acidentes dos Trabalhadores 164-167 ▪ A Lei da Representação do Povo 188-189 ▪ A Lei dos Direitos Civis 248-253 ▪ Roe *vs.* Wade 260-263 ▪ Casamento homoafetivo 292-295

A greve de trabalhadoras da Ford

Em 7 de junho de 1968, as operadoras de máquinas de costura da Ford, em Dagenham, no Reino Unido, entraram em greve. Elas faziam o revestimento dos assentos e, sem elas, a linha de produção logo parou. Lideradas por Rose Boland, Eileen Pullen, Vera Sime, Gwen Davis e Sheila Douglass, elas protestavam contra a classificação de seu trabalho como grau B (menos especializado), o que significava receber menos que a maioria dos homens, classificados com o grau C (mais especializado). Elas afirmavam que costurar exigia um alto grau de especialização e, assim, deviam receber pagamento igual. A greve atraiu muita atenção, pois a fábrica era importante para a economia, e outras trabalhadoras também começaram a lutar por igualdade. Por fim, Barbara Castle, secretária de Estado de Trabalho e Produtividade, negociou um aumento, reduzindo a defasagem para 8% em relação ao salário dos homens. A Lei da Igualdade Salarial foi introduzida dois anos depois.

Líderes da greve de trabalhadoras protestam ao lado do gabinete de Barbara Castle. Três semanas depois, Castle concordou em ouvi-las.

pesquisas que mostravam diferenças salariais persistentes entre os gêneros eram falhas, e que as novas leis desestimulariam a contratação de mulheres. Eles também assinalavam que a Islândia estivera no topo do Índice Global de Diferença por Gênero do Fórum Econômico Mundial – que monitora os salários das mulheres no mundo – por nove dos dez anos anteriores.

A ideia de que mulheres e homens deviam ter salário igual é antiga. Em 1839, George Sand descreveu em sua peça *Gabriel* "uma abóbada de cristal impenetrável" – que depois as feministas chamariam de "teto de vidro", a barreira invisível que impede as mulheres de ascender na carreira.

Só após duas guerras mundiais, quando as mulheres assumiram postos que antes eram masculinos, as reivindicações por pagamento igual foram amplamente consideradas. Em 1944, o estado de Nova York legislou que as mulheres deviam receber o mesmo que os homens por trabalho igual, o que também se tornou um princípio essencial da nova Comunidade Econômica Europeia (CEE), fundada em 1957. Os EUA introduziram sua primeira legislação nacional com a Lei da Igualdade Salarial de 1963, e o Reino Unido seguiu o exemplo, com a Lei da Igualdade Salarial de 1970. Aos poucos, muitos outros países criaram as suas. Apesar das leis de igualdade salarial, a diferença de pagamento por gênero – o percentual da diferença da média paga por hora para homens e mulheres – persiste. Paga-se às mulheres só 77%, em média, do que aos homens. As razões para isso são complexas. Mais mulheres que homens têm ocupações de baixa remuneração, como enfermagem ou magistério, então sua taxa geral de salários é mais baixa. Setores tipicamente masculinos, como engenharia, em contraste, pagam melhor. As mulheres também têm menos tempo para o trabalho pago – elas realizam globalmente 76,4% do trabalho doméstico e de cuidados não remunerados. Mesmo em empresas, elas ocupam postos que pagam menos – e muito poucas ascendem ao topo. A Islândia é um dos países mais igualitários do mundo, mas mesmo lá menos de 20% dos CEOs são mulheres.

Um longo caminho à frente

A legislação da Islândia talvez não remova as diferenças entre homens e mulheres em termos de necessidades e aspirações de carreira, mas é um passo claro rumo à correção da desigualdade. Mesmo assim, os salários (ao lado da educação, da saúde e da representação política) são só um aspecto de uma diferença geral global por gênero de 68,6%, que o Fórum Econômico Mundial prevê, com base na atual taxa de mudança em 153 países, que não se extinguirá por 99,5 anos. ■

Em 99,6% de todas as ocupações, os homens recebem salário maior que as mulheres. Isso não é acidente; é discriminação.
Elizabeth Warren
Política e advogada americana (1949-)

OUTROS
DO DIREI

MARCOS TO

OUTROS MARCOS DO DIREITO

Os marcos legais apresentados neste livro formaram a espinha dorsal do direito moderno. Esses momentos referenciais têm uma dívida não só com os grandes estudiosos do direito ao longo da história, mas com os monarcas, teólogos, políticos e ativistas que contribuíram para outras iniciativas, precedentes e leis. Regentes como Clóvis e Gêngis Khan impuseram códigos de direito civil nacionais que influenciaram governos posteriores. Eruditos islâmicos produziram o Fatawa-e-Alamgiri, que inspirou a codificação ao longo do sul da Ásia, e o presidente F. W. de Klerk deu um passo rumo a uma igualdade maior ao supervisionar o desmonte das leis de apartheid da África do Sul. Cada um dos avanços jurídicos listados a seguir contribuiu para a evolução da legislação moderna.

O CÓDIGO DE DRÁCON
621 a.C.

Na tentativa de reduzir punições arbitrárias e brigas sangrentas, o aristocrata ateniense Drácon foi encarregado de compilar o primeiro código escrito para a cidade-Estado de Atenas. O Código de Drácon favorecia os aristocratas poderosos e punia com severidade até pequenos crimes. Os atenienses logo se rebelaram contra as punições extremas. Em c. 594 a.C., o magistrado ateniense Sólon anulou a maioria das leis de Drácon, mantendo só a punição de banimento para homicidas. Hoje qualquer coisa avaliada como severa em excesso é chamada de "draconiana".
Ver também: As *Leis* de Platão 31 ▪ Aristóteles e o direito natural 32-33

LIVROS DE PUNIÇÕES
536 a.C.

As mais antigas leis chinesas conhecidas são os "livros de punições" (*hsing shu*), que Tzu-ch'an, primeiro-ministro do estado de Cheng, inscreveu num conjunto de vasos de bronze de três pés. Os vasos não resistiram ao tempo, mas consta que listavam 22 punições duras, como trabalhos forçados, mutilação, castração e morte. Evidências de seu uso e da oposição que despertaram se conservaram numa carta de protesto de um funcionário num estado vizinho.
Ver também: A China da dinastia Zhou 24 ▪ Confucionismo, taoismo e legalismo 26-29

O JULGAMENTO DE SÓCRATES
399 a.C.

O filósofo Sócrates tornou-se alvo de ataques ao se colocar contra a democracia ateniense, afirmando que, no lugar do governo pela opinião da maioria, os verdadeiramente cultos e sábios deviam deter o poder. Seus ensinamentos inspiraram muitos jovens atenienses a questionar o *status quo* e, em 399 a.C., três oradores o acusaram de "impiedade" e "corrupção dos jovens". Quando um júri de quinhentos homens, escolhidos por sorteio, o declarou culpado, o filósofo foi condenado a morrer envenenado, tomando cicuta.
Ver também: As *Leis* de Platão 31 ▪ Aristóteles e o direito natural 32-33 ▪ O julgamento de Galileu Galilei 93

KAPU
c. 500 d.C.

O antigo sistema havaiano do *kapu* fornecia códigos aceitos para grande parte da vida diária – religião, papéis de gênero, estilo de vida e política. De modo similar ao tabu da tradição polinésia, "*kapu*" se traduz como "proibido", mas também pode significar "sagrado". Violar o *kapu* implicava punições severas, mesmo que o delito não fosse intencional. No início do século XIX, a crença no sistema diminuiu. Em 1819, o rei Kamehameha II o aboliu, violando publicamente o *kapu* ao permitir que homens e mulheres jantassem juntos.
Ver também: Confucionismo, taoismo e legalismo 26-29

AS LEIS DE ETELBERTO
600 d.C.

A legislação inglesa mais antiga conhecida é um código concebido por

OUTROS MARCOS DO DIREITO **319**

Etelberto, rei de Kent, o primeiro monarca cristão da Inglaterra. Ele se conservou no *Textus Roffensis* [Livro de Rochester], do século XII. Como foi escrito em inglês antigo, e não no latim costumeiro, também é o primeiro código registrado numa língua germânica. Ele se baseia no direito germânico e aborda temas como crimes violentos, direitos e obrigações, *wergeld* (reparação) e o status do rei.

Ver também: O Domesday Book 58-59 ▪ A Magna Carta 66-71

O CÓDIGO TANG
624 d.C.

A longa tradição chinesa de registrar leis remonta à dinastia Zhou do oeste (c. 1046-771 a.C.). O Código Tang, com 502 artigos e comentários, é o mais antigo código completo remanescente. Ele combina a filosofia confuciana à tradição legalista de escrever as leis e consiste em duas partes: regras gerais e crimes específicos. O Código Tang influenciou os futuros códigos da China e da Ásia oriental.

Ver também: A China da dinastia Zhou 24 ▪ Confucionismo, taoismo e legalismo 26-29

LEIS DE BREHON
Séculos VII-XVII

As leis irlandesas antigas, conhecidas como leis de Brehon, ou Fénechas (leis de *féni*, os homens livres da Irlanda), foram interpretadas e preservadas por árbitros itinerantes chamados Brehons. Remontando à Idade do Bronze, mas registradas apenas no século VII d.C., elas constituíam um sistema hierárquico, com penas mais duras impostas aos de escalão mais baixo. Suas leis penais, porém, desestimulavam punições violentas ou capitais, dando preferência a multas e

reparações. Quando a Inglaterra tomou o controle da Irlanda, nos anos 1600, as leis de Brehon foram banidas e o *common law* inglês foi imposto.

Ver também: Primeiros códigos 18-19 ▪ O *Decretum* de Graciano 60-63

A LEX VISIGOTHORUM
c. 643 d.C.

Chindasuinth, governante do reino dos visigodos (na atual Espanha e sul da França), introduziu o Código Visigodo, revisado em 654 d.C. por seu filho, Recceswinth. O código marcou a transição do direito romano ao germânico, abrangendo pela primeira vez toda a população; os romanos que viviam no reino antes eram sujeitos ao direito romano (*leges romanae*) e os visigodos, ao direito germânico (*leges barbarorum*).

Ver também: As Doze Tábuas 30 ▪ O *Decretum* de Graciano 60-63

ESCOLAS DE DIREITO MEDIEVAIS
Séculos XI-XIII

A redescoberta, por volta de 1070, do *Digesto* de Justiniano, uma compilação do direito romano, perdido por mais de quinhentos anos, estimulou o estudo do direito na primeira universidade da Europa, criada em Bolonha, na Itália, em 1088. Nos anos 1100, Graciano, um jurista bolonhês, escreveu o *Decretum*, seu manual de direito canônico, que a universidade também começou a ensinar. Ela se tornou uma escola especializada em direito – a primeira desde a Antiguidade –, inspirando outras na Europa. No fim do século XII, universidades em Oxford, na Inglaterra, em Paris e em Montpellier, na França também ensinavam direito.

Ver também: Ulpiano, o Jurista 36-37 ▪ O *Decretum* de Graciano 60-63

A GRANDE LEI DA PAZ
Século XII

Por volta do século XII, a Confederação Iroquesa marcou a união de cinco nações nativas americanas (depois seis), conhecidas como Haudenosaunee. Com seu líder, o chefe Hiawatha – o Grande Pacificador –, elas formularam a Grande Lei da Paz, uma constituição oral transmitida por símbolos de *wampum* (contas de conchas), que estabeleceu um código social e ético obrigatório para as nações. A unidade que a Grande Lei alcançou impressionou o Pai Fundador Benjamin Franklin; seus artigos influenciaram a Constituição dos EUA que ele ajudou a estruturar, como o Senado do país reconheceu formalmente em 1988.

Ver também: A Paz de Westfália 94-95 ▪ A Constituição e a Declaração de Direitos dos EUA 110-117

A LEI DO *ASSIZE* DE PÃO E CERVEJA
1202

A primeira lei inglesa a regulamentar a venda de comida foi a Lei do *Assize* de Pão e Cerveja. Para proteger o público de vendedores trapaceiros, a lei garantia preços justos de cerveja e fixava um peso padrão para o pão, vendido a um quarto de *penny*.

Ver também: A Lex Mercatoria 74-77 ▪ A Lei Antitruste de Sherman 170-173

O YASSA DE GÊNGIS KHAN
1206

Gêngis Khan trouxe unidade ao vasto Império Mongol, no nordeste da Ásia, e impôs leis consuetudinárias que só a família regente podia ver e aplicar. Nenhuma cópia do Yassa se conservou,

320 OUTROS MARCOS DO DIREITO

mas fontes secundárias indicam que ele promovia a obediência a Gêngis Khan e a unificação de clãs nômades, e que codificava penas para crimes.

Ver também: A China da dinastia Zhou 24 ▪ As *Leis* de Platão 31

AS SIETE PARTIDAS
1256

Compilado sob Afonso x de Castela, na Espanha, o código das Siete Partidas (Sete Partes) fornecia regras legais, morais e filosóficas para todos os castelhanos. Baseado no direito romano, destinava-se a orientar decisões legislativas e a oferecer um código unificado para todo o reino. Com a expansão do Império Espanhol nos anos 1500, as Siete Partidas foram levadas para a América Latina, onde continuaram influentes até o século xix.

Ver também: O Tratado de Tordesilhas 86-87

O JULGAMENTO DE JOANA D'ARC
1431

O julgamento de Joana d'Arc por um tribunal da Igreja em Rouen, na França, é um dos mais bem documentados da Idade Média. Após ter visões, Joana se convenceu de que poderia expulsar os ingleses da França e ajudar o delfim a ser coroado rei Carlos vii. Ela liderou muitas batalhas vitoriosas contra os ingleses, mas foi depois capturada pelos borgonheses, aliados franceses dos ingleses. Joana foi acusada de setenta crimes, em grande parte por alegar ter recebido revelações divinas, o que foi julgado uma blasfêmia. Condenada por heresia, ela foi queimada na fogueira.

Ver também: O julgamento de Galileu Galilei 93 ▪ Os julgamentos das bruxas de Salem 104-105

O JULGAMENTO DE MARTINHO LUTERO
1521

Em 1517, Martinho Lutero pregou na porta de uma igreja em Wittenburg, na Alemanha, suas Noventa e Cinco Teses, atacando os abusos da Igreja Católica Romana. O ato é amplamente considerado o marco inicial da Reforma Protestante – movimento que contestava as doutrinas e práticas da Igreja. Em 1521, o papa excomungou Lutero, que foi acusado de heresia e julgado em Worms por um conselho imperial do Sacro Império Romano Germânico. Lutero usou o julgamento para defender e divulgar suas ideias. Emitiu-se um édito para prendê-lo, mas nunca foi posto em prática, pois Frederico iii da Saxônia protegia Lutero, que continuou sua obra, a qual acabou contribuindo para a fundação do protestantismo.

Ver também: O julgamento de Galileu Galilei 93

O SOBORNOYE ULOZHENIYE
1649

Antes da introdução na Rússia do Sobornoye Ulozheniye (código do parlamento Zemsky Sobor), em 1649, havia muita corrupção, no período chamado "Tempo de Dificuldades". Após tumultos civis, um grupo de moscovitas, impressionados com os efeitos estabilizadores dos códigos em países próximos, exigiu que a Rússia seguisse o exemplo deles. O estadista Nikita Odoyevsky foi encarregado de compilar o código a partir de precedentes russos e do direito bizantino (o direito romano influenciado por crenças cristãs e em uso do século vi d.C. até a queda de Constantinopla, em 1453). O novo código era extremamente abrangente: seus 25

capítulos cobriam religião, propriedade, posse de terras, herança, comércio, permissão de viagem, serviço militar e direito penal. O código também classificou os camponeses como servos e limitou o poder da Igreja Ortodoxa.

Ver também: Códigos escravistas 98-101 ▪ A Constituição russa 190-191

A LEI DE HABEAS CORPUS
1679

A Magna Carta inglesa, firmada em 1215, estabeleceu o conceito de *habeas corpus* – que uma pessoa não deve ser presa ilegalmente –, mas em 1660, após a restauração da monarquia, o Parlamento decidiu que ele deveria ser formalmente consagrado em lei. Em latim, *habeas corpus* significa "terás o corpo" e denota em lei que uma pessoa deve ser levada ao tribunal para análise da legalidade de sua detenção. Um princípio essencial do *common law* hoje, o *habeas corpus* foi suspenso várias vezes na história, como na Segunda Guerra Mundial, quando os "estrangeiros inimigos" eram detidos sem acusação.

Ver também: A Magna Carta 66-71 ▪ A Revolução Gloriosa e a Declaração de Direitos inglesa 102-103

O FATAWA-E-ALAMGIRI
Fim do século xvii

O nome do código do Império Mongol, Fatawa-e-Alamgiri, deve-se a Alamgir (Conquistador do Mundo), título usado pelo imperador Aurangzeb, que o introduziu. Baseado na *sharia* e compilado por eruditos da Escola Hanafi, uma das quatro correntes de jurisprudência do islamismo sunita, o código deu base ao direito judicial do Império Mongol da Índia, cobrindo todos os aspectos da vida, entre eles família, escravos, taxação, guerra e propriedade. Mais tarde ele influenciou a codificação de leis no sul da Ásia.

Ver também: O *Arthashastra* e o *Manusmriti* 35 ▪ O Alcorão 54-57

A LEI DO TRANSPORTE
1717

Em grande parte pela falta de espaço nas prisões do Reino Unido, em 1717 uma lei parlamentar introduziu a transferência de criminosos para a América do Norte. Os condenados eram vinculados por contrato a trabalhar sem pagamento por sete anos, para crimes menores, e catorze anos ou mais, para crimes graves. Depois que os EUA se tornaram independentes, em 1776, o Reino Unido passou a enviar criminosos para a Austrália.

Ver também: As Leis dos Pobres 88-91

DIREITO AÉREO
1784

Em 1783, os irmãos Montgolfier lançaram o primeiro balão de ar quente tripulado sobre Paris, na França – uma inovação que suscitou questões sobre a soberania do espaço aéreo. Uma ordem policial proibiu voos de balão sobre Paris sem autorização especial. A Bélgica e a Alemanha logo aprovaram leis similares, marcando o início do direito aéreo especializado.

Ver também: As Convenções de Haia 174-177

A COLÔNIA PENAL DA AUSTRÁLIA
1788

Em janeiro de 1788, 736 condenados provenientes do Reino Unido chegaram a Botany Bay, na Austrália, criando a primeira colônia penal do continente.

Como o transporte era mais barato que o encarceramento no Reino Unido, era com frequência imposto até por crimes menores. Nos oitenta anos seguintes, mais de 160 mil criminosos foram levados para a Austrália, ajudando o Reino Unido a povoar a nova colônia, mas dizimando a população indígena australiana devido a doenças, conflitos e expropriação de terras. Colonos cada vez mais numerosos, que chegaram à medida que o local prosperava, se opuseram ao transporte de criminosos, e a prática foi suspensa em 1868.

Ver também: O Tratado de Tordesilhas 86-87 ▪ As Leis dos Pobres 88-91

O TRATADO DE WAITANGI
1840

Com o aumento da migração do Reino Unido à Nova Zelândia nos anos 1830, o governo britânico percebeu a necessidade de fazer um tratado com os chefes maoris para proteger seus próprios interesses e garantir direitos às terras. O texto foi traduzido para o maori (mas com discrepâncias que obscureciam a extensão dos direitos cedidos pelos nativos). O tratado deu aos britânicos soberania sobre a Nova Zelândia e o direito exclusivo de comprar terras maoris. Em troca, os maoris tinham garantidos os direitos de propriedade de todas as suas terras e recebiam os direitos e privilégios de súditos britânicos.

Ver também: O Tratado de Tordesilhas 86-87 ▪ O caso da St. Catherine's Milling 169

O TRATADO DE BERNA
1874

Os sistemas postais se expandiram nos séculos XVIII e XIX, mas a falta de acordos padronizadores para o correio

internacional dificultava os negócios. Em 1874, numa conferência promovida pelo governo suíço, delegados de 22 países acordaram o Tratado de Berna, que entrou em vigor em 1875. O tratado instituiu a União Postal Geral e criou um só distrito postal para 19 países europeus, EUA e Egito, permitindo a troca de correspondência numa estrutura uniforme de regras e regulamentos. Os integrantes aumentaram para 55 nos primeiros dez anos. Em 1878, a União Postal Geral foi renomeada União Postal Universal e o tratado se tornou a Convenção Postal Universal. O tratado abriu caminho para futuros acordos internacionais também baseados no princípio de reciprocidade, como a Convenção de Paris para a Proteção da Propriedade Industrial, de 1883, que incluiu a proteção a patentes e marcas.

Ver também: A Organização Mundial do Comércio 278-283 ▪ A Ordem da Internet Aberta 310-313

A LEI DO REGISTRO DE MARCAS COMERCIAIS
1875

A aprovação da Lei do Registro de Marcas Comerciais, em 1875, criou um sistema que, pela primeira vez, permitiu às empresas britânicas registrar formalmente suas marcas comerciais e obter proteção para elas, prevenindo que outras companhias copiassem a identidade de seus produtos. A lei definiu marcas comerciais como dispositivos, marcas ou nomes de indivíduos ou empresas "impressos de maneira particular e distintiva". A primeira marca comercial britânica a ser registrada (em 1º de janeiro de 1876) foi o triângulo vermelho que distingue as Cervejarias Bass.

Ver também: O Estatuto de Patentes Veneziano 82-85 ▪ O Estatuto da Rainha Ana 106-107 ▪ O Tratado de Direitos Autorais da OMPI 286-287

322 OUTROS MARCOS DO DIREITO

O CASO DREYFUS
1894

Em 1894, Alfred Dreyfus, um capitão do Exército francês de fé judaica, foi falsamente acusado de vender segredos à Alemanha, com base em frágeis indícios. Ele foi levado à corte marcial por traição e preso na Ilha do Diabo, na Guiana Francesa. Novas evidências, indicativas de que o verdadeiro culpado era o major Ferdinand Walsin-Esterhazy, vieram à luz em 1896, mas não foram devidamente exploradas, e ele foi inocentado. O romancista Émile Zola escreveu a carta aberta *"J'accuse…!"* em apoio a Dreyfus, alimentando o crescente mal-estar público ante o erro judicial. Apesar da revelação de que um documento que implicava Dreyfus era forjado, uma segunda corte marcial, em 1899, condenou-o de novo. A sentença foi comutada, e Dreyfus aceitou o perdão presidencial. Ele foi afinal inocentado por um tribunal de apelações em 1906.

Ver também: O julgamento de Galileu Galilei 93 ▪ Os julgamentos das bruxas de Salem 104-105

O BÜRGERLICHES GESETZBUCH
1900

Após a unificação do Império Alemão, em 1871, os estados que o formaram retiveram de início suas próprias e variadas legislações civis, mas a necessidade de um só código nacional alemão era amplamente reconhecida. Com base no direito romano, o Bürgerliches Gesetzbuch (Código de direito civil), também conhecido como BGB, foi redigido em 1881 e ratificado em 1886, e se tornou lei em 1900, estabelecendo um direito civil nacional em toda a Alemanha. O BGB formou a base do direito alemão moderno e foi usado como modelo de direito civil em

outras nações, como China, Itália, Japão, Coreia do Sul e Suíça.

Ver também: As Doze Tábuas 30 ▪ O Código Napoleônico 130-131

O JULGAMENTO DE SCOPES
1925

Após a aprovação da Lei Butler no Tennessee, nos EUA, em 1925, que tornava ilegal ensinar evolução nas escolas, os ativistas estavam ansiosos por refutar sua validade. O professor de física John Scopes se dispôs a ser acusado de ensinar a evolução humana. Seu julgamento contrapôs o antievolucionista William Jennings Bryan, como promotor, ao célebre advogado Clarence Darrow, permitindo a ambos os lados apresentar argumentos eloquentes. Scopes foi declarado culpado e condenado a pagar uma multa de cem dólares, mas alcançou o objetivo, seu e de seus apoiadores, de levar à esfera pública os debates sobre ciência *versus* religião.

Ver também: O julgamento de Galileu Galilei 93

O TRATADO DA LUA
1979

Buscando garantir que a comunidade internacional tenha alguma jurisdição no espaço, o Tratado da Lua, abarcando a Lua e outros corpos celestes, foi adotado pela Assembleia Geral da ONU em 1979. Segundo ele, essas áreas do espaço exterior são a "herança comum da humanidade" e seu ambiente deveria assim ser protegido. O tratado, que entrou em vigor em 1984, quando a Áustria se tornou o quinto país a ratificá-lo, exige que um grupo internacional seja criado para regular toda exploração futura dos recursos naturais da Lua ou outros corpos celestes. Embora dezoito nações participem do tratado, nenhuma das

envolvidas em voos espaciais tripulados já o ratificou.

Ver também: A Rede Mundial de Reservas da Biosfera 270-271 ▪ O Protocolo de Kyoto 305

A REVOGAÇÃO DAS LEIS DE APARTHEID
1991

A política de apartheid – que segregava a população sul-africana por raça, discriminando a maioria negra e favorecendo os brancos – foi implementada em 1948. Em 1991, sob a crescente pressão de ativistas do país e da comunidade internacional, o presidente F. W. de Klerk revogou a maioria das leis de apartheid remanescentes. Estas incluíam as Leis de Terras de 1913 e de 1936, que davam as melhores terras aos brancos, e a Lei de Registro da População, de 1950, que classificava todos os bebês por raça ao nascer. O desmonte dessas leis e a eleição de um governo com maioria não branca em 1994 oficialmente pôs fim ao sistema do apartheid.

Ver também: As Leis de Nuremberg 197 ▪ A Lei dos Direitos Civis 248-253

OS ACORDOS DE OSLO
1993, 1995

Buscando assegurar uma paz duradoura entre Israel e Palestina, os dois Acordos de Oslo, negociados de início na Noruega, foram assinados pelo governo israelense e pela Organização para a Libertação da Palestina (OLP) em 1993 (em Washington, DC, nos EUA) e 1995 (no Egito). Tentativas anteriores tinham incluído a Resolução 242 do Conselho de Segurança da ONU, em 1967, adotada unanimemente após a Guerra dos Seis Dias entre Israel e as forças árabes de Egito, Síria e Jordânia. Os

Acordos de Oslo alcançaram uma meta essencial da Resolução 242: a OLP reconheceu o direito de existência de Israel e em troca foi reconhecida como órgão representante da Palestina. Eles também permitiram aos palestinos certo grau de autonomia nos territórios ocupados de Gaza e Cisjordânia e exigiram que ambos os lados não incitassem violência um contra o outro. O período transitório de cinco anos fixado nos acordos terminou em 1999 sem um consenso, a violência ressurgiu e as determinações dos acordos foram em grande parte abandonadas.

Ver também: A Paz de Westfália 94-95 ▪ O Tratado de Versalhes 192-193

A LEI DO DIREITO SUBJACENTE
2000

Até 1975, quando Papua Nova Guiné se tornou independente do Reino Unido, seu sistema jurídico se baseava no *common law* inglês. A nova Constituição do país abarcou tanto a lei consuetudinária quanto o *common law*. Ela busca assegurar que a lei consuetudinária seja uma fonte essencial do direito subjacente da nação, aplicado a menos que conflite com uma lei escrita ou contrarie os interesses e objetivos nacionais.

Ver também: O caso da St. Catherine's Milling 169

A LEI PATRIOTA DOS EUA
2001

Um mês após os ataques terroristas mais letais da história americana, praticados em 11 de setembro de 2001 pelo grupo islâmico extremista Al-Qaeda, o presidente George W. Bush promulgou a Lei Patriota dos EUA (em inglês, USA PATRIOT, acrônimo de América Unida e Fortalecida pelo

Fornecimento dos Instrumentos Apropriados Requeridos para Interceptar e Obstruir o Terrorismo). A lei expandiu os poderes de monitoramento das agências de inteligência e de polícia, facilitando, entre outras medidas, as buscas em casas de suspeitos, instalações de empresas, registros de e-mail, de telefone e financeiros – poderes que continuariam suscitam apreensão em relação a direitos civis. A partir de 2005, dezesseis seções da lei deveriam deixar de ter efeito, mas uma lei modificada aprovada em 2006 tornou permanentes catorze dessas disposições e estendeu outras duas. Em 2011, três medidas importantes de monitoramento foram estendidas até 2015. A Lei Liberdade dos EUA, de 2015, limitou a autoridade do governo americano para coletar dados, mas os poderes essenciais de monitoramento da USA PATRIOT foram restaurados e estendidos de novo.

Ver também: O Pacto Internacional sobre Direitos Civis e Políticos 256-257

O RANKING MUNDIAL DA LIBERDADE DE IMPRENSA
2002

Numa tentativa de conter a supressão de informação, todo ano, desde 2002, os Repórteres sem Fronteiras (RSF) publicam o Ranking Mundial da Liberdade de Imprensa, que classifica 180 países segundo o nível de liberdade concedido a jornalistas. Os RSF coletam respostas de especialistas e analisam abusos e atos de violência contra jornalistas para determinar as classificações. Em 2020, a Noruega ocupou o topo do índice pelo quarto ano consecutivo e a Coreia do Norte substituiu o Turcomenistão no último lugar.

Ver também: A Declaração Universal dos Direitos Humanos 222-229

A LEI DE PREVENÇÃO E CONTROLE DE DOENÇAS INFECCIOSAS
2009

Quando a pandemia do Covid-19 eclodiu em 2020, a Coreia do Sul logo tomou medidas de combate, graças a leis anteriores sobre doenças infecciosas. Além de testagem ampla, o governo usou uma medida acrescentada à legislação em 2015, quando o país enfrentou um surto de MERS-CoV, um coronavírus similar. A emenda permitiu a coleta de dados de celulares, e-mails e outros que revelavam a movimentação de pacientes infectados no período anterior ao resultado. Eles eram então publicados em redes sociais para alertar, rastrear e testar possíveis contatos. Apesar de considerada invasiva por alguns, a medida ajudou a Coreia do Sul a conter os níveis de infecção.

Ver também: O Pacto Internacional sobre Direitos Civis e Políticos 256-257

A LEI DA MODERNA ESCRAVATURA
2015

Sob essa lei do Reino Unido, que aperfeiçoa leis anteriores e aumenta as indenizações para as vítimas, qualquer organização que forneça bens ou serviços no Reino Unido e tenha faturamento global de mais de 36 milhões de libras deve publicar uma declaração anual delineando as medidas tomadas para garantir que nenhum tráfico humano, escravização ou trabalho forçado ocorra em parte alguma de suas operações. Um relatório de 2019 do Ministério do Interior pleiteou que a lei seja ainda mais fortalecida e estendida para abarcar o setor público.

Ver também: A Lei da Abolição do Tráfico Escravista 132-139

GLOSSÁRIO

Neste glossário, termos definidos em outra entrada são identificados com *itálico*.

Absolvição Decisão em um *julgamento* segundo a qual um *réu* não é culpado de um crime.

Ação Demanda formal a um *tribunal* de justiça para decidir uma controvérsia entre duas ou mais partes.

Acusação Processo de apresentação de *indícios e provas* buscando provar que um *réu* é culpado de um crime.

Advogado de defesa Advogado que assiste, defende ou apresenta a narrativa de alguém num *tribunal* de justiça.

Apelação Solicitação a um *tribunal* supervisor para que anule a decisão de um tribunal inferior.

Arbitragem Processo em que uma terceira parte imparcial profere uma decisão vinculante relativa a uma disputa legal sem que esta precise ser resolvida em um *tribunal*.

Assize *Tribunal* reunido periodicamente em cada condado da Inglaterra medieval.

Ato legislativo Lei decretada pelo *Legislativo* e formalmente escrita. *Emendas* podem ser feitas a atos legislativos existentes.

Audiência Procedimento num *tribunal* ou outro órgão competente para decisões imperativas. Uma audiência é em geral mais curta e menos formal que um *julgamento*.

Autor Pessoa, organização, *Estado* ou país que acusa um *réu* num *tribunal* de justiça.

Barrister Tipo de advogado, no Reino Unido e em alguns outros países com sistemas de *common law*, que pode atuar como advogado tanto nos *tribunais* superiores quanto nos inferiores.

Bula papal Ordem ou *édito* emitido pelo papa sobre assunto de importância religiosa, legal ou política.

Cidadão Pessoa que pertence a uma cidade ou a uma comunidade maior, como um *estado* ou um país.

Cidade-Estado Cidade que, com os territórios adjacentes, também é um *Estado* político independente.

Codificação O processo de organizar as leis de forma sistemática, como numa *Constituição* ou num *código*.

Código Conjunto abrangente e sistemático de leis escritas adotado por uma nação ou *Estado*.

Common law, sistema de O direito da terra, derivado não de livros de *atos legislativos* ou de uma *Constituição* escrita, mas de decisões judiciais passadas, com base em *precedentes*. O sistema de *common law* é a base dos sistemas jurídicos da maioria dos países de língua inglesa. Ver também *civil law*.

Congresso Na Constituição dos EUA, o corpo que forma o ramo legislativo do governo *federal*. Consiste em duas assembleias eleitas, a Câmara dos Representantes (ou Câmara Baixa) e o Senado (ou Câmara Alta). No Brasil, cujo modelo constitucional é de inspiração americana, o Congresso Nacional também é formado por uma câmara alta (o Senado Federal) e por uma câmara baixa (a Câmara dos Deputados).

Constituição Princípios e leis relativos ao modo com que um país é governado.

Contrato Acordo legalmente vinculante entre duas ou mais partes em que uma oferta é feita e aceita, e todas as partes se beneficiam.

Controle de constitucionalidade Processo pelo qual o *Judiciário* pode apreciar a constitucionalidade de uma lei ou outro ato normativo emanado do *Legislativo* ou do *Executivo*, compondo um sistema fundamental de freios e contrapesos. Um exemplo importante de controle de constitucionalidade é o poder da Suprema Corte dos EUA de decidir se uma lei viola a Constituição do país.

Corporação Entidade legal independente, de propriedade de acionistas, autorizada a realizar negócios.

Crime cibernético Atividades criminosas realizadas usando um computador ou a internet.

Crime contra a humanidade Ataque deliberado, sistemático e amplo a uma população civil. Os exemplos incluem assassinato, estupro e tortura.

GLOSSÁRIO 325

Crime de guerra Ato realizado na condução da guerra que viola as leis internacionais e os costumes de guerra. Exemplos são tomar reféns, usar soldados crianças e deliberadamente matar civis ou prisioneiros.

Cumprimento da lei Processo de assegurar a observância da lei por meio de detenção, punição, reabilitação ou dissuasão.

Declaração de direitos Declaração formal dos *direitos* e liberdades mais importantes comuns a todos os *cidadãos* de um país ou *Estado*.

Defesa O processo de apresentar *indícios* e *provas* numa tentativa de provar que um *réu* é inocente.

Democracia Forma de governo em que o poder supremo é investido no povo ou exercido por seus representantes eleitos.

Democracia direta Governo de fato pelo povo, e não meramente em princípio – os *cidadãos* votam sobre cada questão que os afeta.

Descriminalização Remoção ou redução de penalidades legais por um ato.

Devido processo Realização de procedimentos legais segundo regras e princípios estabelecidos, assegurando que as pessoas sejam tratadas de modo justo e que seus direitos legais sejam respeitados.

Direito canônico O corpo de leis que regula a organização da Igreja Católica e *codifica* as crenças cristãs.

Direito civil 1) Sistema legal baseado na *codificação* e no *direito romanos* e não em *precedentes*;

usado principalmente na Europa continental e na América do Sul. 2) Ramo do direito que trata de disputas entre organizações privadas ou indivíduos, e não de crimes.

Direito comparado Estudo de sistemas jurídicos diferentes por meio de comparação e contraste.

Direito criminal Ramo do direito em que o *Estado* pune os que cometem os tipos mais graves de delitos.

Direito divino de reis Doutrina que sustentava que um monarca derivava legitimidade de Deus e que não se submetia a nenhuma autoridade terrena.

Direito internacional Sistema de leis que cobrem direitos e deveres de nações *soberanas*.

Direito natural Sistema de justiça considerado comum a todas as pessoas e derivado de regras imutáveis da natureza em vez das regras mutáveis da sociedade.

Direito romano Sistema legal dos romanos antigos que ainda constitui a base de muitos sistemas modernos de *direito civil*.

Direitos Aquilo que se atribui a uma pessoa por lei ou por questão de ética.

Direitos autorais (copyright) O direito legal exclusivo de reproduzir, vender ou distribuir uma obra criativa original, em geral por um número fixo de anos.

Direitos civis Os *direitos* das pessoas numa sociedade a tratamento e oportunidades iguais, quaisquer que sejam seu gênero, raça ou religião. Exemplos de direitos civis

são o direito ao voto, o direito a julgamento justo e o direito de usar serviços governamentais e instalações públicas.

Direitos humanos Liberdades e *direitos* inerentes a todos os seres humanos e definidos e protegidos por lei. Exemplos de direitos humanos são o direito à vida, à liberdade e à segurança.

Discriminação Tratamento injusto ou prejudicial de uma pessoa ou grupo de pessoas com base em fatores como raça, gênero, religião, deficiência, classe social ou sexualidade.

DNA Ácido desoxirribonucleico. Uma molécula grande que carrega informação genética única e pode assim ser usada para identificar com precisão qualquer indivíduo.

Édito Proclamação, ordem ou instrução oficial emitida por alguém com autoridade.

Eleição Processo formal em que uma população (o eleitorado) de um país, *Estado* ou área local vota para que um indivíduo assuma um cargo público.

Embargo Ordem governamental para suspensão de comércio ou outra atividade de negócios com determinado país, em geral usada como medida diplomática.

Emenda Acréscimo ou alteração oficial feito a uma lei, *ato legislativo* ou *Constituição*. A Declaração de Direitos dos EUA consiste nas primeiras dez emendas à Constituição americana.

Estado 1) Região política *soberana* e o povo que vive nela. 2) Um membro

326 GLOSSÁRIO

de um sistema *federal*. 3) Um governo e suas instituições.

Estado-nação *Estado* independente em que a maioria dos *cidadãos* compartilha uma língua e uma cultura comuns. Esses cidadãos se identificam como uma nação, e o Estado é governado em seu nome.

Executivo, poder Ramo do governo responsável por assegurar que as leis e políticas sejam implementadas e cumpridas.

Extradição Volta de uma pessoa acusada de crime ao *Estado* ou país em que se afirmou que o crime foi cometido.

Federal Designa qualquer sistema político em que há um governo central geral (governo federal), mas com muitas áreas de tomada de decisões a cargo de governos regionais – por exemplo, governos de províncias ou *estados*; a divisão dos poderes entre os governos federal e regionais é normalmente garantida por uma *Constituição*.

Felonia Crime considerado, por muitos sistemas jurídicos, mais grave que um delito menor.

Feudal Designa um sistema político, social, econômico e militar medieval em que o monarca de um país governava no topo de uma hierarquia semelhante a uma pirâmide. Cada nível da sociedade estava autorizado a reclamar direitos daqueles "abaixo", mas também era obrigado a assumir deveres com relação aos "acima".

Fraude Logro criminoso para obtenção de ganho financeiro ou pessoal.

Genocídio Assassinato deliberado e direcionado ou lesões graves

causadas a um grande conjunto de pessoas, em especial um grupo religioso, uma raça ou uma nação como um todo.

Habeas corpus (em latim, "terás o corpo"). Direito de uma pessoa presa ou detida de comparecer a um *tribunal* de justiça para estabelecer se sua detenção é legal. Uma *ordem judicial* de *habeas corpus* ordena que o responsável pela custódia traga o preso perante o tribunal.

Iluminismo Período também chamado Ilustração, de 1685 a 1815, quando pensadores europeus questionaram ideias estabelecidas sobre religião e autoridade e promoveram ideais como liberdade, progresso e tolerância.

Indenização Valor adjudicado por um *tribunal* a uma parte que sofreu perda ou dano devido a ato ilícito de outra parte.

Indiciamento Acusação formal escrita de um crime.

Indícios e provas Informações apresentadas num *tribunal*, *audiência* ou *julgamento* para ajudar um *juiz* ou *júri* a chegar a um *veredicto*.

Judiciário, poder Ramo do governo responsável por administrar justiça que inclui os *juízes* e *tribunais* de justiça.

Juiz Funcionário público com autoridade para presidir questões legais e procedimentos em *tribunal*.

Julgamento Exame formal de *indícios e provas* por um *juiz* num *tribunal* para chegar a um *veredicto* num caso de *direito criminal* ou *civil*.

Júri Conjunto de pessoas, chamadas

jurados, que juram dar um *veredicto* num caso judicial com base nos *indícios e provas* submetidos a elas.

Jurisdição Poder de um *Estado*, *tribunal* ou *juiz* de tomar decisões legais e fazer cumprir leis. Por exemplo, um Estado pode ter jurisdição sobre pessoas, propriedades ou circunstâncias dentro de seu território.

Jurisdição universal Em *direito internacional*, o poder de um *tribunal* nacional de processar indivíduos por crimes graves, como *crimes contra a humanidade*, *crimes de guerra* e *genocídio*, independentemente de onde o crime foi cometido.

Jurisprudência Direito baseado em decisões de *juízes* em casos anteriores. Ver também *precedente*.

Legislação Lei ou conjunto de leis que estão sendo preparadas, sancionadas ou aprovadas.

Legislativo, poder O ramo do governo responsável por fazer e aprovar leis.

Lei marcial Controle militar que substitui o governo civil normal de um país, em geral para manter a ordem em tempos de crise.

Litigação Processo de resolução de controvérsia entre duas ou mais partes opostas no *tribunal*.

Magna Carta Carta de *direitos* redigida em 1215 para limitar abusos de poder da monarquia inglesa.

Mandado Documento legal que permite a alguém fazer algo, em especial o que dá à polícia permissão para fazer uma detenção, apreender bens ou fazer buscas.

GLOSSÁRIO 327

Mandato Ordem ou autoridade para atuar de certo modo, concedidas a um representante do governo por um eleitorado.

Marca Palavra, frase, sinal ou símbolo que distingue as mercadorias ou serviços de uma empresa dos de outras. Uma marca pode ser registrada, o que dá ao proprietário um direito exclusivo de uso.

Monarquia absoluta Monarquia em que um rei ou rainha tem o controle completo da nação.

Monarquia constitucional Monarquia em que o rei ou rainha compartilha poder com um *Parlamento* eleito.

Ordem judicial Documento legal formal que ordena que uma pessoa realize ou pare de realizar determinada ação.

Pacto Acordo escrito vinculante que pode ser executado por um *tribunal*.

Parlamento O ramo que faz as leis, ou *Legislativo*, do governo de um país, com frequência formado por políticos eleitos.

Patente Forma de proteção legal que atribui ao inventor a propriedade de sua ideia e garante que outras pessoas não possam copiar a invenção sem sua permissão. Uma patente protege uma invenção, enquanto os *direitos autorais* protegem a expressão de uma ideia.

Precedente Princípio ou regra estabelecidos por uma decisão numa ação judicial anterior. Um precedente pode ser citado para justificar uma decisão num caso subsequente que trate de questões similares.

Processo Em *direito civil*, uma causa em que um autor alega ter sofrido danos em razão de atos ilícitos do *réu*.

Projeto de lei Proposta de nova lei ou de mudança em uma já existente apresentada para debate.

Propriedade intelectual Criações ou invenções protegidas por leis como as de *patentes*, *direitos autorais* e *marcas*, que permitem que as pessoas exijam reconhecimento ou se beneficiem financeiramente do que criaram.

Ratificação Processo de assinatura, ou aprovação formal, de uma lei, *tratado*, *contrato*, *emenda* ou outro acordo, tornando-os legalmente válidos.

Referendo Voto direto pelo eleitorado sobre uma questão, proposta ou política específica.

República *Estado* sem monarca, em que o poder reside no povo e é exercido por seus representantes eleitos.

Responsabilidade civil Ramo do *direito civil* que trata de atos ilícitos de uma parte que provoquem perda ou dano a outra parte.

Réu Pessoa ou organização acusada num *tribunal* de justiça.

Revolução Derrubada súbita e muitas vezes violenta de uma ordem social ou regime político pelo povo.

Sentença Punição dada por um *juiz* a um *réu* declarado culpado de um crime num *tribunal* de justiça.

Separação dos poderes Divisão do governo em três ramos – o *Executivo*, o *Judiciário* e o *Legislativo* –, que são corpos separados e independentes, assegurando que nenhum ramo sozinho obtenha poder demais.

sharia O corpo de lei divina no islamismo, que governa a vida religiosa e secular dos muçulmanos.

Sindicato Grupo organizado de funcionários que negociam com os empregadores e o governo para manter e melhorar os salários e condições de trabalho.

Soberania Autoridade que um *Estado* – ou seu governante, líder, *Parlamento* ou governo – detém e que não está sujeita a nenhum controle ou influência externos.

Sufrágio O direito de votar numa *eleição* ou *referendo*. O sufrágio universal se refere ao direito de votar dos *cidadãos*, independentemente de gênero, raça, status social ou riqueza. O sufrágio feminino designa o direito das mulheres de votar nas mesmas condições que os homens.

Suprema Corte O *tribunal* judicial mais alto de um país ou *Estado*, que tem *jurisdição* sobre os tribunais inferiores. Nos EUA, a Suprema Corte é o tribunal *federal* mais alto e tem o poder de interpretar a Constituição do país.

Tratado *Contrato* formal que estabelece acordos – tais como acordos de comércio, uma aliança ou o fim de hostilidades – entre *Estados*.

Tribunal ou corte Instituição ou conjunto de pessoas com autoridade para apreciar e decidir controvérsias jurídicas. Também o local em que as audiências legais ocorrem.

Veredicto A conclusão de um *juiz* ou *júri* baseada nos *indícios e provas* apresentados no *tribunal*.

ÍNDICE

Números de página em **negrito** remetem a tópicos principais dos capítulos

11 de setembro, ataques de 180, 323

A

aborto 126, 129, 201, **260-263**, 284
absolutismo 13, 28, 96, 102
Abu Hanifa 50, 54, 56
acidentes de trabalho 13, 123, 164-167, 180-183
acionistas 178-179
Acordo Geral sobre Tarifas e Comércio (GATT) 280-283
acordos de comércio multilaterais 283
Adams, John 112, 126, 127
Adenauer, Konrad 238
Adriano, imperador 39
advogado-geral **309**
Afeganistão 57, 268, 303
África do Sul
 apartheid 226, **227**, 318, **322**
 casamento homoafetivo 295
afro-americanos 98-101, 117, 126, 138-139, 201, **248-253**
Agência de Alimentos e Drogas (FDA) 185
Agência Internacional de Energia Atômica (AIEA) 247
Agência Mundial Antidoping (AMA) 304
Agostinho, santo 72-73
água, julgamento por 19, 52-53, 65
al-Assad, Bashar 277
al-Bashir, Omar 301-302
al-Biruni, Abu Rayhan 32
al-Bukhari, Imam Muhammad 54-56
al-Ghazali, Abu Hamid **57**
al-Mahdi, Ahmad 301
al-Majid, Ali Hassan (Ali Químico) 277
al-Shafi, 56
Albânia 277
Alcáçovas, Tratado de 87
Alcorão 12, 40, 50, **54-57**
Alderson, sir Edward Hall 145
Alemanha
 Bürgerliches Gesetzbuch **322**
 código civil 130
 direito do trabalho 164-166
 julgamentos de Nuremberg 200, **202-209**, 300
 Leis de Nuremberg **197**
 reunificação 241
 Tratado de Versalhes 123, **192-193**, 201
Alexandre I da Rússia 236
Alexandre II da Rússia 175, 191
Alexandre VI, papa 86-87
Alexandre, bispo de Alexandria 46
Alexandre, o Grande 33

alimentação
 direito à 228
 preços 319
"Ama o teu próximo" 194-195
ambientais, ativistas 168, 219
ambiente saudável, direito a 228
América do Sul 87
American Tobacco 184-185
amputação 57, 64-65
anglo-saxões 59
animais
 ameaçados, proteção de 201, **264-265**
 direito do bem-estar animal 122, **146-147**, **163**
Annan, Kofi 218
antitruste, lei **170-173**, 184-185
Antoniani, Fabiano **297**
apartheid **227**, 318, **322**
apedrejamento 57
Aquílio 17, 34
Aquino, Tomás de 32, 51, 72, **73**
Árabe-Israelense, Guerra (1948) 218
Arábia Saudita 57, 188, 228
Arábica, península 50, 54-55
Arendt, Hannah 227
Ario/arianismo 45-46
Aristóteles 12, 17, 27, 31, 32-**33**, 51, 72, 103
armamentista, corrida 174-176, 201, 244-247
armas, controle de **196, 244-247, 276-277, 288-289**
armênio, genocídio 210, 233
Arthashastra 17, 35
Artigos da Confederação 112, 127
ASEAN (Associação de Nações do Sudeste Asiático) 283
asilo político 227
assassinato 12, **168**
 aborto como 263
 de escravizados 100
 político 301
assassinatos políticos 301
assassino do rio Green **273**
assassinos (seita) 57
Assembleia Nacional (França) 102, 118-119, 130, 224
Assize de Clarendon 51, 64-65, 68, 109
Assize de Northampton 64-65
assizes 51, 64-65, 68-69, 109, 149
Associação Americana de Antropologia 228
Associação Nacional para o Progresso das Pessoas de Cor (ANPPC) 251-252
associações de auxílio mútuo (*friendly societies*) 164-165
Atenas 12, 17, 31, 33
Atkin, lorde 195
Ato Único Europeu (1986) 241
Augsburgo, Paz de 94-95
Augusto, imperador 36
Austrália 169, 291, 321

Austro-Húngaro, Império 192
autoincriminação 254-255
autoritarismo 16, 28, 31, 150, 165, 290

B

Babilônia 18-19, 22-23, 38, 151
Banco Mundial 214, 280-282
banda larga 310-311, 313
Bangladesh 303
banheiros 183
Barbie, Klaus 204
barões, poder dos 68-71
Baudelaire, Charles 150
Beccaria, Cesare 151
beisebol 306
Bélgica 288, 296-297
Bemba Gombo, Jean-Pierre 303
bem comum 72-73, 119
bem-estar social **88-91**
bem-estar social, sistemas de 91, 166
Bento VIII, papa 47
Bento XV, papa 63
Bensouda, Fatou **303**
Bentham, Jeremy 91
Berlim, Conferência de 86
Berna, Convenção de 106, 286-287
Berna, Tratado de **321**
Bíblia 18-23, 44
bibliotecas de depósito legal 107
biodiversidade 201, **270-271**
Bismarck, Otto von 123, **165**, 166, 175
bispos 44-47
BitTorrent 311, **312**
Blackstone, William 77, 81, **109**
blasfêmia 38, 41, 44, 257
bloco soviético 201, 244
Bodley, sir Thomas 107
bolcheviques 190-191, 219, 255
bombardeios aliados 208, 219, 244
bombas atômicas 219, 244
Bonifácio VIII, papa 63
Borel, Émile 236
Bormann, Martin 208
Borodin, Ivan 271
Bósnia e Herzegovina 289
Bourbons, dinastia dos 94
Bow Street Runners 140-141
Brasil, escravatura no 134
Brehon, Leis de **319**
Bretton Woods, Conferência de 280
Brexit 236
Bridewell, Prisão de **91**
Brunelleschi, Filippo 82-83
Bruno, Giordano 93
bruxaria 52, 81, **104-105**
Bruxelas, Declaração de 175
Bruxelas, Tratado de 240
budismo 28
bull-baiting 146-147
busca e apreensão ilegais 186-187, 254
Buscetta, Tommaso 259

Bush, George H. W. 275

C

Cabral, Pedro Álvares 87
caça 147, 264
Câmara dos Representantes (EUA) 113
Campanha Internacional para Eliminação de Minas Terrestres (CIEMT) 288
Campanha para o Desarmamento Nuclear 245
campanhas eleitorais 301
campos de concentração 154
Canadá 169, 170, 294
capitalismo 122
Caracala, imperador 36
Caribe 99-100, 136-137
Carlos I da Inglaterra 13, 71, 80-81, **96-97**, 102, 106, 116
Carlos II da Inglaterra 13, 71, 96-97, 102
Carlos VII da França 152
Carlos, o Audaz, duque da Borgonha 209
Carta Africana dos Direitos Humanos e dos Povos 229
Carta de Coroação 68
Carta de Juramento (Japão) **162**
Carta do Atlântico 215-216
Carta Mercatoria 76
Cartae Baronum 58
casamento
 entre pessoas de religião diversa 45
 inter-racial 98, 101
 homoafetivo 129, 268-269, **292-295**
 liberdade de escolha 62
casas de correção 90-91
castas, sistema de 17, **35**
Caxton, William 106
células-tronco, pesquisa de 284
censura **150**, 312, 323
Chechênia 292, 295
Chile 310
China 246-247, 295
 antiga 12, 16-17, **24, 26-29**
Churchill, Winston 205, 211, 215-216, 217, 225, 231, 236
Cícero 30, 33, 72, 92
ciclismo 304
cidadania 36, 115
cidades-Estados 18, 25, 31, 75, 82-83, 112
ciganos 210
Ciro, o Grande, da Pérsia 38, 118
civis
 crimes contra 301
 na guerra 154-155
Clarkson, Thomas 134-135
Clemenceau, Georges 192
Clemente V, papa 63
Clemente, bispo de Roma 44
Clinton, Bill 285
Cobbe, Frances Power 163

ÍNDICE 329

Codex Justinianus 37, 47, 62
Codex Lambacensis 65
Código de Tecdósio 62
Código Napoleônico 13, 122, **130-131**
códigos, primeiros **18-19**
"códigos negros" 98, 101, 139
Coke, Edward 77, 85
Colômbia 297
Colombo, Cristóvão 80, 86-89
colônia penal da Austrália **321**
colônias 80-81, 193, 228, 231
Colquhoun, Patrick 141
comba:e, julgamento por 52-53
Comcast 311, **312**, 313
comércio *ver* direito comercial
Comissão das Comunidades Europeias 241
Comissão do Direito Civil Nórdico 160
Comissão Europeia 238
Comissão Federal de Comércio 123, 173, **184-185**
Comissão Federal de Comunicações 310, 311-313
Comissão Internacional de Polícia Criminal (CIPC) 220, **221**
Comitê de Ação para os Estados Unidos da Europa 238
Comitê Europeu para Prevenção da Tortura 237
Comitê Internacional de Auxílio a Combatentes Feridos (CIACF) 153-154
Comitê Internacional do Escudo Azul 177
Comitê Olímpico Internacional (COI) 304
Comentários (Blackstone) 81, **109**
Commission Supérieure de Codification 130
common law 12, 51, 65, 68, **70**, 77, 101, 107, 145, 159, 168
Os Comentários de Blackstone 81, **109**
Commonwealth 109, 143, 151
Companhia Britânica das Índias Orientais 137
Companhia dos Mares do Sul 178
Companhia dos Papeleiros 106-107
Comunidade da Inglaterra 81, 116
Comunidade Econômica Europeia (CEE) 239-240, 315
Comunidade Europeia de Energia Atômica 239-240
Comunidade Europeia do Carvão e do Aço 200-201, **238-239**, 240
Comunidades Europeias (CE) **240-241**
comunismo 123, 190-191, 230-231
Concílic de Latrão, Quarto 64-65
concorrência/competição 123, **170-173**, 184
condenados, transporte de **321**
conduta descuidada 194-195
conduta militar 174-175
Confúcio/confucionismo 12, 16-17, **26-27**, 28-29
Congresso (EUA) 113-115, 126, 129
Congresso da Europa (1948) 230-231
Congresso dos Sindicatos (CS) 156, 159
Congresso Internacional de Polícia Criminal 220-221
Congressos Continentais 112, 117
Conquista Normanda 51, 53, 58, **59**

consciência, liberdade de 257
Conselho da Europa (CoE) 201, 230-231, 233, **236-237**, 306
Conselho Nórdico 160, 200-201, 242, **243**
Conselho Nórdico de Ministros 242-243
consentimento, idade de 294
conservação da natureza **264-265**
conservação da vida selvagem **264-265, 270-271**
Constantino I, o Grande, imperador 17, 45, **46**, 60-61
Constantinopla 46-47
constitucional, governo 71, 112-115
consumidor, direitos do 123, 195
contracepção 261
contrato social 103, 116
controle de constitucionalidade 112, 122, **126-129**
controle dos poderes, sistema de 113, 115, 191
controvérsias, solução de 18
Convenção Constitucional 112-113, 117
Convenção Europeia de Direitos Humanos (CEDH) 118, 200-201, 224, **230-233**, 236
Convenção Internacional contra o Doping nos Esportes 269, **304**
Convenção sobre a Proibição de Minas Antipessoais 268, **288-289**
Convenção sobre Armas Biológicas 276-277
Convenção sobre Armas Químicas 174, 268, **276-277**
Convenção sobre Bombas de Fragmentação 288
Convenção sobre Diversidade Biológica 270
Convenção sobre Manipulação de Competições Esportivas 306
Convenção sobre Comércio Internacional das Espécies da Flora e Fauna Selvagens em Perigo de Extinção 201, **265**
Convenção sobre Proteção de Crianças contra Exploração e Abuso Sexual 237
Copenhague, Cúpula de 305
Copérnico, Nicolau 93
copyright *ver* direitos autorais
Córdoba 40
Coreia do Norte 244, 247, 276, 289
Coreia do Sul, Lei de Prevenção e Controle de Doenças Infecciosas (2009) **323**
Corpo de Leis das Liberdades de Massachusetts 146
Corpo do direito civil 62, 130
Corpus juris canonici 50, 63
corretores de apostas 145
Corte de Justiça da União Europeia 241
Corte Europeia de Justiça (CEJ) 200-201, **234-241**, 308-309
Corte Europeia de Direitos Humanos (CEDH) 230-233, 237
Corte Permanente de Arbitragem 214-215
Corte Permanente de Justiça Internacional 204, 214, 218
Cortina de Ferro 201

Costa do Marfim 301
credores 178-179
crianças
    direitos das **219**, 229, 256
    proteção das 275
    trabalho infantil 180
crime cibernético 13, 221
crime organizado 13, 201, 221, 259, 269, 306
crimes contra a humanidade 204, 206-208, 300-301, 303
crimes de guerra 152, 154, 177, 200, **202-209**, 215, **300-303**
crimes econômicos 221
criminosos sexuais **285**
Crippen, doutor Hawley 220
críquete 306-307
Crise dos Mísseis de Cuba 201, 245-246
cristianismo, primórdios do 44-47
Cristiano v da Dinamarca 160
Cristo, Jesus 44, 46
Cromwell, Oliver 71, 97, 116
Cromwell, Richard 97
Cromwell, Thomas 85
Cruz Vermelha, Comitê Internacional da (CICV) 153-155, 289
culto, liberdade de 46
cumprimento da lei 122, **140-143**
    Interpol **220-221**
    perfil de DNA 272
    polícia 122, **140-143**
Cúpula da Terra (Rio de Janeiro) 214, 269, 305
curdos 211, 277

D

danos pessoais 195
Darfur 302
Décio, imperador 45
Declaração de Direitos inglesa 13, 81, 96, 103, 109, 112, 115-116
Declaração dos Direitos do Homem e do Cidadão 13, 81, 102, 112, **118-119**, 123, 224
Decreto de Estabelecimento (Inglaterra, 1701) 102-103
Decretum de Graciano 32, 44, 47, 50-51, 60-63, 319
deficiência 268, **275**
de Gaulle, Charles 240
de jactu, lei 25
de Klerk, F. W. 227, 318
Delors, Jacques 241
democracia 17, 31, 69, 122
    Estados Unidos 116-117
    parlamentar 70-71
de Montfort, Simon 71
Denning, lorde 168
Departamento de Investigações Criminais 140
Departamento Federal de Investigação (FBI) 273
deportação 232
desarmamento 175-176, 193
despotismo 116
Deus
    direito islâmico **54-57**
    direito natural 72

lei divina **20-23**
dever de cuidar 194-195
devido processo **104-105**
Dez Mandamentos 16, 20, 22-23
Dia de São Valentim, Massacre do 196
diáconos 44-45
Diana, princesa de Gales **289**
Dickey-Wicker, Emenda **284**
Dinamarca 160-161, 242-243, 292
Diocleciano, imperador 45-46
Dionísio, o Pequeno 61
Dionísio II de Siracusa 31
diplomacia 80, 92
pelo direito à vida, pelo 263
direito aéreo **321**
direito ambiental 201, **264-265**, 269, **270-271**, 305
direito ao voto 13, 98, 117, 123, 139, **188-189**, 233, 250, 252-253, 257, 275
direito canônico 12, 17, **42-47**, 50, **60-63**, 64, 130
direito civil
    Código Napoleônico 131
    divórcio sem culpa **258**
    e direito canônico 12, 17, 47, 51
    nórdico 160
    propriedade privada **34**
    romano 30, 33-34, 37, 50, 61, **62**, 63, 130, 148
direito comercial
    Comissão Federal de Comércio **184-185**
    internacional 13, 51, **74-77**
    lei antitruste **170-173**
    Organização Mundial do Comércio **278-283**
    ver também direito marítimo
direito comparado **161**
direito constitucional **162, 186-187, 190-191, 254-255**
direito contratual 77, **148-149**, 161
direito da família 131, 161, **284**
O direito das gentes, O (Vattel) 80-81, 92, 108
Direito da guerra e da paz, O (Grotius) 80, 92
direito de escolha, pelo 262-263
direito divino 12, 73
    islamismo **54-57**
    judaísmo **20-23, 38-41**
direito do trabalho
    acidentes **164-167**
    igualdade salarial **314-315**
    oportunidades iguais 275
    proteção ao denunciante **274**
    saúde e segurança **180-183**
    sindicatos 13, **156-159**
direito empresarial 178-179
direito esportivo 269, **304, 306-307**
direito humanitário 123, 152-155, 224, 300
direito internacional
    Convenção sobre o Genocídio **210-211**
    Convenções de Genebra **152-155**
    Convenções de Haia **174-177**
    cooperação escandinava **160-161**
    Corte Europeia de Justiça (CEJ) **234-241**

330 ÍNDICE

direito comercial 13, 51, **74-77**
direito contratual 148
direito da guerra e da paz 80, **92**
direitos e deveres das nações **108**
leis de direitos autorais 106
Nações Unidas e Corte
Internacional de Justiça **212-219**
soberania de Westfália **94-95**
Tratado de Helsinque **242-243**
Tratado de Tordesilhas **86-87**
Tratado de Versalhes **192-193**
Tribunal Penal Internacional (TPI)
298-303
ver também direitos humanos;
direito humanitário; direito militar
direito islâmico 12, 40, 50, **54-57**, 228,
229, 295, 320-321
direito mercantil *ver* direito comercial
direito militar 200, **202-209**
direito natural 50-51, **72-73**
Aristóteles 17, **32-33**, 37, 103,
226-227
Grotius 92
direito penal
assassinato **168**
eutanásia **296-297**
Lei de Megan **285**
pena capital **151**
proteção às testemunhas **259**
teste de DNA **272-273**
direito romano 16, **30**, 33-34, **36-37**,
50, 61, **62**, 63, 148
Direitos Autorais da OMPI, Tratado de
286-287
direitos autorais, leis de 81, **106-107**,
286-287
direitos civis 13, 81, 112, 122, 201
aborto **260-263**
casamento homoafetivo **292-295**
Código Napoleônico 130-131
escravizados 100-101
legislação 101, 130, 139, 201, 248,
250, 252-253, 275
movimento dos direitos civis
248-253
Pacto Internacional sobre Direitos
Civis e Políticos **256-257**
direitos das minorias 224
direitos humanos 13, 71, 122, 131,
200, 201, 268-269
abolição da escravatura 123,
134-139
Convenção Europeia de Direitos
Humanos **230-233**
Convenção sobre os Direitos da
Criança (ONU) **219**
Declaração dos Direitos do Homem
118-119
Declaração Universal dos Direitos
Humanos **222-229**
direito à privacidade 309
escravizados 100
movimento dos direitos civis
248-253
Pacto Internacional de Direitos
Civis e Políticos **256-257**
direitos naturais 92, **103**, 116
direitos pessoais 262
Diretiva de Proteção de Dados (UE) 308
discriminação

de gênero 314-315
de pessoas com deficiência 275
racial **248-253**
Disraeli, Benjamin 91
divórcio sem culpa 201, **258**
DNA, teste de 268, 269, **272-273**
Dodd-Frank, Lei (EUA, 2015) 274
Domesday Book 50, **58-59**
Donaldson, Alexander 107
Donoghue *vs.* Stevenson 194-195
Douglass, Frederick 100
Doze Tábuas 12, 17, 30, 34, 36
Drácon, Código de **318**
Dred Scott *vs.* Sandford 126, 138-139
Dreyfus, caso **322**
drogas
descriminalização 268-269,
290-291
mortes por 291
nos esportes 269, **304**
tráfico 187, 220-221, 290-291
duelos judiciais 52-53
Dumbarton Oaks 214, 216, 225
Dunant, Henry 152, **153**, 154
dupla acusação 62-63, 115
duplum ("dobro"), regra do 148

E

Eduardo I da Inglaterra 68, 70, 76
Eduardo III da Inglaterra 64-65, 70, 77
Eduardo VI da Inglaterra 91
Eduardo, o Confessor 59
educação, direito à 227
Egito 276
Eichmann, Adolf 204
Einstein, Albert 215, 219
Eisenhower, Dwight D. 252
El Pardo, Tratado de 86
eleitoral, reforma **188-189**
Elizabeth I da Inglaterra 85
embriões, pesquisa com 268-269, 284
empresas limitadas 178-179
empresas limitadas incorporadas
178-179
enterro, costumes relativos a 33
Equiano, Oloudah **136**
equilíbrio de poder 175
escandinava, cooperação **160-161**,
200-201, 242-243
Escócia 52, 157
escolas de direito medievais **319**
escravatura 33, 73, 80-81, 113, 119, 227
abolição do tráfico escravista 101,
115, 122, **132-139**, 224
códigos escravistas 80, **98-101**
moderna 139, **323**
Espanha
império colonial 80, 86-87, 320
proteção de dados 308-309
Siete Partidas **320**
espécies ameaçadas 201, **264-265**
esquecido, direito de ser 268-269,
308-309
Estados-nações 80, 122, 174, 192, 218,
219
Estados Unidos
abolição da escravatura 101,
137-139

aborto 260-263
códigos escravistas **98-101**
conservação da vida selvagem
264-265
Constituição 71, 81, 108-109,
110-117, 122, 126-128, 130, 138,
186
corrida armamentista/controle de
armas 244-247, 276-277, 280
Declaração de Direitos 71, 81, 102,
115, 116-117, 130, 186
Declaração de Independência 98,
108, 112, 116, 118, 224, 250
direito comercial **170-173**, **184-185**
direito constitucional **186-187**,
254-255
direito contratual 145
direito da família **284**
direito do trabalho 164, 167, 180,
274, 314-315
direito penal **259**, **285**
direitos de homossexuais 292-295
emendas constitucionais 115, 117,
126, 138-139, 186, 189, 196, 254-255,
262, 285
eutanásia 296-297
guerra comercial com a China 283
independência 71
julgamentos de bruxas 52
lei de direitos autorais 286-287
leis da internet **310-313**
leis federais **124-129**
movimento dos direitos civis 201,
248-253
pena de morte 151
pessoas com deficiência 268, **275**
polícia 143
política de drogas 290-291
reforma eleitoral 188-189
regulamentação do jogo 144
sindicatos 156, 158
Suprema Corte 112, 114, 122,
124-129, 138, 262-263, 294-295, 313
ver também Guerra Fria
Estados Unidos *vs.* Calandra 186
Estados Unidos *vs.* Leon 187
Estatuto da Rainha Ana **106-107**, 286
Estatuto de Cambridge 88-89
Estatuto de Londres 205-208
Estatuto de Monopólios 82, 85
Estatuto de Tóquio (1945) 208
Estatuto de Winchester 140
Estatuto do Tribunal Militar
Internacional 210
Estatuto dos Trabalhadores 88-89
estoicismo 33
estupro 211, 273, 285, 303
Etelberto, leis de **318-319**
Etelredo, rei 52
ética médica 296-297
eutanásia 197, 269, **296-297**
excomunhão 44, 320
execução 28, 151, 205, 292
expressão, liberdade de 119, 225, 227,
232, 257, 274, 308-309
extinção 264-265, 281
extinções em massa 264, 271
extradição 221

F

fábricas 122, 143, 157
Facebook 173
falsificados, artigos 287
Fatawa-e-Alamgiri 318, **320-321**
FDA *ver* Agência de Alimentos e
Drogas
Federação Americana do Trabalho 156,
158
federal, governo 112-113
feminismo 201, 260, 263
Fernando II, imperador 94
Fernando II de Aragão 86-87
feudal, sistema 59, 68, 69
Fielding, Henry e John 141
Fifa 306-307
Filipinas 303
filosofia
chinesa 24-27
grega 12, 31-33
Iluminismo 116
Finlandês-Soviético, Tratado 243
Finlândia 160-161, 242-243, 313
Flaubert, Gustave 150
Florença 82-83
fogo, julgamento por 52-53
Forças Nucleares de Alcance
Intermediário, Tratado de 247
Força-Tarefa contra a Manipulação de
Resultados (FTMR) 269, **306-307**
Ford II, Henry 173
forense, ciência
impressão digital 220, 272
teste de DNA 268-269, **272-273**
França
censura 150
Código Napoleônico 130-131
Declaração dos Direitos do Homem
81, 118-119
eutanásia 296
pena de morte 151
sindicatos 158
Francisco, papa 296
Franco-Prussiana, Guerra 175
Franklin, Benjamin 112, 117, 319
Frederico V, imperador 94
friendly societies 158
fronteiras internacionais 96-97
Fundo Monetário Internacional (FMI)
214, 280-282
fusões e aquisições 172, 184-185
futebol 304, 306-307

G

Gabinete Internacional de Paz 176
Gaddafi, coronel Muammar 301
Gaillon, Édito de 150
Galério, imperador 45
Galilei, Galileu 80-81, **93**
Garcetti *vs.* Ceballos 274
gás sarin 276
gás venenoso 176, 177
Genebra, Convenções de 92, 122-123,
152-155, 174-176, 209, 224, 300
Genebra, Protocolo de 276-277
Gêngis Khan **319-320**

ÍNDICE 331

genocídio 177, 200, 206, 209, **210-211**, 219, 233, 277, 300-301
Gênova 75, 76
Gladstone, William 158
globalização 95, 161, 281
Goebbels, Joseph 206
Goering, Hermann 204, 206-208
González, Mario Costeja 270-271
Google 173, 286, 308-309, 311-313
Gorbatchev, Mikhail 246-247
Goulão, João Castel-Branco 290
Graciano 32, 44, 47, 50-51, 60, **60-63**, 72, 319
Grande Cisma 44, 47
Grande Compromisso 113-114
Grande Depressão 192-193, 200, 214, 280
Grande Lei da Paz **319**
Grant, Ulysses S. 214, 270
Gregório IX, papa 41, 60, 63
gregos antigos 25, 31
Greve das Docas de Londres **159**
Greve das Mulheres pela Paz 245
greve de costureiras da Ford **315**
greves 156-159
Groenlândia 242-243
Gromyko, Andrei 218, 246
Grotius, Hugo 80, **92**, 108
Guemará 38, 40-41
guerra
    Convenções de Genebra 122-123, **152-155**
    Convenções de Haia 123, **174-177**
    Grotius **92**
    julgamentos de Nuremberg 200, **202-209**
    Tribunal Penal Internacional (TPI) **298-303**
    ver também armas, controle de
guerra aos tóxicos 290, 303
Guerra Civil Americana 101, 138-139, 152, 154, 174, 175, 215, 250-251
Guerra Civil Angolana 289
Guerra Civil Inglesa 13, 71, 80-81, 96-97, 102, 116
Guerra Civil Russa 191
Guerra Civil Síria 210, 218, 268, 276-277, 303
Guerra dos Cem Anos 152
Guerra dos Oitenta Anos 94
Guerra dos Trinta Anos 94-95, 108
Guerra Fria 200-201, 219, 280, 300
Guerra Irã-Iraque 277
guerra justa 73
Guerra Russo-Japonesa 176
Guerras Napoleônicas 131, 154, 236
guildas 83
Guilherme I (o Conquistador) da Inglaterra 50, 58-59, 68
Guilherme I da Alemanha 165, 166
Guilherme II da Alemanha 300
Guilherme III da Inglaterra 102-103, 116
Gutenberg, Johannes 106

H

habitat, perda de 264-265
Habsburgos, dinastia dos 94
hadiths 50, 54-57
Hadley *vs.* Baxendale 148-149

Hagenbach, Peter von 204, **209**
Haia, Convenções de (1899, 1907) 123, 154, **174-177**, 204, 206-207, 210, 214-215, 224, 276, 300
Haiti 137
Hale, sir Matthew 105
Halsbury, lorde Harding Giffard, 179
Hamilton, Alexander 112, 127
Hamurábi, Código de 16, 18-20, 23, 52, 118, 151
Han, dinastia 29
Han Feizi 29
harmonia 27, 32-33
harmonização legislativa **160-161, 243**
Haroldo II da Inglaterra 59
Harriman, Averill 246
Harrison, Frederic 157-158
Hastings, Batalha de 59
Hedtoft, Hans 243
heliocentrismo 80, 93
Helsinque, Tratado de 160, 200-201, **242-243**
Henrique de Bracton 70
Henrique de Huntingdon 58
Henrique I da Inglaterra 65, 68
Henrique II da Inglaterra 51, 58, 64-65, 68, 109
Henrique III da Inglaterra 51-53, 68, 70-71, 96
Henrique V da Inglaterra 152
Henrique VI da Inglaterra 82, 85
Henrique VIII da Inglaterra 90-91, 106
herança 131, 261
herança cultural
    direito de participar da 228
    proteção da 174, 177, 301
heresia 44-46, 80-81, **93**
Hess, Rudolf 207
Heydrich, Reinhard 197
Heyrick, Elizabeth 147
hierarquia social 35, 73
Himmler, Heinrich 206
hindu, direito **35**
Hirohito, imperador 162
Hiroshima e Nagasaki 219, 244
Hitler, Adolf 192, 197, 206-208
HIV/AIDS 269, 282, 291
Holocausto 154, 177, 193, 200, 204-207, 210, 232, 300
homossexuais, direitos de 268-269, **292-295**
homossexualidade 257, **292-295**
Hornby *vs.* Close 158
Huddleston, barão 168
humanitária, ajuda 214
humanitárias, crises 95
Hussein, Saddam 211, 277
hútus 211
Hyde, Emenda 260, 263, 284

I

iazidi, povo 210
Ibn Hanbal 56
Ibn Majah 56
identidade nacional 130
idosos 90, 296
Igreja
    e caridade 90

    e direito civil 46
    e papado 69
    heresia **93**
    redução/contestação do poder da 80, 131
    Reforma 80, 320
    ver também direito canônico
Igreja Católica Romana 17, 50-51, 63, 80, 81
    casamento homoafetivo 295
    Inquisição 93
    ver também direito canônico; Igreja; papado
Igreja Ortodoxa Grega 44, 47
igualdade 81, 118-119, 123, 130-131, 260, 263
    direito ao voto 188-189
    de pessoas com deficiência 275
    salarial 314-315
igualdade de gêneros 119, 314-315
ilegitimidade 261
Iluminismo 81, 108, 116, 119, 122, 146, 151
Império Bizantino 25, 45-46, 50, 75
Império Britânico 137, 224
Império Otomano 57, 192
Império Romano 17, 44-47, 50
imprensa 106
    liberdade de 119, 309, 323
impressão digital 220, 272
incêndio, regulamentos sobre 181-182
indenização/reparação
    financeira 34
    por acidentes no trabalho 164-167
    quebra de contrato 148
    responsabilidade civil 195
Índia 16-17, 35, 244, 295
indígenas, povos 169, 252
individualismo 28, 150
denunciantes 259, **274**
Inglaterra
    autoridade parlamentar **96-97**
    common law 51, 81, **109**
    Domesday Book **58-59**
    julgamento por combate 53
    julgamento por júri **64-65**
    leis dos pobres 88-91
    Magna Carta **66-71**
    monarquia constitucional **102-103**
    ver também Reino Unido
inocência até prova de culpa 119
Inocêncio III, papa 52-53, 69
Inquisição romana 93
Instituto de Direito Internacional (IDI) 175-176
Proibição Completa de Ensaios Nucleares, Tratado de 247
Proibição Parcial de Ensaios Nucleares, Tratado de 144, 201, 246
interesse próprio 27-28
interesse público 274, 309
internet
    lei da internet **310-313**
    lei da privacidade 268, **308-309**
    lei de direitos autorais 106, 286-287
    rede de duas vias 312-313
Interpol 13, **220-221**, 269, 272, 306
invenções 82-84
IRA 233
Irã 292
Iraque 277, 302

Irlanda 140, 142, 319
Isabel, imperatriz da Áustria 220
Isabel I de Castela 86-87
Isidoro de Sevilha 61
Islândia 160, 242-243, 268-269, 314-315
Israel 303, 322-323
Itália 153, 296
Iugoslávia, antiga 204, 209-211, 300-301

J

Jackson, Andrew 128-129
Jackson, Robert H. **205**, 207, 209
Jaime I da Inglaterra 85
Jaime II da Inglaterra 13, 102-103, 116
Japão 162, 208, 277, 300
Jefferson, Thomas 101, 112, 115, 119, 126
Jeffreys, Alec 272
Jerusalém 17, 38-40
Jim Crow, leis 123, 201, 250-251
Joana d'Arc **320**
João da Inglaterra 51, 68-71, 109, 118
João I, papa 61
João II de Portugal 86-87
João Paulo II, papa 295
João XXIII, papa 63
jogo
    legislação **144-145**
    manipulação de resultados 306-307
Johnson, Andrew 139
Johnson, Lyndon B. 253
Jorge III do Reino Unido 169
Josias, rei de Judá 22
Joyce, James 150
judaísmo
    Dez Mandamentos e lei mosaica 12, 16, **20-23**
    Mixná e Talmude **38-41**
    perseguição a judeus 123, 197, 204-207, 210, 221, 225
juízes
    de paz (JPS) 141
    itinerantes 64-65
    independentes 71
julgamento justo, direito a 228
julgamento por combate 12, 50, **52-53**
julgamento por júri 51, **64-65**
julgamento por ordálio 12, 19, 51, **52-53**, 64
jurisprudência, escolas islâmicas de 56
jus novum 63
justiça natural 73
justiça social 183
Justiniano I, imperador 25, 34, 36-37, 50, 60-62, 148

K

kapu, sistema **318**
Karadžić, Radovan 204, 209
Katyn, Massacre de 208
Kellogg-Briand, Pacto 207
Kennedy, John F. 245-246, 253
Kennedy, Robert 255
Kenyatta, Uhuru 302
Keynes, John Maynard 280
KGB 191

332 ÍNDICE

Khrushchev, Nikita 245
Kim Dotcom **287**
King Jr., Martin Luther 252-253
Kosovo 268
Ku Klux Klan 252, 259
Kyoto, Protocolo de 269, **305**

L

L'Ouverture, Toussaint 137
Lafayette, marquês de 118-119
Langdell, Christopher Columbus 109
Lao Tsé 27-28
Lawless *vs.* Irlanda 230
Lawrence, D. H. 150
legalismo 12, 16-17, 26-27, **28-29**
Lei Antitruste de Sherman (EUA, 1890)
   123, **170-173**, 184-185
Leibniz, Gottfried Wilhelm 108
Lei da América do Norte Britânica (1867)
   169
Lei da Constituição do Canadá (1982) 169
Lei da Crueldade contra Animais (Reino
   Unido, 1849/1876) 146-147, 163
Lei da Modernização da Música (EUA,
   2018) 286-287
Lei da Polícia Metropolitana (Reino
   Unido, 1829) 122, 142-143
Lei da Representação do Povo (Reino
   Unido, 1918) **188-189**
Lei das Apostas 144-145
Lei das Corporações Municipais (Reino
   Unido, 1835) 140
Lei das Falsas Alegações (EUA, 1863) 274
Lei das Minas (Reino Unido, 1842) 143
Lei das Telecomunicações (EUA, 1996)
   310-311
Lei de Alterações ao Direito Penal
   (Reino Unido) 159, 294
Lei de Crimes Sexuais (Reino Unido,
   1967) 294
Lei de Defesa do Casamento (EUA, 1996)
   292, 294
Lei de Disputas Sindicais (Reino Unido,
   1906) 156, 159
"lei de ferro dos salários" 91
Lei de Habeas Corpus (Inglaterra, 1679)
   13, 70, **320**
Lei de Liberdade de Informação (EUA,
   1966) 274
Lei de Proteção à Vida Humana
   (Alabama, 2019) 263
Lei de Proteção ao Denunciante da
   Comunidade de Inteligência (EUA,
   1998) 274
Lei de Reparação aos Trabalhadores
   (Reino Unido, 1897) 164, 167
Lei de Talião (Lex Talionis) 18-19, 151
Lei do *Assize* de Pão e Cerveja (1202) **319**
Lei do Governo Local (Reino Unido,
   1894) 188
Lei do Judiciário (EUA, 1789) 126
Lei do Registro de Marcas Comerciais
   (Reino Unido, 1875) **321**
Lei do Seguro Social (EUA, 1935) 164, 167
Lei dos Americanos com Deficiência
   (1990) 268, **275**
Lei dos Sindicatos (Reino Unido, 1871)
   13, 122, 157-159

Lei do Transporte (Reino Unido, 1717)
   321
lei humana 51, 72-73
lei mosaica 12, 16, 18, **20-23**, 39, 44
Lei Nacional de Assistência (Reino
   Unido, 1948) 88
Lei PATRIOTA DOS EUA (2000) **323**
leis convencionais 32
As leis da guerra em terra, As 176
Leis de Associação (Reino Unido,
   1799/1800/1824) 156-157
Leis de Comércio e Navegação (Reino
   Unido) 134
leis de patentes 80, **82-85**
Leis de Propriedades de Mulheres
   Casadas (Reino Unido,
   1870/1882/1884) 188-189
Leis de Sociedades por Ações (Reino
   Unido, 1844/1856) 178-179
leis dos pobres 13, 80, **88-91**
leis eternas 73
leis raciais **197**
Leis Sálicas 52
Lemkin, Raphael 206, 210-211
Lenin, Vladimir Ilitch 123, 190, **191**, 219
Lex Aquilia 17, **34**
Lex Mercatoria 51, **74-77**
Lex Rhodia 12, 16, **25**
Lex Visigothorum **319**
LGBTQ, direitos 233, **292-295**
liberdade 81, 119, 122, 130-131, 227
liberdade de contrato 131, 157
liberdade individual 100, 103, 119, 186
Licínio, imperador 45-46
Lieber, Código 92, 152, **154**, 174-176, 215
Liga das Nações 94, 108, 134, **193**, 200,
   204, 214, **215-217**, 218, 221, 224, 238
Liga Hanseática 75, 76
Lincoln, Abraham 116-117, 139, 152,
   154, 175, 215
Lisboa, Tratado de 236
Liu Bang 29
livre comércio internacional 268, **278-283**
livre mercado 184, 311-313
livros, direitos autorais 106-107
livros de punições **318**
Lloyd George, David 192, 215
Lochner *vs.* Nova York 128
Locke, John 12, 72, 81, **103**, 107, 116
Lowe, Robert, visconde Sherbrooke **179**
Lua, Tratado da **322**
Lubanga, Thomas 177, 300
Luís IX da França 41, 144
Luís XIV da França 140
Luís XVI da França 96, 118
Lutero, Martinho **320**
luvas, troca de 53
Luxemburgo 297

M

Maastricht, Tratado de 236, 241
Mabo, Decisão 169
MacArthur, general Douglas 208
Machiavelli, Niccolò 92
maconha 290
Madison, James 113-115, **117**, 127
Madri, Tratado de 86
Máfia 221, 259

Magna Carta 12-13, 51, 65, **66-71**, 96,
   97, 102, 109, 112, 115, 118, 130
maioria, governo da 116
Mali 301
Malik ibn Anas 56
Malynes, Gerard de 74, 76
Mandela, Nelson 227
Manusmriti 17, 35
mão de obra, falta de 89, 156
Maomé, o Profeta 32, 50, 54-56
Mapp *vs.* Ohio 186, 187
mar, lei do *ver* marítimo, direito
Marbury *vs.* Madison 112, 126-128
Maria I da Inglaterra 81, 106
Maria II da Inglaterra 102-103, 116
Maria de Módena 102
marítimo, direito 12, 16, **25**, 74
Marshall, John 126, **127**, 128
Marshall, Plano 238
Marx, Karl 165, 190-191, 220
McCorvey, Norma 261-262
McKinley, Lei de Tarifas (EUA, 1890) 170
McLaren, Relatório 304
Meca 50, 54-55
média geral 25
médica, pesquisa 163, 284
medicamentos 282
medidas dissuasoras 12, 91, 141-142,
   151, 246
Medina 55
Megan, Lei de **285**
Megaupload 287
Meiji, imperador 162
meios digitais, direitos autorais em 287
mendigos 88-90
mens rea (intenção criminosa) 70
Mercado Comum 173
Mercosul 283
Mesopotâmia 12, 16, 18, 23, 86, 118
Microsoft 173, 184
Milão, Édito de 17, 45-46
militarismo 175
Mill, James 117
Mill, John Stuart 116
Milošević, Slobodan 152, 204, 209
Milton, John 106-107
minas terrestres 268, 288-289
   programas de remoção de 289
Miranda *vs.* Arizona 187, 201, **254-255**
Mixnã **38-41**
Mladić, general Ratko 204, 209
monarquia
   abolição da 81, 96, 130-131
   constitucional **102-103**
   direito de governar 24
   direito divino 81, 96, 103, 119
   direitos à terra 58-59
   limitações ao poder 51, **68-71**, 80-81
Monnet, Jean 237, **238**
monopólios 82, **84-85**, 123, 170-172,
   184-185
monopólios digitais 173
monoteísmo 22
Montesquieu, Charles 31, 116, 119
moradia 228, 250
More, Hannah 135-136
morrer, direito de 232
Moscou, Declarações de (1943) 204-205

mosteiros, dissolução dos 90
mudança climática 168, 219, 269, 271, **305**
mudança social 201
mulheres
   aborto 260-263
   diferença de gênero 314-315
   direito ao voto 13, 117, 123, **188-189**
   direitos das 70, 119, 126, 131, 136,
      138, 183, 188-189, 201, 229, 256, 257
   exploração em conflitos armados 303
   igualdade 119, 260, 263
   igualdade salarial 268-269, 314-315
   na polícia 140
   no direito islâmico 57
multas 19, 52-53, 232-233, 236
muro de Berlim, queda do 241
Murray, William, 1º conde de Mansfield
   77, 134-135
mutilação 28
Myanmar 300-301, 303

N

Nabucodonosor, rei da Babilônia 22
Nações Unidas **212-219**
   Assembleia Geral 216, **217**, 219, 226,
      300
   Carta das 95, 200, 225
   Carta Internacional de Direitos
      Humanos 224, 226, **228**, 256
   Comissão de Energia Atômica 244
   Comitê de Direitos Humanos 224,
      256, 257
   Conferência sobre Organização
      Internacional 214
   Conselho de Segurança 216,
      217-218, 302
   Convenção-Quadro das Nações
      Unidas sobre Mudanças Climáticas
      305
   Convenção sobre o Genocídio 206,
      209, **210-211**, 301
   Corte Internacional de Justiça (CIJ)
      216, **218-219**, 247
   Declaração Universal dos Direitos
      Humanos (DUDH) 72-73, 112, 118, 134,
      200, 209, 214, **222-229**, 230, 232, 256
   direito contratual 148
   direitos da criança **219**, 229, 256
   direitos das mulheres 229, 256
   direitos dos povos indígenas 169
   discriminação racial 224, 227, 256
   Ecosoc 216
   e crimes internacionais 300
   e GATT 280
   FAO 216
   Força de Paz Internacional 214, 216,
      218
   fundação das 13, 177, 200, 216-217
   OMPI 268, 286-287
   OMS 216, 290
   Organização Internacional do
      Trabalho 314
   Pacto Internacional sobre Direitos
      Civis e Políticos (PIDCP) 201, 224-225,
      228, **256-257**
   Pacto Internacional de Direitos
      Econômicos, Sociais e Culturais
      (PIDESC) 224-225, 228, 256

ÍNDICE 333

PAM 216
PNUD 216
PNUMA 216
Secretariado 216
Tribunal Penal Internacional (TPI) 152, 155, 177, 209, 215, 219
Uncitral 77
Unesco 177, 216, 269-271, 304
Não Proliferação de Armas Nucleares, Tratado de 246
Napoleão I, imperador 122, 130, **131**, 150, 236
Napoleão III, imperador 150, 152-153
nativos americanos 128, **252**
nazista, regime 123, 154, 177, 192, 200, 204-209, 210, 221, 225, 227, 232, 242, 277
necessidade e assassinato 168
negligência 123, 194-195
neutralidade 242-243
neutralidade da rede 310-313
New Deal 180, 183, 214
Niceia, Primeiro Concílio de **46-47**, 60-61
Nicolau II da Rússia 176, 190
Nixon, Richard 255, 290
nobreza hereditária 131
Nomos Rhodion Nautikos 25, 74-75
Noruega 160-161, 242-243
Nova Zelândia 123, 188-189, **321**
Novo Mundo 80, 86-87
Novo Testamento 44, 60
nuclear, energia 239-240
nucleares, armas 201, 219, **244-247**
Nuremberg, julgamentos de 177, 200, **202-209**, 210, 300
Nuremberg, Leis de 123, **197**

O

Obama, Barack 229, 284, 313
Obrigação Universal de Serviço 313
obscenidade, leis de 150
oligarquia 31
Olimpíadas 304
Omíada, dinastia 56
OPEP (Organização dos Países Exportadores de Petróleo) 240
ópio 290
ordálio da cruz 52
ordálio por ferro 52
ordálio, julgamento por **52-53**, 64, 65
Ordem da Internet Aberta (2015) **310-313**
ordem social 27-28
Øresund, ponte 242-243
Organização Mundial do Comércio (OMC) 268, **278-283**
Organização para a Cooperação e Desenvolvimento Econômico (OCDE) 287
Organização para a Libertação da Palestina (OLP) 322-323
Organização para a Proibição de Armas Químicas 277
organizações criminosas 221
Oslo, Acordos de **322-323**
OTAN (Organização do Tratado do Atlântico Norte) 242-243
Ottawa, Tratado de 288-289

P

Pacto Internacional sobre Direitos Civis e Políticos (PIDCP) 201, 224-225, 228, **256-257**
Paine, Thomas 224
Painel Intergovernamental sobre Mudanças Climáticas (IPCC) 305
Países Baixos
  casamento homoafetivo 268-269, 292-293
  eutanásia 296-297
países em desenvolvimento 281-282
pandemia 323
Pankhurst, Emmeline 188-189
papado 63-65, 69-70, 87, 320
Papua Nova Guiné, Lei do Direito Subjacente (2000) **323**
Paquistão 57, 244
parcerias civis 292
Paris, Acordo de (2015) 305
Paris, Comuna de 190-191
Paris, Conferência de Paz de (1919) 215
Paris, Tratado de (1783) 112
Paris, Tratado de (1951) **238-239**
Parks, Rosa 252
parlamentar, autoridade 81, **96-97**, 103, 116
parlamentar, debate 129
parlamentar, democracia 70-71
Parlamento Europeu 236, 241
parques nacionais 270-271
Partido dos Trabalhadores Socialistas 165-166
Partido Trabalhista (Reino Unido) 156, 159
Passaporte Biológico do Atleta 304
Paulo 44
paz, campanhas pela 176
paz, crimes contra a 206-208
paz, manutenção da 214, 216-217, **218**
Peel, Robert 142, **143**
"pegadores de ladrões" 141
pena de morte 12, 232
  abolição da 122, **151**, 233, 256
Penn, William 236
pensamento, liberdade de 257
peonage (trabalhos forçados) 139
perda de ganhos 148
Período dos Estados Combatentes 16-17, 26, 28-29
Perkins, Frances **183**
personalidade legal separada (PLS) 178
Perth, Tratado de 86
peste 89
Peterloo, Massacre de 142
Petição de Direito 96, **97**
Phips, William 104-105
piquetes 159
pirataria 287
pirataria de vídeo 287
plantations 99-101, 134, 136-139
Platão 12, 17, **31**, 32-33
plebeus 30, 34
pobreza 13, **88-91**, 225, 282
poder de barganha coletiva 157-159
poderes, separação dos 13, 116
polícia 122, **140-143**
  Interpol 13, **220-221**
Polícia Marítima 141-142
Polônia, Constituição da 112

portos "básicos" 77
Portugal
  estratégia contra as drogas 268, **290-291**
  império colonial 80, 86-87
posse da terra
  direito canônico 62-63
  Domesday Book **58-59**
  julgamento por combate 50, 53
  povos indígenas **169**, 252
preços, fixação de 184
preservação **264-265**, 269, **270-271**
presidência dos EUA 113-115
previsibilidade 148-149, 194-195
Primeira Guerra Mundial 94, 108, 177, 189, 206, 215, 300
  armas químicas 277
  Tratado de Versalhes 123, 192-193, 201, 224
primogenitura 131
prisioneiros de guerra 154-155, 175, 177
privacidade, direito à 233, 257, 262, 285, **308-309**
Programa Federal de Proteção às Testemunhas 201, **259**
Programa O Homem e a Biosfera (MAB) 270
propriedade
  confisco de 65, 70
  direitos 62-63, 227
  Domesday Book 59
  privada 17, **34**
propriedade intelectual 84, 268, 282
protecionismo 281, 283
protestantismo 63
prova espectral 104-105
provedores de serviços de internet (PSIS) 311-313
Provisões de Oxford 71
punições
  à pobreza 91
  bruxaria 105
  corporais 57, 64-65, 90
  direito islâmico 57
  julgamento por ordálio/por combate 12, 19, 50-51, **52-53**, 64
  na filosofia chinesa 27-29
  pena de morte 12, 122, **151**, 232-233, 256
  primeiros códigos 18-19
  século XVII 141

Q

Qin, dinastia 24, 26, 28-29
Qin Shi Huang, imperador 24, 29
Quatro Liberdades 225
Quênia 301-302

R

racismo 123, 129, 139, 225, **227**, **248-253**, 256-257
A rainha vs. Dudley e Stephens, A 168
Ranking Índice Mundial das Liberdade de Imprensa **323**
Ranulfo de Glanville 51, **70**
Rashi 38, **41**

razão 33, 72, 92, 119
razão divina 33
Reagan, Ronald 246
Rede Mundial de Reservas da Biosfera (RMRB) **270-271**
redes sociais 311
Reforma 80, 320
refugiados 219, 225, 227, 303
regra de exclusão **186-187**
regras monásticas 61, 63
Reino Unido
  abolição da escravatura **134-137**
  abolição da pena de morte 151
  cumprimento da lei **140-143**
  direito contratual **148-149**
  direito do trabalho **156-159**, 164-167, 274, 315
  direito empresarial **178-179**
  direito penal **168**
  eutanásia 297
  homossexualidade 294
  lei de copyright 286
  leis da internet 313
  política de drogas 290-291
  reforma eleitoral **188-189**
  regulamentação do jogo **144-145**
  responsabilidade civil **194-195**
  União Europeia 236, 240-241
  ver também Inglaterra; Escócia
relativismo cultural 228-229
religiosa, liberdade 94-95, 102, 225, 228, 233, 257
religiosa, tolerância 81, 118-119
Renascimento 37, 80, 82-83
reparações 193, 232
repatriação 154-155
república 81, 117
República Centro-Africana 303
República Democrática do Congo 300, 303
república romana 12, 17
reserva marinha 270
reservas da biosfera 269, **270-271**
reservas naturais estritas 270
responsabilidade civil **194-195**
responsabilidade e negligência 194-195
responsabilidade limitada 178-179
retaliação 18-19, 151
reunião, liberdade de 257
revolução 103, 118-119, 122, 130-131, 136, 138
Revolução Americana 112, 114, 117, 127, 136, 138, 224
Revolução Francesa 13, 118-119, 130-131, 136, 150, 190, 224, 292
Revolução Gloriosa 81, **102-103**, 116
Revolução Industrial 13, 91, 122-123, 157-158, 164
Revolução Russa 160, 190, 191
Ricardo I da Inglaterra 71
Ricardo II da Inglaterra 152
rinhabriga de galos 145-147
Rodes 16, 25
Roerich, Nicholas 177
Roe vs. Wade 126, 129, 201, **260-263**
rohingya, povo 210, 301
Rôles d'Oléron 76
rolos da Torá **23**
Roma, Estatuto de 152, 300-301, 303
Roma, Tratado de 173, 236, 239, 314

334 ÍNDICE

Roosevelt, Eleanor 209, 214, **225**, 226
Roosevelt, Franklin D. 71, 180, 183, 196, 204-205, **214**, 215-218, 225, 280
Roosevelt, Theodore 176, 185, 225
Rousseau, Jean-Jacques 116, 119, 147
royalties 286-287
Ruanda, genocídio de 210, **211**, 300-301
Rushdie, Salman 93
Rússia
  controle de armas 247
  direito constitucional 123, 190-191
  doping no esporte 304
  homossexualidade 292, 294
  Sobornoye Ulozheniye **320**
  zapovedniks **271**

S

sacerdotes 45-46
sacrifício de animais 39
Sacro Império Romano Germânico 94, 209
"Saint Christopher, caso" 168
salarial, igualdade 268-269, **314-315**
Salazar, António de Oliveira 290
Salem, julgamentos das bruxas de 81, **104-105**
Salomon *vs.* Salomon & Co. Ltd. 178-179
Sanger, Margaret **261**
São Petersburgo, Declaração de 174
saúde e segurança 181-183
saúde, serviço de 164, 167, 228, 291
saxões 51
Schengen, acordos 221, 240, 242
Schmitz, Kim **287**
Schuman, Robert 237-238
Scopes, John **322**
scutage 68-69
Seattle, Batalha de **281**
secularismo 131, 233
segregação racial 98, 129, 139, **227**, 250-252, 275
Segunda Guerra Mundial
  afro-americanos na 251
  armamento não detonado 289
  armas químicas 277
  atrocidades 118, 154-155, 177, 225-226
  e origens das Nações Unidas 200, 214-216
  Escandinávia na 242-243
  julgamentos de Nuremberg **204-209**, 300
  origens da 193
seguro-saúde 164, 166
Seis Estatutos 70
sem-teto 168
Senado (EUA) 114, 126
Severo Alexandre, imperador 36-37
sexuais, crimes 233, 301
sexualidade **292-295**
Shang, dinastia 16, 24
Shang Yang 28-29
sharia, lei da 12, 40, 55, 57, 228, 295
Shawcross, sir Hartley 205, 207
Sherman, John **171**
silêncio, direito ao 187, **254-255**
sindicatos 13, **156-159**, 181

sínodos 45
Sino-Japonesa, Guerra 277
Sistema Combinado de Índices de DNA 273
sistema de seguro dos trabalhadores 123, 164, 166-167
Smith, Adam 170, 280
soberania
  do direito **31**
  do Estado 92, 95
  nacional 80, 122, 301
  parlamentar 103
  tribal 128
Sociedade para a Prevenção da Crueldade contra Animais 146-147
Sociedade para Efetivar a Abolição do Tráfico Escravista 134, 135-136
Sociedade Real de Prevenção à Crueldade contra Animais 163
Sócrates, julgamento de **318**
Sófocles 32
Solferino, Batalha de 153
Solimão, o Magnífico, sultão 57
Solução Final 197, 206-207, 210
Somerset *vs.* Stewart 134-135
Speer, Albert 207
Spinelli, Altiero 241
Stalin, Josef 190, 205, 217, 218, 243, 261
Standard Oil 170, 171, 172, 184, 185
St. Catherine's Milling, caso do 169
Stoll, Martin 232-233
Stonewall, rebelião de 292
Stopes, Marie 261
streaming 286, 311, 312
Sudão 268, 301, 302
Sudão do Sul 276
Suécia 160-161, 242-243
suffragettes 188-189
Suíça, eutanásia 296, 297
suicídio assistido 232, **296-297**
sumérios 18
Suma teológica (Aquino) 32, 51, 73
sunita, islamismo 56
supremacistas brancos 250, 252, 259
sustentabilidade 214, 216, 243, 269, 271

T

Taff Vale, o caso da 159
Talibã 57
Talmude 16, 20, **38-41**
Tan, Dan 306, **307**
Taney, Roger B. 126, 138
Tang, Código **319**
taoísmo 12, 16, 26, **27-28**
Tarbell, Ida **185**
tarifas de importação 280, 283
Tavole Amalfitane 74, 75
Teodósio I, imperador 47, 60, 62
Terceiro Mundo 281
terratenentes 59
territoriais, disputas 86-87
terrorismo 13, 180, 219, 220, 221, 230, 233, 323
Tessalônica, Édito de 47
testemunhas, proteção as 201, **259**
teto de vidro 315
Thatcher, Margaret 240
Thunberg, Greta 219

tirania 71, 96, 114-115
Tokugawa, xogunato 162
Tolpuddle, mártires de 157
Tombuctu 301
Tóquio, julgamentos de 208, 300
Torá 12, 16-17, 19, **20-23**, 40
Tordesilhas, Tratado de 80, **86-87**
tortura 104, 177, 227, 229, 257, 296
totalitarismo 29
trabalho, condições de 13, 123, 180-183
tráfico escravista transatlântico 134-135
tráfico humano 139
tráfico sexual 220
traição 80, 96, 102
transgênero, direitos dos 295
Trento, Concílio de 63
Triangle Shirtwaist Factory, incêndio da **180-183**
triângulo do tráfico 134
tribal, soberania 128, 252
Tribunais de Domínios 58
tribunais militares internacionais 205, 300
Tribunal Penal Internacional (TPI) 152, 155, 177, 200, 209, 215-216, 219, 269, **298-300**
Trilha das Lágrimas 128
Tríplice Entente 192
Truman, Harry 251
Trump, Donald 129, 260, 263, 283, 289, 305, 313
trustes **170-173**
Tudor, pobreza na Inglaterra dos 90
Turner, Nat 100, **101**
tútsis 211

U

Uganda 300
Ulpiano 17, 33-34, **36-37**
união econômica e monetária 241
União Europeia 13, 160, 238, **241**, 281
  casamento homoafetivo 293
  direito comercial 173
  direito internacional 236, 239, 243
  direitos humanos 200-201
  harmonização legislativa 161
  igualdade salarial 314-315
  legislação sobre pessoas com deficiência 275
  leis da internet 308, 310, 313
  origens da **236-241**
  política de drogas 291
  vivissecção 163
União Internacional para a Conservação da Natureza (UICN) 265
União Interparlamentar Nórdica 242
União Nórdica de Passaportes 242
União Social e Política das Mulheres 188
União Soviética
  corrida armamentista/controle de armas 244-247, 276-277, 280
  direito constitucional **190-191**
  e Escandinávia 242-243
  ver também Guerra Fria; Rússia
Unidroit 74, 77
uniões civis 292-293
Universidade de Bolonha 50, 319
Ur-Nammu 12, 16, 18-19
Uruk 18

V

vagabundos 88-91
Valachi, Joe 259
Valentiniano, imperador 34
Van Gend en Loos *vs.* Ministério das Finanças dos Países Baixos **240**
Vattel, Emmerich de 80-81, 92, 108
vendetas 55
Veneza 75-76, 106
  Estatuto de Patentes Veneziano 80, **82-85**
Venezuela 122, 151
Versalhes, Tratado de 94, 123, **192-193**, 224, 276
Viajantes da Liberdade 253
vida, direito à 227, 232
Viena, Convenção de 77
vikings 51, 59
vilões 59, 68
Virgínia, Declaração de Direitos da 118
Virgínia, Plano da 113
virtude 72
vivissecção **163**
Voltaire 119, 146-147

W

Washington, George 112, 115-117, 126
Weeks *vs.* Estados Unidos 186-187
Weimar, República de 192
Westfália, Paz de 80, 92, **94-95**, 108
Wilberforce, William 137
Wilson, Woodrow 123, 184-185, 192, 193, 270
Wolf *vs.* Colorado 186-187
Wolff, Christian 108
Wollstonecraft, Mary 135-136
Woodstock, Código de 52
workhouses 88, 91
Wu, rei 12, 16, 24

X

Xi Jinping 283

Y

Yalta, Conferência de 217-218
Yassa **319-320**
Yellowstone, Parque Nacional de 270-271

Z

Zakkai, rabino Yochanan ben 39
Zenão 33
Zhou, dinastia 12, 16-17, 24, 26
Zong, massacre no 135

CRÉDITOS DAS CITAÇÕES

OS PRIMÓRDIOS DO DIREITO

18 O Código de Hamurábi

20 Levítico 16, 34

24 Ode sobre o rei Wen, *Shijing* [O livro de odes]

25 Antonino Pio, imperador romano (138-161)

26 Shang Yang, filósofo e político chinês antigo

30 Doze Tábuas, tábua XII

31 Platão, *Leis*

32 Cícero, estadista romano

34 Justiniano, *Digesto*

35 O *Manusmriti*

36 Ulpiano, o Jurista, citado no *Digesto* de Justiniano

38 *Pirkei Avot*

42 Constantino I, imperador romano (306-337)

O DIREITO NA IDADE MÉDIA

52 Guilherme II, rei da Inglaterra (r. 1087-1100)

54 Alcorão 5,48

58 *Crônica anglo-saxã*, 1085

60 Graciano, *Decretum*, x 5.1.6

64 *Assize* de Clarendon

66 Magna Carta, capítulo 40

72 Tomás de Aquino, filósofo e teólogo italiano

74 Giles Jacob, escritor britânico da área do direito

IMPÉRIO E ILUMINISMO

82 Estatuto de Patentes Veneziano

86 Tratado de Tordesilhas

88 Lei dos Pobres, 1535

92 Hugo Grotius, *O direito da guerra e da paz*

93 Julgamento de Galileu Galilei, sentença

94 Henry Kissinger, político e diplomata americano

96 Acusações contra Carlos I

98 Lei da Comunidade da Virgínia, 1705, seção II

102 Declaração de Direitos inglesa

104 Êxodo 22,18

106 Estatuto da Rainha Ana, seção II

108 Emmerich de Vattel, *O direito das gentes*

109 Daniel Boorstin, *The Mysterious Science of the Law*

110 Constituição dos EUA, artigo 6º

118 Declaração dos Direitos do Homem e do Cidadão, artigo 1º

A ASCENSÃO DO ESTADO DE DIREITO

124 Franklin D. Roosevelt, 32º presidente dos EUA

130 Código Napoleônico, livro I

132 Isaías 58,6

140 Patrick Colquhoun, magistrado escocês

144 Lei dos Jogos, 1845, seção XVIII

146 Jean-Jacques Rousseau, filósofo francês

148 Barão Alderson, decisão de Hadley *vs.* Baxendale

150 Ernest Pinard, promotor francês

151 Desmond Tutu, clérigo sul-africano

152 Mehzebin Adam, curador do Museu e dos Arquivos da Cruz Vermelha Britânica

156 Congresso dos Sindicatos, site oficial

160 Johan Levart, jornalista sueco

162 Carta de Juramento, artigo 4º

163 Charles Darwin, cientista britânico

164 Otto von Bismarck, estadista alemão

168 Indiciamento pelo assassinato de Richard Parker, A rainha *vs.* Dudley e Stephens

169 *Law in Action: Understanding Canadian Law*, Pearson Education Canada

170 Lei Antitruste de Sherman, 1890

174 Convenção de Haia, 1899, capítulo I, artigo 1º

178 Ann Ridley, *Company Law*

180 *New York Daily Tribune*, 1911

184 Cullom Davis, *The Transformation of the Federal Trade Commission 1914-1929*

186 Felix Frankfurter, jurista austro-americano

188 Susan B. Anthony, ativista de direitos femininos americana

190 Constituição russa, artigo 18

192 David Lloyd George, primeiro-ministro do Reino Unido (1916-1922)

194 Lorde Atkin, decisão de Donoghue *vs.* Stevenson

196 General Homer Cummings, político americano

197 Museu Memorial do Holocausto dos Estados Unidos, site oficial

UMA NOVA ORDEM INTERNACIONAL

202 John e Ann Tusa, *The Nuremberg Trial*

210 Raphael Lemkin, advogado polonês

212 Harry S. Truman, 33º presidente dos EUA

220 Trecho do lema da Interpol

222 Declaração Universal dos Direitos Humanos, artigo 7º

230 Convenção Europeia de Direitos Humanos, artigo 5º

234 Lorde Mance, juiz britânico

242 Hans Christian Andersen, escritor dinamarquês

244 John F. Kennedy, 35º presidente dos EUA

248 Martin Luther King Jr., ativista de direitos civis americano

254 Suprema Corte dos EUA, decisão de Miranda *vs.* Arizona

256 Pacto Internacional sobre Direitos Civis e Políticos, preâmbulo

258 Resolution, organização britânica em defesa do divórcio sem culpa

259 Lei de Controle do Crime Organizado, EUA, 1970

260 Potter Stewart, decisão de Roe *vs.* Wade

264 Richard Nixon, 37º presidente dos EUA

O DIREITO NA IDADE MODERNA

270 *The Guardian*, janeiro de 2011

272 Barry Scheck, Peter Neufeld e Jim Dwyer, *Actual Innocence*

274 Barack Obama, 44º presidente dos EUA

275 Justin Dart, ativista de direitos dos americanos com deficiência

276 Organização para a Proibição de Armas Químicas

278 Roberto Azevêdo, diretor-geral da Organização Mundial do Comércio

284 Julia Neuberger, *The Lancet*

285 Megan Nicole Kanka Foundation, site oficial

286 John Oswald, compositor canadense

288 Jody Williams, ativista de direitos humanos americana

290 João Castel-Branco Goulão, coordenador nacional da política de drogas de Portugal

292 Peter Hart-Brinson, *The Gay Marriage Generation*

296 Slogan da entidade filantrópica britânica Dignity in Dying

298 Kofi Annan, secretário-geral da ONU (1997-2006)

304 Convenção Internacional contra o Doping nos Esportes, da Unesco

305 *The Guardian*, fevereiro de 2005

306 Chris Eaton, diretor de Integridade Esportiva, Centro Internacional para a Segurança no Esporte

308 Regulamento Geral sobre a Proteção de Dados (União Europeia), artigo 17

310 Site em defesa da neutralidade da rede battleforthenet.com

314 The Fawcett Society, entidade filantrópica britânica em defesa da igualdade de gênero

336

AGRADECIMENTOS

A Dorling Kindersley gostaria de agradecer a Ira Sharma, Vikas Sachdeva, Shipra Jain e Sampda Mago pela assistência de design; a Chauney Dunford, Maisie Peppitt, Janashree Singha e Tanya Singhal pela assistência editorial; a Miriam Kingston pela consultoria sobre a lista de conteúdos; a Alexandra Beeden pela revisão; a Helen Peters pela indexação; a Rakesh Kumar pela editoração eletrônica; à coordenadora editorial de capas Priyanka Sharma; à editora-chefe de capas Saloni Singh; e a Geetika Bhandari pela assistência de pesquisa de imagens.

CRÉDITOS DAS IMAGENS:

A editora gostaria de agradecer às seguintes pessoas e instituições por gentilmente permitir a reprodução de suas fotos:

(Abreviaturas: a: em cima; b: embaixo; c: no centro; d: na direita; e: na esquerda; t: no topo)

18 Alamy Stock Photo: Ivy Close Images (bd). **19 Alamy Stock Photo:** Science History Images (cdb). **Getty Images:** DEA PICTURE LIBRARY / De Agostini (cea). **21 Alamy Stock Photo:** Art Collection 2 (cea). **23 Alamy Stock Photo:** Ira Berger. **25 Getty Images:** API / Gamma-Rapho (cb). **27 Alamy Stock Photo:** China Span / Keren Su. **29 Dreamstime.com:** Mariusz Prusaczyk. **31 Dreamstime.com:** Whirlitzer (cd). **33 Alamy Stock Photo:** Janetta Scanlan (td). **35 Alamy Stock Photo:** Mark Markau (bd). **37 Alamy Stock Photo:** Chronicle (cea). **iStockphoto.com:** Nastasic (bd). **40 Alamy Stock Photo:** Lebrecht Music & Arts / Lebrecht Authors. **41 Alamy Stock Photo:** Lebrecht Music & Arts / Lebrecht (be); Historic Images (td). **44 Alamy Stock Photo:** Niday Picture Library. **46 Alamy Stock Photo:** Classic Image. **47 Alamy Stock Photo:** imageBROKER / hwo. **53 Alamy Stock Photo:** Granger Historical Picture Archive / Granger, NYC. **55 Dreamstime.com:** Yulia Babkina. **56 Bridgeman Images. 57 SuperStock:** Universal Images. **59 Alamy Stock Photo:** IanDagnall Computing. **61 Alamy Stock Photo:** Aurelian Images. **62 Alamy Stock Photo:** Glasshouse Images / JT Vintage. **63 SuperStock:** Universal Images. **65 Alamy Stock Photo:** Art Collection 2. **69 Alamy Stock Photo:** Pictorial Press Ltd. **70 Alamy Stock Photo:** World History Archive. **71 Alamy Stock Photo:** Ian Dagnall. **73 Alamy Stock Photo:** Granger Historical Picture Archive / Granger, NYC (td). **Getty Images:** UIG / Prisma (bc). **75 Alamy Stock Photo:** INTERFOTO / History. **76 Alamy Stock Photo:** Timewatch Images. **77 Getty Images:** UniversalImagesGroup / Prisma. **83 Alamy Stock Photo:** Sergey Borisov. **84 Getty Images:** Dea / A. Dagli Orti / De Agostini Editorial. **85 Alamy Stock Photo:** Art Collection. **87 Alamy Stock Photo:** Pictorial Press Ltd. **89 Alamy Stock Photo:** Granger Historical Picture Archive / Granger, NYC. **90 Getty Images:** Stringer / Fotosearch (cb). **91 Alamy Stock Photo:** The Print Collector / Hulton Archive. **92 Alamy Stock Photo:** Pictorial Press Ltd. (cd). **94 Alamy Stock Photo:** INTERFOTO / History (bd). **97 Alamy Stock Photo:** incamerastock. **100 Alamy Stock Photo:** Virginia Museum of History & Culture. **101 Alamy Stock Photo:** North Wind Picture Archives (te, cdb). **102 Alamy Stock Photo:** GL Archive (cb). **103 Alamy Stock Photo:** GL Archive. **105 Alamy Stock Photo:** Pictorial Press Ltd. **106 Alamy Stock Photo:** Chronicle (cb). **Alamy Stock Photo:** Archive Images (cd). **112 Alamy Stock Photo:** IanDagnall Computing. **115 The New York Public Library. 116 Alamy Stock Photo:** Granger Historical Picture Archive / Granger, NYC. **117 Alamy Stock Photo:** IanDagnall Computing. **119 Alamy Stock Photo:** World History Archive. **127 Alamy Stock Photo:** Granger Historical Picture Archive / Granger, NYC. **128 Alamy Stock Photo:** © Aldo Liverani / Andia. **129 Dreamstime.com:** Luckyphotographer. **130 Getty Images:** Universal Images Group / Christophel Fine Art (bd). **131 Alamy Stock Photo:** Classic Image. **135 Alamy Stock Photo:** incamerastock (t); Nic Hamilton Photographic (be). **136 Alamy Stock Photo:** Everett Collection / Everett Collection Historical (bc); World History Archive (te). **137 Alamy Stock Photo:** The History Collection. **141 Alamy Stock Photo:** Chronicle. **142 Alamy Stock Photo:** GL Archive. **143 Alamy Stock Photo:** The Picture Art Collection. **145 Alamy Stock Photo:** The Granger Collection. **147 Getty Images:** Stringer / Hulton Archive. **149 Alamy Stock Photo:** Archivah. **150 Alamy Stock Photo:** Lebrecht Music & Arts / Lebrecht Authors. **153 Alamy Stock Photo:** Pictorial Press Ltd. (be); The History Collection (cda). **154 Alamy Stock Photo:** Shawshots. **158 Alamy Stock Photo:** North Wind Picture Archives (te); Prisma Archivo (bd). **159 Getty Images:** Stringer / Hulton Archive. **160 Alamy Stock Photo:** Artokoloro (cd). **162 Alamy Stock Photo:** Chronicle. **165 Alamy Stock Photo:** GL Archive (td); INTERFOTO / History (ca). **166 Alamy Stock Photo:** Falkensteinfoto. **168 Alamy Stock Photo:** 19th era 2 (cb). **171 Alamy Stock Photo:** Glasshouse Images / JT Vintage (cea); Universal Images Group North LLC / Encyclopaedia Britannica, Inc. / Biblioteca do Congresso (td). **173 Alamy Stock Photo:** Craig Joiner Photography (cdb). **Dreamstime. com:** Demerzel21 (td). **175 Biblioteca do Congresso, Washington, DC:** Kurz & Allison LC-DIG-pga-01949 (arquivo digital a partir de estampa original) LC-USZC4-507 (transparência de filme colorido) LC-usz62-1288 (negativo de filme PB) LC--USZC2-1889 (slide colorido). **176 Alamy Stock Photo:** Coleção de imagens históricas de Bildagentur-online. **177 Getty Images:** Foto Frost / Ullstein Bild Dtl. **179 Alamy Stock Photo:** Painters. **181 Getty Images:** Hulton Archive / Archive Photos. **182 Alamy Stock Photo:** Granger Historical Picture Archive / Granger, NYC. **183 Alamy Stock Photo:** Everett Collection Historical / Everett Collection (td); WS Collection (be). **185 Alamy Stock Photo:** Granger Historical Picture Archive / Granger, NYC (cea). **Getty Images:** Bettmann (td). **187 Alamy Stock Photo:** Imago History Collection (ceb). **Missouri Valley Special Collections, Kansas City Public Library, Kansas City, Missouri:** (cda). **188 Getty Images:** Hulton Archive / Heritage Images (bc). **189 Getty Images:** Bettmann. **191 Getty Images:** Corbis Historical / Michael Nicholson. **192 Alamy Stock Photo:** Sueddeutsche Zeitung Photo / Scherl (cb). **195 Dreamstime.com:** Aliaksei Haiduchyk. **196 Getty Images:** NurPhoto (cdb). **204 Getty Images:** Bettmann. **205 Getty Images:** The LIFE Picture Collection / Thomas D. Mcavoy. **206 Getty Images:** Bettmann (be); Biblioteca do Congresso / Corbis Historical (td). **208 Getty Images:** Bettmann. **209 Alamy Stock Photo:** The Picture Art Collection. **211 Getty Images:** Bettmann (cea); Hulton Archive / Malcolm Linton (ceb). **214 Alamy Stock Photo:** Granger Historical Picture Archive / Granger, NYC. **215 Alamy Stock Photo:** Pictorial Press Ltd. **218 Getty Images:** AFP / Walter Astrada. **219 Alamy Stock Photo:** UPI / Jemal Countess (ca). **Rex by Shutterstock:** Sipa / Dommergues (ceb). **220 Alamy Stock Photo:** Pictorial Press Ltd. **225 Alamy Stock Photo:** Everett Collection Historical / Everett Collection (cda). **Getty Images:** GPO / Hulton Archive / Zoltan Kluger (be). **227 Alamy Stock Photo:** Shaun Higson / África do Sul (te). **iStockphoto.com:** E+ / Bill Oxford (be). **228 Getty Images:** NurPhoto / Ronen Tivony. **229 Getty Images:** John Phillips. **231 Getty Images:** Picture Post / Kurt Hutton. **233 Getty Images:** Anadolu Agency / Anadolu (bd); Christopher Furlong (te). **237 Alamy Stock Photo:** INTERFOTO / History. **238 Getty Images:** Roger Viollet / Harlingue. **240 Getty Images:** Keystone / Hulton Archive. **241 Alamy Stock Photo:** Agencja Fotograficzna Caro / Eckelt (bd); World History Archive (te). **243 Alamy Stock Photo:** mauritius images GmbH / Johannes Heuckeroth (ca). **iStockphoto.com:** E+ / KristianSeptimiusKrogh (td). **245 Alamy Stock Photo:** mccool (be). **SuperStock:** Fine Art Images / A. Burkatovski (cda). **247 Federation of American Scientists:** https://fas.org/issues/nuclear-weapons/status-world-nuclear-forces (b). **251 Alamy Stock Photo:** IanDagnall Computing. **252 Alamy Stock Photo:** World History Archive. **253 Getty Images:** Bettmann (te); Rolls Press / Popperfoto (bd). **255 Alamy Stock Photo:** PictureLux / The Hollywood Archive (cea). **Rex by Shutterstock:** AP / Matt York (td). **257 Getty Images:** IP3 / Nicolas Kovarik. **259 Getty Images:** Washington Bureau / Archive Photos (cdb). **261 Getty Images:** Bettmann. **262 Getty Images:** The LIFE Picture Collection / Cynthia Johnson. **263 Getty Images:** Julie Bennett. **265 American Bird Conservancy:** Endangered Species Act: A Record of Success (bd/dados). **Dreamstime.com:** Artof Sha (bd/ave). **271 Getty Images:** Moment / James Forsyth. **273 Alamy Stock Photo:** Science History Images. **275 Getty Images:** Fotosearch / Archive Photos (cd). **277 Getty Images:** AFP / Mohamed Al-Bakour (cea); AFP (ceb). **281 Getty Images:** AFP / Khaled Desouki (cea); Sygma / Sion Touhig (cdb). **283 Getty Images:** Bloomberg. **285 Rex by Shutterstock:** AP / Denis Paquin (te). **287 Alamy Stock Photo:** History and Art Collection. **288 Getty Images:** LightRocket / Peter Charlesworth (cb). **289 Getty Images:** Tim Graham Photo Library / Tim Graham. **291 European Monitoring Centre for Drugs and Drug Addiction:** © EMCDDA, 1995-2019 (td). **Getty Images:** Corbis News / Horacio Villalobos (be). **294 Getty Images:** Keystone-France / Gamma--Keystone (ceb). **Rex by Shutterstock:** AP / Elise Amendola (td). **295 Getty Images:** Alex Wong. **297 Getty Images:** Corbis Entertainment / Colin McPherson. **300 Dreamstime.com:** Mikechapazzo. **301 Getty Images:** AFP / Fred Dufour. **302 Getty Images:** AFP. **303 Getty Images:** AFP / Michael Kooren (ceb). **Rex by Shutterstock:** Alan Gignoux (td). **304 Getty Images:** AFP / Jeff Haynes (c). **307 Getty Images:** ALLSPORT / Graham Chadwick. **308 Reuters:** Vincent West (cd). **312 Getty Images:** Mark Wilson. **313 Dreamstime.com:** Simi32 (td). **Getty Images:** Alex Edelman (bd). **315 Alamy Stock Photo:** Trinity Mirror / Mirrorpix

Todas as outras imagens © Dorling Kindersley. Para mais informações ver: www.dkimages.com

Conheça todos os títulos da série:

 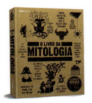  

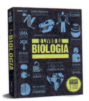